2022 NCS

공기업 통합 실전모의고사

PSAT형+모듈형+전공

NCS 공기업연구소 편저

KB140753

예문사

머리말

2015년 상반기부터 공공기관은 산업현장에서 필요한 직무만을 요구하겠다는 취지로 국가직무능력표준(NCS)을 적용함에 따라 NCS 직업기초능력평가는 공공기관 채용을 위한 필수조건이 되었습니다. NCS 시험의 난도는 점차 상승하고 있으며, 다양하고 심화된 유형의 문제가 출제되는 추세로, 수험생들은 이에 대한 확실한 준비가 필요합니다.

본 교재는 NCS 핵심 영역인 의사소통능력, 수리능력, 문제해결능력과 기타 6개 영역을 포함한 모의고사로 구성되어 있으며, 대다수 공공기관에서 반드시 출제되는 영역입니다. 따라서 해당 능력을 중심으로 다양한 출제 유형에 대한 대비가 필요합니다.

이에 공공기관 취업을 준비하는 수험생들에게 실질적이고 효과적인 도움을 드리고자 '2022 NCS 공기업 통합 실전 모의고사 PSAT형+모듈형+전공'을 출간하였습니다.

본 교재의 특징은 다음과 같습니다.

첫째, 2020~2021년 주요 공기업 최신 기출문항을 수집 및 복원하여 NCS 주요 3개 영역의 공기업 최신기출 모의고사 1회분을 수록하였습니다. 영역당 20문항을 수록하여 공사·공단 NCS 필기시험의 최신 경향을 파악하도록 하였습니다.

둘째, 실제 NCS 시험에 충분히 대비할 수 있도록 다양한 형식의 PSAT형 모의고사 3회분을 수록하였습니다. NCS 필기시험을 완벽 반영한 문제만을 엄선하여 다양한 형식으로 구성하였습니다.

셋째, NCS 3대 출제유형 중 모듈형 실전모의고사 2회분을 수록하여 NCS 문제 유형 변화에 따른 실전에 대비할 수 있도록 하였습니다.

넷째, 경영학, 기계일반, 전기일반 전공 실전모의고사를 수록하여 실전 감각을 향상시킬 수 있도록 하였습니다.

다섯째, 문항별 난이도를 습득할 수 있도록 중요도를 표시하였고, 해당 문항을 완벽하게 숙지하고 실전에서 풀이 시간을 단축할 수 있도록 Tip을 첨부하여 학습효율을 극대화하였습니다.

NCS를 가장 효율적이고, 꾸준히 학습할 수 있는 교재를 만들기 위해 교재 기획부터 원고 집필에 많은 시간과 노력을 기울였습니다. 본 교재에는 다양한 유형의 문항을 선별함은 물론, 학습에 도움이 될 요소를 곳곳에 첨부하여 NCS 직업기초능력평가를 준비하는 수험생들에게 많은 도움이 될 수 있으리라 확신합니다.

이 교재로 학습하시는 모든 수험생 여러분들께서 원하는 공공기관에 합격하시기를 진심으로 기원합니다.

2022년 1월
저자 일동

목차

이 책의 **구성**

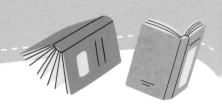

주요 공기업 최신기출 모의고사

NCS에서 일반적으로 출제되는 의사소통/수리/문제해결능력에 해당하는 주요 공기업 기출복원 문항만을 선별하여, 영역별 20문항으로 구성하였습니다.

PSAT형 실전모의고사

• NCS 3개 영역과 7개 영역으로 구성한 PSAT형 50문항 실전모의고사를 3회분 수록하였습니다.
• 4지/5지선다형으로 구분하여 주요 공기업의 출제 스타일을 완벽하게 반영하였습니다.

모듈형 실전모의고사

• NCS 10개 영역 모듈형 60문항 실전모의고사를 2회분 수록하였습니다.
• 모듈형으로 출제되는 주요 공기업에 대비하기 위한 문제만을 수록하여 실제 시험 감각을 익힐 수 있습니다.

전공 실전모의고사 + 상세한 정답 및 해설

• 전공 실전 감각 향상을 위해 경영학, 기계일반, 전기일반 전공 실전모의고사를 수록하였습니다.
• 자가 학습에 어려움이 없도록 상세한 해설과 오답 분석, 그리고 문제해결력을 높이는 접근 방법을 수록하였습니다.
• 출제 영역과 난이도를 표시하였고, 출제 공기업과 기출 연도도 확인할 수 있습니다.

주요 공기업 / 공공기관별
필기시험 출제 영역

기관명	의사소통	수리	문제해결	자원관리	자기개발	대인관계	정보	기술	조직이해	직업윤리
서울교통공사	○	○	○	○	○	○	○	○	○	○
한국철도공사	○	○	○							
한국전력공사	○	○	○	○			○	○		
국민건강보험공단	○	○	○							
한국수자원공사	○	○	○	○						
한국조폐공사	○	○	○	○						
IBK기업은행	○	○	○	○			○		○	
KDB산업은행	○	○	○				○			
건강보험심사평가원	○	○	○				○		○	
공무원연금공단	○	○	○	○		○	○			
국민연금공단	○	○	○				○		○	
근로복지공단	○	○	○	○						
기술보증기금	○	○	○				○		○	
도로교통공단	○	○	○				○			
신용보증기금	○	○	○							
예금보험공사	○		○				○			
울산항만공사	○	○	○	○					○	
인천국제공항공사	○	○	○	○			○	○	○	
인천항만공사	○	○	○	○					○	
한국가스공사	○	○	○	○			○			
한국교통안전공단	○	○	○	○			○	○	○	
한국국토정보공사	○	○	○	○			○	○	○	
한국남동발전	○		○	○						
한국농어촌공사	○	○	○	○			○	○		
한국도로공사	○	○	○	○			○	○	○	
한국동서발전	○	○	○							
한국산업인력공단	○	○	○	○					○	○
한국서부발전	○	○	○	○			○	○	○	
한국수력원자력	○	○	○	○				○		
한국수출입은행	○	○	○							
한국전기안전공사	○	○	○	○			○		○	
한국중부발전	○	○	○	○				○		
한국지역난방공사	○	○	○	○			○	○	○	
한국토지주택공사	○	○	○							

NCS 필수능력[의사소통, 수리, 문제해결] 모듈 이론 핵심 요약집

의사소통능력

① 의사소통능력 개요

① 의사소통의 의미
- 두 사람 또는 그 이상의 사람들 사이에서 일어나는 의사의 전달과 상호 교류가 이루어진다는 뜻
- 어떤 개인 또는 집단이 개인 또는 집단에 대해서 정보, 감정, 사상, 의견 등을 전달하고 그것들을 받아들이는 과정을 의미
- 일 경험에서 발생하는 의사소통은 조직과 팀의 생산성 증진을 목적으로 구성원 간 정보와 지식을 전달하는 과정

② 의사소통의 목적
- 원활한 의사소통을 통해 조직의 생산성을 높인다.
- 조직 내 구성원들의 사기를 진작시킨다.
- 조직 생활을 위해 필요한 정보를 전달한다.
- 구성원 간 의견이 다를 경우 설득한다.

③ 의사소통의 중요성
- 구성원들 사이에서 서로에 대한 지각차이를 좁혀 줌
- 선입견을 줄이거나 제거해 주는 수단
- 직장에서 상사나 동료 혹은 부하와 의사소통이 이루어지면 구성원 간 공감이 증가하고, 조직 내 팀워크 향상

④ 의사소통의 종류
- 문서적 의사소통 : 문서이해능력, 문서작성능력
- 언어적 의사소통 : 경청능력, 의사표현능력
- 기초외국어능력

⑤ 의사소통을 저해하는 요소
- '일방적으로 말하고', '일방적으로 듣는' 무책임한 마음 → 의사소통 과정에서 상호작용 부족
- '그래서 하고 싶은 말이 정확히 뭐야' 분명하지 않은 메시지 → 복잡한 메시지, 경쟁적인 메시지
- '말하지 않아도 아는 문화'에 안주하는 마음 → 의사소통에 대한 잘못된 선입견

② 문서이해능력

① 문서이해능력 개념
- 다양한 종류의 문서에서 전달하고자 하는 핵심 내용을 요약, 정리하여 이해하는 능력
- 문서에서 전달하는 정보의 출처를 파악하고, 옳고 그름까지 판단하는 능력

② 일 경험 중 현장에서 요구되는 문서이해능력
- 문서의 내용을 이해하고, 요점을 파악하며 통합할 수 있는 능력
- 문서에서 전달하는 정보를 바탕으로 업무와 관련하여 요구되는 행동이 무엇인지 적절하게 추론하는 능력
- 생산성과 효율성을 높이기 위해 자신이 이해한 업무 지시의 적절성을 판단하는 능력

③ 문서의 종류와 용도
- 공문서 : 정부 혹은 행정기관에서 대내적, 혹은 대외적 공무를 집행하기 위해 작성하는 문서
- 기획서 : 적극적으로 아이디어를 내고 기획한 하나의 프로젝트를 문서 형태로 만들어, 상대방에게 그 내용을 전달하여 기획을 시행하도록 설득하는 문서
- 기안서 : 회사의 업무에 대한 협조를 구하거나 의견을 전달할 때 작성하며 흔히 사내 공문서
- 보고서 : 특정한 일에 관한 현황이나 그 진행 상황 또는 연구 · 검토 결과 등을 보고하고자 할 때 작성하는 문서
- 설명서 : 대개 상품의 특성이나 사물의 성질과 가치, 작동 방법이나 과정을 소비자에게 설명하는 것을 목적으로 작성한 문서
- 보도자료 : 정부 기관이나 기업체, 각종 단체 등이 언론을 상대로 자신들의 정보가 기사로 보도되도록 하기 위해 보내는 자료
- 자기소개서 : 개인의 가정환경과 성장과정, 입사 동기와 근무자세 등을 구체적으로 기술하여 자신을 소개하는 문서
- 비즈니스 레터(e-mail) : 사업상의 이유로 고객이나 단체에 편지를 쓰는 것
- 비즈니스 메모 : 업무상 필요한 중요한 일이나 앞으로 체크해야 할 일이 있을 때 필요한 내용을 메모 형식으로 작성하여 전달하는 글

④ 문서의 이해를 위한 구체적인 절차

1단계
문서의 목적 이해

2단계
문서가 작성된 배경 및 주제 파악

3단계
문서 내의 정보와 현안 문제 파악

4단계
상대방의 욕구 · 의도 및 내게 요구하는 행동에 관한 내용 분석

5단계
목적 달성을 위해 취해야 할 행동을 생각하고 결정

6단계
상대의 의도를 도표나 그림 등으로 메모하여 요약 · 정리

⑤ 문서의 이해를 위해 필요한 사항
- 문서에서 중요한 내용만을 골라 필요한 정보를 획득 · 수집하여 종합하는 능력
- 문서를 읽고 구체적인 절차에 따라 이해하여 정리하는 문서이해능력과 내용종합능력
- 문서를 읽고 나만의 방식으로 소화하여 작성할 수 있는 능력

③ 문서작성능력

① 일 경험에서의 문서 작성
- 일 경험에서의 문서 작성은 업무와 관련하여 조직의 비전을 실현시키는 것
- 개인의 의사표현이나 의사소통을 위한 과정일 수도 있지만 이를 넘어 조직의 사활이 걸린 중요한 업무

② 문서 작성 시 고려 사항
- 대상
- 목적
- 시기 → 개인의 사고력과 표현력을 총동원
- 기대효과

③ 문서 작성 시 주의 사항
- 작성 시기를 정확하게 기입
- 문서 작성 후 반드시 다시 한 번 내용을 검토
- 반드시 필요한 자료 외에는 첨부하지 않음
- 문서내용 중 금액, 수량, 일자 등은 정확하게 기재

④ 경청능력

① 경청
- 경청의 의미 : 상대방이 보내는 메시지 내용에 주의를 기울이고 이해를 위해 노력하는 행동
- 적극적 경청 : 자신이 상대방의 이야기에 주의를 집중하고 있음을 행동을 통해 외적으로 표현하며 듣는 것
- 소극적 경청 : 상대방의 이야기에 특별한 반응을 표현하지 않고 수동적으로 듣는 것

② 경청의 올바른 자세
- 상대를 정면으로 마주하는 자세는 그와 함께 의논할 준비가 되었음을 알리는 자세임
- 손이나 다리를 꼬지 않는 소위 개방적 자세를 취하는 것은 상대에게 마음을 열어놓고 있다는 표시
- 상대방을 향하여 상체를 기울여 다가앉은 자세는 자신이 열심히 듣고 있다는 사실을 강조하는 것
- 우호적인 눈의 접촉을 통해 자신이 관심을 가지고 있다는 사실을 알림
- 비교적 편안한 자세를 취하는 것은 전문가다운 자신만만함과 아울러 편안한 마음을 상대방에게 전하는 것

③ 경청을 방해하는 10가지 요인

짐작하기	대답할 말 준비하기
걸러내기	판단하기
다른 생각하기	조언하기
언쟁하기	자존심 세우기
슬쩍 넘어가기	비위 맞추기

④ 경청 훈련
- 주의 기울이기(바라보기, 듣기, 따라하기)
- 상대방의 경험을 인정하고 더 많은 정보 요청하기
- 정확성을 위해 요약하기
- 개방적인 질문하기
- '왜?'라는 질문 피하기('왜?'라는 말 삼가기)

5 의사표현능력

① 의사표현능력
- 의미 : 말하는 이가 자신의 감정, 사고, 욕구, 바람 등을 상대방에게 효과적으로 전달하는 중요한 기술
- 음성언어 : 입말로 표현하는 구어
- 신체언어 : 신체의 한 부분인 표정, 손짓, 발짓, 몸짓 따위로 표현하는 몸말을 의미

② 종류
- 공식적 말하기 : 사전에 준비된 내용을 대중을 상대로 말하는 것. 연설, 토의, 토론 등이 있음
- 의례적 말하기 : 정치적·문화적 행사에서와 같이 의례 절차에 따라 하는 말하기. 식사, 주례, 회의 등이 있음
- 친교적 말하기 : 매우 친근한 사람들 사이에 가장 자연스런 상태에 떠오르는 대로 주고받는 말하기

③ 의사표현에 영향을 미치는 비언어적 요소
- 연단공포증 : 연단에 섰을 때 가슴이 두근거리고 입술이 타며 식은땀이 나는 생리적 현상으로, 소수인의 심리상태가 아닌, 90% 이상의 사람들이 호소하는 불안
- 말 : 의사표현은 기본적으로 '말하기'이기 때문에 말하는 이가 전달하려는 메시지의 내용만큼이나 '비언어적' 측면 역시 중요
- 몸짓 : 비언어적 요소는 말의 장단, 발음, 속도뿐 아니라 화자의 몸짓, 표정, 신체적 외모 등도 포함
- 유머 : 유머는 우리의 의사표현을 더욱 풍요롭게 도와주지만 하루아침에 우리가 유머를 포함한 의사표현을 할 수 있는 것은 아니며, 평소 일상생활 속에서 부단히 유머 감각을 훈련하여야만 자연스럽게 상황에 맞는 유머를 즉흥적으로 구사할 수 있음

6 기초외국어능력

① 기초외국어능력
- 외국어로 된 간단한 자료 이해
- 외국인과의 전화 응대와 간단한 대화
- 외국인의 의사표현을 이해하고 자신의 의사를 외국어로 표현할 수 있는 능력
- 외국인과 간단하게 이메일이나 팩스로 업무 내용에 대해 상호 소통할 수 있는 정도

② 기초외국어가 필요한 상황
- 전화, 메일 등 의사소통을 위해 외국어를 사용하는 경우
- 매뉴얼, 서류 등 외국어 문서를 이해해야 하는 경우
- 필요한 정보를 얻기 위한 경우

③ 외국인과의 의사소통에서 피해야 할 행동
- 상대를 볼 때 흘겨보거나, 아예 보지 않는 행동
- 팔이나 다리를 꼬는 행동
- 표정 없이 말하는 것
- 대화에 집중하지 않고 다리를 흔들거나 펜을 돌리는 행동
- 맞장구를 치지 않거나, 고개를 끄덕이지 않는 것
- 자료만 보는 행동
- 바르지 못한 자세로 앉는 행동
- 한숨, 하품을 하는 것
- 다른 일을 하면서 듣는 것
- 상대방에게 이름이나 호칭을 어떻게 할지 먼저 묻지 않고 마음대로 부르는 것

수리능력

① 수리능력 개요

① 수리능력의 의미
- 업무상황에서 요구되는 사칙연산과 기초적인 통계를 이해하는 능력
- 도표 또는 자료(데이터)를 정리, 요약하여 의미를 파악하는 능력
- 도표를 이용해서 합리적인 의사결정을 위한 객관적인 판단근거로 제시하는 능력

② 수리능력의 중요성
- 수학적 사고를 통한 문제해결
- 직업세계 변화에 적응
- 실용적 가치의 구현

② 기초연산능력

① 업무 상황에서 필요한 기초적인 사칙연산과 계산방법을 이해하고 활용하는 능력

② 활용
- 업무상 계산을 수행하고 결과를 정리하는 경우
- 업무비용을 측정하는 경우
- 고객과 소비자의 정보를 조사하고 결과를 종합하는 경우
- 조직의 예산안을 작성하는 경우
- 업무수행 경비를 제시하여야 하는 경우
- 다른 상품과 가격비교를 하여야 하는 경우

③ 기초통계능력

① 업무 상황에서 평균, 합계, 빈도와 같은 기초적인 통계기법을 활용하여 자료의 특성과 경향성을 파악하는 능력

② 기능
- 많은 수량적 자료를 처리 가능하고 쉽게 이해할 수 있는 형태로 축소
- 표본을 통해 연구대상 집단의 특성을 유추
- 의사결정의 보조수단
- 관찰 가능한 자료를 통해 논리적으로 어떠한 결론을 추출 · 검증

③ 활용
- 연간 상품 판매실적을 제시하여야 하는 경우
- 업무비용을 다른 조직과 비교하여야 하는 경우
- 상품판매를 위한 지역조사를 하여야 하는 경우 등

4 도표분석능력

① 업무 상황에서 도표(그림, 표, 그래프 등)의 의미를 파악하고, 필요한 정보를 해석하는 능력

② 활용
- 업무수행과정에서 도표로 주어진 자료를 해석하는 경우
- 도표로 제시된 업무비용을 측정하는 경우
- 조직의 생산가동률 변화표를 분석하는 경우
- 계절에 따른 고객의 요구도가 그래프로 제시된 경우
- 경쟁업체와의 시장점유율이 그림으로 제시된 경우 등

5 도표작성능력

① 업무 상황에서 도표(그림, 표, 그래프 등)를 이용하여 결과를 효과적으로 제시하는 능력

② 활용
- 도표를 활용하여 업무 결과를 정리하는 경우
- 업무의 목적에 맞게 계산결과를 묘사하는 경우
- 업무 중 계산을 수행하고 결과를 정리하는 경우
- 업무에 소요되는 비용을 시각화해야 하는 경우
- 고객과 소비자의 정보를 조사하고 결과를 설명하는 경우 등

6 자주 나오는 공식

① 농도

- 소금물의 농도 = $\dfrac{\text{소금의 양}}{\text{소금물의 양}} \times 100(\%)$
- 소금물의 양 = $\dfrac{\text{소금의 양}}{\text{소금물의 농도}} \times 100(\%)$
- 소금의 양 = 소금물의 양 $\times \dfrac{\text{소금물의 농도}}{100}$

② 거리 · 속력 · 시간

- 거리 = 속력 × 시간
- 속력 = $\dfrac{\text{거리}}{\text{시간}}$
- 시간 = $\dfrac{\text{거리}}{\text{속력}}$

③ P, Q 두 사람이 호수를 도는 경우

- 반대 방향으로 돌 때 : P, Q 두 사람이 x분 동안 걸은 거리의 합 = 호수 둘레의 길이
- 같은 방향으로 돌 때 : P, Q 두 사람이 x분 동안 걸은 거리의 차 = 호수 둘레의 길이

④ 일의 양

전체 일의 양을 1로 두고, 두 사람 P, Q가 혼자서 일을 마칠 때 각각 x일, y일이 걸리는 경우
- 하루 동안 P가 혼자서 한 일의 양 $= \dfrac{1}{x}$
- 하루 동안 Q가 혼자서 한 일의 양 $= \dfrac{1}{y}$
- 하루 동안 P와 Q가 한 일의 양 $= \dfrac{1}{x} + \dfrac{1}{y} = \dfrac{x+y}{xy}$

⑤ 시침과 분침의 각도

- x분 동안 분침이 회전한 각도 : $6x$
  ※ 분침은 60분(1시간)에 360°(1바퀴)이므로, 1분에 6° 돌아간다.
- x분 동안 시침이 회전한 각도 : $0.5x$
  ※ 시침은 60분(1시간)에 30°(숫자 1칸)이므로, 1분에 0.5° 돌아간다.

⑥ 이자율

구분	내용
단리	• 원금에 대해 일정 기간 동안 미리 정해 놓은 이자율만큼 이자를 주는 것 • 공식 : $S = a + ar + \cdots + ar = a(1 + rn)$ (S : 원리금 합계, a : 원금, r : 이자율, n : 기간)
복리	• 이자를 원금에 포함시킨 금액(원금 + 이자)에 대한 이자를 주는 것 • 공식 : $S = a(1 + r)(1 + r) \cdots (1 + r) = a(1 + r)^n$ (S : 원리금 합계, a : 원금, r : 이자율, n : 기간

⑦ 평균

- 산술평균 : $\dfrac{a+b}{2}$
- 조화평균 : $\dfrac{2ab}{a+b}$

⑧ 분산과 표준편차

- 분산 : $\dfrac{(편차)^2의\ 총합}{변량의\ 개수}$
- 편차 : (변량 − 평균)
- 표준편차 : $\sqrt{분산}$

⑨ 순열

구분	내용
순열	• 서로 다른 n개에서 r개를 택하여 순서 있게 늘어놓은 것 • $_nP_r = n(n-1)(n-2)(n-3) \cdots (n-r+1) = \dfrac{n!}{(n-r)!}$ (단, $0 \le r \le n$)
중복순열	• 서로 다른 n개에서 중복을 허락하여 r개를 택하는 중복순열의 수 • $_n\Pi_r = \underbrace{n \times n \times \cdots \times n}_{r개} = n^r$
원순열	• n개의 서로 다른 것을 원형으로 배열하는 원형수열의 수 • $\dfrac{_nP_n}{n} = \dfrac{n!}{n} = (n-1)!$
같은 것이 있는 순열	• n개에서 서로 같은 것이 각각 $p, q, \cdots r$개씩 있을 때, n개를 모두 택하여 일렬로 나열하는 순열의 수 • $\dfrac{n!}{p! \times q! \times r!}$ (단, $p+q+\cdots+r=n$)

⑩ 조합

구분	내용
조합	• 서로 다른 n개에서 r를 뽑는 것(순서 상관없이 나열) • $_nC_r = \dfrac{n!}{r!(n-r)!} = \dfrac{_nP_r}{r!}$ (단, $0 \le r \le n$)
중복조합	• 서로 다른 개에서 중복을 허락하여 개를 택하는 중복조합의 수 • $_nH_r = {_{n+r-1}}C_r = \dfrac{(n+r-1)!}{r!(n-1)!}$

⑪ 확률

구분	내용
확률	• 모든 경우의 수에 대한 어떤 사건이 일어날 수 있는 가능성을 수치로 표현한 것을 그 사건의 확률이라 함. 사건 A가 일어날 확률을 P(A)로 나타냄 • P(A) = $\dfrac{\text{사건 } A\text{가 일어날 수 있는 경우의 수}}{\text{일어날 수 있는 모든 경우의 수}}$ (단, $0 \le$ P(A) $\le n$)
여사건의 확률	• 사건 A가 발생하지 않을 사건을 여사건(A^c)이라 할 때, 사건 A가 일어날 확률을 p, 사건 A가 일어나지 않을 확률을 $(1-p)$라 함
조건부 확률	• 두 사건 A, B에 대하여 사건 A가 일어났다고 가정했을 때 사건 B가 일어날 확률을 조건부 확률 P($B|A$)이라 함 • P($B|A$) = $\dfrac{\text{P}(A \cap B)}{\text{P}(A)}$

① 문제해결능력 개요

① 문제의 의미 : 원활한 업무수행을 위해 해결되어야 하는 질문이나 의논 대상을 의미한다. 즉, 해결하기를 원하지만 실제로 해결해야 하는 방법을 모르고 있는 상태나 얻고자 하는 해답이 있지만 그 해답을 얻는 데 필요한 일련의 행동을 알지 못한 상태이다.

② 문제 유형
- 발생형 문제(보이는 문제) : 우리 눈앞에 발생되어 당장 걱정하고 해결하기 위해 고민하는 문제를 의미한다. 문제의 원인이 내재되어 있기 때문에 원인지향적인 문제라고도 한다.
- 탐색형 문제(찾는 문제) : 현재의 상황을 개선하거나 효율을 높이기 위한 문제를 의미한다. 탐색형 문제는 눈에 보이지 않는 문제로, 이를 방치하면 뒤에 큰 손실이 따르거나 결국 해결할 수 없는 문제로 확대되기도 한다.
- 설정형 문제(미래 문제) : 지금까지 해오던 것과 전혀 관계없이 미래 지향적으로 새로운 과제 또는 목표를 설정함에 따라 일어나는 문제로서, 목표 지향적 문제라고 할 수 있다. 따라서 이러한 문제를 해결하는 데에는 많은 창조적인 노력이 요구되기 때문에 창조적 문제라고도 한다.

③ 문제해결의 의미 : 목표와 현상을 분석하고, 이 분석 결과를 토대로 주요과제를 도출하여 바람직한 상태나 기대되는 결과가 나타나도록 최적의 해결안을 찾아 실행·평가하는 활동을 말한다.

④ 문제해결의 기본 요소
- 체계적인 교육훈련 : 고정관념, 편견 등 심리적 타성 및 기존의 패러다임을 극복하고 새로운 아이디어를 효과적으로 낼 수 있는 창조적 문제해결능력에 필요한 스킬을 습득해야 한다.
- 문제해결방법에 대한 지식 : 다양한 문제해결방법에 관한 지식을 습득하고 이를 적절하게 사용할 수 있어야 한다.
- 문제에 관련된 해당 지식 가용성 : 담당 업무에 대한 풍부한 지식과 경험을 통해서 해결하고자 하는 문제에 대한 지식을 갖추고 있어야 한다.
- 문제해결자의 도전의식과 끈기 : 현상에 대한 도전의식과 새로운 것을 추구하려는 자세, 난관에 봉착했을 때 헤쳐 나가려는 태도 등을 갖춰야 한다.
- 문제에 대한 체계적인 접근 : 문제를 조직 전체적인 관점에서 바라보고 체계적으로 접근하여야 한다.

⑤ 문제해결에 필요한 기본적 사고
- 전략적 사고
- 분석적 사고
- 발상의 전환
- 내·외부자원의 효과적 활용

⑥ 문제해결의 장애 요인
- 문제를 철저하게 분석하지 않는 경우
- 고정관념에 얽매이는 경우
- 쉽게 떠오르는 단순한 정보에 의지하는 경우
- 너무 많은 자료를 수집하려고 노력하는 경우

⑦ 문제해결 방법
- 소프트 어프로치 : 조직 구성원들이 같은 문화적 토양을 가지고 이심전심으로 서로를 이해하는 상황을 가정하는 방법이다. 문제해결을 위해서 직접적인 표현이 바람직하지 않다고 여기며, 무언가를 시사하거나 암시를 통하여 의사를 전달하고 기분을 통하게 함으로써 문제해결을 도모한다.
- 하드 어프로치 : 상이한 문화적 토양을 가지고 있는 구성원을 가정하고, 서로의 생각을 직설적으로 주장하고 논쟁이나 협상을 통해 서로의 의견을 조정해 가는 방법이다.
- 퍼실리테이션 : 깊이 있는 커뮤니케이션을 통해 서로의 문제점을 이해하고 공감함으로써 상호 작용이 활발하게 이루어지도록 하여 창조적인 문제해결을 도모한다.
- ※ 퍼실리테이션(facilitation) : 우리말로 '촉진'을 의미하며, 어떤 그룹이나 집단이 의사결정을 잘하도록 도와주는 일

② 사고력

구분	개념	개발방법
창의적 사고	• 발산적(확산적) 사고로서 아이디어가 많고, 다양하고, 독특한 것 • 새롭고 유용한 아이디어를 생산해 내는 정신적인 과정 • 통상적인 것이 아니라 기발하거나 신기하며 독창적인 것 • 유용하고 적절하며 가치가 있어야 함 • 기존의 정보들을 특정한 요구조건에 맞거나 유용하도록 새롭게 조합시킨 것	• 브레인스토밍 • 체크리스트 • NM법 • Synectics법
논리적 사고	• 사고의 전개에 있어서 전후 관계가 일치하는지 살피고, 아이디어를 평가하는 능력 • 생각하는 습관, 상대 논리의 구조화, 구체적인 생각, 타인에 대한 이해, 설득의 5가지 요소 필요	• 피라미드 구조화 방법 • So What 방법
비판적 사고	• 어떤 주제나 주장 등에 대해서 적극적으로 분석하고 종합하며 평가하는 능동적인 사고 • 어떤 논증, 추론, 증거, 가치를 표현한 사례를 타당한 것으로 수용할 것인가 아니면 불합리한 것으로 거절할 것인가에 대한 결정을 내릴 때 요구되는 사고력	• 지적 호기심 • 객관성 • 개방성 • 융통성 • 지적 회의성 • 지적 정직성 • 체계성 • 지속성 • 결단성 • 다른 관점 존중

③ 문제처리능력

① 문제처리능력의 의미 : 다양한 상황에서 발생한 문제의 원인 및 특성을 파악한 뒤 적절한 해결안을 선택, 적용하고 그 결과를 평가하여 피드백하는 능력을 말한다.

② 문제해결과정 5단계

문제 인식 → 문제 도출 → 원인분석 → 해결안 개발 → 실행 및 평가

PART 01

주요 공기업
최신기출 모의고사

CHAPTER

01

의사소통능력

모의고사

20문항/20분

NATIONAL COMPETENCY STANDARD

01 다음 중 한글 맞춤법상 옳은 것만을 바르게 짝지은 것은?

- 낯선 고층 건물들이 즐비한 화려한 도심 야경에 마음이 잠시 들뜨다가도 ㉠웬지 아쉬운 여운이 남는 하루다.
- 한 매체를 통해 국내 시장에 복귀하고 싶지 않다면 ㉡그러던지 하라며 비판하였다.
- 올해 장마는 예년과 같이 연속적으로 비가 내리기보다 ㉢며칠에 한 번씩 띄엄띄엄 내릴 전망이다.
- 이날 오전 허위사실 유포에 의한 명예㉣훼손 혐의로 경찰에 고소장을 접수했다.
- 수면 중 잠에서 깨거나 잠자리에 ㉤든 지 30분 이내에 잠들지 못하는 등 수면에 어려움을 겪고 있다.
- 가장 깨끗하고 엄격하게 관리해야 할 곳에서 ㉥어떡게 그럴 수 있었는지 조사가 필요하다.

---

① ㉠, ㉡, ㉤

② ㉡, ㉢, ㉣

③ ㉡, ㉣, ㉤

④ ㉢, ㉣, ㉤

⑤ ㉢, ㉣, ㉥

02 다음 중 단어의 사용이 적절하지 않은 것은?

- 소모적인 마케팅 과열경쟁을 지양하고 요금과 서비스 경쟁에 매진하는 등 이용자 권익 증진을 위해 힘써야 한다.
- 사이버 공간에 몰입하게 되면 실제 자신과 사이버 공간 속 자신을 혼돈하게 되는 경우가 종종 발생한다.
- 검찰 내부 결재 없이 독립적으로 처분한 근거로 당시 불기소결정서 원문의 일부를 공개했다.
- 향후 펀드 판매 증권사와 은행들은 분기마다 사모펀드의 운용 현황을 점검해야 한다.
- 천연자원 보호를 위해 이 지역은 개발이 제한되어 있다.

---

① 지양

② 혼돈

③ 결재

④ 운용

⑤ 개발

다음 글을 읽고 물음에 답하시오.

보건복지부는 지난 3월에 개정된 「국민건강보험법 시행규칙」 및 「장애인 보조기기 보험급여 기준 등 세부사항」(보건복지부 고시)에 따른 장애인 보청기 급여 제도 개선안이 7월 1일(수)부터 시행된다고 밝혔다. 이번에 시행되는 보청기 급여 제도 개선안은 개별 급여 제품의 적정 가격을 평가한 후 이를 공개하고, 보청기 판매자의 기기 적합 관리를 담보함으로써 청각장애인의 권익을 보호하기 위해 마련되었다. 2015년 보청기 급여 기준 금액이 34만 원에서 131만 원으로 인상된 이후 급여 제품의 판매 가격 역시 함께 상승하고, 일부 판매 업소의 경우 불법 유인·알선을 통해 보청기를 판매한 후 사후 관리 서비스를 제공하지 않는 등 여러 부작용이 발생하였다. (㉠) 이에 보건복지부와 국민건강보험공단에서는 사용자·공급자 대표 및 관련 전문가들과 협의체를 구성하여 보청기 제도 개선안을 수립하였으며, 제도 개선안은 7월부터 순차 시행할 예정이다. 7월 1일부터 시행되는 보청기 급여 제도 개선 내용은 다음과 같다.

1. 제품 개별 가격 고시제 실시 : 보청기 제조·수입업체가 자사 제품을 급여 보청기로 판매하려는 경우 국민건강보험공단 내에 설치된 보청기급여평가위원회의 성능 평가를 통해 적정 가격을 평가(급여 평가)받은 후, 보건복지부장관이 이를 고시하여야 한다. 즉 기존에는 대부분의 경우 보청기 성능 등에 상관없이 급여 기준액인 131만 원에 보청기를 구매한 후 공단에 급여비를 청구했지만, 변경 후에는 개별 제품별 가격 책정으로 꼭 필요한 성능을 갖춘 보청기를 적정 가격에 구매 가능하다. (㉡)

2. 급여 비용 분리 지급 : 올해 7월 1일부터 구매하는 보청기의 경우 제품 검수 확인 후 131만 원 범위 내에서 일시 지급되던 급여금액이 제품 급여(제품 구입에 따른 급여)와 적합 관리 급여(기기 적합 관리에 따른 비용)로 분리되어 급여 단계별로 나누어 지급된다. 이는 급여 금액 산정 내역에 보청기 적합 관리 비용이 포함되어 있음을 명확히 하여 판매 업소의 적합 관리 서비스 제공을 담보하기 위함이다. (㉢)
또한 현재는 누구나 사무실만 갖추면 보청기를 판매할 수 있으나, 제도 개선 후에는 ①보청기 적합 관리 관련 교육을 540시간 이상 이수한 자, ②이비인후과 전문의, ③보청기 적합 관리 경력이 1년 이상이면서 관련 교육을 120시간 이상 이수한 자 중 1인 이상 업소에 근무하고, 업소 내에 ①청력 검사 장비 및 방음 부스를 갖춘 청력 검사실과 ②적합 장비를 갖춘 상담실 등을 구축해야 판매업소로 등록할 수 있다. 등록기준 신설을 통하여 보청기 적합 관리를 제공해야 하는 판매 업소의 전문성이 확보될 것으로 기대된다. (㉣)

03 다음 중 글의 내용과 일치하지 않는 것은?

① 개선된 제도에 의하면 보청기 판매 업소 내에 반드시 적합 장비를 갖춘 청력 검사실과 상담실 등을 구축해야 한다.

② 제품 개별 가격 고시제를 실시하기 이전에는 보청기의 성능 등에 상관없이 급여 기준액에 따라 보청기를 구매했다.

③ 급여 비용을 단계별로 나누어 지급되던 방식을 통합하여 131만 원 범위 내에서 일시 지급되도록 개정했다.

④ 2015년 보청기 급여 기준 금액이 인상된 이후 일부 판매 업소의 사후 관리 서비스 부재 등과 같은 부작용이 발생했다.

04 윗글의 ㉠~㉢ 중 문맥상 〈보기〉의 문장이 삽입될 위치로 가장 적절한 것은?

> **〈보기〉**
>
> 기존 등록 업소의 경우에는 인력 기준은 2021년 12월 31일까지, 시설·장비 기준은 2020년 12월 31일까지 유예기간을 둘 계획이다.

① ㉠   ② ㉡

③ ㉢   ④ ㉣

05 다음 글에 대한 반응으로 적절하지 않은 것은?

> 최근 바이오 소재를 이용한 신재생 에너지는 친환경적이며 고갈될 걱정이 없는 에너지원으로 주목받고 있다. 이른바 '바이오매스 에너지(biomass energy)'라 불리는 이 에너지는 식물체를 태우거나, 이들을 에너지원으로 가공하여 생산되는 에탄올이나 메탄가스, 바이오디젤 등을 가리킨다. 이와 같은 식물계 바이오매스 에너지를 사용할 때에도 이산화탄소가 배출되는 것은 마찬가지지만, 식물계 바이오매스는 생장하면서 광합성을 통해 상당량의 이산화탄소를 흡수한다. 따라서 지구에 남는 이산화탄소의 총량을 따져보면 바이오매스 에너지는 화석 연료에 비해 대기에 미치는 영향이 미미한 탄소중립적 에너지인 셈이다.
>
> 현재 바이오매스 에너지는 주로 옥수수나 사탕수수에서 에탄올, 바이오디젤 등을 얻는 방식, 목재를 연료 형태의 펠릿 등으로 가공해 활용하는 방식, 바이오 에너지 생산 과정에서 나온 폐기물을 재활용하는 방식으로 생산된다. 하지만 이렇게 식용 작물을 바이오매스 에너지원으로 쓰면 사람이 먹을 식량 가격이 오르는 부작용이 생긴다. 목질계 바이오매스의 경우 사람의 식량을 위협하지는 않지만, 공정이 복잡한 데다 산림 파괴를 부추길 우려도 있다.
>
> 이로 인해 최근 관심이 커진 분야가 미세조류를 에너지원으로 활용하는 기술이다. 미세조류는 이산화탄소를 흡수하는 작은 해양 생물체로, 우리가 흔히 아는 클로렐라 등이 이에 속한다. 미세조류는 사람이 먹지 않기 때문에 식량을 둘러싼 윤리 문제에 얽힐 우려가 없고, 지질이 풍부해 바이오디젤을 생산하는 데 적합하다는 장점을 갖고 있다. 또한 바다에서 자라기 때문에 에너지원 확보를 위해 경작지나 산림을 잠식할 일도 없고, 사시사철 어느 때나 빠르게 자란다는 것도 큰 이점이다. 2014년 국내 연구팀은 나노기술을 이용해 클로렐라를 빠르게 대량으로 얻을 수 있는 기술을 개발했다. '통합 미세조류 바이오리파이너리 공정'이라고 불리는 이 기술은 미세조류의 세포벽을 파괴한 뒤 오일 성분을 추출하는 것까지 동시에 진행할 수 있는 단일 공정이다.

① A : 바다에서 사는 작은 해양 생물체인 미세조류는 이산화탄소를 흡수하고, 계절과 관계없이 빠르게 자라는구나.

② B : 목질계 바이오매스의 경우 산림 파괴의 위험이 있는 데다가 공정도 비교적 복잡하구나.

③ C : 국내 연구팀이 개발한 클로렐라 대량 생산 기술은 단일 공정으로 미세조류의 오일 성분까지 추출할 수 있는 기술이구나.

④ D : 바이오매스는 고갈될 염려가 없으며, 특히 식물계 바이오매스의 경우 화석연료와는 달리 이산화탄소가 전혀 배출되지 않는구나.

⑤ E : 바이오매스 에너지원으로 식용 작물을 사용할 경우 사람이 먹을 식량의 가격이 오르는 부작용이 생기는구나.

06 다음은 국민건강보험공단의 지역사회 통합 돌봄 서비스에 관한 기사이다. 이 기사를 보고 파악한 내용으로 옳은 것은?

> 행복한 노후란 사랑하는 이들과 함께 지낼 수 있는 삶일 것이다. 고령화 시대를 맞이해 국민건강보험공단은 노인들이 가족 및 이웃과 살아 갈 수 있는 환경 조성을 위해 노력하고 있다.
>
> 그 예로는 '지역사회 통합 돌봄 서비스'가 대표적이다. 지역사회 통합 돌봄 서비스란 노인이 요양병원이나 요양시설에 들어가는 대신 살던 곳에서 자립적인 생활을 할 수 있도록 정부가 복지와 의료 서비스를 제공하는 사업이다. 지역사회 통합 돌봄 서비스는 주거 지원, 방문 건강 관리 및 방문 의료, 재가 요양 및 돌봄 서비스 등을 맞춤으로 제공한다. 국민건강보험공단은 올해 7월부터 요양병원 등 의료기관에서 퇴원하는 장기요양수급자와 요양시설 이용자 중 자택 복귀 희망자를 대상으로 지역사회 통합 돌봄 서비스를 실시하고 있다.
>
> 기존에는 요양병원 환자지원팀이 퇴원 예정 환자에게 필요한 지역사회 서비스 목록을 작성하여 지자체에 팩스로 전달하는 방식으로 지자체와 요양병원 사이의 소통이 이루어졌다. 그래서 업무 처리 시간이 많이 소요되었을 뿐만 아니라, 요양병원 측에서는 지역사회 서비스에 대한 정보도 부족했기 때문에 환자에게 적합한 서비스를 제공하는 데에도 어려움이 있었다. 국민건강보험공단은 이러한 문제를 해결하고 요양병원 입원 환자의 퇴원 후 지역사회 자원 연계 업무를 효율화하기 위해 국민건강보험공단 요양기관 정보마당에 '요양병원－지자체 연계 시스템'을 구축하여 운영하기 시작하였다. 요양병원－지자체 연계 시스템은 요양병원 환자지원팀이 퇴원 후 지역사회 자원 연계가 필요한 환자의 퇴원지원표준계획서를 지자체에 의뢰하고, 지자체가 환자에게 필요한 서비스 목록을 요양병원으로 회신하는 시스템이다. 또한 요양병원 퇴원이 예정된 장기요양수급자의 경우 동 시스템을 통해 지자체 외 노인장기요양보험 운영센터로도 연계하여 상담을 받을 수 있도록 하였다.
>
> 또한 국민건강보험공단은 보다 적극적으로 자택 복귀가 이뤄질 수 있도록 빅 데이터를 활용해 장기 입원 중인 환자 수요를 발굴하고 있다. 여기에 수급자에게 필요한 요양, 목욕, 간호 등 재가급여 서비스 이외에 주거, 식사, 이동 지원 등 별도로 필요한 서비스들도 추가로 확인해 지자체에 전달하면서 행복한 자택 복귀가 이뤄질 수 있도록 노력하고 있다. 앞으로 국민건강보험공단은 요양병원 이외에도 급성기 병원 퇴원 환자와 요양시설 입소자에 대해서도 상담을 통해 통합 돌봄을 적극 안내해 자택 복귀를 지원할 예정이다.
>
> 이외에도 국민건강보험공단은 행복한 노후의 조건이 '행복한 마을'이라는 취지 아래 전국 곳곳에 '우리 동네 마을 관리소'를 설치하고 있다. 저소득 노인 인구 밀집 지역에서는 마을의 주민들이 주체가 돼 스스로 마을을 재생할 수 있도록 지원하는 사업이다. 이를 위해 지역 주민으로 구성된 마을 활동가를 지킴이로 선정해 마을 순찰, 생활 환경 개선 및 재난 위험 관리, 독거노인 안부 확인, 주민 생활 편의 등을 제공하며, 50여 종의 생활 공구와 목발, 보행 보조기 등을 무료로 대여해 준다. 또 지역 주민들의 건강한 삶을 위해 건강보험제도 안내, 간단한 집수리, 마을 환경 정비 등을 지역사회 자원과 연계해 운영한다.

① 노인 인구가 밀집된 일부 지역에서는 지역 주민으로 구성된 마을 활동가들이 저소득 취약 계층에 건강 보험료를 지원하고 있다.

② 국민건강보험공단은 지역사회 통합 돌봄 서비스를 통해 요양병원 등 의료기관을 장기간 이용한 환자들의 퇴원 절차를 간소화하였다.

③ '요양병원－지자체 연계 시스템' 도입 이전에는 지자체에서 직접 지역사회 서비스에 대한 환자들의 수요를 파악해야 한다는 한계가 있었다.

④ 현재 지역사회 통합 돌봄 서비스는 노인들이 자택에서 의료 서비스를 제공받을 수 있도록 지원하고 있다.

다음 (가)~(마)를 문맥상 전개 순서에 맞게 배열한 것은?

(가) 그랬던 영국이 점차 쇠락해 독일에게 전쟁에서도 밀리는 지경이 된 것이다. 게다가 독일에 맞서는 연합국의 주도권 역시 신흥 강대국인 미국에 빼앗겨 버린 실정이었다. 이러한 상황에서 당시 영국의 지도자였던 윈스턴 처칠은 영국 국민들에게 희망의 메시지를 던져주고 싶었다. 그 결과 처칠이 설계한 희망의 메시지는 복지국가였다. 하지만 보수당 출신으로 복지에 대해 별다른 식견이 없었던 처칠은 이 문제를 혼자 해결해 나갈 수 없었다. 결국 처칠은 노동당 소속의 경제학자 윌리엄 베버리지에게 도움을 청했다.

(나) 베버리지는 처칠의 요청을 받아들여 노동부 차관으로 임명된 뒤, 영국의 100년 후 미래를 내다보는 거대한 계획을 세우기 시작했다. 베버리지는 정권과 총리가 바뀌어도 결코 변하지 않을 영국의 뼈대를 한 권의 책에 다 담고자 했다. 그 책이 바로 현대 자본주의 역사상 가장 위대한 '복지의 바이블'로 불리는 〈베버리지 보고서〉이다. 베버리지는 이 보고서에서 국가가 국민들에게 완벽한 의료 및 교육을 제공하고, 모든 국민이 어떤 경우에도 빈곤에 빠지지 않는 강력한 복지 시스템을 설계해 나갔다.

(다) 강력한 복지정책을 바탕으로 유럽은 1970년대 석유파동이 나기 전까지 '영광의 30년'이라는 엄청난 경제 호황을 누렸다. 현재까지도 베버리지 보고서의 원본대로 영국이 고수하고 있는 복지 정책이 하나 있다. 바로 NHS(National Health Service)라고 불리는 영국 특유의 의료보험 시스템이다. NHS는 모든 영국 국민들이 무료로 병원에서 치료를 받을 수 있도록 설계된 의료보험 시스템이다. 이 시스템에 의하면 국민들의 치료비는 모두 국가에서 제공한다. 현재 영국 말고도 북유럽의 복지국가들은 대부분 영국의 NHS와 같은 의료보험 시스템을 유지하고 있다.

(라) 보고서가 완성되었을 당시 영국 내각에서는 보고서의 공표를 둘러싸고 격론이 일어났지만, 우여곡절 끝에 이 보고서는 영국 정부의 중심 과제로 채택됐다. 그리고 보고서를 바탕으로 강력한 복지 정책을 실시한 덕에 영국은 '요람에서 무덤까지', 즉 태어나서 죽을 때까지 국가가 국민의 삶을 보호한다는 복지국가의 원조에 오른다. 보고서 이후 베버리지의 철학은 전 유럽으로 번져 나갔고, 유럽은 전쟁의 참상을 딛고 풍요로운 땅으로 재건됐다.

(마) 2차 세계대전이 한창이던 1940년대 초, 독일군은 연이은 폭격으로 영국에 막대한 피해를 입혔다. 영국 국민들은 독일군에게 본토가 점령당할 위험에 수차례 노출되자 크나큰 혼란에 빠져들었다. 1800년대까지만 해도 영국은 대영제국이라는 말을 들을 정도로 압도적인 세계 최강대국이었다. 얼마나 많은 식민지를 거느리고 있었는지 '해가 지지 않는 제국'이라는 별칭까지 얻을 정도였다. 즉, 영국의 지배자가 곧 세계의 지배자였다.

① (나) – (다) – (마) – (가) – (라)

② (나) – (라) – (다) – (가) – (나)

③ (마) – (가) – (다) – (나) – (라)

④ (마) – (가) – (나) – (라) – (다)

다음 글을 읽고 이어지는 물음에 답하시오.

지진해일(이하 쓰나미)은 해양 지각이 상승하거나 하강하면서 해수면을 높이거나 낮추어서 파도를 발생시키고 이 파도가 연안으로 접근하면서 바닷물이 육지를 덮는 현상이다. 따라서 수심이 깊은 곳에서 큰 요동이 발생하면 해안가에서는 출렁이는 바닷물이 모두 밀려와 파도가 급격히 높아지게 된다. 쓰나미는 화산분화나 해저 산사태 등으로 발생하지만 대부분은 지진의 여파다. 규모 7.5 이상의 지진이 발생해야 쓰나미가 일어나는데 이는 지각을 크게 흔들어 해안까지 바닷물을 보낼 정도이다. 하지만 규모 6.5 지진에서도 2차적인 요인이 더해지면 쓰나미가 발생하기도 한다. (㉠)

기상청 분석에 따르면 동해안 해안가에 규모 6.6 이상 지진이 발생하면 한반도에 0.5m 높이의 쓰나미가 발생할 것으로 예측되며, 수심이 낮아 규모가 큰 지진이 발생하기 어려운 서해에서는 규모 7.2 이상 지진이 발생하면 한반도에 0.5m 높이의 쓰나미가 발생할 것으로 예측된다. (㉡) 한반도 주변은 규모 6.6 이상 지진이 발생할 가능성이 크지는 않다. 따라서 쓰나미가 발생 가능성도 높지는 않다.

(㉢) 하지만 동해의 동쪽 끝이자 일본 서쪽 해안은 경계지역으로 한반도 주변에서 규모가 큰 지진이 발생할 가능성이 가장 큰 지역이다. 이 지역에서 규모 7.5~7.8 이상 지진이 발생하면 한반도에 영향을 주는 것으로 분석되었다. (㉣) 가장 최근에 발생한 쓰나미는 1993년 규모 7.8의 지진으로 인해 동해안에 발생한 최대 높이 3m의 쓰나미이다. 그 다음은 1983년에 규모 7.7의 지진이 일으킨 쓰나미로 2~5m의 높은 파고가 70km 해안에 걸쳐 발생했다. 이 쓰나미로 인해 1명이 사망하고 2명이 실종되는 등 인명피해가 발생했다. (㉤)

---

08 다음 중 글의 내용과 일치하지 않는 것은?

① 쓰나미가 발생하는 대부분의 이유는 지진의 여파 때문이다.
② 서해는 수심이 낮아 규모가 큰 지진이 발생하기 어렵다.
③ 한반도 주변에서 규모가 큰 지진이 발생할 가능성이 가장 큰 지역은 서해의 끝이다.
④ 가장 최근에 발생한 쓰나미는 1993년에 발생한 쓰나미이다.
⑤ 1983년에 발생한 쓰나미는 인명피해를 초래하였다.

09 ㉠~㉤ 중 문맥상 〈보기〉의 문장이 삽입될 위치로 가장 적절한 것은?

〈보기〉

실제로 이 지역에 지진이 발생하며 한반도가 쓰나미를 겪은 사례가 1900년대 네 차례 있었다.

① ㉠   ② ㉡
③ ㉢   ④ ㉣
⑤ ㉤

다음 글을 읽고 물음에 답하시오.

코로나 19 팬데믹 시대에 대부분의 산업이 '코로나 불황기'를 거치고 있는 와중에 물류산업은 전례 없는 호황기를 누리고 있다. 지난해 택배 물동량은 전년 대비 21% 증가한 33.7억 박스를 기록했으며, 매출액 또한 전년 대비 19% 증가한 7.5조 원을 넘었다. 신규 등록 물류센터 수도 2018년 254개에서 2020년 720개로 대폭 증가했다. 1인 가구 증가와 베이비붐 세대가 온라인 시장으로 진입하며 나타난 소비 트렌드 변화가 물류산업의 성장을 견인했으며, 이커머스의 급속 성장도 물류산업 성장에 영향을 끼친 것으로 나타났다. 또한 최근 업계에서 자사의 인력과 시설을 활용하는 1PL 물류 체계에서 벗어나 제3의 물류 전문 기업에게 물류 사업을 이관하는 3PL에 대한 수요가 늘어나고 있어 이 또한 물류산업 호황세에 도움을 주고 있다.

한편, 물류산업의 호황에도 불구하고 업계에서는 산업 전망에 대한 우려의 목소리도 제기되었다. (　　　　　　　　　　　　) 물류센터의 공급과잉은 비대면 소비 패턴 고착과 D2C 트렌드의 부상으로 물류센터의 수요가 지속적으로 증가할 전망임에 따라 해결될 수 있다고 관측했으며, 수도권을 중심으로 한 집중 분포의 우려는 물류센터의 인허가 규제 강화 등의 이유로 해소되고 있다. 더불어 최근 들어 물류에서 큰 비중을 차지하는 온라인 식품배송 업체들이 새벽배송 등 신선식품 유통망을 점차 전국으로 확대하면서 물류센터의 지역 분산은 더욱 가속화될 것으로 기대된다.

10　다음 중 글의 내용과 일치하는 것은?

① 대부분의 산업은 코로나 19 팬데믹 시대에 전례 없는 호황기를 누리고 있다.
② 택배 물동량과 매출액은 전년 대비 모두 감소하였다.
③ 최근 1PL에 대한 수요가 늘어나고 있다.
④ 물류센터의 집중 분포에 대한 우려는 정책 등의 이유로 점점 해소되고 있다.
⑤ 최근 들어 새벽배송 등 신선식품 유통망은 점차 축소되고 있다.

11　다음 중 빈칸에 들어갈 문장으로 가장 적절한 것은?

① 택배 물품과 포장지에서 양성 반응이 나오더라고 인체 감염으로까지 이어지기는 쉽지 않다.
② 대표적으로 공급과잉의 우려, 집중 분포의 우려, 시설 전환의 우려가 제시되었다.
③ 코로나 19 팬데믹으로 택시 기사 상당수가 배달이나 택배업 등으로 옮겨갔다.
④ 택배 물량이 21% 넘게 급증했지만 그만큼의 이익을 내지 못했다.
⑤ 인공지능으로 택배 처리 효율을 10% 끌어올렸다.

12 다음 글의 내용과 일치하지 않는 것은?

> 깨끗하고 안전한 신재생에너지로의 전환을 목표로 삼고 있지만 신재생에너지인 풍력과 태양광 그 어느 에너지원도 부지 문제에서 자유롭지 못하고, 이로 인해 보급 확대에 어려움을 겪고 있다. 실제 한반도를 기준으로 풍력발전을 설치할 수 있는 부지는 비교적 평탄해 풍향이 좋은 호남권과 해안가 일부, 산지의 경우 경북 내륙과 태백산맥 정도로 좁혀진다. 하지만 태백산맥은 이미 설치된 풍력단지 외에는 대부분 생태우수지역과 맞물려 있어 풍력발전 설치에 어려움이 따르고, 해안가도 경관 등 규제로 인해 발전소 부지 찾기가 쉽지 않다. 환경성은 풍력업계가 이전부터 고민해온 항목이다. 육상풍력의 경우 발전시설 설치를 위해 일부 벌목 등 산림 훼손이 있을 수 있는데, 업계에서는 공사 간 환경피해를 최소화하려는 노력을 해왔다는 입장이다. 주민 수용성 역시 사업설명회 등을 통해 이해의 과정을 가져왔고, 특히 보상이 필요한 경우 사업비의 상당 부분을 차지하는 보상금이 지급되기도 했다. 태양광도 상황은 비슷하다. 투기세력이 발전사업자에 앞서 부지 매입에 나서고 있고, 기초지자체들의 이격거리 규제로 발전소 구축을 위한 부지 확보가 쉽지 않다. 중소 태양광발전 업체 관계자는 "가장 문제가 되는 부분인 이격거리*를 차치하더라도 부지 매입 비용이 너무 올라 사업 추진부터 어려움에 직면하고 있다"고 말했다.
>
> 환경부는 환경영향평가와 발전 사업을 모두 만족시킬 수 있는 방안으로 계획입지제를 제도화하기 위한 환경영향평가법 등 관련 규정을 개정할 방침이다. 산업부도 지난해부터 계획입지제 도입을 강조하고 있다. 다만 계획입지제는 지자체와 중앙부처간 긴밀한 업무협의가 필요하다.
>
> ※ 이격거리 : 송전과 배전 선로에서 두 개의 도체 사이, 한 개의 도체와 지지물 같은 기타 구조재 사이, 도체와 대지 사이의 안정성을 보장하기 위하여 띄워 놓는 거리를 뜻한다.

① 풍력업계는 사업설명회를 통해 주민 수용성을 고려하고 보상금을 지불하는 등 상호 이해 노력을 해 왔다.

② 풍력발전의 경우 산에 설치하기엔 생태우수지역과 맞물리고 해안에 설치하기엔 경관 관련 규제와 맞물려 설치가 쉽지 않다.

③ 한반도 기준 호남권, 경북 내륙, 태백산맥 외엔 풍력 · 태양광발전을 설치 가능한 부지가 마땅치 않다.

④ 지자체들의 이격거리 규제와 투기세력의 부지 매입을 통한 부지 비용 상승 등이 태양광발전 사업 추진 시 난제로 작용하고 있다.

13 다음 중 ⊙에 들어갈 문장으로 가장 적절한 것은?

재활로봇은 재활치료 및 일상생활을 돕는 로봇을 말하는데, 최근 노인 및 신체 활동이 불편한 사람을 대상으로 생활을 보조하고 신체 활동 회복에 기여할 수 있는 새로운 대안으로 주목받고 있다. 재활로봇은 사람과 달리 지치지 않아 설정한 치료를 지속적이고 일관적으로 제공할 수 있고, 센서를 이용해서 객관적인 회복량에 대한 데이터를 수집할 수 있다. 인간이 수행하던 재활치료를 보완하고 대체해 인력 부족 문제를 해결할 뿐만 아니라 보다 정교하고 지속적인 치료를 통한 재활의 질적 향상까지 도모가 가능하다는 측면에서 재활로봇에 대한 수요가 확대되는 추세이다.

이미 상용화를 앞둔 국내 기술도 있다. 손에 마비가 있는 사람이 착용만 하면 손가락을 쉽게 움직일 수 있는 장갑이다. 이 장갑의 이름은 '엑소 글러브 폴리(Exo Glove Poly)'로, 손이 마비되거나 근육이 손상된 사람이 외부 동력의 힘을 빌릴 수 있게 한다. 가벼운 통조림은 물론 1kg이 넘는 추도 들어 올릴 수 있고, 문고리를 돌려 문을 열 수도 있다. 엑소 글러브 폴리는 힘을 전달하는 와이어와 폴리머 소재의 장갑으로 이루어져 있다. 폴리머 재질로 만들어졌기 때문에 물에 닿거나 심지어 물속에 넣어도 망가지지 않는다. 착용감이 편안하고, 소독도 쉽다. 엄지와 검지, 중지에 착용할 수 있는 3개의 손가락이 있고, 사용자의 손 크기에 맞게 사이즈를 조정할 수 있어 누구나 착용할 수 있다. 폴리머 소재를 이용한 이유는 또 있다. (⊙   ) 그래서 사용자의 심리적 부담감을 해소하기 위해 저렴한 폴리머를 손 모양 그대로 밀착되는 장갑 형태로 만든 것이다.

① AI 기술 등과 결합된 로봇 손은 사람의 다양한 활동 능력을 끌어올리는 데 큰 도움을 줄 것으로 전망된다.

② 신체가 불편한 환자들은 값이 비싸고 미관상 어색하다는 이유로 동력으로 움직이는 의족이나 의수를 착용하기 꺼린다.

③ 장갑을 끼고 물체를 잡는 등의 활동을 하면 장갑에 설치된 약 550여 개의 센서가 물체에 대한 자세한 정보를 수집한다.

④ 사람들이 집게손가락의 중간 관절을 사용할 때는 거의 엄지손가락을 사용하지 않는다거나 검지와 가운뎃손가락의 끝은 항상 엄지손가락과 사용한다.

다음 글을 읽고 이어지는 물음에 답하시오.

오늘날 대부분의 국가에서는, 국민들의 건강생활을 보장하기 위한 사회보장의 한 수단으로서 국가에 의하여 공적건강보험제도가 운영되고 있으며, 보험회사 등의 민간보험관리단체에 의해서도 건강의 상실을 보험 사고로 간주하여 보험급여를 제공하는 민영건강보험제도가 영위되고 있다. 이와 같이 국가와 보험회사 등에 의하여 운영되는 건강보험은 국민들이 건강한 생활을 유지하는 데 없어서는 안 될 중요한 제도로 자리 잡고 있다.

최초의 건강보험제도는 질병이나 상해를 원인으로 하여 발생한 노동자의 노동력 상실과 그로 인한 임금의 상실에 대응하기 위한 목적으로 (ⓐ)되었는데, 손상된 노동력의 회복을 위해서 의료 급여 내지는 요양 급여를 제공하는 한편, 상실한 소득의 회복을 위해서 상병수당금을 지급하는 등 노동자들이 질병이나 상해로 인하여 입은 신체적 · 정신적인 손상뿐만 아니라 그로 인한 경제적 손실까지도 보상해 주는 제도였다.

이처럼 노동자의 질병이나 상해에 (ⓑ)하기 위하여 도입된 건강보험제도는, 점차 제도가 발전되어 감에 따라 그 적용 대상이 노동자에서 국민 전체로 확대되어 오늘날에는 전 국민을 대상으로 하는 사회보장제도로 정착하게 되었다. 그러므로 본래 의미의 건강보험제도는 국민들의 질병이나 상해에 대하여 의료 급여나 요양 급여를 제공하고, 또한 그로 인하여 소득을 상실하였을 때는 상실한 소득을 보상해 주는 제도라고 할 수 있을 것이다.

건강보험을 운영주체에 따라 분류하면, 국가나 지방자치단체 등의 공영보험관리기관이 운영하는 공적건강보험과 민간보험회사나 공제조합 등의 민간보험관리기관이 운영하는 민영건강보험으로 분류할 수 있으며, 공적건강보험은 다시 재원조달방식에 따라, 국민들이 갹출한 보험료를 재원으로 하여 국민들에게 보험 급여를 제공하는 사회보험방식과 국민들이 납부한 세금을 재원으로 하여 국민들에게 공적의료서비스를 제공하는 조세방식으로 분류할 수 있다.

사회보험방식은 국가가 국민을 건강보험에 강제적으로 가입하게 하고, 국민들이 갹출한 보험료를 재원으로 국민들에게 보험 급여를 제공하는 방식을 말한다. 우리나라와 일본, 프랑스 등과 같이 모든 국민이 강제적으로 공적건강보험에 가입하는 방식을 (ⓒ)하고 있는 국가가 있는 반면에, 미국과 같이 65세 이상의 고령자와 장애인 등만을 대상으로 하거나, 독일과 같이 소득이 높은 일부 계층이나 자영업자 등을 제외한 국민을 대상으로 하는 등 일부 국민에 한정하여 공적건강보험제도를 운영하는 국가도 있다. 또한 네덜란드 등과 같이 공적건강보험이나 민영건강보험 중에서 자신의 판단에 따라 선택적으로 가입할 수 있도록 공적건강보험에의 가입에 선택권을 주는 경우 등 국가에 따라 여러 가지 형태로 운영되고 있다.

조세방식은 국가가 국민들이 납부한 국세와 지방세를 재원으로 의료 비용을 (ⓓ)하여 전 국민을 대상으로 의료서비스를 제공하는 것을 원칙으로 하는 방식이다. 이 방식은 대체적으로 재원의 대부분이 국민들이 납부하는 세금으로 조달되고 의료서비스 제공체계도 국가의 책임하에 조직화되어 있으므로, 전 국민이 모두 동등한 의료서비스 혜택을 받을 수 있다. 이러한 방식을 채택하고 있는 대표적인 국가로는 영국과 스웨덴 등을 예로 들 수 있는데, 영국은 1946년에 제정된 국민보건서비스법에 의하여 대부분의 병원을 국유화함으로써 의료의 사회화를 이룩하였고, 스웨덴의 경우는 제2차 세계대전 후 의료공영제를 실시하고 주 정부의 부담으로 재원을 마련하여 전 국민을 대상으로 의료보장서비스를 제공하고 있다. 조세방식은 재원이 되는 세금의 종류에 따라 분류되기도 하는데, 영국이나 이탈리아, 스페인 등의 국가에서는 국세를 재원으로 운영하고 있고, 스웨덴과 덴마크 등의 국가에서는 지방세를 재원으로 운영하고 있다.

14 다음 중 글의 내용과 일치하는 것은?

① 사회보험방식하에서는 모든 국민들이 동일한 보험료를 납부한다.

② 건강보험제도의 초기 단계에는 신체적 손상에 대한 보상만 제공되었다.

③ 우리나라에서는 모든 국민이 강제적으로 건강보험에 가입하도록 하고 있다.

④ 조세방식은 소득 수준에 따라 차별적인 의료 서비스를 제공하는 방식을 말한다.

15 다음 중 ⓐ~ⓓ에 들어갈 단어로 적절하지 않은 것은?

① ⓐ : 도출

② ⓑ : 대응

③ ⓒ : 채택

④ ⓓ : 조달

16 다음 주어진 속담과 유사한 의미를 가진 속담을 고른 것은?

> 입추의 여지도 없다.

① 봄비에 얼음 녹듯 한다.
② 우물에서 숭늉 찾는다.
③ 발 들여놓을 틈도 없다.
④ 칠 년 가뭄에 하루 쓸 날 없다.

17 다음 중 [표준발음법 제5항]에 따른 발음으로 적절하지 않은 것은?

> 'ㅑ, ㅒ, ㅕ, ㅖ, ㅘ, ㅙ, ㅛ, ㅝ, ㅞ, ㅠ, ㅢ'는 이중 모음으로 발음한다.
>
> 다만 1. 용언의 활용형에 나타나는 '져, 쪄, 쳐'는 [저, 쩌, 처]로 발음한다.
> 다만 2. '예, 례' 이외의 'ㅖ'는 [ㅔ]로도 발음한다.
> 다만 3. 자음을 첫소리로 가지고 있는 음절의 'ㅢ'는 [ㅣ]로 발음한다.
> 다만 4. 단어의 첫음절 이외의 '의'는 [ㅣ]로, 조사 '의'는 [ㅔ]로 발음함도 허용한다.

① 개폐[개폐]   ② 다쳐[다처]
③ 무늬[무늬]   ④ 쪄[쩌]
⑤ 계시다[게시다]

18 다음 중 글의 내용과 일치하는 것은?

프로스트(Frost, 1992)는 미국의 어린이 놀이터 발전과정을 세 가지 시기로 구분하였다. 첫째, 1910~50년 대에는 '제품화된 놀이기구 시기'로서, 이 시기에는 놀이기구 제조업체에서 나무, 강철, 쇠 등을 가지고 미끄럼틀, 그네, 시소 등과 같은 전형적인 놀이시설물을 만들어 공원, 학교, 주택가 빈터에 놀이터를 설치하였다. 둘째, 1950~60년대는 '신기한 놀이기구 시기'로서 놀이터 발전 과정 중에 가장 획기적인 시기이며, 이 시기에는 놀이기구를 환상적이고 신기한 구조물로 만들었다. 로켓모형의 놀이기구, 두 가지 이상의 놀이기구가 부착된 복합놀이 시설물이 등장한 시기이기도 하다. 셋째, 1970~80년대에는 '현대적 시기'로서, 이 시기에는 여러 종류의 놀이기구가 부착된 모듈방식의 조립 놀이기구가 유행했고, 나무와 비닐 가공 처리된 강철을 사용한 놀이기구가 많이 제작되었다. 특히 안전에 대한 관심이 많아지면서 위험하지 않은 기구 위주로 설치되었다.

또한 프로스트(Frost, 1986)는 어린이 놀이터의 유형을 놀이 목적에 따라서도 전통적 놀이터, 근린 놀이터, 창조 놀이터, 모험 놀이터의 네 가지 유형으로 분류하였다. 각 놀이터의 특징은 다음과 같다.

첫째, 전통 놀이터(Traditional Playground)는 그네, 미끄럼틀, 시소, 기어오름대와 같이 철제 고정시설물이 질서 정연하게 설치되어 있는 놀이터를 말한다. 주변에서 쉽게 찾아볼 수 있는 놀이터지만, 주로 단조롭고 반복적인 운동놀이 경험만을 제공하고 탐색적이고 도전적인 놀이 경험을 충분히 제공하지 못하는 단점이 있어서 어린이의 관심이나 흥미를 끌지 못한다.

둘째, 현대식 놀이터(Contemporary Playground)는 전문 건축가나 디자이너가 나무, 돌, 콘크리트나 기타 건축 재료를 사용해서 미적으로 조성해 놓은 놀이터이다. 이 놀이터는 일반적으로 다른 건축물과의 조화를 이루도록 구성해 놓은 경우가 많은데, 어른들의 눈을 즐겁게 해 줄지는 모르나 어린이의 놀이 욕구가 반영되지 못해서 어린이 놀이터로서 부적절한 요소가 많이 내포되어 있다.

셋째, 창조적 놀이터(Creative Playground)는 형식적인 전통 놀이터와 비형식적인 모험 놀이터가 절충된 반 형식적 놀이터이다. 여러 가지 고정시설물 이외에 타이어, 목재, PVC파이프 등과 같은 이동기구를 제공하여 어린이 스스로 놀이기구를 창조할 수 있도록 계획된 놀이터이다. 놀이기구나 시설물의 형태가 어린이의 의도에 따라 변경될 수 있기 때문에 어린이로 하여금 변화를 느끼고 흥미를 계속 유지하게 할 수 있다.

넷째, 모험 놀이터(Adventure Playground)는 완성된 놀이터가 아니라 어린이들이 창조하여 완성시키는 특수한 놀이터이다. 놀이터 내에 헌 타이어, 나무토막, 자갈, 모래 등의 고물이나 부서진 물건을 두어 어린이들이 자유자재로 쌓고 허물면서 놀거나 놀이지도자의 보호 아래 건축자재로 집 또는 진지를 짓거나 굴파기, 모닥불 놀이, 동·식물 키우기 등의 다양한 놀이를 자유롭게 할 수 있는 놀이터이다. 1943년 덴마크에서 조경건축가인 쇠렌센이 어린이들이 공사장에서 여러 건축 자재를 가지고 창의적으로 구성하는 놀이를 선호하는 점에 착안하여 어린이에게 자유, 모험, 창조의 기회를 제공하는 놀이터를 만든 것이 최초의 모험 놀이터이다.

① 1943년 덴마크의 한 조경건축가에 의해 탄생한 창조적 놀이터는 어린이들의 창의력을 바탕으로 다양한 놀이가 자유자재로 이루어질 수 있도록 조성되었다.

② 전통 놀이터는 주로 단순하고 반복적인 운동놀이로 구성되어 있지만 어린이들에게 큰 관심과 흥미를 유발한다는 장점이 있다.

③ 1950~60년대는 두 가지 이상의 기구가 부착된 복합놀이 시설물이 등장하였고, 안전에 대한 관심이 많아지면서 위험하지 않은 놀이기구가 선호되었다.

④ 현대식 놀이터는 외관상 미적으로 우수할 뿐만 아니라 어린이의 놀이 욕구를 충분히 반영하기 때문에 어린이 놀이터로서 적절하다고 평가받는다.

⑤ 1910~50년대는 제품화된 놀이기구 시기로서 주로 공원, 학교, 주택가 빈터에 놀이터가 많이 설치되었다.

19 문단 (가)~(마)를 맥락에 맞게 배열한 것은?

(가) 두 번째로 제4차 산업혁명으로 인해 고용구조의 변화가 나타날 것이다. 즉, 제4차 산업혁명을 야기하는 과학기술적 주요 변화 동인이 미래사회의 고용구조인 일자리 지형을 변화시킨다는 것이다. 특히 자동화 기술 및 컴퓨터 연산기술의 향상 등은 단순·반복적인 사무행정직이나 저숙련 업무와 관련된 일자리에 직접적으로 영향을 미쳐 고용률을 감소시킬 것으로 예측되고 있다. 옥스퍼드 대학의 Martin School이 진행한 컴퓨터화 및 자동화로 인해 미래에 사라질 가능성이 높은 직업에 대한 연구에 따르면, 현재 직업의 47%가 20년 이내에 사라질 가능성이 높은 것으로 도출되었다.

(나) 그러나 일자리 지형 변화와 관련하여 부정적인 측면만 있는 것은 아니다. 제4차 산업혁명과 관련된 기술 직군 및 산업 분야에서 새로운 일자리가 등장하고, 고숙련 노동자에 대한 수요가 증가할 것이라는 예측도 존재한다. 특히 산업계에서는 인공지능, 빅데이터 및 산업로봇 등 제4차 산업혁명의 주요 변화 동인과 관련성이 높은 기술 분야에서 200만 개의 새로운 일자리가 창출되고, 그중 65%는 신생직업이 될 것이라는 전망도 있다. 또한 독일 제조업 분야 내 노동력의 수요는 대부분 IT와 S/W 개발 분야에서 경쟁력을 가진 노동자를 대상으로 나타날 것이고, 특히 IT 및 데이터 통합 분야의 일자리 수는 110,000개가 증가하고, 인공지능과 로봇 배치의 일반화로 인해 로봇 코디네이터 등 관련 분야 일자리가 40,000개 증가할 것으로 전망되고 있다.

(다) 많은 미래학자들과 전망 보고서들은 제4차 산업혁명에 따른 미래사회 변화가 크게 기술·산업구조, 고용구조 등 두 가지 측면에서 나타날 것으로 예측하고 있다. 미래사회 변화는 기술의 발전에 따른 생산성 향상 등 긍정적인 변화도 존재하는 반면, 일자리 감소 등과 같은 부정적인 변화도 존재한다. 따라서 미래사회의 다양한 변화를 면밀하게 살펴봄으로써 우리는 보다 현실적이고 타당한 대응 방안을 모색할 수 있을 것이다.

(라) 우선 기술·산업구조 측면에서 제4차 산업혁명은 기술 및 산업 간 융합을 통해 산업구조를 변화시키고, 새로운 스마트 비즈니스 모델을 창출시킬 것으로 판단된다. 제4차 산업혁명의 특성인 '초연결성'과 '초지능화'는 사이버 물리 시스템(CSP) 기반의 스마트 팩토리 등과 같은 새로운 구조의 산업생태계를 만들고 있다. 예를 들어 사이버 물리 시스템은 생산과정의 주체를 바꾸게 되는데 기존에는 부품·제품을 만드는 기계설비가 생산과정의 주체였다면, 이제는 부품·제품이 주체가 되어 기계설비의 서비스를 받아가며 스스로 생산과정을 거치는 형태의 산업구조로 변화한다는 것이다.

(마) 특히 텔레마케터, 도서관 사서, 회계사 및 택시기사 등의 단순·반복적인 업무와 관련된 직업들이 자동화 기술로 인해 사라질 것으로 전망되고 있다. 호주는 노동시장의 39.6%가 수십 년 내 컴퓨터에 의해 대체될 것이며, 그중 18.4%는 업무에서의 역할이 완전히 사라질 가능성이 높은 것으로 보고 있다. 독일 제조업 분야에서는 기계가 인간의 업무를 대체함에 따라 생산부문 120,000개, 품질관리부문 20,000개 및 유지부문 10,000개의 일자리가 감소하고 생산계획부문의 반복형 인지업무도 20,000개 이상의 일자리가 사라질 것으로 예측되며, 이는 2025년 이후 더욱 가속화될 것으로 전망되고 있다.

① (가) - (나) - (마) - (다) - (라)
② (가) - (다) - (라) - (마) - (나)
③ (다) - (나) - (마) - (가) - (라)
④ (다) - (라) - (가) - (마) - (나)
⑤ (다) - (라) - (가) - (나) - (마)

20 다음 글의 내용과 일치하는 것은?

> 화력발전소나 제철소 등 산업 시설에서 배출되는 이산화탄소를 포집하고 처리하는 CCS(Carbon Capture and Storage, 이산화탄소 포집 및 저장) 기술이 에너지 전환 과정에서 주목을 받고 있다. CCS 기술은 중장기적인 관점에서 산업 공정 등 탄소 배출을 감축하기 어려운 부문의 문제를 비교적 저렴한 가격으로 해결해 줄 수 있으며, CCS가 장착된 발전소는 관성, 주파수 제어 및 전압 제어와 같은 그리드 안정화 서비스뿐만 아니라 급전 가능한 저탄소 전기를 공급한다. 또한 태양광 발전(PV) 또는 풍력 발전은 그리드 안정화 서비스를 제공하지 않지만 CCS는 재생 에너지를 보완해 미래의 저탄소 그리드를 탄력적이고 신뢰할 수 있도록 지원할 수 있다. 특히 시멘트, 철강 및 화학 부문 등 탄소 감축이 까다로운 산업에서도 CCS를 통해 탈탄소화를 달성할 수 있다. 에너지 전환 위원회(Energy Transition Commission)와 국제에너지기구(IEA)는 탄소배출 저감이 어려운 산업에서 CCS 없이는 순 제로 배출 달성이 불가능하며, 가능하다고 해도 훨씬 더 많은 비용이 들 것이라고 예측했다. 최근 코로나19로 인한 경기 침체로 온실가스 저감 정책과 투자가 위축될 것이라는 우려가 있었지만, 각국 정부는 기후 변화와 관련해 도전적 정책 목표를 제시하고 새 프로젝트 지원 계획을 발표했다. 특히 미국은 CCS 프로젝트의 규모와 기술을 주도하고 있고, 유럽 국가들도 노르웨이를 중심으로 많은 신규 프로젝트 계획을 제시하고 있다.

① CCS 기술은 탄소 배출 감축이 어려운 부분을 비교적 많은 비용을 들여 해결할 수 있다.
② 각국 정부는 코로나19로 인한 경기침체로 온실가스저감 정책과 투자가 위축되었다.
③ CCS가 장착되지 않은 발전소도 급전 가능한 저탄소 전기를 공급할 수 있다.
④ 국제에너지기구는 CCS 외에도 탄소배출 저감을 할 수 있는 기술이 많다고 하였다.
⑤ 노르웨이를 포함한 유럽과 미국은 세계적으로 CCS 프로젝트를 이끌고 있다.

CHAPTER

02

수리능력
모의고사
20문항/20분

다음은 간암 환자 수 현황에 대한 자료이다. 물음에 답하시오.

▼ 〈표〉 2015~2019년 연령별 간암 환자 수 현황

(단위 : 명)

구분		2015년	2016년	2017년	2018년	2019년
50세 미만	남성	101,765	115,867	121,700	138,144	145,127
	여성	70,941	88,659	91,761	88,659	87,523
50대	남성	101,851	99,808	107,884	131,476	129,462
	여성	75,854	78,475	84,417	78,475	80,563
60대	남성	73,039	66,854	73,814	94,476	98,421
	여성	55,760	58,705	64,568	58,705	60,965
70대	남성	27,974	22,567	25,255	32,695	35,412
	여성	23,224	21,938	25,146	21,938	20,853
80세 이상	남성	3,348	2,762	3,292	4,412	3,856
	여성	3,280	3,028	3,793	3,028	3,127

01 자료에 대한 설명으로 옳은 것은?

① 2018년 60대 남자 간암 환자 수는 전년에 비해 20% 이상 증가했다.

② 2017년 연령별 남자 간암 환자 수는 전년에 비해 모두 감소했다.

③ 2015~2019년 동안 80세 이상 간암 환자 수는 매년 8,000명 이상이었다.

④ 2015~2019년 동안 50세 미만 간암 환자 수는 50대 간암 환자 수보다 매년 많았다.

02 2019년 간암 환자 수 중 여성 환자가 차지하고 있는 비중은 얼마인가?(단, 소수점 첫째 자리에서 반올림한다.)

① 25%

② 38%

③ 52%

④ 61%

다음은 국민연금에 관한 자료이다. 물음에 답하시오.

▼ 〈표 1〉 연도별 국민연금 지급액 현황

(단위 : 십억 원)

구분	2015년	2016년	2017년	2018년	2019년	2020년
10세 미만	3	3	3	3	3	2
10대	33	35	34	34	33	30
20대	54	44	59	75	73	91
30대	167	145	178	207	193	210
40대	327	317	320	334	311	321
50대	1,247	1,137	( )	969	883	861
60대	8,714	9,024	9,950	11,192	12,444	13,080
70대	2,441	2,887	3,337	3,884	( )	5,533
80세 이상	124	184	268	367	482	623
합계	13,110	13,776	15,180	17,065	19,083	20,751

▼ 〈표 2〉 연도별 국민연금 수급자 수 현황

(단위 : 명)

구분	2015년	2016년	2017년	2018년	2019년	2020년
10세 미만	1,570	1,544	1,606	1,567	1,526	1,500
10대	16,829	17,271	16,675	15,784	14,999	14,097
20대	15,376	13,811	15,892	17,577	17,378	21,812
30대	38,598	33,614	37,150	39,795	36,030	36,088
40대	81,812	77,794	75,109	74,446	71,900	( )
50대	305,086	283,851	262,893	248,259	229,089	213,790
60대	2,135,957	( )	2,276,801	2,451,384	2,588,782	2,461,888
70대	987,704	1,115,453	1,225,231	1,351,098	1,523,811	( )
80세 이상	70,181	99,931	140,015	184,836	( )	283,549
합계	3,653,113	3,769,420	4,051,372	4,384,746	4,716,226	( )

※ 국민연금은 노령연금, 장애일시보상금, 유족연금, 반환일시금, 사망일시금을 모두 포함한 수치이다.

03 다음 자료에 대한 설명으로 옳지 않은 것은?

① 2017년 50대 국민연금 지급액은 전년 대비 약 9% 감소하였다.

② 2019년 국민연금 총 지급액에서 70대가 차지하는 비중은 20% 미만이다.

③ 2015~2020년 동안 80대 이상 수급자 수는 매년 증가하였다.

④ 2016년 60대 국민연금 수급자의 평균 지급액은 약 4,244,289원이다.

04 자료에 대한 그래프로 적절하지 않은 것은?

① 2015~2020년 10, 20대 국민연금 수급자 수 비교

(단위 : 명)

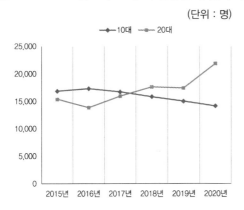

② 2015~2020년 20, 30, 40대 연령별 국민연금 지급액 비교

(단위 : 십억 원)

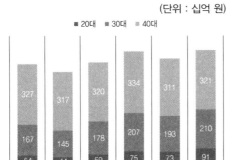

③ 2017~2018년 50, 60대 국민연금 지급액 비교

(단위 : 십억 원)

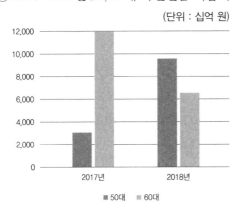

④ 2015~2020년 80세 이상 수급자 수 추이

(단위 : 명)

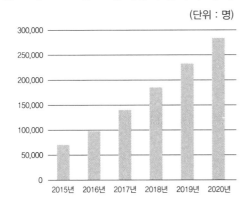

다음은 신재생에너지 생산량에 대한 자료이다. 이어지는 물음에 답하시오.

▼ 〈표 1〉 2017~2021년 신재생에너지 생산량 현황

(단위 : TOE)

구분		2017년	2018년	2019년	2020년	2021년
재생에너지	태양열	28,469	28,495	28,121	27,395	26,912
	태양광	849,379	1,092,832	1,516,349	1,977,148	2,787,935
	풍력	283,455	355,340	462,162	525,188	570,816
	수력	453,787	603,244	600,690	718,787	594,539
	해양	104,731	104,562	104,256	103,380	101,030
	지열	135,046	162,047	183,922	205,464	224,722
	수열	4,791	5,989	7,941	14,725	21,236
	바이오	2,765,657	2,765,453	3,598,782	4,442,376	4,162,427
	폐기물	8,436,216	8,742,726	9,358,998	9,084,212	7,049,477
신에너지	연료전지	230,173	241,616	313,303	376,304	487,184
	IGCC	1,285	76,104	273,861	362,527	( )

▼ 〈표 2〉 2017~2021년 신재생 에너지 총생산량 현황

(단위 : TOE)

구분	2017년	2018년	2019년	2020년	2021년
재생에너지	( )	( )	( )	( )	( )
신에너지	231,458	317,720	587,164	738,831	706,845

05 자료에 대한 설명으로 옳지 않은 것은?

① 2019년 재생에너지 중 생산량이 가장 많은 에너지원은 폐기물이고, 가장 작은 에너지원은 수열이다.

② 2017~2021년 동안 수력 에너지 생산량은 풍력 에너지 생산량보다 매년 많았다.

③ 2018년 신에너지 생산량은 전년 대비 30% 이상 증가했다.

④ 2017~2021년 동안 IGCC 에너지 생산량은 매년 증가했다.

06 2017~2021년 중 재생에너지 총생산량이 가장 많은 해와 가장 적은 해가 순서대로 바르게 나열된 것은?

① 2017년, 2019년   ② 2018년, 2020년

③ 2019년, 2021년   ④ 2020년, 2017년

07 다음은 가정부분 에너지 소비 현황에 대한 자료이다. 이를 바탕으로 그래프를 작성할 때 옳지 않은 것은?

▼ 〈표〉 2009~2021년 가정부분 에너지 소비 현황

(단위 : 천 TOE)

구분	2009년	2012년	2015년	2018년	2021년
연탄	198	322	438	437	417
석유	6,159	3,379	3,490	2,470	2,228
도시가스	8,804	9,138	11,147	11,822	10,597
전력	4,196	4,676	5,318	5,551	5,555
기타	1,322	1,370	1,531	1,831	1,983

① 2009~2021년 가정부분 석유, 도시가스 소비 현황

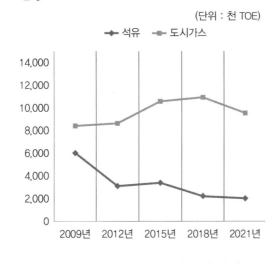

② 2018, 2021년 가정부분 도시가스, 전력 소비 현황

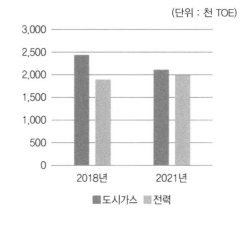

③ 2009~2021년 가정부분 에너지 소비 현황

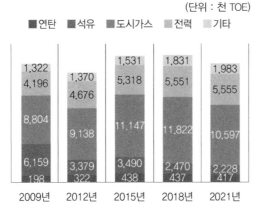

④ 2018년 가정부분 에너지 소비량

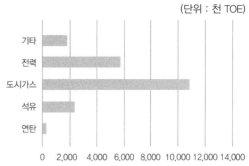

다음은 신혼부부에 대한 자료이다. 자료에 대한 설명으로 옳지 않은 것은?

▼ 〈표〉 2017~2021년 지역별 신혼부부 수

(단위 : 쌍)

구분	2017년	2018년	2019년	2020년	2021년
서울특별시	291,341	278,294	263,148	246,867	232,454
부산광역시	90,578	88,339	83,545	77,755	72,403
대구광역시	62,811	61,356	59,102	56,985	54,078
인천광역시	89,747	87,898	83,619	80,023	75,794
광주광역시	40,707	39,309	37,534	35,659	33,878
대전광역시	43,803	42,449	40,061	37,736	35,066
울산광역시	38,537	37,507	35,376	32,861	30,431
세종특별자치시	8,107	9,898	11,031	12,432	12,966
경기도	387,989	383,763	372,622	366,403	356,169
강원도	38,141	37,445	36,456	35,685	34,928
충청북도	43,553	42,984	41,480	40,021	38,744
충청남도	60,711	59,967	58,589	56,829	54,280
전라북도	44,982	43,026	40,699	38,328	36,082
전라남도	45,472	44,128	42,584	40,173	38,275
경상북도	70,039	68,288	65,118	61,237	57,670
경상남도	96,961	93,833	90,261	85,031	79,222
제주특별자치도	18,173	18,469	18,546	18,387	17,682

※ 충청도＝충청북도＋충청남도, 전라도＝전라북도＋전라남도, 경상도＝경상북도＋경상남도

① 2021년 신혼부부 수가 전년 대비 증가한 지역은 1곳이다.

② 2017~2021년 중 서울특별시의 신혼부부 수가 가장 적었던 해는 2020년이다.

③ 2017~2021년 평균 신혼부부 수는 충청도가 전라도보다 더 많다.

④ 2017~2021년 동안 경기도와 강원도의 신혼부부 수는 매년 약 10배 정도 차이난다.

⑤ 2019년 전국의 신혼부부는 총 1,379,771쌍이다.

다음은 A사의 유형별 수입 · 수출액 현황이다. 이어지는 물음에 답하시오.

▼ 〈표〉 2017~2021년 우리나라의 유형별 수입 · 수출액 현황

(단위 : 백만 달러)

구분		2017년	2018년	2019년	2020년	2021년
수입	소비재	69,253	75,091	82,946	85,202	84,887
	원자재	184,740	221,940	261,705	239,234	197,306
	자본재	149,049	175,352	176,496	166,014	178,269
수출	식료 및 직접소비재	7,806	8,275	8,229	8,514	9,018
	원료 및 연료	33,736	43,500	55,533	49,286	32,999
	경공업품	36,679	37,496	37,938	35,385	34,460
	중화학공업품	431,293	494,639	514,734	463,506	447,055

09 자료에 대한 설명으로 옳은 것은?(단, 소수점 첫째 자리에서 반올림한다.)

① 2019년 A사의 원자재 수입액은 전년 대비 20% 이상 증가했다.

② 2017년 A사의 총 수입액은 총 수출액보다 106,472백만 달러 적다.

③ 2017~2021년 A사의 자본재 수입액은 매년 증가하였다.

④ 2018년 A사의 수입액 중 원자재가 차지하는 비중은 50% 이상이다.

⑤ 2017~2021년 A사의 평균 중화학공업품 수출액은 500,000백만 달러 이상이다.

10 2016년 A사의 수입액 구성비는 소비재 20%, 원자재 45%, 자본재 35%이다. 2017년 A사의 수입액은 전년 대비 20% 증가하였을 때 2016년 A사의 원자재 수입액은 얼마인가?(단, 소수점 첫째 자리에서 반올림한다.)

① 111,141백만 달러　　　　② 151,141백만 달러

③ 171,141백만 달러　　　　④ 181,141백만 달러

⑤ 201,141백만 달러

다음은 직장가입자의 보험료에 관한 자료이다. 물음에 답하시오.

직장가입자의 보수월액보험료와 소득월액보험료

사업장의 근로자 및 사용자(대표)와 그 피부양자로 구성

피부양자는 직장가입자에 의하여 주로 생계를 유지하는 자로서 보수 또는 소득이 없는 자(직장가입자의 배우자, 직계존속(배우자의 직계존속 포함), 직계비속(배우자의 직계비속 포함) 및 그 배우자, 형제, 자매 포함)

• 보수월액보험료

  직장에서 받는 월급에 대해 측정된 보험료

  건강보험료 = 가입자의 보수월액 × 6.67%

  ※ 보수월액 = 동일사업장에서 당해 연도에 지급받는 보수총액/근무월수

• 소득월액보험료

  직장에서 받는 월급 이외에 고액의 재산이나 부동산 등을 보유 시 별도로 측정되는 건강보험료

  소득월액보험료 = [(연간 보수 외 소득 − 3,400만 원(공제금액)) ÷ 12] × 소득평가율 × 6.67%

  ※ 소득평가율 : 이자, 배당, 사업, 기타소득 = 100%, 근로, 연금 소득 = 30%
  ※ 소득월액보험료 상한은 월 3,322,340원

• 장기요양보험료 = 건강보험료(소득월액보험료) × 10.25%

  보험료 = 건강보험료(소득월액보험료) + 장기요양보험료

11 K공단의 Y대리는 월급 이외의 기타소득으로 올해 8,300만 원을 벌었다. Y대리가 내야 할 소득월액 보험료는?(단, 소수점 첫째 자리에서 반올림한다)

① 198,423원
② 237,621원
③ 257,589원
④ 272,358원

12 A는 직장에서 연봉 4,000만 원을 받고, B는 부동산 사업으로 1년에 8,400만 원을 번다. A와 B의 보험료차이는 얼마인가?(단, 소수점 첫째 자리에서 반올림한다.)

① 51,281원
② 61,281원
③ 71,281원
④ 81,281원

13 다음은 우리나라 7월 23일부터 7월 28일까지의 코로나 환자 현황이다. 다음 중 자료에 대한 설명으로 옳은 것은?

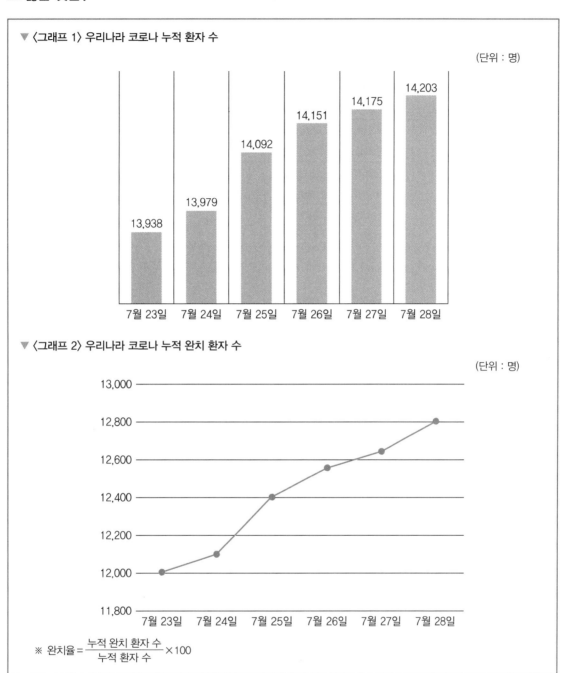

▼ 〈그래프 1〉 우리나라 코로나 누적 환자 수

(단위 : 명)

7월 23일: 13,938
7월 24일: 13,979
7월 25일: 14,092
7월 26일: 14,151
7월 27일: 14,175
7월 28일: 14,203

▼ 〈그래프 2〉 우리나라 코로나 누적 완치 환자 수

(단위 : 명)

$$※ \ 완치율 = \frac{누적 \ 완치 \ 환자 \ 수}{누적 \ 환자 \ 수} \times 100$$

① 7월 26일부터 28일까지는 코로나 확진 환자가 발생하지 않았다.

② 7월 27일 기준 코로나 완치율은 약 90%이다.

③ 7월 23일부터 25일까지 일일 코로나 완치 환자 수는 일정하게 유지되었다.

④ 조사기간 동안 하루 완치자 수가 200명 이상인 날이 없다.

⑤ 7월 22일 코로나 누적 환자 수가 13,913명일 때 7월 23일부터 25일까지 일일 코로나 확진 환자 수는 매일 감소하였다.

14 다음은 우리나라 주요도시의 신재생 에너지의 생산량과 사용량 현황이다. 자료에 대한 설명으로 옳은 것은?

▼ 〈표〉 우리나라 주요도시의 신재생 에너지 현황

(단위 : Toe)

구분	2018년		2019년		2020년	
	생산량	사용량	생산량	사용량	생산량	사용량
서울특별시	316,806	300,965	350,880	333,336	381,546	362,468
인천광역시	469,248	450,478	387,826	372,313	412,625	396,120
부산광역시	135,772	126,268	237,439	220,818	259,304	241,152
대구광역시	181,857	161,852	179,156	159,448	189,914	169,023
울산광역시	1,176,787	1,141,483	1,343,421	1,303,118	1,030,337	999,426
광주광역시	70,215	68,810	73,199	71,735	79,351	77,763
대전광역시	86,763	84,160	113,836	110,420	132,409	128,436
세종 특별자치시	84,701	75,383	65,440	58,241	76,202	67,819
제주 특별자치도	426,972	422,702	374,842	371,093	465,707	461,049

① 2018~2020년 동안 신재생 에너지 생산량이 매년 증가한 도시는 5개이다.

② 2018~2020년 동안 주요도시의 신재생 에너지 총 생산량은 2018년에 가장 많았다.

③ 광주광역시의 2018년 신재생 에너지의 생산량 대비 사용량은 90% 이하이다.

④ 2020년 주요도시 중 신재생 에너지 사용량이 가장 많은 곳은 울산광역시이다.

⑤ 2020년 신재생 에너지 총 사용량은 전년 대비 10% 이상 증가하였다.

15 다음은 우리나라 출도착 공항별 비행기 운항, 여객 수에 대한 자료이다. 자료에 대한 설명으로 옳지 않은 것은?

▼ 〈표〉 공항별 출도착 운항, 여객 수 현황

(단위 : 편, 명)

구분	비행기 운항		여객	
	도착	출발	도착	출발
김포	56,779	56,801	8,745,597	8,700,642
김해	26,582	26,568	3,627,586	3,608,066
제주	69,085	69,171	10,494,489	10,560,207
대구	6,489	6,501	878,876	870,520
광주	6,791	6,784	860,841	865,642
무안	469	461	58,740	54,198
청주	6,814	6,811	989,187	981,676
양양	1,270	1,272	119,451	119,297
여수	2,923	2,923	318,727	328,157
울산	2,465	2,465	273,768	280,589
사천	160	160	13,633	13,800
포항	419	419	32,335	33,659
군산	506	506	54,969	54,831
원주	202	202	18,888	18,841
인천	75,016	74,966	6,158,819	5,891,032

① 출발 비행기 운항 수와 출발 여객 수가 가장 많은 공항은 동일하지 않다.

② 출발 여객 수와 도착 여객 수 차이가 가장 큰 공항은 인천공항이다.

③ 도착 비행기 운항 수가 500편 이하인 공항은 3곳이다.

④ 청주공항 출발 여객 수는 대구공항 출발 여객 수보다 많다.

⑤ 출발 비행기 운항 수와 도착 비행기 운항 수가 같은 공항은 4곳이다.

다음은 국내 주요 감염병에 대한 자료이다. 물음에 답하시오.

▼ 〈표 1〉 연도별 주요 감염병 발생 현황

(단위 : 명)

감염병	2015년	2016년	2017년	2018년	2019년
콜레라	0	4	( )	2	1
장티푸스	121	121	128	213	94
A형간염	1,804	4,679	4,419	2,437	17,617
파상풍	22	24	34	31	31
B형간염	( )	359	391	392	389
수두	46,330	54,060	80,092	96,497	82,814
말라리아	699	673	515	576	559
쯔쯔가무시증	9,513	11,105	10,528	6,668	( )
합계	62,155	71,025	96,112	106,816	( )

▼ 〈표 2〉 2019년 연령에 따른 감염군별 발생 비율

(단위 : %)

연령	총 환자 수(명)	제1군	제2군	제3군
10세 미만	59,829	0.3	99	0.7
10대	18,619	1.5	93	5.5
20대	4,996	49.8	46.4	3.8
30대	8,214	77.3	20.2	2.5
40대	7,698	81.6	14.3	4.1
50대 이상	6,189	34.5	26	39.5

※ 제1군에는 콜레라, 장티푸스, A형간염, 제2군에는 파상풍, B형간염, 수두, 제3군에는 말라리아, 쯔쯔가무시증만 있다고 가정한다.

16 자료에 대한 설명으로 옳지 않은 것은?(단, 소수점 첫째 자리에서 반올림한다.)

① 2019년 쯔쯔가무시증 환자 수는 전년 대비 약 10% 감소했다.

② 2015년 B형간염 환자 수는 다른 해에 비해 9배 이상 많다.

③ 연령별 제3군에 감염된 환자 수는 50대 이상 환자 수가 가장 많다.

④ 2015~2019년 동안 콜레라 환자 수는 매년 10명 이하였다.

17 2020년 제1군에 감염된 환자 수는 전년에 비해 10,000명, 제2군은 15,000명 감소하였고, 제3군에 감염된 환자 수는 25,000명 증가하였다. 이때 2020년 감염군별 환자 수가 차지하는 각각의 비중은?(단, 소수점 첫째 자리에서 반올림한다.)

	제1군	제2군	제3군
①	5%	22%	73%
②	5%	35%	60%
③	7%	54%	39%
④	7%	65%	28%

18 자료에 대한 그래프로 옳은 것은?

① 2018년 감염군별 환자 수

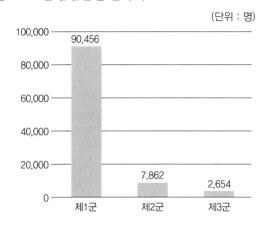

② 2015~2019년 A형간염 환자 수

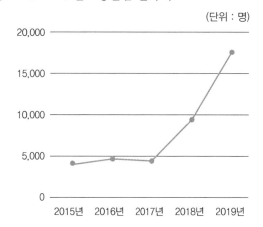

③ 2019년 감염군별 환자 구성비

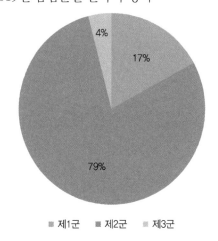

④ 2019년 20대와 30대 감염군별 환자 수 비교

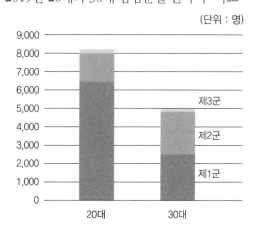

다음은 2020년 국내 연령별 범죄자 현황이다. 자료를 바탕으로 물음에 답하시오.

▼ 〈표〉 2020년 국내 연령별 범죄자 현황

(단위 : 명)

구분	강력범죄		절도범죄		폭력범죄		기타범죄	
	남	여	남	여	남	여	남	여
20세 미만	3,126	205	17,128	3,094	26,245	7,025	14,307	3,541
20대	6,091	238	12,479	2,950	47,443	10,753	33,430	8,551
30대	4,922	184	9,815	2,938	53,292	10,649	37,743	12,031
40대	5,252	262	10,554	3,837	66,511	12,039	56,172	16,867
50대	4,817	204	11,915	5,138	63,783	11,692	55,703	17,581
60대	2,024	66	24,563	3,706	24,563	4,859	20,933	7,249
70세 이상	854	27	7,642	2,411	7,642	2,014	19,669	1,777
합계	27,086	1,186	94,096	24,074	289,479	59,031	237,957	67,597

19 다음 중 자료에 대한 설명으로 옳지 않은 것은?

① 30대 연령의 범죄자 수는 폭력범죄 – 기타범죄 – 절도범죄 – 강력범죄 순으로 많다.
② 폭력범죄자 중 30대가 차지하는 비중은 약 50%이다.
③ 여성범죄자보다 남성범죄자가 더 많다.
④ 20세 미만 범죄자보다 70세 이상 범죄자가 더 적다.
⑤ 2020년 총 여성 강력범죄자 수는 1,000명 이상이다.

20 다음은 2020년 국내 범죄자의 국적 중 한국을 제외한 범죄자의 국적 비율이다. 2020년 국내 범죄자 중 범죄자의 90%가 한국 국적일 때 중국 국적 범죄자는 총 몇 명인가?(단, 소수점 이하는 버림으로 처리하여 정수로 표시한다.)

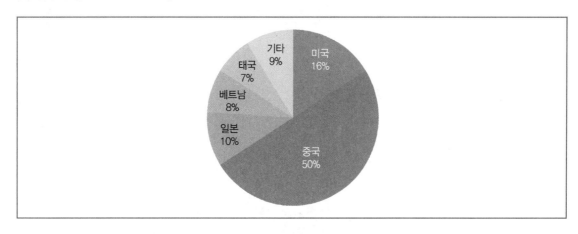

① 20,025명   ② 30,025명

③ 40,025명   ④ 50,025명

⑤ 60,025명

CHAPTER

03

문제해결능력
모의고사
20문항/20분

NATIONAL COMPETENCY STANDARD

01 다음과 같이 8명이 앉을 수 있는 일자 테이블에 기획팀, 사업지원팀, 영업팀이 모여서 회의를 진행한다. 자리 배치가 다음 〈조건〉을 따를 때 ⓐ~ⓗ의 자리배치 순서로 가장 적절한 것은?

ⓐ	ⓑ	ⓒ	ⓓ	ⓔ	ⓕ	ⓖ	ⓗ

─── 〈조건〉 ───

- 같은 팀끼리는 바로 옆자리에 앉지 않는다.
- 사업지원팀은 2명만 참석했으며, ⓐ석과 ⓖ석에 앉는다.
- ⓓ석에는 기획팀이 앉는다.
- 기획팀은 4명 참석했다.

① 사업지원팀 → 영업팀 → 영업팀 → 기획팀 → 영업팀 → 기획팀 → 사업지원팀 → 기획팀
② 사업지원팀 → 기획팀 → 영업팀 → 기획팀 → 영업팀 → 기획팀 → 사업지원팀 → 영업팀
③ 사업지원팀 → 기획팀 → 영업팀 → 기획팀 → 영업팀 → 기획팀 → 사업지원팀 → 기획팀
④ 사업지원팀 → 기획팀 → 사업지원팀 → 기획팀 → 영업팀 → 기획팀 → 사업지원팀 → 기획팀

02 A~E 5명이 시험을 보았다. 이들 중 부정행위를 한 사람은 거짓만을 말하고, 부정행위를 하지 않은 사람은 사실만을 말한다. 이들 중 부정행위를 한 사람이 2명일 때, 반드시 참인 것은?

> A : B나 C는 부정행위를 하지 않았다.
> B : 나는 부정행위를 하지 않았다.
> C : B의 말은 사실이 아니다.
> D : E는 부정행위를 하지 않았다.
> E : A는 부정행위를 하였다.

① A는 부정행위를 하지 않았다.
② B는 부정행위를 하지 않았다.
③ C의 말은 사실이 아니다.
④ D는 부정행위를 하지 않았다.
⑤ E는 부정행위를 하였다.

다음은 정부에서 시행하는 아이돌봄 지원사업에 관한 안내이다. 자료를 바탕으로 이어지는 물음에 답하시오.

아이돌봄 지원사업

■ 개요
- 양육 공백이 발생한 가정의 만 12세 이하 아동을 대상으로 아이돌보미가 찾아가는 돌봄 서비스를 제공하여 부모의 양육부담을 경감하기 위한 제도
- 만 12세 이하 아동에 시간 단위 돌봄을 제공하는 시간제와 만 36개월 이하 영아를 종일 돌보는 영아종일제로 구분

■ 정부지원 대상
- 취업 한부모 가정, 맞벌이 가정
- 장애부모 가정
- 다자녀 가정 : 만 12세 이하 아동 3명 이상/만 36개월 이하 아동 2명 이상/중증(1~3급) 장애아 자녀를 포함한 아동 2명 이상

  ※ 정부지원 대상에 해당하는 가정이라도 소득에 따라 차등 지원함
  ※ 정부지원 대상에 해당하지 않는 경우 전액 본인부담으로 서비스 이용이 가능함
  ※ 다자녀 가정 부모가 모두 비취업하여 가정에서 아동을 양육하는 경우는 정부지원 대상에서 제외

■ 지원 내용
- 시간제 돌봄서비스 : 연 720시간 이하

월소득(중위소득) 기준	정부지원(시간당)	본인부담(시간당)
75% 이하(3,460천 원)	8,200원	1,500원
120% 이하(5,536천 원)	5,300원	4,400원
150% 이하(6,920천 원)	1,500원	8,200원
150% 초과	–	9,700원

- 영아종일제 돌봄서비스 : 월 200시간 이내

월소득(중위소득) 기준	정부지원(시간당)	본인부담(시간당)
75% 이하(3,460천 원)	7,700원	2,000원
120% 이하(5,536천 원)	5,700원	4,000원
150% 이하(6,920천 원)	1,700원	8,000원
150% 초과	–	9,700원

  ※ 서비스 금액은 아동 1인 기준임

■ 부가사항
- 자녀양육 정부지원 제도 간 중복 금지
  - 시간제 돌봄서비스 : 유치원 및 보육시설을 이용하는 아동의 경우 규정 시간에는 시간제 돌봄서비스 정부지원 불가
    ※ 아이돌봄서비스 중복지원 불가 시간 : 유치원 평일 09~15시/보육시설 평일 09~17시
  - 영아종일제 돌봄서비스 : 보육료 및 유아학비, 양육수당, 시간제 돌봄서비스 정부지원을 받는 아동은 영아종일제 중복지원 불가
- 중증 장애아동(장애등급 1~3급)은 지원 제외하며, 장애아동을 제외한 아동에게 서비스 제공

03   자료를 접한 뒤 보인 반응으로 옳은 것은?

① 우리 아이는 만 36개월 이하니까 영아종일제 돌봄서비스만 신청할 수 있구나.

② 우리 아이는 장애 3급이니 아쉽지만 아이돌봄서비스 지원 대상에서 제외되는구나.

③ 우리 쌍둥이는 만 24개월이고, 소득 기준도 충족하니 정부지원 대상으로 반드시 선정될 거야.

④ 우리 아이는 유치원에서 1시쯤 돌아오는데, 3시 전까지는 시간제 돌봄서비스를 신청할 수 없겠네.

04   다음 〈사례〉에서 A씨와 B씨 부부가 지불할 아이돌봄서비스 한 달분 본인부담금은 얼마인가?(단, 한 달분은 4주를 기준으로 산정한다.)

> **〈사례〉**
>
> 부부인 A씨와 B씨는 만 11세인 첫째와 만 7세인 둘째, 만 20개월인 셋째를 두고 있다. 현재 A씨만 외벌이 중이며, 월평균 소득은 500만 원이다. 매주 월, 수, 금요일 오후 2시부터 6시까지는 둘째의 시간제 돌봄서비스를, 매주 월~금요일 오전 9시부터 오후 8시까지는 셋째의 영아종일제 서비스를 제공받고 있다.

① 1,091,800원

② 1,134,400원

③ 1,179,500원

④ 1,205,200원

05   1층부터 8층까지 있는 8층짜리 건물에 성수, 선유, 수연, 세희, 상진, 소미 6명이 살고 있다. 한 층에는 한 명만 살 수 있으며, 현재 3층과 4층에는 아무도 살지 않고 있다. 다음 〈조건〉이 모두 참일 때, 반드시 참인 것은?

> ─── 〈조건〉 ───
> - 선유는 소미보다 높은 층에 산다.
> - 소미는 수연보다 높은 층에 산다.
> - 성수네 집 바로 위층에는 아무도 살지 않는다.
> - 수연은 세희보다 높은 층에 산다.
> - 수연과 성수 사이에는 한 집밖에 살지 않는다.
> - 상진은 1층에 산다.

① 선유가 8층에 산다.

② 수연이 8층에 산다.

③ 선유가 6층에 산다.

④ 수연이 5층에 산다.

⑤ 세희가 2층에 산다.

06 다음 논증이 타당해지기 위해서 보충되어야 할 전제는?

> (전제 1) 어떤 직원은 업무를 잘한다.
> (전제 2) 어떤 직원은 정규교육을 받는다.
> (전제 3) 특별교육을 받는 직원은 특별업무를 한다.
> (전제 4) _____
> (결론) 특별업무를 하는 어떤 직원은 업무를 잘한다.

① 어떤 직원은 특별업무를 한다.
② 어떤 직원은 특별교육을 받는다.
③ 모든 직원은 특별교육을 받는다.
④ 정규교육을 받는 직원은 특별교육을 받지 않는다.
⑤ 정규교육을 받는 직원은 특별업무를 하지 않는다.

07 다음은 열차번호 부여 기준이다. 〈보기〉의 열차에 부여될 열차 번호로 가장 옳은 것은?

열차번호 부여 기준

■ 차종별 여객 열차번호

고속열차 (KTX, SRT)	ITX - 새마을	무궁화(누리로)	ITX - 청춘	통근열차
101~899	1,001~1,199	1,201~1,999	2,001~2,499	2,701~2,799

■ 노선별 열차번호

구분	KTX	ITX - 새마을	무궁화
경부선	101~286	1,001~1,030	1,201~1,250
경전선	401~446	1,041~1,060	1,261~1,280
동해선	451~492	1,061~1,100	1,291~1,399
호남선	501~586	1,101~1,104	1,400~1,499
전라선	701~782	1,111~1,118	1,501~1,899

※ 모든 열차는 서울을 기준으로 지방으로 가는 열차(하행)일 때 홀수 번호, 서울로 올라오는 열차(상행)일 때 짝수 번호 사용
※ ITX - 청춘과 통근열차는 상행선과 하행선으로만 구분

> **〈보기〉**
> 부산으로 가는 경부선 ITX - 새마을호 열차

① 501
② 1,270
③ 1,102
④ 1,562
⑤ 1,029

08 김 사원은 공적마스크를 구입하였다. 제시된 정보를 참고할 때, 김 사원의 출생연도 끝자리 및 공적마스크 구입 가능 날짜로 알맞은 것은?

- 3월 9일 월요일부터 공적마스크는 주 1회 구입할 수 있다.
- 김 사원이 판매 첫 주 평일에 공적마스크를 구입하였고, 36일 후에 공적 마스크를 구입했다.
- 공적마스크 5부제는 출생연도의 끝자리에 따라 구입 가능한 요일이 다르다. 월요일은 1, 6년생, 화요일은 2, 7년생, 수요일은 3, 8년생, 목요일은 4, 9년생, 금요일은 5, 0년생, 토/일은 출생연도 끝자리에 관계없이 주중에 못 산사람 누구나 구입할 수 있다.

	출생연도 끝자리	공적마스크 구입 가능한 날짜
①	0	4월 21일
②	5	5월 8일
③	6	5월 12일
④	7	5월 14일
⑤	9	5월 15일

09 홍일동, 홍이동, 홍삼동, 홍사동 4명의 직원이 다음 〈조건〉에 따라 반드시 올해 3, 6, 9, 12월 중 1회 출장을 간다고 할 때, 반드시 참인 것은?

─────── 〈조건〉 ───────

- 같은 달에 두 명 이상 동시에 출장을 갈 수 없다.
- 홍일동은 9월에 출장을 가지 않는다.
- 홍이동은 홍일동보다 먼저 출장을 가지 않는다.
- 홍삼동은 6월 또는 12월에 출장을 가지 않는다.
- 홍사동은 3월 또는 6월에 출장을 간다.

① 홍일동은 3월에 출장을 간다.
② 홍삼동은 홍이동보다 먼저 출장을 간다.
③ 홍사동은 홍일동보다 먼저 출장을 간다.
④ 홍삼동은 홍사동 바로 다음에 출장을 간다.
⑤ 홍사동은 6월에 출장을 가지 않는다.

10 다음은 K사에서 생산되는 제품에 대한 번호 부여 방식이다. 2020년 6월 15일 D공장에서 42번째로 생산된 소도구에 해당하는 코드로 옳은 것은?

제품번호 부여 방식

- 본 구역에서 생산되는 제품들은 생산 지역과 생산 일자, 제품의 품목, 품목별 생산 순서 순으로 제품번호를 부여받는다.

- 생산 지역별 코드

생산지	A공장	B공장	C공장	D공장
코드	BW	AX	MA	FD

- 제품 품목별 코드

제품	소도구	약품	포장재
코드	HT	MC	RP

- 2020년 6월 생산 일정

일정	6월 1~10일	6월 11~20일	6월 21~30일
생산 제품	• A공장 : 소도구 200개, 약품 150개 • C공장 : 포장재 100개	• B공장 : 포장재 250개 • D공장 : 소도구 100개	• A공장 : 포장재 100개 • B공장 : 약품 150개 • C공장 : 소도구 200개

※ 제품번호 중 생산 순서는 매일 초기화하여 새로운 번호를 부여한다.

예 2020년 6월 21일 A공장에서 198번째로 생산된 소도구 : BW0621HT198

---

① FD0615HT042
② AX0615HT042
③ AX0615RP042
④ FD0615MC042
⑤ FD0615RP042

11 다음으로부터 추론한 것으로 옳지 않은 것은?

- 논설가나 극작가는 모두 인문학 전공자이다.
- 인문학 전공자 중 남자는 모두 논설가이다.
- 인문학 전공자인 여자 중 극작가는 없다.
- 극작가이면서 논설가인 사람이 적어도 한 명 있다.

---

① 여자 극작가는 없다.
② 극작가 중 남자가 있다.
③ 극작가는 모두 논설가이다.
④ 극작가이면서 논설가인 사람은 모두 남자이다.
⑤ 인문학을 전공한 남자는 극작가이면서 논설가이다.

A사 K팀장은 팀원들을 대상으로 업무 평가를 실시하였다. 갑~정 중 가장 좋은 평가를 받은 사람은 특별 승진 대상자로 지정되고, 두 번째로 좋은 평가를 받은 사람에게는 성과급이 주어진다. 다음 평가 내역을 바탕으로 물음에 답하시오.

• 업무 평가는 크게 역량과 태도 부문으로 나뉘며, A(3점), B(2점), C(1점)로 평가한 뒤 점수를 합산한다.
• 합산 점수에서 동점자가 발생할 경우 평가 결과에 C가 없는 사람을 우선한다.

▼ 〈표〉 업무 평가 결과

구분	역량			태도	
	업무지식	정보활용	응용력	책임감	성실성
갑	B	A	B	A	B
을	A	C	B	B	A
병	C	A	C	B	A
정	A	B	A	C	A

12 위 내용을 토대로 할 때, 승진 및 성과급 대상자가 바르게 연결된 것은?

	승진 대상자	성과급 대상자
①	갑	을
②	갑	정
③	병	을
④	정	갑
⑤	정	병

13 K팀장이 보고한 평가내역을 본 상사가 다음과 같이 평가 방식을 수정할 것을 지시하였다. 변경된 방법을 적용할 때, 승진 및 성과급 대상자가 바르게 연결된 것은?

상사 : 주요 항목에 가중치를 두는 게 좋겠어요. 업무지식과 성실성에 각각 50%의 가중치를 적용하여 계산한 결과를 토대로 대상자를 선정해 주세요. 동점자가 나올 경우에는 가중치 항목의 점수가 더 높은 사람으로 선정해 주세요.

	승진 대상자	성과급 대상자
①	갑	정
②	을	갑
③	을	병
④	정	갑
⑤	정	을

14 다음 K공사의 〈간행물 등록번호 체계〉를 참고할 때, 제시된 간행물 1, 2, 3의 등록번호에 대한 판단으로 옳은 것은?

〈간행물 등록번호 체계〉

- 간행물 발간 주관부서에서 부서와 간행물의 내용 및 성격에 맞게 O, XYZ, C를 지정함

O-XYZ-C-00△△△

- O(자료주관 부서) : Ⅰ 경영기획실, Ⅱ 정책본부, Ⅲ 글로벌협력단, Ⅳ ICT융합본부, Ⅴ 디지털문화본부, Ⅵ 공공데이터혁신본부, Ⅶ 전자정보본부, Ⅷ 기술지원본부

- XYZ :

X(형태)		Y(분야)		Z(배포)	
G	지침서	A	분석	E	외부배포
R	보고서	Au	감리	I	내부배포
S	자료집	B	사업결과		
T	번역물	I	이슈		
W	백서	P	정책		
X	기타	S	조사		
		Se	세미나/설명회		

- C : 간행물의 내용에 따라 'A 위탁연구, B 자체수행, C 입찰을 통한 용역, D 공모'로 분류
- 00 : 발간연도
- △△△ : 해당 발간연도 간행물 번호 부여 순에 따른 일련번호
※ 일련번호는 자료관리 주관부서에서 부여함

- 간행물 1 : Ⅲ-SSE-B-17007
- 간행물 2 : Ⅰ-TPE-A-18034
- 간행물 3 : Ⅴ-GBI-B-18021

① 세 간행물 중 해당 연도의 간행물 등록 순서가 가장 빠른 것은 간행물 2이다.
② 디지털문화본부에서 주관하는 간행물은 사업결과에 관한 내용을 담고 있다.
③ 정책본부에서 주관하는 간행물은 외부배포용 자료이다.
④ 정책 분야와 관련된 간행물은 K공사에서 자체 수행한 내용을 담고 있다.
⑤ 세 간행물 중 분석 분야의 내용을 번역한 형태의 간행물이 있다.

15 ~ 16

다음은 K공단 홍보팀에 근무하는 이 대리의 일본 출장비용 영수증이다. 이를 토대로 물음에 답하시오.(단, 항공료는 왕복 시 요금에 해당한다.)

날짜	결제 시간	지출 목록	금액
9월 7일	16:40	공항 버스비	8,000원
	18:55	항공료	620,000원
	20:10	저녁 식대	7,200엔
	21:05	택시비	580엔
	21:46	숙박비(3박 4일)	34,000엔
9월 8일	09:30	아침 식대	800엔
	10:24	택시비	580엔
	13:47	점심 식대	950엔
	15:24	접대비	4,500엔
	18:03	저녁 식대	700엔
	18:45	버스비	230엔
9월 9일	08:40	아침 식대	650엔
	09:23	버스비	250엔
	12:45	점심 식대	760엔
	13:05	접대비	3,300엔
	18:51	택시비	830엔
	19:38	저녁 식대	810엔
9월 10일	09:37	아침 식대	650엔
	10:52	택시비	700엔
	13:25	공항 버스비	9,000원

15 다음 중 이 대리의 출장비용 영수증의 내용과 일치하지 않는 것은?

① 3박 4일 동안의 저녁 식대는 총 8,710엔이다.
② 출장기간 중 접대비에 사용한 비용은 총 7,900엔이다.
③ 택시비는 총 2,690엔이다.
④ 이 대리는 출장 시 왕복으로 항공권을 구매하였다.

16 다음 중 이 대리가 9월 8일에 지출한 총 비용을 한화 기준으로 바꾼 값으로 옳은 것은?(단, '1엔=11원'이라고 가정한다.)

① 72,640원
② 75,890원
③ 83,250원
④ 85,360원

다음은 ○○회관의 세미나실 대여에 관한 안내문이다. 이를 바탕으로 이어지는 물음에 답하시오.

▼ 〈표 1〉 세미나실 대관료 규정

(단위 : 만 원)

구분	A세미나실		B세미나실		C세미나실	
	주중	주말, 공휴일	주중	주말, 공휴일	주중	주말, 공휴일
대관료	100	120	80	100	90	110
장비 철거 비용	60	70	50	60		
추가 대관(1시간당)	30					

※ 대관 및 장비 철거는 1일 1회 기준으로 9시부터 22시까지 가능함
※ 총 대관료 = 대관료 + 장비 철거 비용
※ 1일 2회 세미나일 경우 전체 대관료는 1회 대관료 기준 30%가 할증 부과됨
　　(예 A세미나실 주중 2회 대여 시 전체 대관료는 1회 대관료 160만 원에 그 30%인 48만 원이 부과되어 총 208만 원을 지불해야 함)
※ 추가 대관은 9시 이전, 22시 이후로 1시간당 요금을 의미함
※ 이용 예정 시간이 5시간 이하일 경우 반드시 전화 문의 요함

▼ 〈표 2〉 부대설비 사용료

(단위 : 원)

구분	장비명		단가
음향	유선 콘덴서 마이크	MP - 301	20,000
		DMS - D7	15,000
	유선 다이나믹 마이크	CM - B77	8,000
		BY - M800	6,000
빔프로젝터	PJ - 403D		130,000
	EMP - 1720		150,000
	EP890		180,000
	PLC - F46E		120,000
기타	노트북		5,000
	USB 타입 헤드셋		3,000

※ 부대설비 사용료는 1대당 요금이며, 1일 이용횟수 제한은 없음
※ 유선 콘덴서 마이크는 기본 2대를, 유선 다이나믹 마이크는 기본 3대까지 무료로 제공함

17 다음은 가, 나, 다, 라 기업의 세미나실 대관 내역이다. 가장 많은 비용을 지불한 기업과 가장 적은 비용을 지불한 기업을 바르게 나열한 것은?

구분	종류	사용 날짜	이용 시간	개최 횟수	부대설비
가 기업	A세미나실	2020.02.14.(금)	14:00~23:00	1회	콘덴서 마이크(DMS-D7) 4대 EMP-1720 1대 노트북 2대
나 기업	C세미나실	2020.01.20.(월)	11:00~21:00	2회	다이나믹 마이크(CM-B77) 2대 콘덴서 마이크(MP-301) 3대 PLC-F46E 1대 노트북 1대
다 기업	B세미나실	2020.03.15.(일)	09:00~22:00	1회	다이나믹 마이크(BY-M800) 5대 콘덴서 마이크(MP-301) 4대 노트북 3대 USB 타입 헤드셋 1대
라 기업	A세미나실	2020.05.06.(수)	10:00~24:00	1회	콘덴서 마이크(DMS-D7) 2대 EP890 1대 USB 타입 헤드셋 3대

	가장 많은 비용을 지불한 기업	가장 적은 비용을 지불한 기업
①	가 기업	다 기업
②	가 기업	라 기업
③	다 기업	라 기업
④	라 기업	나 기업

18 A회사에 근무하는 K대리는 신제품 기획안 발표를 위한 장소를 대관하려고 한다. 다음은 K대리가 ○○회관에 문의한 내용을 나타낸 것이다. 다음 중 빈칸에 들어갈 말로 적절한 것을 고르면?

> 직원　：감사합니다. ○○회관입니다.
> K대리：안녕하세요. 이번 달 주중에 4시간 정도 대관하려고 합니다.
> 직원　：네, 알겠습니다. 혹시 원하시는 세미나실이 있으신가요?
> K대리：미리 인터넷 홈페이지를 통해 각 세미나실을 살펴보았는데요. B세미나실로 예약하는 것이 좋을 듯합니다.
> 직원　：네, 고객님. 이용 시간이 5시간 이하일 경우 3시간까지는 원래 대관료의 50%만 지불하셔도 됩니다. 다만, 대관이 추가로 필요할 경우 1시간당 10만 원씩 추가됩니다. 더 필요하신 건 없으십니까?
> K대리：빔프로젝터 중 PJ-403D 1대와 USB 타입 헤드셋 3대를 추가하면 총 비용이 얼마인가요?
> 직원　：(　　　　　　　　　　　)

① 대관료는 700,000원이고, 부대설비 사용료는 128,000원으로 총 828,000원입니다.
② 대관료는 750,000원이고, 부대설비 사용료는 130,000원으로 총 880,000원입니다.
③ 대관료는 750,000원이고, 부대설비 사용료는 139,000원으로 총 889,000원입니다.
④ 대관료는 800,000원이고, 부대설비 사용료는 149,000원으로 총 949,000원입니다.

19 한국에서 출발하여 제3국에 위치한 A 또는 B 또는 C공항을 경유하여 최종 목적지인 체코로 이동하고자 한다. 각 이동방법에 따른 시간, 거리, 요금이 다음과 같을 때 이에 관한 설명으로 옳은 것은? (단, 환승 시 소요되는 추가 시간은 없다고 가정한다.)

노선	시간	거리	요금
한국 → A공항	3시간 30분	2,900km	70만 원
한국 → B공항	3시간	2,750km	80만 원
한국 → C공항	2시간 20분	2,800km	85만 원
A공항 → 체코	5시간 20분	5,500km	140만 원
B공항 → 체코	6시간 10분	5,700km	120만 원
C공항 → 체코	5시간 40분	5,300km	125만 원

① B공항을 경유하는 방법은 가장 짧은 거리를 비행하는 방법이다.
② A공항을 경유하는 방법과 C공항을 경유하는 방법의 거리의 차는 200km이다.
③ A공항을 경유하는 방법은 가장 많은 시간이 소요된다.
④ A~C공항 중 가장 비싼 요금과 가장 저렴한 요금의 차는 10만 원이다.
⑤ B공항과 C공항을 경유하는 방법의 요금은 동일하다.

20 이번 달 K공사의 기획본부와 관리본부에서는 당직 근무를 서야 한다. 기획본부에서 당직 근무가 가능한 인원은 갑, 을, 병, 정 4명이며, 관리본부에서 당직 근무가 가능한 인원은 A, B, C, D, E, F 6명으로 각 본부에서 한 명씩 2인 1조를 이루어 주말을 포함하여 한 달 동안 매일 당직 근무를 서야 한다. 1일에 병과 A가 함께 근무를 서고 한 명씩 돌아가며 근무가 이어질 경우, 이번 달에 함께 근무를 서지 않는 조합은 어느 것인가?(단, 한 달은 30일이며 근무 순서는 병, 정, 갑, 을/A, B, C, D, E, F 순으로 반복된다.)

① 정과 C
② 갑과 E
③ 을과 B
④ 병과 E
⑤ 을과 F

memo

PART 02

PSAT형
실전모의고사

PSAT형

실전모의고사 1회

50문항/60분

01 다음 글의 내용과 일치하지 않는 것은?

올해 세계의 이산화탄소(CO_2) 배출량이 2.7% 늘어나며 지난 7년 사이 최대 증가 폭을 기록할 것으로 전망됐다. 온실가스 배출을 추적해온 과학자와 정부, 재계의 국제 과학협력체인 '글로벌 탄소 프로젝트(Global Carbon Project)'는 보고서를 통해 올해 CO_2 배출량이 371억 t으로 작년(362억 t) 대비 2.7% 늘어날 것으로 내다봤다. 이는 중국과 미국, 인도, 유럽연합(EU) 등 CO_2 4대 배출국 정부와 업계 자료를 토대로 산출됐다.

GCP 연구팀은 지난 5~6년의 CO_2 배출량 변화가 석탄 소비와 궤를 같이한 것으로 지적하면서 특히 중국 내 석탄 소비 상황과 긴밀하게 관련돼 있다고 분석했다. 세계 CO_2 배출량의 27%를 차지하며 최대 배출국으로 지목돼 있는 중국은 올해 103억 t을 쏟아내 작년 대비 4.7% 늘어날 것으로 예상됐다. 이는 2011년 4.6% 이후 최대 증가폭이다. 연구팀은 중국이 2000년대 중반의 고도성장 궤도에 다시 들어설 가능성은 희박하지만 석탄에 의존하는 에너지 구조는 수십 년간 더 지속될 가능성이 높은 것으로 내다봤다. 중국의 CO_2 배출이 줄어들 여지가 적다는 것이다.

세계 CO_2 배출량의 15%를 내뿜는 미국은 54억 t을 배출해 작년 대비 2.5%가량 늘어날 것으로 예측됐다. 이는 지난겨울과 여름의 냉난방 수요 증가에 따른 것으로 분석됐다. 미국은 가스 가격이 저렴해지고 태양과 풍력 에너지가 석탄을 대체하면서 CO_2 배출이 조만간 하향 추세를 보일 것으로 전망됐다. 인도는 3대 화석연료 사용이 모두 급증하면서 총 26억 t의 CO_2를 배출해 4대 배출국 중 가장 높은 6.3%의 증가율을 보일 것으로 나타났다. 인도는 세계 CO_2 배출량의 7%를 차지하고 있다.

세계 CO_2 배출량의 10%가량을 차지하는 EU는 총 35억 t을 배출해 유일하게 0.7%의 감소세를 보일 것으로 예측됐다. 연구팀은 태양광과 풍력 발전 등 재생에너지 이용이 늘고 에너지 효율성도 제고되고 있지만, 화물 수송이나 개인 차량, 선박, 항공 등의 화석연료 수요 증가를 따라잡지 못하고 있다고 분석했다. 지구 기온상승의 주범으로 알려진 이산화탄소는 최근 몇 년간 세계 경기확장에도 거의 정체 상태를 보이고, 지난해에도 1.6% 증가에 그쳐 최고치에 근접했다는 희망적 관측이 나오기도 했다. 그러나 이번 보고서의 제1저자인 영국 이스트앵글리아대학의 코린 르 케르 연구원은 최근 몇 년간 CO_2 증가가 소폭에 그치다 올해 갑자기 큰 폭으로 늘어나, 지구 기온상승을 2도 이내로 억제하려는 파리협정 목표를 달성하기가 더 어렵게 됐다고 밝혔다.

① GCP 연구팀은 CO_2 4대 배출국인 중국(27%), 미국(15%), 인도(7%), 유럽연합(10%) 정부와 업계 자료를 토대로 올해 CO_2 배출량을 산출했다.

② 중국의 올해 CO_2 배출량은 103억 t으로 석탄의존형 에너지 구조의 지속 가능성을 참고할 때 CO_2 배출량 감소를 전망하기 어렵다.

③ 인도는 3대 화석연료 사용량이 급격히 늘면서 전년 대비 CO_2 배출량이 6.3% 증가했고 이는 최대 배출국인 중국에 이어 두 번째로 높은 증가율이다.

④ 미국은 계절에 따른 냉난방 전력수요가 높아 올해 54억 t의 CO_2를 배출했지만 재생에너지로 대체 중이므로 CO_2 배출량의 감소가 예견된다.

⑤ 유럽연합은 재생에너지 이용을 늘려 CO_2 배출량을 줄여왔으나 최근 CO_2 배출량이 급격히 증가해 파리협정 목표를 달성하기 어렵다.

다음 글을 읽고 이어지는 질문에 답하시오.

'조문국'이라는 나라 이름은 낯설게 들렸다. 역사 지식이 짧다고 할 수도 있겠다. 국명이라고 믿기가 어려웠다. 들어본 적이 없기 때문이다. 그런데 의성의 ㉠<u>문턱</u>을 넘어서자마자 곳곳에서 그 이름을 만나게 되었다. 조문국은 여러 기록에서 기원전과 기원후를 나누던 무렵 삼한 시대에 존재했고, 기원후 185년경 신라에 ㉡<u>**복속**</u>된 나라라고 기록되어 있다. 그 나라의 ㉢<u>**실존**</u>을 알 수 있는 것은 대부분 〈삼국사기〉 신라 이사금 2년의 짧은 기록에 기대고 있다. 그해 2월에 조문국을 쳤다는 부분이다. 〈고려사〉나 〈신증동국여지승람〉도 이 내용을 반복하며 조문국이 실존했었다는 것을 알려준다. 이 땅에 남아 있는 과거의 흔적은 이방인을 단번에 사로잡았다. 넓은 들판에 야트막한 언덕을 따라서 크고 작은 고분이 점점이 앉아 있다. '조문국 사적지'라는 이름을 달고 있지만 '금성산 고분군'이라는 이름으로 더 자주 불리는 곳이다. 이곳을 다녀간 사람들은 고분군을 가리켜 "윈도우 바탕화면 여행지"라는 평을 남기곤 한다. 그들이 어떤 생각을 하며 이곳을 둘러보았는지 알 수 있는 평가다. 그런 평가를 받을 만큼 아름답다. 경주가 아니라 의성 땅에 이렇게 많은 고분이 있다는 것이 신기하게 여겨질 만큼 수가 많다. 멀리 금성산 자락까지 374기의 고분들이 ㉣<u>산재</u>되어 있다.

이 고분들은 신라의 것이다. 대부분 4~6세기 무렵에 조성되었는데, 당시 이곳은 신라의 땅이었다. 그럼에도 신라가 아닌 조문국의 이름을 꺼내는 것은 출토된 유물이 대량 쏟아져 나온 것도 드문 일이거니와 의성마의 색깔이 두드러지기 때문인데, 대표적으로 탑리리 고분에서 발견한 금동관을 들 수 있다. 신라의 금관을 닮아 있지만 얇게 꼬아져 있는 깃털 모양의 장식은 낯설다. 고구려의 무용총과 쌍용총 벽화에서 보이는 모양이기도 하고, 넓게는 우즈베키스탄 사마르칸트까지 ㉤<u>소급</u>해서 비교해 볼 만한 형식이다. 토기도 그렇다. 물레로 빚는 경주의 것과 달리 점토 접합 방식이고, 형태나 종류에도 의성만의 특징이 있다.

의성은 예로부터 영남에서 중부 지역으로 나아가는 요충지였다. 신라의 수도 서라벌에서 안동이나 영주로 올라갈 때, 문경을 거쳐 한강 유역으로 진출하려 할 때는 의성을 거쳐야만 했다. 지리상 중요한 곳이므로 서라벌 못지않게 지배 계층의 권위가 높았고, 그토록 많은 고분에서 수준 높은 부장품이 나올 수 있었을 것이다. 가까운 곳에는 고분에서 발굴한 유물들을 전시한 조문국 박물관이 있다. 그곳에서 이제는 전설처럼 느껴지는 옛 국가의 흔적을 살피면서 승자의 역사에 파묻힌 조문국 사람들의 삶과 문화를 그려본다.

02 다음 중 ㉠~㉤을 대체할 수 없는 어휘는?

① ㉠ 초입 ② ㉡ 속복
③ ㉢ 실재 ④ ㉣ 분포
⑤ ㉤ 소환

03 다음 글을 바르게 이해한 사람은?

① A : 의성에 있는 '조문국 사적지'가 경주에 있는 '금성산 고분군'과 역사적으로 닿아 있는 유적지라니 신기해.

② B : 조문국의 실존은 〈삼국사기〉, 〈고려사〉, 〈신증동국여지승람〉은 물론 고구려 무용총과 쌍용총 벽화에서도 확인할 수 있구나.

③ C : 신라의 수도 서라벌에서 한강 유역으로 진출하려면 의성을 거쳐야 했다니, 의성은 군사적으로도 중요한 지역이었겠구나.

④ D : 경주와 의성에 산재하는 고분이 도합 374기에 이르고 출토된 유물도 상당하다니 두 지역을 함께 여행하며 신라를 느껴보는 것도 좋겠어.

⑤ E : 탑리리 고분의 금동관이 우즈베키스탄 사마르칸트의 양식과 유사하다고 하니 당대 신라의 교역 범위가 얼마나 넓었는지 짐작할 수 있어.

04 A기업은 한국과 호주, 캐나다에 지사를 두고 있다. 서울 시각 2019년 1월 1일 오전 1시 기준 호주 시드니와 캐나다 밴쿠버의 현지시각이 다음과 같으며, 2019년 1월 2일 1시간 동안 화상회의를 진행할 예정이다. 모든 지사의 근무시간은 현지시각으로 오전 9시부터 오후 6시까지이며, 낮 12시부터 1시간 동안은 점심시간으로 업무를 보지 않는다. 서울을 기준으로 회의를 시작할 수 있는 시각은?

도시	서울	시드니	밴쿠버
현지시각	2019년 1월 1일 01:00 am	2019년 1월 1일 03:00 am	2018년 12월 31일 08:00 am

① 오전 9시 ② 오전 10시
③ 오전 11시 ④ 오후 1시
⑤ 오후 2시

다음은 화재 발생 및 재산 · 인명피해 현황에 관한 자료이다. 다음 물음에 답하시오.

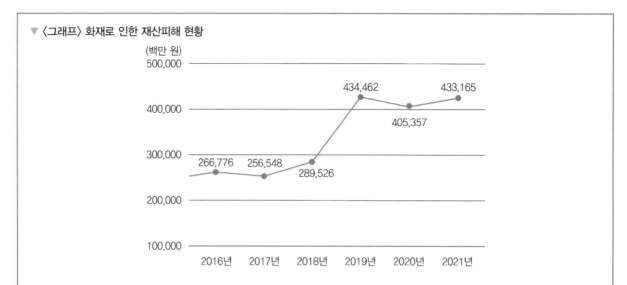

▼〈그래프〉 화재로 인한 재산피해 현황

▼〈표〉 2016~2021년 화재 발생 건수 및 인명피해 현황

(단위 : 건, 명, 백만 원)

구분		2016년	2017년	2018년	2019년	2020년	2021년
발생 건수		41,863	43,875	43,249	40,932	42,135	44,435
인명 피해	소계	1,893	( )	2,223	2,184	2,181	2,090
	사망	305	( )	267	307	325	253
	부상	1,588	( )	1,956	1,877	1,856	1,837

05 위의 자료에 대한 설명으로 옳지 않은 것은?

① 2021년 화재 발생 건수는 전년 대비 5% 이상 증가했다.

② 2016~2021년 화재 발생 건수는 꾸준히 증가했다.

③ 2016~2021년 화재로 인한 인명피해는 2018년에 가장 컸다.

④ 2021년 화재로 인한 재산피해액은 전년 대비 6.9%가량 증가했다.

⑤ 2018~2020년 화재 발생 건수와 재산피해액 증감 방향은 반대이다.

06 2017년 화재로 인한 사망자 수는 2016년보다 14% 감소했고, 2018년 화재로 인한 부상자 수는 2017년보다 20% 증가했다. 이때, 2017년 화재로 인한 사망자와 부상자는 총 몇 명인가?(단, 소수점 첫째 자리에서 버린다.)

① 1,892명   ② 1,951명

③ 2,017명   ④ 2,216명

⑤ 2,274명

07 K사 6개 부서인 총무부, 기획부, 홍보부, 연구부, IT본부, 영업부는 6층 건물에 각각 한 층씩 배정되어 있다. 배정된 조건이 다음과 같을 때, 항상 참인 것을 고르면?

- 기획부는 3층에 배정되어 있다.
- 2층은 홍보부 또는 총무부가 사용한다.
- 총무부는 IT본부보다 낮은 층에 위치한다.
- 5층은 IT본부가 사용하지 않는다.
- 홍보부 바로 아래층은 영업부이다.

① 홍보부가 2층이면 연구부는 5층이다.
② 총무부가 2층이면 IT본부는 6층이다.
③ 6층은 IT본부 또는 홍보부이다.
④ 총무부 바로 아래층은 연구부이다.
⑤ 4층은 기획부를 제외하고 모든 부서가 위치할 수 있다.

다음 〈그래프〉와 〈표〉는 K항공 A, B, C, D팀의 분기별 매출액과 분기별 매출액에서 A~D팀의 매출액이 차지하는 비중을 나타내고 있다. A~D팀 중 연매출액이 가장 많은 팀과 가장 적은 팀을 순서대로 바르게 짝지은 것은?

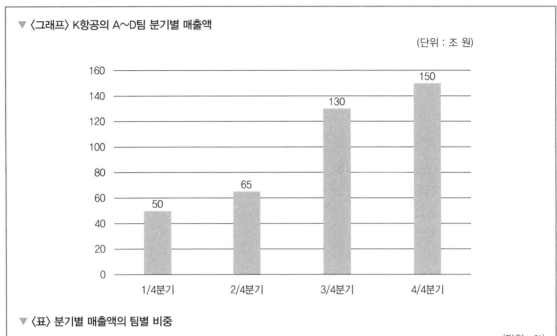

▼ 〈그래프〉 K항공의 A~D팀 분기별 매출액

(단위 : 조 원)

▼ 〈표〉 분기별 매출액의 팀별 비중

(단위 : %)

팀	1/4분기	2/4분기	3/4분기	4/4분기
A	15	25	30	50
B	30	30	20	15
C	15	20	10	20
D	40	25	40	15
합계	100	100	100	100

① A, B

② B, C

③ A, C

④ B, D

⑤ A, D

09 절도 용의자 갑, 을, 병, 정, 무 중 범인은 단 한 명이다. 이들 중 2명의 진술이 거짓일 때, 범인은 누구인가?

> • 갑 : 나는 물건을 훔치지 않았다.
> • 을 : 갑의 말은 사실이다.
> • 병 : 정이 범인이다.
> • 정 : 병은 거짓말을 하고 있다.
> • 무 : 을은 물건을 훔친 사람이 아니다.

① 갑   ② 을
③ 병   ④ 정
⑤ 무

PART 01
PART 02
PART 03
PART 04

10 다음 명제가 성립할 때, 항상 참인 것은?

> • 경치를 좋아하는 사람은 여행을 좋아한다.
> • 사람과 어울리는 것을 좋아하는 사람은 여행을 좋아한다.
> • 여행을 좋아하는 사람은 바다를 좋아한다.

① 사람과 어울리는 것을 좋아하지 않는 사람은 여행을 좋아하지 않는다.
② 경치를 좋아하는 사람은 바다를 좋아한다.
③ 경치를 좋아하는 사람은 사람과 어울리는 것을 좋아한다.
④ 여행을 좋아하지 않는 사람은 바다를 좋아하지 않는다.
⑤ 여행을 좋아하는 사람은 경치를 좋아한다.

11 다음 글을 통해 추론할 수 있는 것은?

○○공사가 수행하는 LED조명 교체 ESCO사업*이 공정성 논란에 휩싸였다. 에너지 절감량 산정 기준 항목 중 사업설명회와 공청회 과정에서 언급되지 않았던 '보수율'이 낙찰을 결정하는 핵심 요소로 떠오르면서 항목 자체가 특정업체에 유리하도록 설계된 것 아니냐는 의혹이 제기되었다. ○○공사는 지난 2018년 4월, 2,300억 원을 5년간 투입해 전국 고속도로 터널 및 가로등 조명을 LED로 교체한다는 계획을 발표했다. ○○공사는 ESCO사업 입찰과 관련해 사업자의 에너지 절감량 산정 기준이 되는 평가지표에 정부 사업 중 처음으로 '보수율'이라는 항목을 적용했다. 보수율이란 조명시설의 조도를 계산할 때 빛의 양이 감소되는 것을 감안해 경제적으로 허용할 수 있는 한도를 지정, 일정 기간 감광되더라도 설계값을 만족하게 하는 기준을 뜻한다. 하지만 업체가 받은 고효율에너지기자재 소비전력 수치에 보수율이 적용되면 평가 배점이 뒤바뀔 수 있어 문제가 되고 있다.

정부 주도 ESCO사업은 일반적으로 고효율에너지기자재 인증서에 명시된 등기구 소비전력으로 에너지 절감액을 계산한다. 일반적인 ESCO사업에서 A사가 100W급 가로등의 소비전력을 80W까지 낮춘 제품으로 입찰에 참가하고 B사는 90W까지 낮춘 제품으로 참가한다면, 소비전력이 낮은 A사가 더 높은 점수를 받는 것이다. 하지만 ○○공사의 경우 제조사가 자체적으로 보수율을 적용하기 때문에 A사가 80W에 보수율 0.7, B사가 90W에 보수율 0.6으로 제출하게 되면, A사의 소비전력은 80W × 0.7 = 56W, B사의 소비전력은 90W × 0.6 = 54W로 소비전력이 낮은 B사가 높은 점수를 받게 된다. 결국 제품의 성능이 좋더라도 업체 스스로 경쟁사보다 보수율을 높게 설정하면 배점이 역전되는 것이다.

또한 업계는 제조사가 스스로 제시하는 보수율 근거자료를 실증시험이 아닌 시뮬레이션 자료로 제출하라고 한 점도 이해하기 힘들다고 주장한다. 2017년 5월 정기 기술평가 시 보수율이 언급되지 않았기 때문에 입찰에 참가한 업체들은 대부분 공고 이후에 시뮬레이션 성적서를 발급받았다. 따라서 소비전력이 떨어지는 제품이 설치되고 실증시험을 거치지 않아 향후 하자관리 부분에서 문제가 발생하는 상황 등에 대한 우려를 표했다. 이에 ○○공사 관계자는 "성적에서 성능 기준만 고려해 낙찰자를 선정하다보니 제품 설치 이후 에너지 절감량이 급격하게 떨어지는 사례를 여럿 확인했다"며 "회수기간을 단축시키기 위한 불가피한 선택이었다"고 말했다.

※ ESCO사업 : 개인이나 기업을 대신하여 에너지절약전문기업(ESCO : Energy Service COmpany)이 에너지절약형 시설에 선투자한 뒤 에너지 절감액으로 투자비를 회수하는 제도

① 조명시설의 보수율은 정부 주도 ESCO사업 입찰에 2018년부터 활용되는 지표로, 일정 기간 감광되더라도 설계값을 만족하게 하는 기준을 뜻한다.

② ○○공사는 성능을 기준으로 평가된 제품의 에너지 절감량이 급감하는 경우가 잦아지자 실증시험을 통해 산출된 보수율을 평가지표에 추가했다.

③ ESCO사업을 정부가 주관할 경우 에너지 절감액 계산 시 고효율에너지기자재 인증서의 소비전력 항목을 반영하는 예외가 허용된다.

④ ○○공사의 평가 기준에 따르면 소비전력 80W, 보수율 0.5를 제출한 ㄱ사와 소비전력 70W, 보수율 0.6을 제출한 ㄴ사 중 ㄴ사가 높은 배점을 받게 된다.

⑤ 고효율에너지기자재의 소비전력이 낮아도 보수율이 높으면 에너지 절감 기준에 미달하는 제품을 회수하는 기간을 단축시킬 수 있다.

12 다음 중 (가)~(마)를 요약한 것으로 가장 적절하지 않은 것은?

> (가) 신재생에너지들은 효율적이라는 평가를 못 받고 있다. 햇빛이나 바람 같은 에너지원은 자연환경이므로 지속적·안정적 공급이 어렵다. 이로 인해 신재생에너지 산업에서는 에너지저장장치(ESS)가 중요한 역할을 한다. 과잉 생산된 에너지를 저장해두면 여건상 에너지 생산량이 적을 때 활용하는 등 효율적 관리가 가능하다. 하지만 ESS는 저렴하지 않은 데다 저장량에도 한계가 있어 활용도가 높지 못한 실정이다. 이런 시점에서 '슈퍼그리드'가 주목받는다. 거대 규모의 전력망을 뜻하는 슈퍼그리드는 특정 지역에서 과잉생산되는 에너지를 부족한 곳과 주고받을 수 있는 시스템이다. 국경을 건너 이어지는 전력망을 구축해 특정 국가에서 만들어낸 에너지를 다른 나라에서도 끌어다 쓰는 에너지 수송 네트워크로 햇빛이 강하거나, 바람이 많이 부는 등 지역마다 다른 환경적 특성을 살려 생산한 에너지를 서로 공유할 수 있다.
>
> (나) 에너지 수송 네트워크는 1960년대 미국 북서부의 수력발전 전력을 남쪽 캘리포니아 주에 공급하는 프로젝트에서 처음 사용됐다. 초기에는 대륙망(Continental Grid)이라 불렸지만 최근 스마트그리드(Smart Grid)가 적용된 전력망이 연결된다는 차원에서 슈퍼그리드라고 불리기 시작했다. 슈퍼그리드는 다국적·다에너지원적 그리드로 기존의 전력망에 신재생에너지원 등이 통합된 것으로, 핵심 기술로는 HVDC, 초고압 고성능의 송변전 설비, 광역 전력계통 감시시스템과 같은 광역통합망 관리기술 등이 해당된다.
>
> (다) 현재 전 세계적으로 추진되거나 논의되고 있는 대표적인 슈퍼그리드 프로젝트로는 북유럽 슈퍼그리드, 남유럽-MENA 슈퍼그리드, 아프리카 슈퍼그리드 및 동북아 슈퍼그리드 등이 있다. 이 가운데 북유럽 슈퍼그리드가 가장 활발하게 추진되고 있다. 노르웨이, 스웨덴, 덴마크, 벨기에, 룩셈부르크, 네덜란드, 아일랜드, 프랑스, 영국, 독일 등 유럽 10개국은 2009년부터 '슈퍼그리드 프로젝트'를 추진하여 2014년 영국, 프랑스, 북유럽 간 연결이 완료되었다. 나아가 2050년까지 아프리카 북부 사하라 사막까지 연결하는 초대형 에너지망 사업을 추진 중이다.
>
> (라) 한국에서는 한국, 몽골, 러시아, 중국, 일본을 잇는 '동북아 슈퍼그리드' 구축을 논의 중이다. 몽골에는 한중일 3국이 충분히 사용할 수 있는 풍력과 태양열이 있고, 러시아는 수력과 천연가스 등 청정에너지가 풍부하다. 동부 시베리아와 극동 러시아의 수력과 천연가스, 몽골 고비사막의 신재생에너지를 활용해 전력을 생산한 후 고압직류(HVDC)송전방식으로 육상선로와 해상의 케이블을 건설해 다른 국가에 공급하는 방안을 추구하는 중이다. 이렇게 동북아 국가의 전력망을 연결하면 보다 생산적이고 경제적인 전력공급을 기대할 수 있다. 국가 간의 전원설비를 공유할 수 있기 때문에 전력수요가 급증하는 시간대의 예비전력 확보가 가능하고, 해외에너지 수출을 통해 경제성과 전원입지난도 해소할 수 있다.
>
> (마) 우리나라는 화석연료와 원전 비율이 높고 청정·재생에너지 비율이 적은 편이다. 그만큼 신재생에너지 사업 확대에 많은 노력을 기울이고 있다. 풍력·태양광 발전을 전체 신재생전원 설비용량의 80%까지 끌어올릴 계획도 있으나 태양 일사량과 풍력은 일정하지 못하기 때문에 출력 불안정성 해소가 시급하다.

① (가) ESS와 슈퍼그리드는 지속적·안정적 수급이 어려운 신재생에너지의 한계를 보완할 방안이다.

② (나) 스마트그리드 적용 전력망이 연결된 슈퍼그리드는 기존 방식에 신재생에너지원이 통합된 전력망으로 초고압 송변전, 광역통합 등의 핵심 기술이 있다.

③ (다) 대표적인 슈퍼그리드 프로젝트 중 가장 활발하게 진행 중인 북유럽 슈퍼그리드는 2050년 사하라 사막까지 연결될 예정이다.

④ (라) 논의 중인 동북아 슈퍼그리드는 몽골의 풍력, 러시아의 천연가스, 일본의 수력 등을 효과적으로 공유할 수 있는 방안이다.

⑤ (마) 우리나라는 풍력과 태양광을 중심으로 하는 신재생에너지 사업 확대를 계획 중으로, 에너지원이 가진 출력 불안정성에 대한 해결이 필요하다.

13 한 음원사이트에서 올해의 앨범상을 받을 후보로 A, B, C, D, E 총 5개의 그룹이 선정되었다. 해당 사이트의 회원을 대상으로 투표가 이뤄지며, 아래의 〈수상 그룹 결정 방식〉에 따라 투표 결과를 얻는다면, 수상 그룹은?

■ 투표 방식과 투표 결과
- 해당 사이트 회원은 한 번의 투표를 할 수 있으며, 가장 선호하는 1순위 후보 그룹 하나와 그 다음으로 선호하는 2순위 후보 그룹 하나를 투표한다.
- 회원 1만 명이 모두 참여한 투표의 결과를 정리하면 다음과 같다.

투표 내용		회원 수
1순위	2순위	
A	B	2,500명
C	B	1,800명
A	C	2,000명
B	A	2,000명
D	C	500명
E	A	1,200명

■ 수상 그룹 결정 방식

1순위 표 과반수를 얻은 그룹을 수상 그룹으로 한다.

※ 만약 1순위 표 과반수를 얻은 그룹이 없다면 다음의 방식을 적용한다.
- 1순위 최소의 표를 받은 그룹은 후보에서 제외된다. 제외된 후보 그룹이 받은 표는 그 표를 행사한 회원들이 2순위로 선호한 그룹으로 넘어간다. 이 넘겨진 표를 받은 후보 그룹의 1순위 표와 합산한다.
- 과반수의 표를 얻은 그룹이 나올 때까지 위의 과정을 반복한다.

---

① 그룹 A   ② 그룹 B

③ 그룹 C   ④ 그룹 D

⑤ 그룹 E

14 ~ 15

다음은 한 음료 제조업체의 생산 공정에 관한 주요 사항이다. 이어지는 질문에 답하시오.

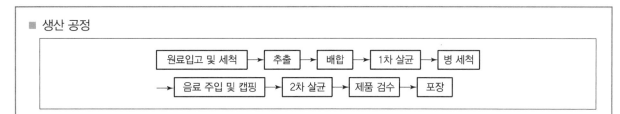

■ 생산 공정

원료입고 및 세척 → 추출 → 배합 → 1차 살균 → 병 세척
→ 음료 주입 및 캡핑 → 2차 살균 → 제품 검수 → 포장

■ 음료 1병 생산 시 공정별 생산비

공정	생산비	공정	생산비
원료입고 및 세척	60원	음료 주입 및 캡핑	90원
추출	140원	2차 살균	50원
배합	100원	제품 검수	80원
1차 살균	50원	포장	40원
병 세척	30원		

14 공장 혁신으로 스마트공장을 구현함에 따라 원료입고 및 세척과 제품 검수 공정을 제외한 전 공정의 생산비를 10% 절감하게 되었다. 음료 100병 생산 시 절감한 비용은 얼마인가?

① 4,500원　　　　　　　　② 4,800원
③ 5,000원　　　　　　　　④ 5,200원
⑤ 5,500원

15 기존에 음료 200병을 생산하면 그 중 30병이 불량품이었으나, 공장 혁신으로 같은 수량 생산 시 불량품이 10병으로 줄어들었다. 제품 정가가 생산비의 2배일 때, 음료 500병을 생산한다면 기존 대비 증가한 판매수익은 얼마인가?(단, 판매수익은 '판매액 – 생산액'이며, 불량 관련 비용 외에 다른 변동사항은 없다고 가정한다.)

① 48,000원　　　　　　　　② 52,000원
③ 56,000원　　　　　　　　④ 64,000원
⑤ 70,000원

다음은 성별 및 연령집단별 흡연율에 관한 자료이다. 다음 물음에 답하시오.

▼ 〈표〉 성별 및 연령집단별 흡연율

(단위 : %)

구분		2012년	2013년	2014년	2015년	2016년	2017년	2018년	2019년	2020년	2021년
	전체	25.3	27.8	27.3	27.5	27.1	25.8	24.1	24.2	22.6	23.9
성	남자	45.1	47.8	47	48.3	47.3	43.7	42.2	43.2	39.4	40.7
	여자	5.3	7.4	7.1	6.3	6.8	7.9	6.2	5.7	5.5	6.4
연령집단	19~29세	27.8	33.9	32.4	27.8	28.3	28	24.1	22.5	23.7	25.4
	30~39세	32	32.4	32.8	35	36.6	32.5	30.7	30	27.7	30.4
	40~49세	27	27.7	27.5	30.5	25.7	27.7	26.9	29.2	25.4	25
	50~59세	19.3	22.5	22.9	25.1	24.5	24.6	22	20.6	20.8	22.7
	60~69세	17	18.8	18.4	16.1	17.5	13.4	17.4	18.2	14.1	14.6
	70세 이상	12.8	16	13.2	12.6	14.3	10.9	8	10.1	9	9.1

16 조사기간 동안 가장 높은 흡연율을 보인 연령집단과 가장 낮은 흡연율을 보인 연령집단의 평균 흡연율은 약 몇 %p 차이 나는가?(단, 계산 최종 단계에서 소수점 첫째 자리에서 반올림한다.)

① 16%p   ② 17%p

③ 18%p   ④ 19%p

⑤ 20%p

17 위의 자료에 대한 설명으로 옳지 않은 것은?

① 2019년부터 2년간 꾸준히 흡연율이 감소한 연령대는 40대뿐이다.

② 조사기간 동안 남자 흡연율과 여자 흡연율의 차이가 가장 적은 해는 2020년이다.

③ 19~29세 흡연율보다 30~39세 흡연율이 항상 더 높다.

④ 10년간 50대 평균 흡연율은 20%보다 크다.

⑤ 2012~2021년 중 전체 흡연율이 가장 높았던 해는 2013년이다.

18 다음 글의 주제로 가장 적절한 것은?

> 소위 선진국과 개발도상국 간에는 정치나 문화, 제도 등에서 많은 차이를 보인다. 그렇다면 언어는 어떨까? 최근의 한 연구를 통해 동일한 언어를 사용하는 나라라고 하더라도 실제 언어생활에는 상당한 차이가 있음이 밝혀졌다.
>
> 연구진은 영어와 스페인어, 프랑스어를 모국어로 사용하는 국가들을 GDP 등 경제지표에 따라 구분한 후 이들의 어휘와 관용어 등을 조사·분석하였다. 그 결과 경제적으로 발전한 나라에 비해 그렇지 못한 나라에서 사용하는 어휘의 수가 더 적고, 표현 역시 일차원적이거나 적대적인 표현의 비중이 더 크다는 사실이 밝혀졌다. 예를 들어 똑같이 스페인어를 사용하는 나라라고 하더라도 경제적으로 낙후된 나라에서는 추상적인 대상이나 다소 복잡한 개념을 나타내는 단어의 수가 더 적었다. 또한, 동일한 대상을 지칭하는 단어라 하더라도 공격적이거나 비하의 의미가 포함된 단어의 수가 더 많았다. 아울러 욕설과 같은 비속어가 상대적으로 더 많다는 것도 특징이었다.
>
> 이러한 현상은 단순히 경제적인 요인에 의한 것만은 아니었다. 빈부격차가 심한 국가의 경우 두 집단에서 동일한 대상을 서로 다른 단어로 지칭하는 등 언어가 서로 분리되는 경향이 나타나기도 하였고, 지역적 적대감이 심한 곳일수록 특정 지역의 사람들을 비하하는 비속어가 발달하는 경향을 보였다. 세대 간 갈등이 심한 사회에서는 신조어가 급속하게 발달해 특정 어휘나 표현을 향유하는 세대의 폭이 점점 좁아지는 모습을 보였다.
>
> 연구진은 현재 개발도상국으로 분류되는 국가들도 경제·정치·제도적으로 발전함에 따라 언어가 선진국과 유사한 방향으로 변화할 것으로 예측하고 있다. 이는 우리나라의 경우를 보아도 짐작할 수 있는 부분이다. 한센병 환자들에 대한 멸칭인 '문둥이'가 사실상 사라지고 있다는 점이나 '장님', '벙어리' 등과 같은 표현이 '시각·청각 장애인'으로 대체되어 가고 있는 것 등이 그러한 사례가 될 것이다.

① 어떠한 언어를 사용하느냐가 그 사회의 발전 정도를 결정한다.
② 선진국으로 나아가기 위해서는 언어의 질적 발전이 필수적이다.
③ 적대적 표현이 많은 언어는 사회의 경제적 발전에 걸림돌이 된다.
④ 사람은 사용하는 언어를 토대로 사고하고 행동한다.
⑤ 언어는 그것이 향유되는 사회와 연결되어 있다.

19 ~ 20

다음 글을 읽고 질문에 답하시오.

관광산업이 대중화되기 시작하면서 이는 곧 국가의 성장으로 이어졌고 소비자가 선택할 수 있는 범위와 종류도 점차 많아졌다. 그 결과 새로운 형태의 제법 안목 있는 소비자가 생겨나기 시작했다. 이들은 기존의 전형적인 패키지 상품보다는 새로운 경험에 더 매력을 느꼈다. 컴퓨터를 이용한 예약 시스템이 등장하면서 패키지에 묶여 있던 각종 관광 상품은 이른바 '해방'을 맞았다.

⊙ 산업의 급속한 증가 및 과잉 공급, 일부 관광객의 추태는 이른바 '트레몰리노스 효과'라는 신조어를 낳았다.
ⓒ 이후 에어비앤비 등 숙박 관련 업체가 등장하면서 저렴한 숙박 시설의 공급 역시 빠른 속도로 증가했다.
ⓒ 항공편 이용료가 낮아지면서 훨씬 더 많은 사람들이 관광을 즐길 수 있게 됐다.
ⓔ 이로써 패키지 여행상품 시장은 점차 어려움을 겪기 시작했다.

스페인 트레몰리노스 지역의 ⓐ코스타 델 솔 리조트는 매너 없이 행동하는 영국인, 빈약한 기반시설, 지저분한 환경, 늘 똑같은 서비스, 구식 문화 및 식당 등으로 투숙객이 빠르게 줄고 있었다. 트레몰리노스 효과는 바로 이 같은 상황을 빗대어 설명한 개념이었다. 관광객은 패키지 상품의 목적지를 찾는 대신 사람들이 많이 몰리는 해변에서 술을 곁들이며 자유롭게 휴가를 즐겼다. 새롭게 탄생한 이른바 관광 신인류는 스스로를 '관광객'이 아닌 '여행객'으로 지칭했다.

이들은 뭔가 새롭고 특별한, 한적한 곳에서 자연 그대로를 즐길 수 있는 여행을 원했다. 여행이 하나의 경험이 되기를 바랐다. 그러면서 보다 실험적인 여행시장이 활기를 띠기 시작했다. '여행객'은 더 이상 프랑스의 ⓑ에펠탑으로 발길을 돌리지 않았다. 브라질 리우의 ⓒ파벨라 빈민가처럼 도시의 숨은 곳을 찾는 사람이 많아졌다. 또한 이들은 바닷가에서 즐기는 바비큐 파티보다는 난파선이 묻혀 있는 깊은 바다에서 스쿠버 다이빙을 즐겼다. 또 이번 주말을 이비자 클럽에서 보냈다면 다음 주엔 바로 옆 클라리지 호텔에서 차를 마시는 식으로 경험을 다양화했다.

구시대적 관광 형태는 지난 30년 동안 서서히 변화했다. 패키지 상품은 더 이상 효과를 내지 못했다. 1인 여행객, 배낭여행객, 탐험가 등이 이 자리를 대신 채워가고 있었다. 전통적인 휴양지의 인기도 수그러들었다. 사람들은 ⓓ마갈루프의 클럽을 가기보다 ⓔ팜플로나 지방의 산 페르민 축제에서 소몰이 행사에 참여하길 원했다. 또 ⓕ베니도름 지역에서 일광욕을 즐기기보다 ⓖ발렌시아 부뇰 지역에서 열리는 토마토 축제에 참가하고자 했다.

19 다음 중 ⊙~ⓔ의 순서를 바르게 나열한 것은?

① ⓔ-ⓒ-ⓒ-⊙　　② ⓒ-⊙-ⓔ-ⓒ
③ ⓒ-ⓒ-ⓔ-⊙　　④ ⓒ-ⓔ-⊙-ⓒ
⑤ ⓔ-⊙-ⓒ-ⓒ

20 제시문의 맥락을 고려하여 밑줄 친 ⓐ~ⓖ를 두 종류로 나눌 때 적절한 것은?

① ⓐ, ⓑ, ⓓ, ⓕ / ⓒ, ⓔ, ⓖ　　② ⓐ, ⓑ, ⓔ, ⓖ / ⓒ, ⓓ, ⓕ
③ ⓐ, ⓑ, ⓖ / ⓒ, ⓓ, ⓔ, ⓕ　　④ ⓐ, ⓓ, ⓕ / ⓑ, ⓒ, ⓔ, ⓖ
⑤ ⓐ, ⓓ, ⓔ, ⓖ / ⓑ, ⓒ, ⓕ

21 다음 중 자료에 대한 해석으로 옳은 것은?

▼ 〈표〉 폐기물종류별 일평균 발생량

(단위 : 톤/일)

구분	2015년	2016년	2017년	2018년	2019년	2020년	2021년
총계	374,642	383,333	394,510	393,126	401,663	418,222	429,139
생활폐기물	49,159	48,934	48,990	48,728	49,915	51,247	53,772
사업장배출시설계폐기물	137,875	137,961	146,390	148,443	153,189	155,305	162,129
건설폐기물	178,120	186,417	186,629	183,538	185,382	198,260	199,444
지정폐기물	9,488	10,021	12,501	12,417	13,177	13,410	13,794

① 조사기간 동안 일평균 전체 폐기물 발생량은 꾸준히 증가했다.

② 생활폐기물 발생량이 지정폐기물 발생량보다 4배 이상 많은 연도는 2015~2016년이다.

③ 폐기물 발생량 비중이 가장 큰 폐기물은 건설폐기물로, 전체의 50% 이상을 차지한다.

④ 사업장배출시설계폐기물 발생량은 2021년까지 한 차례 감소했다.

⑤ 2015년 대비 2021년 전체 폐기물 발생량은 20% 이상 증가했다.

22 다음은 2017~2021년 전력판매량과 전력 판매수익을 조사한 자료이다. 이를 해석한 것으로 가장 적절하지 않은 것은?(단, 소수점 둘째 자리에서 반올림한다.)

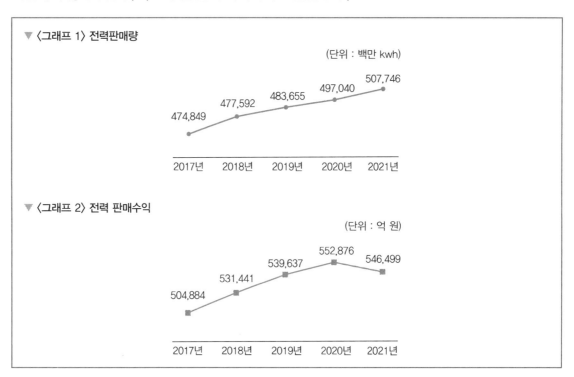

① 전력판매량과 전력 판매수익 증감 추이는 동일하다가 2021년 반대 양상을 보였다.
② 전년 대비 2018년 전력판매량 증가율은 전년 대비 2021년 전력판매량 증가율보다 1.5%p 이상 낮다.
③ 2017~2021년 전력 판매수익이 가장 높았던 연도의 전력판매량은 5,000억 kwh 이상이다.
④ 5년간 평균 전력판매량은 5,000억 kwh를 넘지 못했다.
⑤ 전년 대비 전력 판매수익 증가분이 가장 큰 연도는 2018년이다.

23 다음 식중독 관련 자료에 대한 설명으로 옳지 않은 것은?(단, 소수점 첫째 자리에서 반올림한다.)

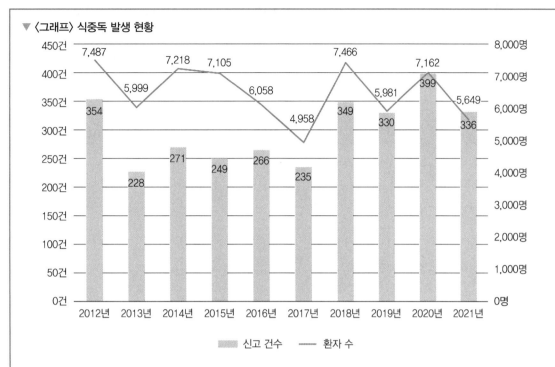

▼ 〈그래프〉 식중독 발생 현황

▼ 〈표〉 섭취장소별 식중독 신고 현황

(단위 : 건, 명)

구분		2019년		2020년	
		건수	환자 수	건수	환자 수
음식점		( )	1,506	( )	2,120
집단급식소		64	2,782	68	3,943
	학교	38	1,980	36	3,039
	기업체	7	204	5	175
	그 외	19	598	27	729
가정집		9	34	3	16
기타		54	1,641	73	974
불명		4	18	4	109

① 식중독 신고 건수 및 환자 수 증감 추이는 같지 않다.

② 2018년 식중독 환자 수는 전년보다 2,500명 이상 증가했는데, 이는 증가폭이 가장 큰 경우이다.

③ 2020년 음식점에서의 식중독 신고 건수는 2019년보다 50건 이상 많다.

④ 식중독 신고 건수가 가장 적었던 연도에 식중독 환자 수도 가장 적었다.

⑤ 학교에서 신고된 식중독 건수는 2019~2020년 모두 집단급식소 신고 건수 중 절반이 넘는다.

다음은 국가 표준예방접종 일정표와 감염병 백신종류에 대한 자료이다. 이를 바탕으로 이어지는 물음에 답하시오.

▼ 〈표 1〉 표준예방접종 일정표

백신 종류	접종 횟수	접종 기간													
		4주 이내	1개월	2개월	4개월	6개월	12개월	15개월	18개월	19~ 23개월	24~ 35개월	만 4세	만 6세	만 11세	만 12세
BCG	1	1회													
HepB	3	1차	2차			3차									
DTap	5			1차	2차	3차		4차	4차			5차	5차		
Tdap	1													1회	1회
IPV	4			1차	2차	3차	3차	3차				4차	4차		
Hib	4			1차	2차	3차	4차								
PCV	4			1차	2차	3차	4차								
MMR	2						1차					2차	2차		
VAR	1						1회								
HepA	2						1~2차	1~2차							
IJEV	5						1~2차	1~2차			3차		4차		5차
LJEV	2						1차	1차			2차				
HPV	2														1~ 2차
IIV						매년 1회 접종									

▼ 〈표 2〉 대상 감염병과 예방 백신

대상 감염병	백신 종류
결핵	BCG
B형간염	HepB
디프테리아 / 파상풍 / 백일해	DTap / Tdap
폴리오	IPV
b형헤모필루스인플루엔자	Hib
폐렴구균	PCV(단백결합) / PPSV(다당질)
홍역 / 유행성이하선염 / 풍진	MMR
수두	VAR
A형간염	HepA
일본뇌염	IJEV(불활성화 백신) / LJEV(약독화 백신)
사람유두종바이러스 감염증	HPV
인플루엔자	IIV

※ 접종 시 유의사항
• 디프테리아/파상풍/백일해의 경우 5차까지 DTap으로 접종한 후 만 11~12세에 Tdap으로 1회 접종
• 폐렴구균 고위험군에 한하여 의사와 충분한 상담 후 24개월~만 12세에 PPSV 1회 추가 접종
• A형간염 1차 접종은 생후 12~23개월에 시작하고 2차 접종은 1차 접종 후 6개월 간격을 두고 접종
• 일본뇌염의 경우 IJEV는 1차 접종 후 7~30일 간격으로 2차 접종을 실시하고, LJEV는 1차 접종 후 12개월 후 2차 접종
• 인플루엔자 백신 접종 첫 해는 4주 간격으로 2회 접종 필요

24 다음 중 자료의 내용을 바르게 이해하지 못한 것은?

① 결핵 예방접종은 생후 4주 이내에 1회만 하면 된다.

② 폐렴구균 고위험군의 경우 PPSV 추가 접종을 고려한다.

③ 디프테리아/파상풍/백일해 백신은 DTap과 Tdap 중 1종을 접종한다.

④ IIV는 접종 첫 해 4주 간격으로 2회 접종해야 하고, 2년차부터 매년 1회 접종해야 한다.

⑤ 총 4차에 걸쳐 접종해야 하는 백신은 폴리오, b형헤모필루스인플루엔자, 폐렴구균(단백결합) 백신이다.

25 다음 중 예방 백신 접종 일정으로 적절하지 않은 것은?

① B형간염 백신을 생후 2주에 1차, 생후 6주에 2차, 생후 6개월에 3차 접종하였다.

② 폴리오 백신을 생후 2개월에 1차, 생후 4개월에 2차, 생후 12개월에 3차 접종하였다.

③ A형간염 백신을 생후 14개월에 1차, 생후 20개월에 2차 접종하였다.

④ 홍역 백신을 생후 15개월에 1차, 만 4세에 2차 접종하였다.

⑤ 일본뇌염 약독화 백신을 생후 15개월에 1차, 생후 24개월에 2차 접종하였다.

다음 글을 읽고 이어지는 물음에 답하시오.

(가) 온실가스 감축, 미세먼지 대책, 송전망 확충, 전력시장 개선, 소매경쟁, 요금적정성 등 전력 관련 난제들이 많다. 이중에서도 온실가스 감축문제는 전력산업에 지속적으로 큰 영향을 줄 것으로 보인다. 우리나라에도 얼마 전 세계 195개국이 동참한 파리협정 비준동의서가 국회에서 통과됨에 따라 조만간 발효될 것이다. 이제 협정 당사국으로써 온실가스 감축 목표 설정과 이에 따른 이행실적을 정기적으로 보고하여야 한다. 특히 발전부문은 온실가스 배출량이 많아 앞으로 실질적인 조치가 필요할 것으로 보인다.

(나) 발전부문 온실가스 감축에 대한 논의는 오래전 시작되었다. 정부의 에너지 정책이나 계획에 있어 최우선 과제이자 목표의 하나이다. 근래에 수립된 '에너지기본계획'이나 '전력수급기본계획'에서도 지속가능한 에너지믹스와 전원믹스를 강조하고 있다. 이러한 정책과 계획이 잘 마련되어 있음에도 지금까지의 성과는 크지 않은 것 같다. 여전히 온실가스 배출량은 지속적으로 증가하는데 반해 실질적인 감축수단이나 성과는 미약하다. 그럴듯한 비전과 목표를 펼쳐보지만 구체적이고 실효성 있는 방안은 잘 보이지 않는다.

(다) 우리나라 발전량은 2015년 기준으로 530TWh이며 온실가스 배출량은 약 2억 2,000만 톤으로 추정된다. 이중 석탄발전이 207TWh로 약 39%를 차지하고 온실가스 배출량은 1억 8,000만 톤으로 80% 이상이다. 오는 2029년에는 발전량이 830TWh로 지금보다 300TWh 정도 늘어날 것이라고 한다. 온실가스 배출량은 3억 톤을 훌쩍 뛰어 넘을 것으로 보인다. 향후 노후설비 폐지 등의 조치를 취하더라도 현재보다 7,000만~8,000만 톤 정도의 배출량 증가가 예상된다.

(라) 온실가스 감축을 위해서는 온실가스 배출이 많은 전원을 획기적으로 줄이거나 발전소 운전 순서를 바꾸는 수밖에 없다. 예상되는 전원구성이나 현재의 발전소 운전기준만을 놓고 보면 앞으로도 온실가스 감축이 불가능하다. 전자의 경우, 계획된 석탄설비의 대부분이 건설 중이거나 이미 착공단계로 전원구성을 크게 변경시키기 어렵다. 후자의 경우 또한 석탄과 가스 가격의 역전이 이루어지지 않는 한 급전(給電) 순위가 바뀌지 않아 석탄발전이 줄지 않는다. 현행 시장운영규칙에 따르면 가변비용, 즉 연료비가 낮은 설비부터 가동하도록 되어 있어 멀쩡한 발전소를 폐지할 수 없다. 온실가스 감축을 위해서는 결국 발전소의 운전 순서를 바꾸는 수밖에 없다. 즉, 일부 석탄발전을 가스를 사용하는 복합이나 열병합발전으로 대체하는 것이다.

(마) 현재 석탄발전은 고장이나 예방정지를 제외하고는 계속 가동된다. 이용률이 90%를 상회하고 있다. 만약 현재의 배출량 수준을 유지하려면 2029년에는 석탄과 가스복합의 이용률이 각각 40%와 80%가 되어야 한다. 2015년 현재 두 전원의 이용률이 각각 90%와 45%인 것에 비추어 본다면 에너지믹스의 획기적인 변화이다. 만약 발전부문 온실가스 배출량을 지금보다 조금 높게 허용해 준다면 석탄과 가스복합의 이용률을 60% 선에서 유지하는 것도 가능할 것이다. 에너지믹스 변화가 요금에 미치는 영향을 차치하고 온실가스 대응이라는 측면에서만 본다면 석탄화력의 이용률 제약과 가스복합이나 열병합발전을 확대하는 방향으로 나가는 것이 불가피하다.

(바) 저렴한 석탄 대신 비싼 가스로 발전연료를 전환하는 것이 과연 타당한가? 연료가격만을 놓고 본다면 석탄이 가스에 비해 저렴한 것이 사실이다. 그러나 온실가스나 미세먼지로 인한 환경비용, 원거리 송전에 따른 제반비용, 분산전원의 편익 등 반영되지 않은 간접적인 비용이나 사회적 편익을 고려한다면 양자 간의 차이가 상당히 좁혀질 것으로 보인다. 최근 연구에 따르면 송전설비 건설 및 전력 수송으로 인한 손실비용만 따져도 kWh당 15원 정도이다. 석탄발전 대비 가스발전의 온실가스 회피비용도 kWh당 10~15원 수준으로 추정된다. 만약 이러한 것을 모두 반영한다면 실질적 조달비용의 차이는 그렇게 크지 않을 것이다. 이제 연료선택의 문제에 있어서도 다양한 가치를 고려하는 전향적으로 접근이 필요할 것이다.

(사) 적정 에너지믹스가 설정되면 이를 기술적으로 실현하는 방법도 찾을 수 있을 것이다. 시장규칙을 바꾸거나 전원별 조달방식의 변경도 생각해볼 수 있다. 예를 들어 표준협약과 같은 계약방식을 통해 석탄발전의 고정비용을 적정하게 보장해 준다면 설사 이용률이 낮아지더라도 사업자의 수익에는 큰 영향이 없을 것이다. 이러한 조달방식은 현재 우리 전력시장이 봉착하고 있는 여러 가지 문제점도 함께 해결할 수 있으며, 전력시장의 발전방향과도 맥을 같이 한다.

(아) 올여름 엄청난 폭염으로 최대전력이 크게 증가하였다. 기후 변동성 확대 등으로 앞으로도 수요의 불확실성이 커질 것으로 보인다. 설비구성도 이러한 불확실성에 대한 대응력을 높이는 방향으로 나가야 한다. 한번 의사결정을 하고나면 되돌릴 수 없는 설비보다는 여건 변동에 대응할 수 있는 유연한 설비를 늘려나가야 한다. 수요지 중심의 친환경·고효율·분산형 설비의 비중을 높이고 이들 설비가 실질적으로 그 지역의 수요에 기여할 수 있는 방향으로 나가야 한다. 그동안 전력산업이 안주해 온 틀에서 벗어나야 할 때이다. 더 이상 외면할 수 없는 발전부문의 온실가스 감축을 위해서 실질적이고 유효한 해법이 필요하다. 온실가스 대응이라는 커다란 도전을 통해 우리 전력산업의 미래를 새롭게 만들어가야 한다.

26 다음 중 해당 문단에 대한 요약으로 적절하지 않은 것은?

① (가) 파리협정 비준동의서가 국회를 통과하는 등 온실가스 감축에 대한 목표 설정과 이행 보고 등 실질적 감축 조치가 필요한 상황이다.

② (나) 온실가스 감축의 필요성이 제기된 지 오래되었고 관련 정책도 구비되어 있으나 배출량이 지속적으로 증가하는 등 성과가 미약하다.

③ (마) 온실가스 배출량을 현재 수준으로 유지하려면 화력발전 축소와 열병합발전 확대 등 에너지원 구성비의 조정이 필요하다.

④ (바) 온실가스 감축을 위해서는 가격 외에도 간접비용과 사회적 편익 등을 고려한 다면적 평가를 기반으로 연료를 선택해야 한다.

⑤ (아) 기후 변동성 등의 영향으로 전력 수요 예측이 어려우므로 공급지 중심의 공급유연성 확보와 환경 변수 대응력 강화가 필요하다.

27 다음 중 윗글에 대한 반응으로 적절하지 않은 것은?

① 송전망을 확대하는 등 전력 관련하여 당면 과제가 많지만 그 중에서도 온실가스 감축은 파리협정이 체결되는 등 전 세계가 동참하는 해결과제인 만큼 지속적으로 해결을 도모해야겠구나.

② 석탄발전의 경우 온실가스 배출량이 높음에도 이용률이 90%를 상회하므로 고정비용을 보장하며 이용률을 제약하는 방안을 고려해 봐야지.

③ 송전설비 확충과 전력 수송에 드는 비용 등을 고려하여 발전소 운전 순서를 변경하고 분산 설비의 비중을 높일 필요가 있는걸.

④ 2015년 기준, 우리나라 전체 발전량의 약 39%를 차지하는 석탄발전의 경우 온실가스 배출량은 전체 배출량의 약 80%이군.

⑤ 온실가스 회피 비용, 미세먼지 관련 비용 등 환경비용이 세계적으로 상승하므로 온실가스 배출량이 높은 전원의 폐지가 합리적 선택일 수 있겠어.

다음은 철도 승차권 반환에 관한 안내문이다. 내용을 바탕으로 이어지는 질문에 답하시오.

- 승차권에 표기된 출발시각 이전까지는 홈페이지와 코레일톡에서 승차권을 환불 신청할 수 있습니다.
- 출발시각 이후에는 역에서 환불 신청하셔야 합니다.
- 승차권에 표기된 도착역 도착시각 이후에는 환불 신청할 수 없습니다.
- 구입한 승차권을 환불하고자 하는 경우 환불 신청 시점에 따른 위약금이 발생합니다.

▼ 일반승차권 환불 위약금

구분	출발 전			출발 후			
	1개월~ 출발 1일 전	당일~ 출발 3시간 전	출발 전 3시간 경과 후 ~출발시각 전	20분까지	20분 경과 후~ 60분	60분 경과 후~ 도착
월~목요일	무료		10%	15%	40%	70%
금~일, 공휴일	400원	5%				

▼ 단체 승차권 환불 위약금

출발 전		출발 후		
출발 2일 전까지	1일 전~출발시각 전	20분까지	20분 경과 후~60분	60분 경과 후~도착
400원×인원수	10%	15%	40%	70%

- 태풍, 홍수 등 천재지변으로 열차에 승차하지 못한 경우 승차일로부터 1년 이내에 승차권과 사유 확인 증명서(선박결항증명서 등)를 역에 제출하면, 운임의 50%에 해당하는 금액을 환불해 드립니다.
- 열차가 출발할 때까지 승차권을 결제하고 발권하지 않은 경우 시스템에 의해 자동 취소되며, 출발 후 15%의 수수료가 발생합니다.
- 승차 후 구간변경
  - 승차 중 도착역 전에 내리는 경우 : 이용하지 않은 구간의 운임에 대한 출발 후 환불 위약금과 이용한 구간의 운임을 제한 금액을 환불하여 드립니다.
  - 도착역을 더 지나 여행하는 경우 : 승차권에 표기된 도착역을 지나기 전 승무원에게 추가금액을 지불하고 승차권을 재구매해야 합니다. 재구매하지 않을 경우 부정승차로 간주됩니다.

28 안내문을 기준으로 고객 문의에 답변할 때, 적절하지 않은 것은?

① Q : 온라인으로 예매한 후 열차를 놓쳤는데, 환불 신청을 할 수 있나요?

A : 온라인으로 예매하셨더라도 출발시각 이후에는 역에서만 환불 신청이 가능합니다.

② Q : 내일 모레, 목요일에 출발하는 열차인데, 취소하면 위약금을 내야 하나요?

A : 오늘은 출발 이틀 전이므로 전액 환불받으실 수 있습니다.

③ Q : 내일 토요일에 출발하는 열차를 30인 단체 예매했는데, 부득이한 사정으로 취소해야 할 것 같아요. 환불 가능한가요?

A : 인당 위약금 400원을 계산한 12,000원을 제외한 금액을 환불받으실 수 있습니다.

④ Q : 2주 전 발생한 지진으로 열차를 승차할 수 없었어요. 승차권 금액의 일부라도 돌려받을 수 있을까요?

A : 천재지변으로 인해 승차하지 못하신 경우 승차권과 사유 확인을 증명할 수 있는 서류를 역에 제출하시면 운임의 절반을 환불해 드립니다.

⑤ Q : 승차 후에 구간을 변경할 수 있나요?

A : 네, 도착역 전에 내리시는 경우에는 이용 구간 운임을 제외한 부분에 대해 위약금을 적용한 나머지 금액을 환불해 드리며, 도착역을 더 지나는 경우에는 추가 이용 구간에 대한 승차권을 재구매하시면 됩니다.

29 다음 빈칸에 들어갈 알맞은 것은?(단, 다희는 단체 승차권으로 예매하지 않았다.)

> 서울에 사는 다희는 친구 3명과 3월 둘째 주 토~월요일에 부산 여행을 가기로 정하고, 4인 왕복 기차표를 예매하였다. 그런데 친구들 중 한 명이 출발 전날 밤 다리를 다쳐서 여행을 갈 수 없게 되었고, 다희는 출발 2시간 전에야 친구의 기차표를 취소하였다. 다희는 승차권을 장당 59,000원에 예매하였고, (   )을 환불받았다.

① 53,100원   ② 56,050원
③ 59,000원   ④ 110,300원
⑤ 112,100원

미국항공우주국(NASA)는 1969년에서 1972년 동안 6번의 아폴로 미션(Apollo 11, 12, 14, 15, 16, 17)을 통해서 달에 사람을 보냈다. 아폴로 미션을 통해 달 표면의 샘플 채취, 지질 조사 등 다양한 조사와 실험이 행해졌고, 여기서 얻은 샘플과 데이터를 토대로 여러 연구자들이 달에서 인간의 장기 거주를 위한 연구를 수행 중이다. 인간의 장기 거주를 위해서는 달 먼지(lunar dust) 또는 달 토양(lunar soil)의 영향에 대해 이해하고 이들이 야기하는 문제에 대한 솔루션을 확보해야 한다.

NASA의 Glenn Reserch Center의 J. R. Gaier는 인간을 달로 보낸 6번의 미션 보고서를 분석하여 달 먼지가 미치는 영향을 9가지로 분류했다. 9가지는 시야 방해(vision obscuraion), 센서 측정값 오류(false instrument readings), 먼지 코팅과 오염(dust coating and contamination), 마찰 감소(loss of traction), 기계장치 막힘(clogging of mechanisms), 마모(abrasion), 온도 조절 문제(thermal control problems), 밀봉 실패(seal failures), 흡입 및 자극(inhalation and irritation)이다.

착륙선이 달 표면에 착륙할 때 엔진의 역추진으로 인한 강한 먼지 폭풍이 일어난다. 이는 시야를 가리고 센서의 측정값에 오류를 일으켜 아폴로 조종사들은 착륙의 어려움을 겪었다. 또한 우주인이 착륙선에서 달 표면으로 내렸을 때 달 먼지는 신발, 장갑, 수트, 각종 장치 등을 뒤덮었다. 달 먼지는 기기를 사방에서 뒤덮어 온도 조절 능력을 떨어뜨렸고 기기들은 제 성능을 발휘하지 못했다. 우주인은 브러쉬를 이용, 몸과 장비에 붙은 먼지들을 계속 털어냈지만 컨베이어, 버튼, 카메라 등의 기계 장치 및 우주복의 실링(sealing : 밀봉 장치)에도 문제가 생겼다. 아폴로 12미션에 참여했던 Peter Conrad가 입은 우주복의 leak rate*는 처음에는 0.15psi/min이었지만 두 번째에는 0.25psi/min으로 성능이 저하되었다. 우주복의 leak rate 기준이 0.30psi/min이라는 것을 고려하면 장기간 거주 시 우주복의 실링에 대한 대책이 필수적이다. 또한 달 먼지는 흡입 시 건강에 좋지 않은 영향을 미친다. 미세하고 날카로운 먼지는 어디든 잘 달라붙어서 미션을 마친 이들이 우주복을 벗을 때 폐와 눈에 들어가 불편함을 주었다. 이러한 달 먼지는 인간의 달 거주 시 여러 어려움을 야기할 것이다.

6회의 아폴로 미션으로 지구에 도착한 115kg의 월면토는 달 토양 연구의 중요한 자료가 되었다. 달 토양은 오랜 시간 운석이 달 표면에 충돌하고 태양의 높은 에너지 입자와 부딪혀 분해되면서 생성되었다. 대부분 현무암질이며 직경이 수십 나노미터 정도로 미세하고, 표면은 매우 거칠다. 태양풍과 자외선으로 인해 달 표면의 흙에는 정전기가 충전되어 있다. 이러한 효과로 인해 먼지 입자들이 달 표면에서 수 미터에 걸쳐 부유한다. 달 토양의 물리적 특성과 정전기 충전 상태 등이 달에 도착한 인간과 로봇에게 미칠 영향을 예측하고 대처해야 하는 것이다.

※ leak rate : 누설량. 진공 상태에서 기체가 새어들어오는 정도

① NASA의 아폴로 미션은 달에서의 장기 거주를 준비하고자 달에 우주인을 보내 지질 조사나 샘플 채취 등을 수행토록 한 프로젝트이다.
② 달 표면 착륙 시 착륙선 엔진의 역추진에 의해 발생하는 먼지 폭풍은 아폴로 미션을 수행했던 NASA의 조종사들의 폐에 좋지 않은 영향을 미쳤다.
③ 아폴로 12미션에서 달 먼지로 인해 우주복 leak rate의 0.1psi/min 저하가 관찰되었으므로 인간의 달 장기 거주 시 우주복 밀봉 대책이 필요하다.
④ 1969년에서 1972년까지 진행된 아폴로 미션을 통해 달 토양 연구의 중요한 자료가 되는 월면토를 총 115kg 확보할 수 있었다.
⑤ 월면토는 달 표면에 태양의 에너지 입자 및 운석 등이 부딪치며 생성되었고 직경이 수십 나노미터 정도로 미세하고 매끈하다.

31 다음은 아동 안전사고 사망자 유형별 현황 자료이다. 이에 대한 〈보기〉의 설명 중 옳은 것만을 모두 고르면?

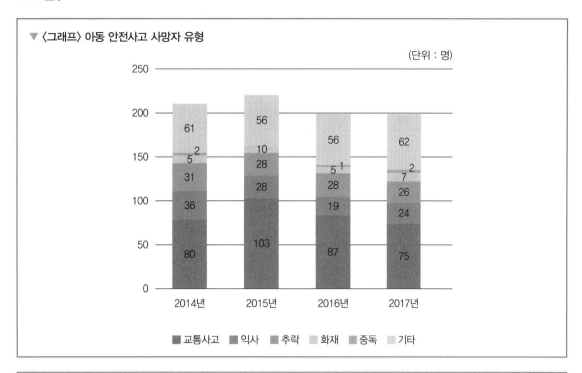

▼ 〈그래프〉 아동 안전사고 사망자 유형

(단위 : 명)

■ 교통사고　■ 익사　■ 추락　■ 화재　■ 중독　□ 기타

〈보기〉
ㄱ. 2016년과 2017년 아동 안전사고 사망자 수는 동일하다.
ㄴ. 연도별로 아동 안전사고 유형 중 교통사고가 차지하는 비중이 가장 크다.
ㄷ. 조사기간 동안 사망자 유형 중 전년 대비 사망자 수가 유지 또는 감소한 경우는 추락으로 인한 사고가 유일하다.

① ㄱ
② ㄱ, ㄴ
③ ㄱ, ㄴ, ㄷ
④ ㄴ
⑤ ㄴ, ㄷ

다음은 2019년 1월부터 시행되는 아동수당 제도에 관한 안내이다. 이어지는 물음에 답하시오.

2019 아동수당 지급 안내

- 지급 대상 : 만 6세 미만(0~71개월) 모든 아동
  ※ A년 B월에는 (A − 6)년 (B + 1)월 출생까지 지급

- 지급액
  - 아동 1명당 매월 25일 10만 원 지급
    ※ 2019년 1~3월분은 4월에 소급 지급
    ※ 아동의 국외체류기간이 90일 이상 지속되는 경우 지급 정지(출국일로부터 90일이 된 시점의 다음 달부터 지급 정지되며, 재입국 시 입국한 다음 달부터 다시 지급)

- 신청 대상 및 기간
  - 만 6세 미만의 아동수당 미신청자 : 2019년 3월까지
  - 2018년 지급제외자 : 별도 신청 불필요(담당 공무원 대리 신청)
    ※ 대리 신청을 원치 않을 경우 '직권신청 제외 요청서'를 2019년 3월까지 제출해야 함
  - 신규 출생자 : 출생일 포함 60일 내 신청 시 출생월분부터 소급 지급(60일 초과 신청 시 신청월분부터 지급)

- 신청 방법
  - 방문 신청 : 보호자 또는 대리인이 아동의 주민등록상 주소지 읍면동 주민센터에 신청
  - 온라인 신청 : 복지로 웹사이트 또는 복지로 앱에서 신청
    ※ 온라인 신청은 아동의 보호자가 부모인 경우에만 가능

- 구비서류
  - 필수 : 아동수당 지급신청서, 보호자(신청자) 신분증
  - 대리 신청 시 : 아동수당 관련 보호자 위임장, 보호자 및 대리인 신분증

---

32 위 안내문을 바르게 이해하지 못한 것은?

① 기존에 아동수당을 신청했다면 별도의 신청 절차 없이도 수당이 지급된다.

② 온라인 신청은 보호자가 부모인 경우에만 가능하다.

③ 신청 기간은 2019년 3월까지이며, 4월분부터 매월 25일 지급된다.

④ 만 3살과 만 5살의 자녀를 둔 부모라면 매달 아동수당으로 20만 원을 지급받는다.

⑤ 대리인이 신청할 경우 지급신청서와 보호자의 신분증 외에 본인 신분증, 위임장 등이 추가로 필요하다.

33 다음 사례의 A씨, B씨, C씨가 2019년 1년간 지급받는 아동수당의 총액은?

> • 2019년 1월에 아들을 출산한 후 4월에 아동수당을 신청한 A씨
> • 2019년 2월 생후 36개월 아들의 아동수당을 신청하고, 아이와 3월 1일에 출국하여 9월 10일 입국한 B씨
> • 2019년 1월 생후 12개월 딸과 생후 68개월 아들의 아동수당을 신청한 C씨

① 280만 원   ② 300만 원

③ 330만 원   ④ 370만 원

⑤ 410만 원

34 다음은 한 통신 · 미디어업체의 SWOT분석이다. 이를 바탕으로 도출한 전략 중 적절하지 않은 것은?

강점(Strength)	약점(Weakness)
• 높은 시장 점유율과 매출액 • 막대한 자본력과 뛰어난 기술 • 국내 최대의 미디어 오픈 마켓 보유	• 타사 대비 높은 고가 요금제 비중 • 높은 이동통신 사업 의존도 • 타사 대비 적은 멤버십 혜택
기회(Opportunity)	위협(Threat)
• 국가적 차원의 통신 인프라 구축 사업 시행 계획 • 정부의 해외 진출 기업 지원 • 1인 콘텐츠 제작 활성화	• 통신시장 제어를 위한 정부의 기업 제재 • 글로벌 미디어 업체의 국내 시장 잠식 • 국내 통신업체에 대한 자국민의 적대적 인식 증가

① SO전략 : 높은 기술력을 앞세워 통신 인프라 구축 사업에 주 시행처로 참여

② WO전략 : 해외의 콘텐츠 제작 그룹과 제휴하여 통신 사업 외 미디어 사업의 비중도 높이고, 해외 미디어 시장에 적극 진입

③ WO전략 : 중저가 요금제 신규 출시 등 정부의 제재 정책 유보 분위기 조성

④ ST전략 : 자사의 미디어 마켓에 대규모 자본을 투자하여 글로벌 미디어 업체에 대한 경쟁력 확보

⑤ WT전략 : 자사 이용 기간이 긴 충성 고객을 대상으로 멤버십 혜택을 대폭 확대하여 우호적 인식을 유도

W시는 a~e구 중 한 곳에 어린이 도서관을 신규 설립하려 한다. 자료를 바탕으로 이어지는 물음에 답하시오.

▼ 〈표〉 a~e구 정보

구분	아동인구(명)	아동인구비율(%)	면적(km²)	도서관 수(개관)
a구	91,955	11	39.54	14
b구	36,430	9.9	24.57	6
c구	21,044	8.9	13.1	4
d구	48,603	10.8	24.58	10
e구	12,518	8.1	23.91	9

※ 아동인구비율은 해당 지역 인구에서 아동인구가 차지하는 비율을 말한다.

▼ 〈그래프〉 전국 도서관 주제별 도서 평균 보유율

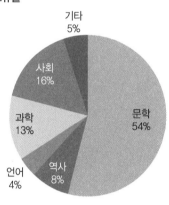

35 다음 두 가지 기준으로 합산 점수가 가장 높은 곳을 선정할 때, 어린이 도서관이 세워질 곳은 어디인가?

• 총인구 대비 아동인구

비율	10% 이상	9.5% 이상 10% 미만	9% 이상 9.5% 미만	8.5% 이상 9% 미만	8.5% 미만
점수	5	4	3	2	1

• 10km²당 도서관 수

비율	2.5개관 이하	2.5개관 이상 3개관 미만	3개관 이상 3.5개관 미만	3.5개관 이상 4개관 미만	4개관 이상
점수	10	8	6	4	2

① a구
② b구
③ c구
④ d구
⑤ e구

36 35번 문제에서 선정된 지역에 도서관을 설립하고, 장서를 구매하려 한다. 아래 구입 조건을 따를 때, 가장 많은 예산을 필요로 하는 도서 주제는?(단, 총 장서 수는 해당 지역 아동인구와 같고, 주제별 비율은 그래프를 따른다.)

주제	1권당 가격	비고
과학	11,000원	
문학	5,000원	도서 절반 기증 예정
사회	8,000원	
언어	9,000원	25%는 사전류이며, 1권당 35,000원
역사	10,000원	

① 과학　　　　　　　　　② 문학

③ 사회　　　　　　　　　④ 언어

⑤ 역사

다음 글을 읽고 이어지는 질문에 답하시오.

(가) 코레일이 전철역 개찰구에 교통카드를 찍지 않아도 자동으로 요금이 결제되는 '스피드 게이트' 개발에 성공했다고 19일 밝혔다. 승객이 스마트폰에 교통카드 앱 '모바일 레일플러스'를 설치하고 블루투스 기능을 ⓐ 하면 고속도로의 하이패스를 이용하듯이 전철역 게이트를 통과할 수 있다. 스피드 게이트를 이용하면 교통카드나 스마트폰을 단말기에 접촉시키는 시간을 절약할 수 있고 양손이 자유롭기 때문에 무거운 짐을 들고도 편리하게 이동할 수 있다. 또한 스피드 게이트 전용 결제 장치를 기존 개찰구에 장착하면 전체적인 ⓐ**설비** 교체 없이도 시스템을 바로 적용할 수 있어서 비용 부담 없이 서비스를 시작할 수 있다고 밝혔다.

(나) 코레일은 운행 중인 열차에 전력을 공급하는 설비에 이상이 생겼을 때 위성항법장치(GPS)를 이용해 사고지점을 정확하게 알려주는 '시간 동기화 통합 보호 계전시스템' 개발에 성공했다고 밝혔다. 이 시스템은 KTX를 포함해 전기로 움직이는 철도차량의 전기 공급 설비가 고장 났을 때, 해당 구간의 전력 공급을 자동 차단하고 사고 위치를 알려주는 시스템이다. 이번 개발로 선로 위 열차 전기 공급에 이상이 생겼을 때 GPS를 활용해 사고지점을 정확하게 전달해 장애 범위를 ⓑ 할 수 있다. 또 근거리 무선망(Wi-fi)과 4세대 이동통신기술을 기반으로 스마트폰 앱을 통해 전력 공급 상황에 대해 언제 어디서나 원격으로 감시할 수 있다. 이번 개발로 독일, 프랑스, 일본 등 해외 제품에 의존하지 않게 돼 기존 수입품 대비 30% 비용을 절감할 수 있고, 전국변전소에 ⓑ**설치**할 경우 약 516억 원의 비용 절감효과가 예상된다.

(다) 코레일은 지능형 카메라와 LTE 무선통신을 적용한 '열차 연결 지원시스템'을 개발했다고 밝혔다. 국내 최초로 개발된 '열차 연결 지원시스템'은 KTX – 산천 두 개 열차가 하나의 편성(중련)으로 운행할 때 열차의 연결·분리 작업을 하는 작업원의 안전을 확보하고 작업 효율을 높이기 위해 개발됐다. 현재 KTX – 산천 중련 편성 작업을 할 때 기장은 열차 연결 상태를 직접 볼 수 없어 다른 작업자의 신호나 무전의 도움을 받는데, 앞으로는 열차의 앞과 뒤에 설치한 지능형 카메라와 LTE 무선통신으로 각 카메라를 연결한 운전실의 모니터를 통해 사각지대 없이 연결 작업 상황을 확인할 수 있다. 차량 앞쪽에 설치될 초단파 거리 센서와 LED 램프를 갖춘 지능형 카메라는 실시간 열차 간 거리와 속도 등의 정보를 기장에게 제공하고 열차 뒤의 카메라도 LTE 무선통신으로 연결해 앞쪽 운전실에서도 열차 뒤쪽 선로상태 등을 확인할 수 있다. 또한 LED 램프는 야간 연결 작업의 안전성과 효율성을 높일 것으로 기대된다. 코레일은 열차 연결 지원시스템을 실제 차량에 설치, 6개월의 시험 운영을 거쳐 시스템의 성능과 효과를 분석한 후 향후 ⓒ**도입**되는 신규 차량에 우선 적용할 예정이다.

(라) 코레일이 도시철도 전동차 핵심부품인 GDU(Gate Drive Unit) ⓒ 에 성공했다. 코레일은 자체 연구사업인 '전동차 GDU 및 수명진단 시스템 개발' 과제를 추진해 도시철도 전동차 추진제어 장치의 핵심부품인 GDU 개발과 ⓓ 에 성공했다고 밝혔다. GDU는 전력반도체 소자를 동작시켜 전동차의 속도를 제어하는 필수 부품으로 전동차 한 량당 14개가 들어가며 국내 전동차 약 1,600량에 사용되고 있다. 그동안 수입하여 사용함에 따라 수급에 어려움을 겪었으나, 이번 개발에 성공함으로써 원활한 수급이 가능하게 됐다. 또한 과거 수입하여 사용하던 GDU는 기판과 전해 커패시터(Capacitor)가 일체형으로 제작되어 있어 커패시터의 열화발생 시 부품 전체를 교체해야 했으나, 이번에 개발한 제품은 전해 커패시터만 따로 교환할 수 있도록 제작하여 유지보수 비용을 획기적으로 절감할 수 있게 되었다.

(마) 코레일은 '도시철도용 차축 베어링 개발' 과제를 통해 도시철도 차량의 주행 장치에 들어가는 차축 베어링의 ⓔ 에 성공했다고 밝혔다. 차축 베어링은 철도차량의 윤축에 조립되어 기차 바퀴가 레일 위를 원활하게 회전하도록 주행을 돕는 핵심부품이다. 철도차량용 베어링은 총 40여 종으로 그동안 국내 자체 기술력 확보보다는 해외 유명 제작사를 통한 전량 수입에 의존해왔다. 이번에 개발한 차축 베어링은 유럽규격에서 요구하는 수준의 수명 내구 성능시험을 ⓓ**완료**하였으며, 공동 개발사인 ㈜베어링아트가 국제철도산업표준 ⓔ**인증**까지 획득하여, 제품에 대한 대외 신뢰도는 더욱 향상될 것으로 내다보고 있다.

출처 : 코레일 홈페이지 보도자료

37 다음 중 코레일의 보유 기술에 대한 설명으로 옳지 않은 것은?

① 스피드 게이트 : 승객이 교통카드나 스마트폰을 단말기에 접촉시키지 않아도 개찰구를 통과할 수 있는 기술

② 시간 동기화 통합 보호 계전시스템 : 근거리 무선망(Wi-fi)과 스마트폰 앱을 활용하여 운행 대기 차량의 전력 공급 설비를 원격 점검하는 기술

③ 열차 연결 지원시스템 : 차량에 설치된 카메라 등의 장비가 무선 전송하는 정보를 통해 열차의 연결·분리 작업의 안전성과 효율성을 높이는 기술

④ GDU : 열화가 발생한 전해 커패시터 교환 시 전체를 교체해야 했던 기존 일체형의 문제점을 보완한 전동차 속도 제어 관련 부품

⑤ 차축 베어링 : 국제철도산업표준 인증과 유럽규격의 수명 내구 성능을 갖춘 열차 주행 관련 부품

38 다음 중 ⓐ~ⓔ를 대체할 수 있는 단어로 적절한 것은?

① ⓐ 설치
② ⓑ 건축
③ ⓒ 수입
④ ⓓ 통과
⑤ ⓔ 인정

39 다음 중 ㉠~㉢에 삽입할 단어로 적절하지 않은 것은?

① ㉠ 활성화
② ㉡ 최소화
③ ㉢ 경량화
④ ㉣ 실용화
⑤ ㉤ 국산화

다음은 OECD 주요국의 미세먼지(PM2.5) 농도를 조사한 자료이다. 다음 물음에 답하시오.

▼ 〈표 1〉 OECD 주요국의 연평균 미세먼지(PM2.5) 농도

(단위 : μg/m^3)

구분	2014년	2015년	2016년	2017년	2018년	2019년	2020년	2021년
호주	10.54	10.88	10.40	9.84	9.36	9.20	8.54	8.52
영국	12.30	12.84	11.81	11.61	10.79	10.74	10.49	10.44
미국	9.29	9.66	8.96	8.67	8.17	8.02	7.38	7.36
프랑스	14.84	15.10	14.00	13.70	12.56	12.83	11.98	11.96
멕시코	26.75	28.21	26.44	25.79	23.61	22.59	21.26	21.24
독일	15.38	14.99	13.78	13.35	12.95	12.98	12.09	12.09
OECD 평균	15.44	15.73	14.63	14.31	13.51	13.45	12.49	12.50
일본	14.41	14.37	13.36	13.56	12.77	12.89	11.79	11.86
이탈리아	19.00	19.85	18.22	17.73	17.59	17.68	16.34	16.50
한국	30.04	29.96	28.06	29.30	27.20	28.06	25.00	25.14

▼ 〈표 2〉 한국 주요 도시의 연평균 미세먼지(PM2.5) 농도

(단위 : μg/m^3)

구분	2019년	2020년	2021년
서울	23	26	25
부산	26	27	26
대구	26	24	23
인천	29	26	25
광주	26	23	24
대전	28	21	21
울산	25	23	25

※ 연평균 기준치는 25μg/m^{3}이다.

40 위의 자료에 대한 설명으로 가장 적절하지 않은 것은?

① 2016~2021년 OECD 주요국 중 한국의 미세먼지(PM2.5) 농도는 증감을 반복하고 있다.

② OECD 주요국 중 한국의 미세먼지(PM2.5) 농도는 매우 높은 편으로, 호주에 비해 3배 정도 높다.

③ 호주와 미국의 미세먼지(PM2.5) 농도는 OECD 주요국 중 가장 낮은 편으로, 2015년 이후 꾸준히 감소했다.

④ 2019~2021년 미세먼지(PM2.5) 농도가 유지 또는 감소한 한국의 주요 도시 중 2019년 대비 2021년 미세먼지(PM2.5) 농도 감소폭이 가장 큰 지역은 인천이다.

⑤ 2021년 한국의 주요 도시 중 유일하게 부산만이 연평균 환경기준을 초과했다.

41 한국의 주요 도시 중 2019~2021년 동안 매년 미세먼지 수치가 연평균 기준 이상을 보인 지역을 바르게 짝지은 것은?

① 서울, 부산   ② 부산, 인천
③ 인천, 광주   ④ 인천, 울산
⑤ 부산, 인천, 울산

42 다음 글에서 밑줄 친 부분을 바르게 고친 것으로 적절하지 않은 것은?

> 신축 아파트 입주 후 각종 하자 문제로 골머리를 앓는 이들이 늘어나고 있다. 유명 건설사의 신축 아파트에 입주한 A씨는 아파트에 ㉠<u>입주한지</u> 한 달여 만에 천장과 벽에서 누수가 발생해 하자보수를 요청했으나 ㉡<u>업체측</u>은 갖가지 핑계를 대며 보수 공사를 차일피일 미루고 있다. 비슷한 문제에 시달리던 B씨는 견디다 못해 자비를 들여 보수공사를 했는데, 장판을 ㉢<u>드러내고</u> 그 아래 바닥을 부수자 각종 쓰레기들이 한가득 나타나 ㉣<u>아연실색할수 밖에</u> 없었다.
>
> 이뿐만 아니라 광고에는 5분 거리라고 했던 지하철역이 실제로는 10분 가까이 걸리는 등 허위 광고 피해 사례도 급증하고 있다. 이러한 상황에서 일부 업체는 자신들은 브랜드 명칭만 ㉤<u>빌려줬을뿐이라며</u> 책임을 회피하고 있어, 해당 업체를 믿고 아파트에 입주한 주민들의 고통만 더욱 커지고 있다.

① ㉠ : '지'는 어떤 일이 있었던 때로부터 지금까지의 동안을 나타내는 의존명사이므로 '입주한 지'로 고쳐야 한다.
② ㉡ : '측'은 의존명사이므로 앞말과 띄어서 '업체 측'으로 수정해야 한다.
③ ㉢ : '물건을 들어 밖으로 옮기다'라는 의미이므로 '들어내고'로 수정한다.
④ ㉣ : 어떤 일이 일어날 가능성을 뜻하는 의존명사 '수'는 앞말과 띄어 쓰며, 조사 '밖에'는 앞말과 붙여 써야 하므로 '아연실색할 수밖에'로 수정한다.
⑤ ㉤ : 본동사 '빌리다'에 보조동사 '주다'가 붙은 형태이므로 '빌려 줬을뿐이라며'와 같이 띄어 써야 한다.

다음 글을 읽고 이어지는 질문에 답하시오.

⊙ 미국에는 왜 공무원을 꿈꾸는 대학생이 적을까? 다른 나라에 비해 미국의 공공 부문 일자리 자체가 적을까? 아니다. OECD 회원국의 전체 일자리 중 공공 부문 일자리의 차지 비율을 보면 노르웨이의 경우가 30%로 가장 높았고, 미국은 북유럽 국가들보다는 낮지만 15.3%로 영국이나 스페인과 비슷한 수준이었다. 공공 부문 일자리가 가장 적은 나라는 한국과 일본으로 각각 7.6%, 5.9%였다.

ⓒ 공무원이라는 직업이 미국 청년들에게 크게 인기가 없는 이유를 보자. 먼저 정부를 신뢰하지 못하는 태도를 들 수 있다. 여론조사 결과 현재 미국인들의 정부에 대한 신뢰도는 역대 최저 수준이다. 연방정부에 대한 신뢰도는 1960년대 80%에 육박했지만 2017년 18%까지 하락했다. 정부에 대한 부정적 인식은 공화당을 지지자들 사이에서 더 강하다. 이는 캐서린 크레이머 교수의 〈분노의 정치〉에 잘 드러난다. 크레이머 교수는 위스콘신 주 농촌 지역의 블루칼라 백인들을 인터뷰했다. 그들은 공무원들을 힘든 일은 전혀 하지 않으며 월급과 연금만 축내는 '게으른' 사람이라고 생각했다.

ⓒ 공무원 직업에 대한 선호가 낮은 이유는 민간 부문 일자리의 특징에서도 찾아야 할지 모른다. 지속적으로 창출되는 민간 부문 일자리가 공공 부문보다 더 많고 임금이 높다는 점과 노동환경의 차이도 중요한 고려 사항이다. 성별에 따른 임금 차별, 승진 정도의 차이, 일과 육아의 병행 가능 여부 등은 여성들의 직업 선택에 중요한 기준이다. 남녀 간 고용률 차이의 OECD 평균은 14%이고 한국은 두 배 이상이다. 미국의 경우 고용률 격차가 OECD 평균보다 약간 높은 수준이다.

ⓒ 하지만 브루킹스 연구소는 대학교를 졸업한 미국 여성들의 노동시장 참여율이 1960년대 출생 세대나 1980년대 초반 출생 세대 모두 80% 이상이라고 발표했다. 대학교 졸업 여성들은 30대 중반에 노동시장 참여율이 잠시 떨어지나 그 시기를 지나면 다시 올라 85%에 이른다. 한국과 미국의 민간과 공공 부문에서 성별에 따른 임금 격차를 분석해 논문을 발표한 ○○○교수는 한국이 미국에 비해 공공 부문에서 성별 임금 격차가 적은 이유로 높은 교육 수준, 능력이 뛰어난 여성들의 공공 부문 일자리 선호 경향, 민간 부문보다 공공 부문에서 성 평등 관련 법안을 잘 지키므로 일·가정 병행이 쉽다는 점 등을 들었다.

ⓜ OECD는 노동시간 대비 GDP를 기준으로 노동생산성을 측정했다. 여기서 한국의 생산성 지표는 1시간당 35달러로 미국 68달러, 독일 66달러, 일본 45달러보다 훨씬 낮았다. 유능한 인재가 본인의 능력을 잘 발휘할 수 있는 분야에서 직업을 찾고, 학연·지연에 매이지 않으며 열심히 일하여 능력을 인정받아서 더 높은 자리에서 중요한 결정을 내릴 때 전체 경제의 생산성과 효율성이 증가하는 법이다.

43 **글을 읽고 나눈 대화 중 적절하지 않은 것은?**

① A : "우리나라에도 공무원들에 대해 불만을 토로하는 사람들이 있던데 미국에도 공무원이라는 직업군에 대한 부정적 인식이 있구나."

② B : "미국은 민간 부문에서 계속 양질의 일자리가 창출되고 있는 것 같아. 내가 만난 미국 친구두 공공기관보다 구글 입사를 원했었어."

③ C : "미국의 공공 부문과 민간 부문의 임금과 고용안정성 격차에 대한 내용이 추가된다면 글의 전달력이 더 높아질 것 같아."

④ D : "여성의 임신, 출산, 육아 등으로 인한 경력단절 문제는 한국과 미국, 그리고 OECD 국가 대부분이 당면해 있는 사회적 문제구나."

⑤ E : "한국의 경우 민간 부문 일자리의 노동환경 개선도 필요하지만 OECD 중 공공 부문 일자리 비율이 여전히 낮다는 점도 주목해야 해."

44 각 문단의 내용을 뒷받침하기 위하여 ⑦~⑩에 도표를 삽입할 때 적절하지 않은 것은?

① ⑦ 2015년 전체 일자리 중 공공 부문 일자리가 차지하는 비율

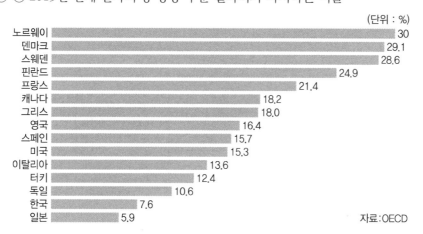

② ⑥ 미 연방정부의 수행 업무 신뢰도

③ ⑥ OECD 회원국의 성별 임금 격차

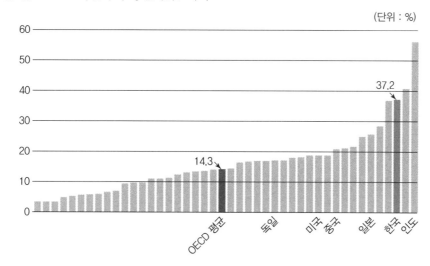

④ ㉣ 대학교를 졸업한 미국 여성의 출생연도별, 연령별 노동시장 참여율

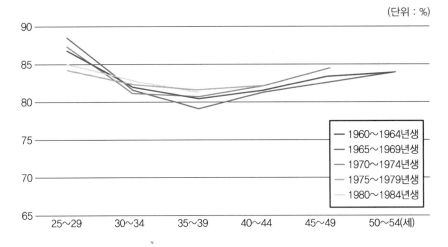

(단위 : %)

⑤ ㉤ GDP 기준으로 측정한 시간당 노동생산성 지표

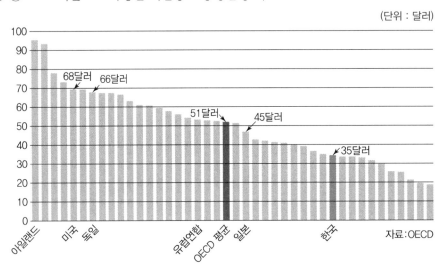

(단위 : 달러)

45 다음 2016~2021년 국내 라면 생산 및 수출 자료와 관련된 설명으로 옳은 것은?

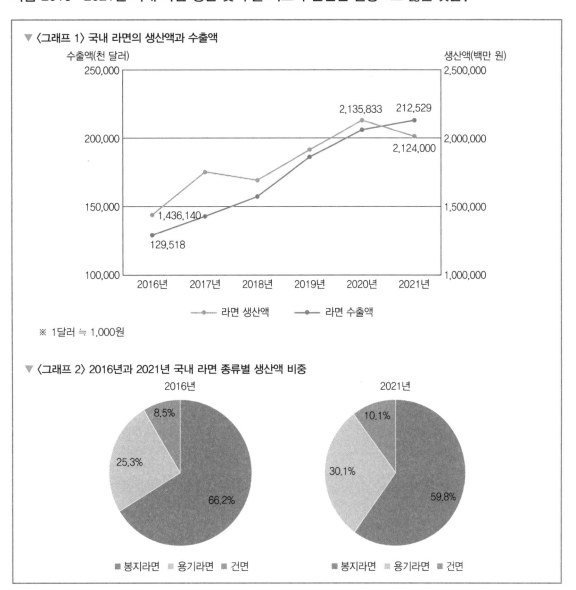

▼ 〈그래프 1〉 국내 라면의 생산액과 수출액

수출액(천 달러)

생산액(백만 원)

※ 1달러 ≒ 1,000원

▼ 〈그래프 2〉 2016년과 2021년 국내 라면 종류별 생산액 비중

① 2016~2021년 라면 생산액과 수출액 증감 추이는 동일하다.
② 2016년 대비 2021년 국내 라면 수출액은 70% 이상 증가했다.
③ 2021년 용기라면 생산액은 2016년 용기라면 생산액보다 크다.
④ 2016년 대비 2021년 봉지라면 생산액은 감소하였다.
⑤ 국내 라면 수출액과 생산액 차이가 가장 큰 연도는 2017년이고, 가장 작은 연도는 2021년이다.

46 다음 10대 수출입 품목 관련 자료에 대한 〈보기〉의 설명 중 옳지 않은 것만을 모두 고르면?

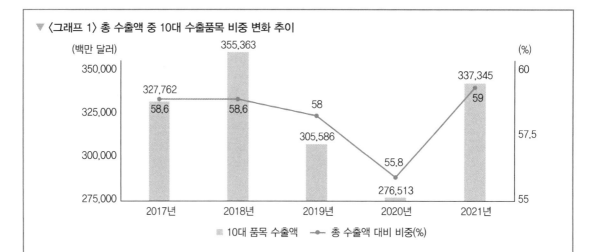

▼ 〈그래프 1〉 총 수출액 중 10대 수출품목 비중 변화 추이

▼ 〈그래프 2〉 총 수입액 중 10대 수입품목 비중 변화 추이

▼ 〈표〉 2020년 2021년 10대 수출입품목 순위

10대 수출·수입 품목 순위	2020년				2021년			
	수출품목		수입품목		수출품목		수입품목	
	품목명	금액	품목명	금액	품목명	금액	품목명	금액
1위	반도체	62,005	원유	44,295	반도체	97,937	원유	59,603
2위	자동차	40,637	반도체	36,557	선박해양 구조물 및 부품	42,182	반도체	41,177
3위	선박해양 구조물 및 부품	34,268	무선 통신기기	13,226	자동차	41,690	반도체 제조용 장비	19,316
4위	무선 통신기기	29,664	천연가스	12,170	석유제품	35,037	천연가스	15,616
5위	석유제품	26,472	석유제품	12,003	평판 디스플레이 및 센서	27,543	석탄	15,179
6위	자동차 부품	24,415	자동차	10,633	자동차 부품	23,134	석유제품	15,118
7위	합성수지	17,484	컴퓨터	9,795	무선 통신기기	22,099	무선 통신기기	13,282

8위	평판 디스플레이 및 센서	16,582	석탄	9,310	합성수지	20,436	컴퓨터	11,699
9위	철강판	15,379	반도체 제조용 장비	8,764	철강판	18,111	자동차	10,902
10위	플라스틱 제품	9,606	의류	8,332	컴퓨터	9,177	정밀화학원료	9,875

〈보기〉

㉠ 2021년 10대 수출품목과 수입품목의 비중은 각각 전체의 59%, 55.8%를 차지한다.

㉡ 2017~2021년 총 수출액 중 10대 수출품목의 비중과 총 수입액 중 10대 수입품목 비중의 변화 추이는 동일하다.

㉢ 2021년 10대 품목 수출액의 전년 대비 증가율은 10대 품목 수입액의 전년 대비 증가율보다 크다.

㉣ 석유제품의 경우 2021년 수출액과 수입액 모두 전년보다 증가했다.

㉤ 2020~2021년 수출품목과 수입품목 1위는 각각 반도체와 원유이지만, 2위부터 그 순위가 바뀌었다.

① ㉠, ㉡

② ㉡, ㉢

③ ㉡, ㉣

④ ㉡, ㉢, ㉣

⑤ ㉡, ㉢, ㉤

김○○사원은 부장의 지시에 따라 책상 등 사무집기를 구입하려 한다. 이어지는 물음에 답하시오.

> 부장 : L형 책상으로 4개 주문하고, 의자도 책상 수만큼 주문하게. 메시 소재 검정색으로. 참 회의실 의자가 오래되어 이번에 함께 교체하는 게 좋겠어. 지금 8개 있던가? 자리가 여유로우니 2개 정도 더 사도 될 것 같군. 회의실 의자는 전부 고급형으로 하고. 참, 파티션도 주문해야 하는 것 알지? 현 배치도 고려하여 통일하게.

〈배치도〉

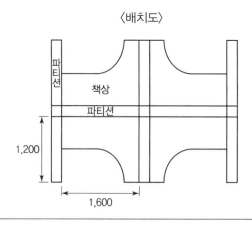

■ 사무용 책상

품명	사이즈(폭×깊이×높이)	가격
일자형 책상	1,200×700×720	105,000
	1,400×700×720	115,000
	1,600×700×720	120,000
L형 책상	1,400×1,200×715	120,000
	1,600×1,200×715	135,000
	1,800×1,200×715	141,000

■ 파티션

폭	투톤파티션	반유리파티션
450 / 500	27,000	30,000
600	31,000	36,000
700 / 750 / 800 / 900	33,000	39,000
1,000 / 1,100 / 1,200	35,000	41,000
1,400	52,000	57,000
1,600	62,000	66,000

■ 사무용 의자

품명	가격	비고
ST500	79,000	블랙 / 메시
CM400	81,000	화이트 / 메시
RX200	72,000	블랙 / 가죽
F4230	33,000	회의용 의자 일반형
H6150	41,000	회의용 의자 고급형

47 상사의 지시를 토대로 구매 품의서를 작성하였다. 다음 중 잘못 작성한 부분은?

〈구매 품의서〉

작성일	2022 – 01 – 28
작성자	김○○

품명	규격	수량	단가	금액
L형 책상	1,600×1,200×715	4	120,000	480,000
투톤파티션	1,200	6	35,000	210,000
투톤파티션	1,600	2	62,000	124,000
의자(ST500)	–	4	79,000	316,000
의자(H6150)	–	10	41,000	410,000
합계			–	

① L형 책상 ② 투톤파티션
③ 투톤파티션 ④ 의자(ST500)
⑤ 의자(H6150)

48 47번 문제의 품의서에서 틀린 부분을 수정했다고 가정할 때, 합계액은 얼마인가?

① 1,500,000원 ② 1,550,000원
③ 1,600,000원 ④ 1,650,000원
⑤ 1,700,000원

다음은 활동기업 수 및 증가율과 창업률, 소멸률에 대해 조사한 자료이다. 다음 물음에 답하시오.

▼ 〈표 1〉 2013~2021년 활동기업 수

구분	2013년	2014년	2015년	2016년	2017년	2018년	2019년	2020년	2021년
총활동기업 수 (1,000개)	4,908	5,032	5,147	5,305	5,379	5,377	5,559	5,554	( )
기업 수 증가율(%)	3.8	2.5	2.3	3.1	1.4	0	3.4	-0.1	4
창업률(%)	16.2	15.1	15	15.3	14.3	13.9	15.2	14.6	15.2
소멸률(%)	13	13.2	12.6	12.9	13.8	12.4	14	11.5	-

※ 기업 수 증가율 = {(금년도 총활동기업 수 - 전년도 총활동기업 수) ÷ 전년도 총활동기업 수} × 100
※ 창업률 = (신생기업 수 ÷ 총활동기업 수) × 100
※ 소멸률 = (소멸기업 수 ÷ 총활동기업 수) × 100

▼ 〈표 2〉 OECD 주요국의 창업률

(단위 : %)

구분	2016년	2017년	2018년	2019년	2020년
이탈리아	6.7	7.0	7.1	7.1	7.3
스페인	8.0	8.2	8.4	9.8	9.2
독일	8.7	8.0	7.4	7.2	7.1
영국	11.6	11.8	14.7	14.3	14.8
프랑스	11.0	10.1	9.5	9.9	9.4

※ 한국도 OECD 주요국에 포함된다.

49 위의 자료에 대한 설명 중 옳지 않은 것은?(단, 소수점 첫째 자리에서 반올림한다.)

① 2021년 총활동기업 수는 약 577만 6천 개이다.
② 2015년 신생기업 수는 약 77만 2천 개이다.
③ 총활동기업 수는 2020년 처음으로 전년 대비 감소했다.
④ 2019년 소멸기업 수는 약 77만 8천 개이다.
⑤ 기업 수 증가율이 전년 대비 두 번째로 크게 증가한 연도는 2019년이다.

50 한국의 창업률과 OECD 주요국의 창업률의 연도별 그래프 중 적절하지 않은 것은?

① 2016년 OECD 주요국의 창업률

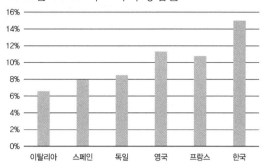

② 2017년 OECD 주요국의 창업률

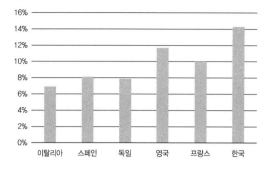

③ 2018년 OECD 주요국의 창업률

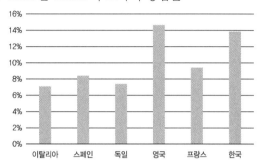

④ 2019년 OECD 주요국의 창업률

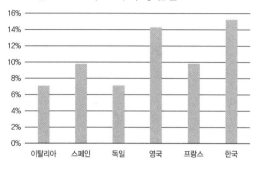

⑤ 2020년 OECD 주요국의 창업률

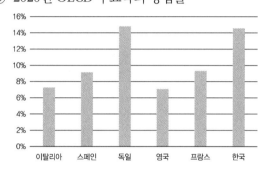

CHAPTER

02

PSAT형
실전모의고사 2회

50문항/60분

NATIONAL COMPETENCY STANDARD

01 다음 글을 통해 알 수 없는 것은?

광주과학기술원(GIST) 연구팀은 명확한 발병 원인이 밝혀지지 않았던 퇴행성관절염이 관절연골에 과다하게 유입된 콜레스테롤이라는 사실을 알아냈다.

퇴행성관절염은 뼈 사이의 마찰을 줄여주는 관절 연골이 점점 닳아 없어져 생기는 염증으로, 60살 이상 인구의 30%에서 발병하는 질환이다. 세계 인구의 10~15%가 앓고 있으며 국내 환자도 441만 명에 이른다. 사회의 고령화로 연평균 4%씩 가파르게 증가해 세계 시장 규모가 406억 달러(약 40조 원)에 이르는 것으로 추산된다.

퇴행성관절염은 단순히 노화에 의해 연골조직이 닳아 없어지는 질병이라는 인식이 퍼져 있고, 명확한 발병 원인도 알 수 없었다. 치료는 인공관절 수술처럼 수술적 방법에 의존하거나 소염진통제로 통증을 완화하는 데 그치고 있다.

연구팀은 동물실험을 통해 퇴행성관절염의 원인이 노화가 아니라 콜레스테롤이라는 사실을 증명했다. 생쥐에게 고농도 콜레스테롤 먹이를 먹여 퇴행성관절염에 걸리게 하자 퇴행연골에 콜레스테롤양이 비정상적으로 증가한 것을 확인했다. 이 증가한 콜레스테롤은 콜레스테롤 수산화효소(CH25H와 CYP7B1)에 의해 옥시스테롤이라는 대사물질로 변환되고 이 옥시스테롤이 전사인자(RORα)를 활성화시켜 연골기질을 분해하는 다양한 효소들의 발현을 유도해 연골조직을 파괴하는 결과를 일으킨다는 것을 알아냈다. 연구팀은 전사인자(RORα)가 없게 만든 유전자 조작 생쥐에서는 고농도 콜레스테롤 식이요법을 사용해도 퇴행성관절염 발병이 현저하게 억제된다는 것을 확인했다. 반대로 이들 유전자를 과발현하도록 유전자 조작한 생쥐에서는 퇴행성관절염 발병이 뚜렷하게 증가했다.

이는 퇴행성관절염이 나이가 듦에 따라 저절로 생기는 노인병이 아니라 동맥경화처럼 콜레스테롤 대사에 의해 유발되는 대사성 질환이라는 사실을 규명하는 것으로, 연구팀의 논문은 과학저널 〈네이처〉에 실렸다.

① 현재 퇴행성관절염 치료는 소염진통제를 통한 통증 완화나 인공관절 수술에 그치며, 근본적 원인을 개선하는 치료는 이루어지지 않고 있다.

② 연구진은 생쥐의 퇴행연골에서 증가한 콜레스테롤이 CH25H와 CYP7B1에 의해 변환된 옥시스테롤이 연골기질을 분해하여 퇴행성관절염을 악화시킨다는 것을 실험으로 입증했다.

③ 연구팀은 유전자 조작으로 전사인자(RORα)를 없애면 고농도 콜레스테롤을 먹어도 퇴행성관절염 발병률이 낮아지며, 전사인자(RORα)를 과발현시키면 발병률이 높아짐을 확인했다.

④ 국내 연구진이 퇴행성관절염이 노화에 따른 부수적 질병이 아니라 대사성 질환이며 그 원인이 관절연골의 콜레스테롤임을 밝혀내었다.

02 다음 내용을 참고할 때 화재 발생 시 적절한 대처로 볼 수 없는 것은?

화재 발생 시 대피 방법

- 불을 발견하면 "불이야"하고 큰소리로 외쳐서 다른 사람에게 알린다.
- 화재경보 비상벨을 누른다.
- 아래층으로 대피할 수 없는 때에는 옥상으로 대피한다.
- 엘리베이터는 절대 이용하지 않도록 하며 계단을 이용한다.
- 낮은 자세로 안내원의 안내를 따라 대피한다.
- 불길 속을 통과할 때에는 물에 적신 담요나 수건 등으로 몸과 얼굴을 감싼다.
- 방문을 열기 전에 문을 손등으로 대어보거나, 손잡이를 만져 본다.
  - 손잡이를 만져 보았을 때 뜨겁지 않으면 문을 조심스럽게 열고 밖으로 나간다.
  - 손잡이가 뜨거우면 문을 열지 말고 다른 길을 찾는다.
- 대피한 경우에는 바람이 불어오는 쪽에서 구조를 기다린다.
- 밖으로 나온 뒤에는 절대 안으로 들어가지 않는다.
- 다른 출구가 없으면 구조대원이 구해줄 때까지 기다린다.
- 연기가 방안에 들어오지 못하도록 문틈을 옷이나 이불로 막는다(물을 적시면 더욱 좋다).
- 연기가 많을 때는 다음과 같이 행동한다.
  - 연기 층 아래에는 맑은 공기층이 있으므로 팔과 무릎으로 기어서 이동하되 배를 바닥에 대고 가지 않도록 한다.
  - 한 손으로는 코와 입을 젖은 수건 등으로 막아 연기가 폐에 들어가지 않도록 한다.
- 옷에 불이 붙었을 때에는 두 손으로 눈과 입을 가리고 바닥에서 뒹군다.

---

① 건물 10층에 머물러 있던 중 바로 아래층에서 불이 나 건물 옥상으로 대피했다.
② 화재 발생을 안 즉시 경보 비상벨을 누른 뒤, 신속히 건물 밖으로 빠져나왔다.
③ 대피할 출구가 여의치 않아 문틈을 옷으로 막고 구조대원을 기다렸다.
④ 연기를 피해 무릎으로 기어서 복도를 통과한 뒤, 엘리베이터로 빠르게 1층으로 이동했다.

03 다음 글에서 안내하지 않은 내용을 〈보기〉에서 모두 고르면?

틀니를 사용해본 사람이라면 틀니가 얼마나 불편한지 잘 알 것이다. 입안에 커다란 물체가 들어가서 씹을 때마다 잇몸을 누르니 이물감도 크고, 아프다. 게다가 입안에서 자꾸 움직인다. 때때로 빼고 끼는 것을 반복해야 하는 점도 불편하다. 임플란트는 자연치아처럼 단단히 고정되어 편하게 잘 씹을 수 있다는 장점이 있다. 단점으로는 치료 기간이 오래 걸린다는 것과 다른 치료들에 비해 아직도 많이 비싸다는 것을 들 수 있다. 임플란트 때문에 인체에 생기는 부작용은 특별히 없지만, 시술 전후에 나타나는 불편감과 붓는 증상, 뼈에 임플란트가 고정되지 않는 것 등의 합병증이 드물게 발생한다.

틀니는 임플란트보다 저렴한 치료비와 함께 비교적 빠른 치료 기간이 장점이다. 하지만 자연치보다 불편하고 씹는 힘도 자연치보다 떨어진다. 또한 오래 사용하면 틀니를 지지하는 치아가 과도한 힘을 받아 흔들리거나 잇몸이 과도하게 눌려 궤양이 발생하거나 병적인 잇몸의 증식이 나타날 수 있다. 또한 볼이나 혀가 씹히거나 틀니의 위생 불량으로 세균, 곰팡이가 번식하는 등의 부작용이 발생할 수 있다.

만성질환자나 고령자라도 임플란트 시술을 받을 수 있다. 치아를 발치하는 정도의 시술을 견딜 만한 체력만 있으면 시술은 가능하다. 다만 당뇨 같은 만성질환자의 경우 임플란트 실패율이 정상인보다 높다. 특정 골다공증약을 오래 복용한 경우에도 시술 후 잇몸뼈가 비정상적으로 파괴되는 경우가 있어 해당 약제를 6개월 이상 끊은 후 시술받는 것이 안전하다.

임플란트는 자연치아와 거의 똑같기 때문에 치아를 관리하는 것처럼 칫솔질로 구강을 청결하게 하는 것이 가장 중요하다. 특히 임플란트는 자연치아에 비해 치아 사이에 음식물이 끼일 확률이 더 높기 때문에 치실이나 치간칫솔을 꼭 사용해야 한다.

틀니를 끼는 환자의 경우 양치 시 틀니도 같이 닦아주어야 틀니에 세균과 곰팡이가 번식하는 것을 막을 수 있다. 틀니는 치약과 칫솔을 사용하면 마모될 수 있으므로 주방용 세제나 틀니 전용 세제를 사용해서 닦아주고 잘 때는 찬물에 담가 보관하는 것이 좋다. 수면 전 틀니를 빼면 자는 동안 하루 종일 틀니에 눌려있던 잇몸이 회복될 수 있다.

〈보기〉
㉠ 틀니의 장단점과 부작용
㉡ 임플란트의 구조
㉢ 치아 상실 예방법
㉣ 임플란트의 장단점과 부작용
㉤ 틀니의 종류

① ㉠, ㉢
② ㉡, ㉢
③ ㉡, ㉢, ㉤
④ ㉢, ㉣, ㉤

다음은 6.25 및 월남 참전 유공자 수를 조사한 자료이다. 이어지는 물음에 답하시오.

▼ 〈그래프〉 2019~2021년 참전 유공자 수

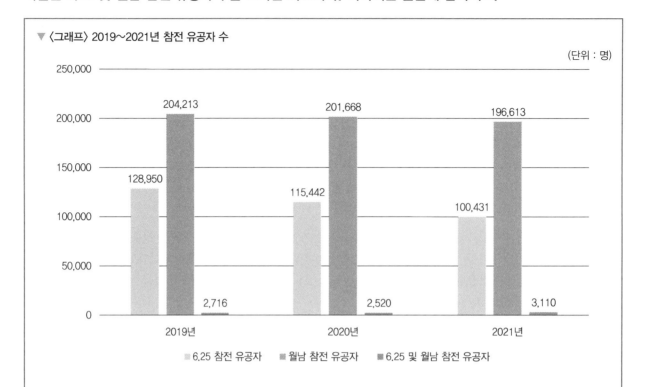

▼ 〈표〉 2021년 거주지별 참전 유공자 수

(단위 : 명)

구분	합계	6.25 참전 유공자	월남 참전 유공자	6.25 및 월남 참전 유공자
합계	( )	100,431	196,613	3,110
서울특별시	55,147	16,219	38,233	695
부산광역시	23,558	5,381	18,061	116
대구광역시	12,982	4,189	8,712	81
인천광역시	16,696	6,396	10,195	105
광주광역시	6,491	1,519	4,949	23
대전광역시	7,233	2,199	4,974	60
울산광역시	4,809	1,152	3,646	11
세종특별자치시	1,191	361	825	5
경기도	66,180	21,960	43,447	773
강원도	12,216	4,608	7,514	94
충청북도	9,334	3,627	5,680	27
충청남도	13,237	5,706	7,497	34
전라북도	12,763	4,987	7,756	20
전라남도	13,259	4,841	8,411	7
경상북도	19,194	7,820	11,311	63
경상남도	18,968	5,874	13,009	85
제주특별자치도	3,961	1,616	2,328	17
주소 불명	902	4	4	894
해외	2,033	1,972	61	0

04 다음 중 자료를 해석한 것으로 옳지 않은 것은?

① 2021년 전체 참전 유공자 수는 2년 전보다 3만 명 이상 감소했다.

② 2019~2021년 전체 참전 유공자 중 월남 참전 유공자의 비중이 가장 크다.

③ 주소가 분명하지 않거나 해외인 경우를 제외하면, 2021년 세종, 제주, 울산은 참전 유공자 수가 적은 3개 지역에 해당한다.

④ 시도별 6.25 참전 유공자와 월남 참전 유공자 수 상위 1~3위는 동일하다.

05 6.25 및 월남 전쟁에 모두 참여한 유공자 전체의 거주지 중 서울과 경기도가 차지하는 비중은 약 몇 %인가?

① 39%

② 43%

③ 47%

④ 50%

다음은 한국과 유럽 국가의 문화예술종류별 관람률을 비교한 자료이다. 이어지는 물음에 답하시오.

▼ 〈표 1〉 한국의 문화예술종류별 관람률

(단위 : %)

구분		2018년	2019년	2020년	2021년
성별	남자	51.5	58.5	62.0	61.6
	여자	57.4	62.9	66.9	66.3
연령대	20세 미만	77.9	82.6	84.5	86.0
	20~29세	78.2	83.4	83.8	83.8
	30~39세	70.6	77.2	79.2	78.6
	40~49세	58.7	67.4	73.2	73.7
	50~59세	41.2	48.1	56.2	58.0
	60세 이상	16.6	21.7	28.9	29.1
문화예술 종류	음악/연주회	14.8	13.7	13.8	13.8
	연극	14.7	15.3	14.9	15.0
	무용	1.5	1.5	1.2	1.3
	영화	47.9	54.4	58.8	58.8
	박물관	15.5	16.4	17.8	16.7
	미술관	12.1	12.3	12.8	13.5

※ 대중문화 ⊃ 영화, 순수예술 ⊃ 무용

▼ 〈표 2〉 한국과 유럽 국가의 문화예술종류별 관람률

(단위 : %)

구분	음악/연주회	연극	발레/무용/오페라	영화	박물관/미술관
한국	14	15	2	54	29
EU27 평균	35	28	18	52	37
스웨덴	61	53	34	74	76
핀란드	47	42	17	50	40
프랑스	33	21	25	63	39
영국	37	39	22	61	52
독일	45	30	19	54	44
스페인	31	21	15	49	29
이탈리아	26	24	17	53	30
폴란드	22	16	10	40	24
헝가리	26	20	10	33	28

※ 문화예술종류별 관람률은 소수점 첫째 자리에서 반올림한 관람률을 의미함
※ 발레/무용/오페라 관람률은 한국의 경우 무용 관람률을 의미함

06 다음 중 자료에 대한 설명으로 옳지 않은 것은?

① 남성보다는 여성의 관람률이 더 높다.

② 고연령층보다는 저연령층의 관람률이 비교적 더 높다.

③ 대중문화보다 순수예술의 관람률이 현저히 높다.

④ 문화예술종류별로 한국의 영화 관람률은 유럽국 평균과 비교 시 유일하게 높다.

07 문화예술종류별 관람률이 전부 유럽국 평균 관람률보다 낮은 유럽국은 총 몇 개국인가?

① 2개국   ② 3개국

③ 4개국   ④ 5개국

08 다음 중 글의 내용과 일치하지 않는 것은?

> 일본 후생노동성 연구팀이 연령별·연대별 대장암 이환율과 사망률, 검진에 따른 부작용 등을 종합적으로 분석한 결과, 80세가 넘으면 대장암 검진을 통해 생존기간이 연장되는 이익에 비해 검진에 따른 부작용으로 인한 불이익이 더 크다는 점이 밝혀졌다.
>
> 암검진은 암을 조기에 발견해 치료함으로써 사망률을 낮추는 효과가 있다. 동시에 암검진에는 일정한 비율로 검진과 치료약 또는 임상시험약 투여과정에서 피검자에게 바람직하지 않은 부작용이 따른다. 대장암 검진의 경우 내시경 정밀검사 과정에서 장에 상처가 생기거나 구멍이 나는 경우도 있다. 유해사상이라고 불리는 이런 부작용은 연령이 높을수록 더 많이 발생하는 것으로 알려져 있다. 연구팀은 연령별·연대별 대장암 이환율과 사망률, 유해사상 발생률, 검진 수진율 등의 데이터를 토대로 생존기간 연장과 유해사상 발생건수를 추산했다. 연령 상한을 70세로 한 경우 상한을 65세로 한 경우에 비해 유해사상 발생건수가 31.7% 증가하고 생존기간 연장도 33.1% 늘어난 것으로 나타났다. 반면 연령 상한을 85세로 한 경우와 80세로 한 경우를 비교한 결과 유해사상은 35.8% 증가한 데 비해 생존기간 연장은 4% 증가에 그쳤다.
>
> 일본은 암검진 대상을 정부가 가이드라인으로 정해 놓고 있다. 대장암은 40세 이상이 대상이지만 상한선은 정해 놓지 않았다. 미국의 경우 검진대상 상한 연령을 75세로 하는 등 검진에 따른 이익과 불이익에 관한 추계연구 결과 등을 참고해 상한 연령을 정해 놓은 국가도 있다. 연구팀의 후쿠이 게이스케 오사카의대 연구지원센터 조교는 13일 아사히(朝日)신문에 "이번 연구결과만으로 검진 권장 연령 상한을 정할 수는 없지만 80세가 넘으면 불이익이 이익보다 클 가능성이 있다"고 지적하고 "대장암 검진 간격과 비용 대비 효과 등에 관한 연구를 해 보겠다"고 말했다.

① 80세 이상인 경우 검진을 통한 대장암 조기 발견으로 생존기간을 연장할 확률보다 검진 부작용 발생 확률이 더 높으므로 검진에 따른 불이익이 더 클 수 있다.

② 미국의 경우 75세 이상 환자에게는 암의 발견을 위한 검진을 권장하지 않는다.

③ 내시경 정밀검사 과정에서 발생하는 유해사상은 환자의 나이가 많을수록 발생률도 높아지므로 나이대별 적절한 대장암 검진 간격 설정을 위한 연구가 진행되고 있다.

④ 나이대별 유해사상 발생률 자료를 기반으로 우리나라는 연령별 암검진대상 가이드라인을 지키도록 하고 있다.

다음 글을 읽고 이어지는 물음에 답하시오.

보장성이 높은 유럽 선진국들은 고령화로 인해 건강보험 재정이 고갈되면서 의료 서비스를 많이 받은 만큼 돈을 더 내는 '수혜자 부담'으로 전환하는 추세다. 과잉 진료를 방지하기 위한 제도적 노력을 기울이는 한편 병원을 자주 방문해 국가 건강보험료를 많이 쓰는 사람에게 부담을 늘리는 것이다.

프랑스는 의료보험에서 해마다 약 300억 프랑(당시 환율로 약 6조 원)의 적자를 내다가 2000년대 들어 흑자 전환에 성공했다. 본인 부담을 인상하는 동시에 과잉 진료를 제도적으로 차단해 나간 게 주효했다. 필수 약제가 아닌 의약품 대부분을 급여 대상에서 제외하고 30일 이상 병원에 입원하면 일당 부담금을 부과하기도 했다.

독일은 인구 중 90%를 위한 공공건강보험과 여기에서 자발적으로 탈퇴한 고소득층(인구의 10%)을 위한 민간의료보험을 별도로 운영한다. 네덜란드 역시 고소득자는 별도 민간의료보험을 들도록 하고 있다. 의료보험의 소득 재분배 기능보다는 수혜자 부담 원칙을 중시한 까닭이다.

싱가포르는 개인의 책임과 선택을 전제로 공공성을 강화하는 3M(Medisave, Medishield, Medifund)을 도입해 건강보험의 형평성을 개선하고 있다. 국민 각자가 은행 통장과 비슷한 의료계정을 만들어 병원에 가면 금액이 빠져나가게 해 평소 건강관리를 하도록 독려하고 있다. 영국식 건강보험제도를 도입해 환자 본인 부담이 10%에 불과했던 싱가포르는 1980년대 수혜자 부담 체계로 바꿔 국민총소득(GNI) 대비 의료비 지출이 4.9%(2017년 기준. 미국 17.1%, 한국 7.6%, OECD 평균 8.9%)지만 저부담 고효율로 동남아 최고 의료 수준을 유지하고 있다.

09 다음 중 글의 내용과 일치하지 않는 것은?

① 고령화로 인한 건강보험 재정 고갈 위기에 처한 선진국들은 의료 서비스를 많이 받은 사람에게 부담을 늘리는 수혜자 부담 방식으로의 전환을 진행 중이다.

② 프랑스는 본인 부담을 인상하는 동시에 과잉 진료를 제도적으로 차단하면서 의료보험 적자를 해결했다.

③ 싱가포르는 병원에서 치료를 받으면 통장처럼 치료비가 차감되는 영국식 건강보험제도를 적용해 국민 각자의 건강관리를 유도하고 있다.

④ 미국의 2017년 GNI 대비 의료비는 OECD 평균의 약 2배이다.

10 다음 중 각국의 수혜자 부담 전환 방책에 해당하지 않는 것은?

① 입원일수가 30일을 넘을 시 일당 부담금 부과

② 고소득자를 위한 민간의료보험 별도 운영 및 가입 권유

③ 급여 대상에서 필수 의약품 외의 약제 제외

④ 환자 본인 부담률 인하 및 보장성 강화

11 다음 〈표〉는 2021년 소득이 낮은 직업 A~E의 연봉에 관한 자료이다. 〈조건〉을 참고했을 때 변동계수가 가장 큰 직업과 가장 작은 직업을 바르게 나열한 것은?

▼ 〈표〉 직업별 연봉 통계

(단위 : 만 원)

직업	평균(연봉)	표준편차
A	980	637
B	( )	567
C	( )	360
D	1,600	480
E	( )	498

※ 변동계수(%) = $\dfrac{표준편차}{평균} \times 100$

― 〈조건〉 ―

- B직업의 평균 연봉과 C직업의 평균 연봉을 합하면 2,700만 원이다.
- E직업의 평균 연봉은 B직업의 평균 연봉보다 400만 원 더 많다.
- E직업의 평균 연봉의 절반은 C직업의 평균 연봉보다 610만 원 더 적다.

	가장 큰 직업	가장 작은 직업
①	A	B
②	A	C
③	C	D
④	C	E

다음은 회사 동료인 A와 B가 나눈 대화와 특정 여행지 관련 정보이다. 이어지는 물음에 답하시오.

A : 다음 달에 휴일 많잖아. 뭐 계획 좀 세웠어?

B : 그럼, 당연하지! 이번에는 해외여행을 갈까 해.

A : 어디로 갈지 정했어?

B : 응, 이미 예약도 끝냈는걸. (   )에 가서 휴양 좀 하려고.

A : 근데 날짜가 가능한 거야? 휴일이 이틀 있긴 하지만 징검다리던데?

B : 응, 월요일과 수요일이 휴일이니까 그 사이에 연차 하루만 쓰면 5일 동안 쉴 수 있더라.

A : 그래? 그럼 더 먼 곳으로 가도 될 뻔했는데?

B : 고민했는데, 비행기를 오래 타면 너무 힘들더라고. 그래서 왕복 12시간 이내인 곳에서 직항편으로 골랐어.

A : 그렇구나. 정말 부럽다! 난 연차 쓸 여유가 안 돼서… 그래도 가까운 데라도 고민해 봐야겠다.

〈여행지 정보〉

여행지	비행시간(편도)	직항 여부	출국편 출발시각	귀국편 출발시각	한국과의 시차
팔라우	5시간 30분	1회 경유	09:50	12:00	0
푸껫	6시간 40분	직항	10:00	11:50	− 02:00
괌	4시간 20분	직항	08:30	15:10	+ 01:00
발리	7시간	직항	09:10	13:30	− 01:00

※ 항공편 출발시각은 현지시간 기준이다.
※ 시차가 (+)인 경우 시간이 빠름을 의미한다.

12 대화의 빈칸에 해당하는 장소로 가장 적절한 것은?

① 팔라우　　　　　　　　　② 푸껫

③ 괌　　　　　　　　　　　④ 발리

13 B씨가 여행을 마치고 귀국할 때, 한국에 도착하는 시각은 언제인가?(단, 비행시간은 출국편과 귀국편이 동일하다.)

① 오후 5시 30분　　　　　　② 오후 6시 30분

③ 오후 7시 30분　　　　　　④ 오후 8시 30분

14 ~ 15

다음 글을 읽고 이어지는 물음에 답하시오.

일본 직장보험 5개 단체(건강보험조합연합회, 전국건강보험협회, 일본경제단체연합회, 일본상공회의소, 일본노동조합총연합회)는 일본 정부의 '기본방침 2018' 논의에 대해 지속 가능한 의료보험제도 구축 등 적절한 방향성을 제시할 것을 요구했다. 이들 단체는 2025년 단카이세대(1947년에서 1949년 사이에 태어난 일본의 베이비붐 세대)가 75세 이상인 후기고령자로 진입하는 반면, 이를 떠받치는 현역세대 인구는 급격하게 줄어, 지속 가능한 의료보험제도 구축을 위한 제도 개선에 집중하는 것이 급선무임을 강조하며 다음과 같은 의견을 제시했다.

단체는 급증하는 고령자의 의료비로 인한 보험자의 재정 압박이 보험료율 인상 등 현역세대의 부담을 더욱 증가시키고 있어, 현역세대에 편중된 부담을 재검토하고 고령자에게도 일정 부분 분담시키는 방향으로 형평성을 확보해나가는 것이 중요하다고 주장하였다. 특히, 2018년에 70~74세 고령자의 본인부담이 20%가 되는 것을 감안하여 현재 10%인 75세 이상 후기고령자의 본인부담도 저소득층은 배려하되 20%로 개정하는 것이 필요하다고 제안하였다.

또한 직장보험 단체들은 과중한 갹출금 부담을 견뎌내지 못하고 해산을 검토하는 건보조합도 끊이지 않고 있다고 하면서, 현역세대의 부담에 의존하는 제도로는 지속가능성을 확보할 수 없다고 보았다. 아울러 고령자의 의료비에 대한 부담구조 개혁을 단행해야 하며, 안정된 재원을 확보한 다음 국비지원 확충 등 현행 제도의 재검토를 포함하여 현역세대의 부담을 경감하고 보험자의 건전한 운영에 이바지하는 조치가 필요하다는 의견을 제시하였다.

포괄적인 사회보장을 위해서는 2019년 소비세율 10% 인상이 필요하며, 2025년 이후의 새로운 '사회보장과 세금 일체 개혁'을 검토하고, 세입·세출 일체로의 대응에 대해 검토를 시작해야 한다고 인식하였다. 또한 재정건전화의 관점뿐 아니라 제도의 지속성 확보를 위해서 사회보장급여의 효율화를 통해 재정부담을 줄이고, 직장보험의 보험료에 부담 전가를 하지 않아야 한다고 주장하였다.

의료기능의 분화·연계에 의한 효율화와 지역 간 의료격차의 수정, 말기의료 구조의 재검토(환자·의사의 존중 등), 적절한 수진활동 촉진 등 의료의 다양한 부분을 재검토할 필요성도 제기했다. 또한 전 국민 건강보험의 지속성과 혁신을 추진하고 국민부담의 경감, 의료의 질 향상을 실현하기 위한 약가제도 개혁, 진료수가의 포괄화, ICT를 활용한 의료의 적정화 및 효율화 등 보험진료와 진료수가의 재검토를 제안하였다.

마지막으로 건강수명을 연장시켜 건강한 고령자는 사회보장제도를 뒷받침하는 버팀목으로 제도의 지속가능성을 높일 수 있으므로 이를 위해서 직종·지역에 상관없이 모든 의료보험자에게 가입자의 건강증진이 매우 중요한 역할을 해야 한다고 보았다. 또한 보험자가 각자의 특성을 살려 보험자 기능을 발휘할 수 있는 제도 체계를 유지해야 한다고 주장하였다.

14 윗글의 주장에 해당되지 않는 내용을 〈보기〉에서 모두 고르면?

〈보기〉
㉠ 후기고령자의 본인부담비율 경감　　㉡ 사회보장 지속성 확보
㉢ 보험진료 및 진료수가 재검토　　㉣ 현역세대 갹출금 인상
㉤ 보험자 기능 강화

① ㉠, ㉡　　② ㉠, ㉣　　③ ㉢, ㉣　　④ ㉢, ㉤

15 다음 중 글의 내용과 일치하지 않는 것은?

① 75세 이상 후기고령자의 본인부담도 20%로 같아지도록 개정, 형평성을 확보해야 한다.

② 의료기능을 분화·연계하여 효율성을 확보해야 하고, 말기환자에 대한 의료구조를 다시 검토해야 한다.

③ 단카이세대가 75세 이상으로 진입하는 시기에는 현역세대와의 인구비를 고려하여 안정적 재원을 확보하고 국비지원을 확충할 필요가 있다.

④ 고령자의 노동능력 감소를 감안하지 않은 갹출금 책정의 부작용으로 인해 해산 위기를 맞은 건보조합이 증가하는 문제도 해결해야 한다.

16 다음은 경쟁사인 A사와 B사의 동일 제품군 홍보 시 수익체계에 관한 자료이다. 주어진 〈보기〉의 조합 중 양사가 각각 하나의 제품군만 홍보할 때 수익의 합이 가장 큰 경우는?

〈보기〉				
구분		B사		
A사	제품군	1	2	3
	1	(−3, 7)	(6, −2)	(4, 0)
	2	(−5, 3)	(4, −1)	(−3, 9)
	3	(8, −4)	(5, 2)	(−2, 7)

※ 괄호 안의 숫자는 (A회사 제품군 수익, B회사 제품군 수익)을 나타낸다.

	A사	B사
①	1제품군	3제품군
②	2제품군	3제품군
③	3제품군	1제품군
④	3제품군	2제품군

다음은 면허종별 · 성별 운전면허 소지자 현황 자료이다. 이어지는 물음에 답하시오.

▼ 〈표 1〉 면허종별 운전면허 소지자

(단위 : 명)

구분			2019년	2020년	2021년
총계			30,293,621	31,190,359	31,665,393
1종			19,521,869	19,897,914	20,129,385
	대형		2,145,966	2,210,461	2,272,922
	보통		17,372,570	17,684,024	17,852,716
	소형		15	14	11
	특수		3,318	3,415	3,736
2종			10,771,752	11,292,445	11,536,008
	보통		10,399,375	10,936,251	11,189,700
	소형		9,370	9,202	9,564
	특수		0	0	0
	원동기장치		363,007	346,992	336,744

▼ 〈표 2〉 성별 운전면허 소지자

(단위 : 천 명, %)

구분	2019년	2020년	2021년
남자	17,920,583	18,291,984	( )
여자	12,373,038	12,898,375	( )
보유율	58.8	60.8	61.2

※ 보유율 $= \dfrac{\text{운전면허 소지자}}{\text{총인구}} \times 100$

17 다음 중 자료에 대한 설명으로 옳지 않은 것은?(단, 소수점 둘째 자리에서 반올림한다.)

① 운전면허 소지자는 매년 증가했으나 증가폭은 둔화되었다.

② 운전면허 소지자 중 1종과 2종 각각 보통 운전면허를 취득한 사람이 가장 많다.

③ 조사기간 중 2종 특수면허를 소지한 사람은 1명도 없다.

④ 2020년 총인구수가 5,130만 명이라면, 운전면허 보유율은 60% 미만이다.

18 2021년 운전면허 소지자 중 여성의 비율이 42%라면 2019년 대비 여성 운전면허 소지자는 약 몇 명 증가했는가?(단, 2021년 전체 운전면허 소지자 수는 백의 자리에서 반올림하여 계산한다.)

① 약 88만 4천 명 ② 약 92만 6천 명

③ 약 102만 6천 명 ④ 약 110만 명

다음은 의료급여 수급자의 입원진료 시 본인부담 기준에 관한 자료이다. 이어지는 물음에 답하시오.

■ 입원 시 본인일부부담금(식대 제외)

1종 수급권자	2종 수급권자		장애인
	일반		장애인
무료	의료급여비용 총액의 10% (중증치매 및 고위험임신부 5%, 15세 이하 아동 3%)		본인부담금 없음 (장애인 의료비에서 부담)

※ 6세 미만 아동, 자연분만 및 제왕절개분만 산모, 보건복지부장관이 정하여 고시하는 심장 · 뇌혈관질환 · 중증외상환자인 중증환자, 행려환자, 노숙인은 본인부담 없음(식대 제외)

※ CT, MRI 또는 PET 촬영 시 본인부담률
 − 1종 : 본인부담금 없음
 − 2종 : 총액의 10%(중증치매 및 고위험 임신부 5%, 15세 이하 아동 3%)

■ 식대 본인부담률

중증환자가 해당 중증질환 진료 시	자연분만, 6세 미만, 행려	희귀질환자를 포함한 그 외 1, 2종 수급권자
5%	면제	20%

■ 식대 종류별 식대

일반식	치료식	멸균식	분유		산모식	경관영양 유동식
			일반	특수		
3,740원 (1식당)	4,420원 (1식당)	4,870원 (1식당)	2,140원 (1일당)	6,040원 (1일당)	5,510원 (1식당)	4,630원 (1식당)

19 의료급여비용 총액이 동일하다고 가정할 때, 다음 중 본인일부부담금이 나머지와 다른 경우는?(단, 식대는 제외한다.)

① 뇌혈관질환 중증환자
② 1종 수급권자
③ 2종 수급권자에 속하는 장애인
④ CT 촬영을 받은 중증치매자

20 다음 의료급여 수급자 중 식대의 본인부담금이 가장 많은 경우는?(단, 1일, 3식 기준으로 한다.)

① 경관영양 유동식을 제공받는 희귀질환자
② 산모식을 제공받는 제왕절개분만 산모
③ 심장 수술 후 멸균식을 제공받는 심장질환 중증환자
④ 특수 분유를 제공받는 8개월 영아

PART 01
PART 02
PART 03
PART 04

한국전자통신연구원(ETRI)은 의료기기 업체와 함께 식도와 위를 효과적으로 살필 수 있는 고속 촬영기법에 인체 통신 기술을 적용한 내시경 기술을 개발했다고 밝혔다. 내시경에 쓰이는 캡슐 크기는 가로 1cm, 세로 3.1cm로 송신기 역할을 한다. 안에는 발광다이오드(LED) 램프, 두 개의 전·후방 카메라, 코인형 배터리, 자석 등이 들어 있다.

이 내시경은 초당 24장의 사진을 찍는다. 이는 고속 데이터 통신 기법 덕분인데, 식도처럼 캡슐이 빠르게 지나가는 구간도 자세히 관찰할 수 있다고 ETRI 연구진은 설명했다. 캡슐 촬영본은 몸에 붙이는 전극 또는 벨트 타입 수신부를 통해 전송돼 몸 밖에 있는 수신기에 저장된다. 해상도(320×320dpi)와 배터리 지속 시간(2시간)은 수준급이다. 의사가 수신기를 보면서 자석이 내장된 캡슐을 몸 밖에서 제어할 수 있는 점도 특징이다. 사람의 몸을 매질로 데이터를 보내는 인바디 인체 통신 기술이 탑재되어, 자유롭게 캡슐 자세를 바꾸거나 위벽에 캡슐을 머무르게 만들 수 있다는 설명이다. 교차 감염 우려, 복부 불편감, 구역질 유발 등 기존 유선 내시경 단점을 보완할 수 있을 것으로 연구진은 보고 있다. ETRI 연구진은 식도와 위장 부분에 대한 검사를 더 정확하고 편안하게 받을 수 있는 길이 열린 셈으로, 위치 제어와 데이터 전송 등 측면에서 경쟁력이 있을 거라 전망한다.

상부위장관용 캡슐 내시경은 중국과 유럽에 수출할 계획이며, 식도, 위, 십이지장, 소장, 대장 등 전체 소화기관을 검진할 수 있는 기술 개발을 추진할 예정이다. 또한 양방향 통신 캡슐 내시경을 만들어 촬영·동작 속도를 조절할 수 있도록 할 방침이다. 관계자는 "내년께 시스템 검증과 품목 허가용 인증시험을 마무리하면 사업화에 들어갈 것"이라고 덧붙였다. 이번 연구는 과학기술정보통신부 기가 코리아 사업의 하나로 진행돼 인바디 인체 통신 기술 관련 과학기술논문인용색인(SCI)급 논문 5편과 국내·외 특허 17건 성과도 따라왔다.

① ETRI가 발명한 가로 1cm, 세로 3.1cm의 캡슐 내시경은 고속 데이터 통신 기법을 활용하여 초당 24장의 사진을 찍으므로 식도처럼 빠르게 지나게 되는 구간도 자세히 살필 수 있다.

② 의사는 송신기 역할을 하는 캡슐을 환자의 몸 밖에서 조정할 수 있으며, 캡슐의 촬영분은 몸 밖으로 전송되어 320×320dpi 해상도의 이미지로 수신기에 저장된다.

③ 캡슐 내시경은 기존 내시경의 교차 감염 우려, 복부 불편감, 구역질 유발 등의 단점을 보완할 것이며 소화기관 전체 검진, 양방향 통신 등 기술적으로 더욱 발전할 것이다.

④ ETRI는 이번 연구로 SCI급 논문 17편의 성과를 얻었고 미국, 중국, 유럽, 호주 등에 수출될 캡슐 내시경은 품목 허가 인증 후 사업화될 계획이다.

22 다음은 청년층(15~29세)을 대상으로 하는 고용동향 자료이다. 이에 대한 설명으로 옳지 않은 것은?

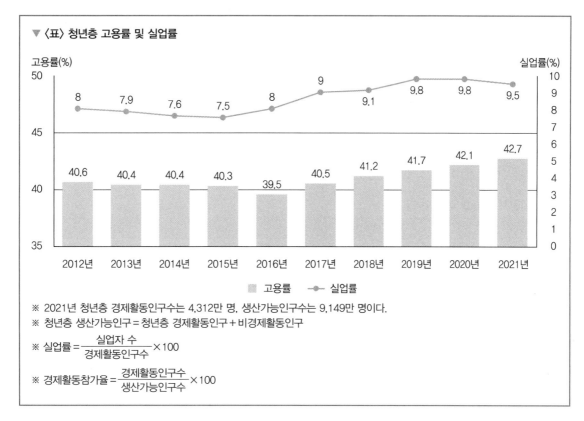

▼ 〈표〉 청년층 고용률 및 실업률

※ 2021년 청년층 경제활동인구수는 4,312만 명, 생산가능인구수는 9,149만 명이다.
※ 청년층 생산가능인구 = 청년층 경제활동인구 + 비경제활동인구
※ 실업률 = $\dfrac{\text{실업자 수}}{\text{경제활동인구수}} \times 100$
※ 경제활동참가율 = $\dfrac{\text{경제활동인구수}}{\text{생산가능인구수}} \times 100$

① 2021년 청년층 비경제활동인구수는 4,500만 명 이상이다.
② 2017년 고용률과 실업률 모두 전년 대비 증가폭이 가장 크다.
③ 2021년 경제활동참가율은 50% 미만이다.
④ 2021년 실업자 수는 약 450만 명이다.

다음은 미세먼지 기준치와 주의보 및 경보 기준에 관한 자료이다. 이어지는 물음에 답하시오.

■ 미세먼지 기준치   (단위 : $\mu g/m^3$)

구분		좋음	보통	나쁨	매우 나쁨
미세먼지 (PM₁₀)	한국 기준	0~30	31~80	81~150	151 이상
	WHO 기준	0~30	31~50	51~100	101 이상
초미세먼지 (PM₂.₅)	한국 기준	0~15	16~35	36~75	76 이상
	WHO 기준	0~15	16~25	26~50	51 이상

■ 미세먼지 주의보 및 경보 기준

구분		주의보	경보
미세먼지	발령	기상조건 등을 고려하여, 해당 지역의 대기자동측정소에서 관측된 시간평균농도가 $150\mu g/m^3$ 이상 2시간 지속	기상조건 등을 고려하여, 해당 지역의 대기자동측정소에서 관측된 시간평균농도가 $300\mu g/m^3$ 이상 2시간 지속
	해제	주의보가 발령된 지역의 기상조건 등을 검토하여 대기자동측정소에서 관측된 시간평균농도가 $100\mu g/m^3$ 미만	경보가 발령된 지역의 기상조건 등을 검토하여 대기자동측정소에서 관측된 시간평균농도가 $150\mu g/m^3$ 미만
초미세먼지	발령	기상조건 등을 고려하여, 해당 지역의 대기자동측정소에서 관측된 시간평균농도가 $75\mu g/m^3$ 이상 2시간 지속	기상조건 등을 고려하여, 해당 지역의 대기자동측정소에서 관측된 시간평균농도가 $150\mu g/m^3$ 이상 2시간 지속
	해제	주의보가 발령된 지역의 기상조건 등을 검토하여, 대기자동측정소에서 관측된 시간평균농도가 $35\mu g/m^3$ 미만	경보가 발령된 지역의 기상조건 등을 검토하여 대기자동측정소에서 관측된 시간평균농도가 $75\mu g/m^3$ 미만

23 다음 뉴스의 일기예보 내용을 분석한 결과로 가장 적절한 것은?

> 오늘의 미세먼지 예보를 알려드립니다. 오늘 0시를 기점으로 PM₂.₅ 시간평균농도가 $160\mu g/m^3$로 오전 9시 현재까지 유지되고 있습니다. 또한 PM₁₀ 시간평균농도는 오전 7시를 기점으로 $200\mu g/m^3$를 넘어섰으며, 현재 $250\mu g/m^3$까지 상승했습니다. 외출 시 반드시 마스크를 착용하시어, 건강관리에 각별히 유의하시기 바랍니다. 다만 오후에는 북동풍이 강하게 불면서 미세먼지와 초미세먼지 농도가 보통 수준으로 떨어질 전망입니다.

① 초미세먼지 주의보와 미세먼지 주의보가 발령되어 유지 중이다.
② 초미세먼지 주의보와 미세먼지 경보가 발령되어 유지 중이다.
③ 초미세먼지 경보와 미세먼지 주의보가 발령되어 유지 중이다.
④ 초미세먼지 주의보와 미세먼지 주의보가 발령되었다가 해제되었다.

24 미세먼지(PM_{10}) 기준치를 참고할 때, 한국과 WHO 기준이 다른 곳은 총 몇 곳인가?

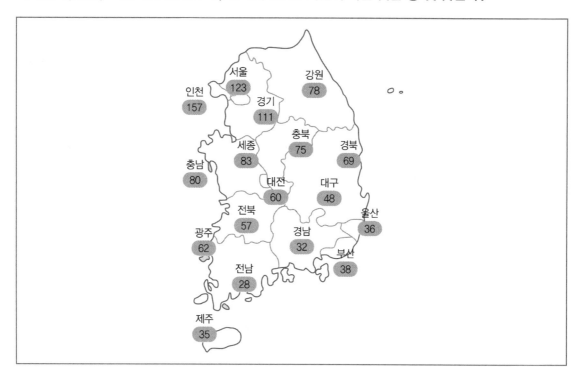

① 8곳

② 9곳

③ 10곳

④ 11곳

다음 글을 읽고 이어지는 물음에 답하시오.

제4차 산업혁명과 관련한 논의는 IT기술과 인터넷의 보급이 확대되면서부터 꾸준히 진행되어 왔지만, 세계적 화두로서 공식화된 계기는 2016년 스위스 다보스에서 열린 제46차 세계경제포럼(World Economic Forum, WEF)이라고 할 수 있다. 이 포럼에서 채택된 핵심 주제가 바로 '제4차 산업혁명의 이해'였다. 1차 산업혁명의 핵심이 기계화를 통해 증기와 물의 힘으로 기계적인 힘의 사용과정을 혁신시킨 것이었다면, 2차 산업혁명은 전기 에너지를 이용한 지구적 대량 생산 체제를 구축한 것이며, 3차 산업혁명은 정보기술을 이용한 자동화 생산체계와 인터넷 보급을 통한 디지털 혁명이라 할 수 있다. 그리고 현재 우리는 다양한 기술의 융합과 인공지능 중심의 인지혁명을 결합한 제4차 혁명의 단계를 맞고 있다. 그 대표적인 기술로 인공 지능, 3D프린팅, 자율주행 자동차, 사물인터넷, 바이오 테크놀로지 등이 거론되고 있다. 산업혁명은 산업만 변화시키지 않는다. 인류의 역사가 증명하듯이, 급격한 기술 발전은 필연적으로 도시의 변화를 가져온다. 그렇다면 제4차 산업혁명의 핵심기술 가운데 미래도시를 주도할 기술은 어떠한 것일까?

현재 가장 주목되는 관련 기술로는 자율주행 자동차와 커넥티드카(Connected Car)로 대별되는 미래자동차와 관련한 기술들, 신재생 에너지 보급의 확대와 전기 자동차와 같은 에너지 관련 기술, IT 기술과 인터넷 기술의 발전으로 확대되고 있는 공유경제와 관련한 기술 그리고 빅데이터와 인공지능 기술 등이 접목되는 스마트 도시와 관련한 기술 등이다.

그중에서 미래도시와 관련하여 가장 큰 영향을 끼칠 것으로 생각되는 기술은 자율주행 자동차와 전기 자동차 분야다. 사실 전기 자동차는 내연기관 자동차에 못지 않은 긴 역사를 가지고 있다. 최초의 전기 자동차는 1888년 독일의 발명가 안드레아스 플로켄이 만든 '플로켄 엘렉트로바겐'으로 알려져 있다. 1900년대 초반에 미국에서 운행하는 자동차의 약 38%는 전기 자동차였으며, 그 주요 고객은 가솔린차에서 나는 소음과 냄새에 민감한 부잣집 여성들이었다. 다만 배터리 기술의 한계로 주행 거리가 짧은 단점을 지니고 있었는데, 이후 휘발유 엔진 자동차의 혁신적인 발전과 더불어 유가의 하락으로 전기 자동차는 시장에서 자취를 감추게 되었다. 그러나 오늘날 전기 자동차 본래의 특성인 정숙함과 이산화탄소 배출량이 적은 점에 다시금 주목하기 시작했고, 이에 더해 배터리 성능과 운용기술이 크게 향상되어 1회 충전에 500km까지 주행 가능한 자동차들이 속속 출시되고 있다.

자율주행 자동차 기술은 미래도시에 더욱 커다란 변화를 가져올 것으로 전망된다. 자율주행 자동차란 주변 환경을 인지하여 위험요소를 판단하고, 주행경로를 스스로 설정하여 안전주행을 하는 자동차를 뜻한다. 이러한 기능에 대해서는 오래전부터 연구해왔지만 현실에 적용될 가능성은 낮을 것으로 보였는데, 최근 구글의 자율주행 자동차 실험을 계기로 본격적인 양산이 전망되고 있다. 이제는 구글 외에도 여러 기업들이 기술 확보 및 상용화에 주력하고 있어서 2020년 전후에는 여러 업체에서 다양한 모델들을 출시할 것으로 예상된다. 또한 미국의 여러 주에서는 가장 큰 장애물로 여겨졌던 법규 부분도 개정작업이 활발히 진행 중이다. 가장 눈길을 끄는 자율주행 자동차는 구글에서 제작 중인 '구글카'이다. 구글의 자율주행 자동차는 2007년 다르파 어번 챌린지(DARPA Urban Challenge, LA 교외 구공군기지에 만든 가상 시가지를 달리는 대회)에서 완주한 여섯 팀으로부터 그 역사가 시작되었다. 구글은 이 대회에서 완주한 팀의 연구진을 전원 고용하여 2009년부터 실험을 진행하였고 점차 기술력을 다듬어 왔다. 2012년에는 네바다주에서 처음으로 일부 자율주행 허가를 받아 공식적인 실험에 돌입하였고, 2013년부터는 캘리포니아주의 공공도로에서도 실험을 진행하여 지금까지 수십만 킬로미터를 무리 없이 주행함으로써 그 안전성과 가능성을 널리 알렸다.

현재 미국의 네바다, 캘리포니아, 플로리다, 워싱턴, 미시건, 테네시주 등 여러 주에서는 사율주행차 관련 법안이 통과된 상태다. 자율주행 자동차의 보급이 확대되면 사회는 분명 큰 변화가 일어날 것이다. '맥킨지 보고서'에 따르면 자율주행 자동차 시대에는 사람의 실수로 인한 교통사고가 현재보다 90%가량 줄어들 것으로 전망하고 있다. 교통사고 건수가 줄어들면 그 피해액 역시 1800~1900억 달러(217조~229조 원) 정도 줄어들 것으로 추산된다. 또한 차량안에서 운전만 할 필요가 없으므로 다양한 스마트기기나 인터넷과 연결되어 다양한 서비스를 제공하는 커넥티드 카(Connected Car)가 활성화될 것이다.

25 윗글을 통해 확인할 수 없는 사실은?

① 최초의 전기 자동차는 1800년대에 독일의 발명가에 의하여 개발되었다.

② 커넥티드 카는 다양한 스마트 기기나 인터넷과 연결된 다양한 서비스를 제공한다.

③ 2016년 스위스 다보스에서 열린 포럼에서 제4차 산업혁명에 관한 논의가 시작되었다.

④ 미국의 위싱턴, 테네시주, 미시건은 자율주행차 관련 법안이 통과되었다.

26 윗글의 제목으로 가장 적절한 것은?

① 자율주행 자동차의 안전성 검토 기준

② 자율주행 자동차의 개발 문제점

③ 제4차 산업혁명 시대의 핵심 기술

④ 제4차 산업혁명의 명과 암

다음은 계절별 일조시간 변화 추이를 조사한 자료이다. 이어지는 물음에 답하시오.

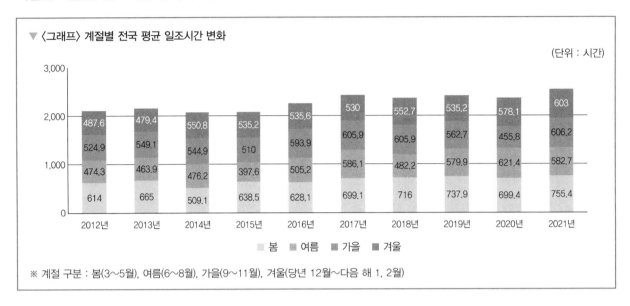

▼ 〈그래프〉 계절별 전국 평균 일조시간 변화

(단위 : 시간)

※ 계절 구분 : 봄(3~5월), 여름(6~8월), 가을(9~11월), 겨울(당년 12월~다음 해 1, 2월)

27 위의 자료에 대한 설명으로 옳지 않은 것은?(단, 소수점 첫째 자리에서 반올림한다.)

① 2021년 계절별 전국 평균 일조시간 총 합은 10년 전 대비 21% 정도 증가했다.

② 2021년 전국 평균 일조시간은 모든 계절에서 전년보다 증가했다.

③ 2014년을 제외한 조사기간 동안 3~5월의 전국 평균 일조시간은 다른 계절의 전국 평균 일조시간과 비교했을 때 가장 길다.

④ 사계절의 2012~2021년 전국 평균 일조시간을 연도별로 많은 순부터 나열하면, 1위는 여름을 제외하고 모두 2021년이다.

28 최근 10년간의 9~11월 전국 평균 일조시간의 평균은?(단, 소수점 둘째 자리에서 반올림한다.)

① 555.9시간   ② 568.2시간

③ 572.1시간   ④ 583.7시간

29 학교환경위생정화구역 내 금지시설을 다음과 같이 표로 정리할 때, 표기가 잘못된 것은?(단, 금지되는 시설은 ×, 제한적으로 설치 가능한 시설은 △, 허용되는 시설은 ○로 표기한다.)

---

1. 학교환경위생정화구역 설정·운영
    가. 절대정화구역 : 학교출입문으로부터 직선거리 50미터 이내 지역
    나. 상대정화구역 : 학교경계선으로부터 직선거리 200미터 이내 지역 중 절대정화구역을 제외한 지역으로
        서 유해시설 설치는 원칙적으로 금지하되, 지역교육청별로 설치된 학교환경위생정화위원회의 심의를
        거쳐 학생의 학습과 학교보건위생에 나쁜 영향을 주지 않는다고 해제(가결)된 경우에만 제한적으로 설
        치 가능한 지역
    다. 정화구역 설정 대상학교 : 유치원, 초등학교, 중학교, 고등학교, 대학
2. 학교환경위생정화구역 내 금지시설 안내
    가. 전체 정화구역 내 설치가 불가한 업종
        − 대기환경보전법 및 수질환경보전법에 의한 배출허용기준 또는 소음·진동규제법에 의한 규제기준
          을 초과하여 학습과 학교보건위생에 지장을 주는 행위 및 시설
        − 제한상영관
        − 도축장, 화장장, 납골시설
        − 폐기물처리시설, 폐수종말처리시설, 축산폐수배출시설
    나. 절대정화구역 내에는 설치가 불가하나, 상대정화구역 내에는 제한적으로 설치 가능한 업종
        − 폐기물수집장소
        − 유흥업소
        − 호텔, 여관, 여인숙
        − 사행행위장, 경마장
        − 노래연습장
        − PC방
3. 전체 정화구역 내 제한적으로 설치 가능한 업종
    − 당구장
    − 영화상영관
4. 유치원 및 대학의 정화구역 금지시설에서 제외되는 업종
    − 당구장
    − PC방
    − 노래연습장
5. 대학의 정화구역 금지시설에서 제외되는 업종
    − 영화상영관

	구분	절대정화구역		상대정화구역	
		초·중·고등학교	유치원·대학	초·중·고등학교	유치원·대학
①	납골시설	×	×	×	×
②	폐기물수집장소	×	×	△	△
③	노래연습장	×	○	△	○
④	당구장	△	△	△	○

자료의 내용을 바탕으로 이어지는 물음에 답하시오.

채식주의자라고 해서 다 똑같은 것은 아니다. 채식 위주의 식사를 하지만 경우에 따라 육류를 섭취하는 부류부터 동물성 식품을 전혀 섭취하지 않는 부류까지 세분화된다.

가장 순수한 채식주의자는 비건(vegan)이라고 일컫는다. 육류와 어패류는 기본이고 달걀과 유제품을 포함한 모든 동물성 음식을 섭취하지 않는 부류이다. 이 경우 철분, 오메가3, 칼슘, 비타민D, 아연, 단백질, 비타민B12와 같은 영양소가 결핍될 가능성이 높다.

락토 베지테리언(lacto vegetarian)은 우유나 치즈 같은 유제품은 먹는 채식주의자를 말한다. 이 부류에 속하는 사람들은 철분, 오메가3, 아연, 단백질 결핍인 경우가 많다.

오보 베지테리언(ovo vegetarian)은 달걀과 같은 알 종류는 먹는 채식주의자이다. 유제품을 섭취하지 않기 때문에 부족하기 쉬운 칼슘을 보충해야 한다.

락토 오보 베지테리언(lacto-ovo vegetarian)은 유제품과 달걀은 먹는 부류이다. 앞서 살펴본 채식주의자에 비해 영양소 결핍이 적은 편이지만 어패류를 먹지 않으므로 오메가3가 부족하기 쉽다.

페스코 베지테리언(Pesco-vegetarian, Pescetarianism)은 육류를 제외한 나머지는 먹는 채식주의자이다. 일반적으로 식물성 식품에 포함된 철분은 동물성 식품에 포함된 것보다 체내 흡수율이 낮으므로 이 부분의 결핍을 주의해야 한다.

채식 위주의 식사를 하지만 육류를 섭취하는 경우 중 폴로 베지테리언(Pollo-vegetarian)은 육류 중에서 닭고기까지는 먹는 부류를 말하며, 플렉시테리언(Flexitarian)은 때때로 육류를 먹는 채식주의자를 가리킨다.

30 채식 유형에 따른 섭취 범위를 한 눈에 알아보기 쉽도록 아이콘으로 정리할 때, 적절하지 않은 것은?

	유형	섭취 범위
①	락토 베지테리언	
②	오보 베지테리언	
③	페스코 베지테리언	
④	폴로 베지테리언	

31 제시된 영양제의 성분을 참고할 때, 락토 오보 베지테리언에게 부족한 영양소를 보충할 영양제를 모두 고르면?

영양제 A	영양제 B	영양제 C	영양제 D	영양제 E
철분, 칼슘	오메가3	비타민D, 아연	단백질	비타민B12

① 영양제 B

② 영양제 A, 영양제 D

③ 영양제 C, 영양제 E

④ 영양제 A, 영양제 B, 영양제 C

32 K공사는 이번 창립기념일을 맞이하여 인사고과에서 우수한 평가를 받은 직원에게 포상을 내리기로 하였다. 다음 내용을 참고할 때 포상 대상자는 누구인가?

- 후보는 A~D 4명이며, 이들 중 2명이 포상받는다.
- 매우 우수(3점), 우수(2점), 보통(1점)으로 평가하며, 평가 점수 총합이 높은 순으로 선발한다. 단, 동점자가 발생할 경우 '보통'을 받은 사람은 제외한다.
- 후보 4명의 평가 결과는 다음과 같다.

구분	업무 역량	근태	회사 기여도	조직 적응
A	매우 우수	매우 우수	매우 우수	보통
B	우수	우수	우수	매우 우수
C	보통	매우 우수	매우 우수	우수
D	우수	보통	우수	매우 우수

① A, B

② A, C

③ B, D

④ C, D

다음 글을 읽고 이어지는 물음에 답하시오.

외부에서 병균이 침입했을 때 면역세포는 다양한 면역매개물질을 분비해 다른 면역세포들을 불러 모으거나 활성화시켜 병균을 물리친다.

(가) 이러한 자가면역질환의 원인으로 유전적 원인, 바이러스 혹은 세균 등의 감염, 스트레스 등 다양한 가설이 제기되고 있지만 아직 뚜렷하게 밝혀진 것은 없다. 다만 여성이 남성에 비해 발병률이 4배 정도 많다고 알려져 있다. 여성은 생리, 임신, 출산 등을 경험하며 남성보다 훨씬 잦은 호르몬의 변화를 겪기 때문인데, 주기적 혹은 일시적인 호르몬 변화가 면역 체계에 복합적으로 작용하면서 자가면역질환 발생에 영향을 미친다는 것이다.

(나) 20~30대의 가임기 여성에게 주로 발병하는 루푸스 또한 자가면역질환이다. 루푸스는 피부뿐 아니라 관절, 신장, 폐 등 전신에 염증 반응을 일으켜 만성적으로 증상 완화와 악화가 반복되는 희귀난치성 질환이다. 관절 통증, 열, 부기, 피로, 가슴 통증, 탈모, 발진, 발작, 입 통증, 보라색 손가락과 같은 증상을 보인다면 즉시 의사와 상담해야 한다. 완치되지 않는 질병이지만 식단 조절, 생선 기름 섭취, 척추 교정, 휴식 등을 통해 증상을 조절할 수 있다.

(다) 가려움증과 습진을 동반하는 만성 염증성 피부질환인 아토피 피부염도 자가면역질환이다. 유아기에 시작돼 많은 경우 성장하면서 자연스레 호전되지만, 특정 물질이나 자극에 의해 쉽게 가렵거나 염증 반응이 나타나는 경향이 있다. 발병 원인은 아직 확실히 알려지지 않았지만 산업화로 인한 환경 공해, 식품첨가물 섭취의 증가, 집먼지진드기 등 알레르기를 일으키는 원인물질(알레르겐)의 증가 등이 꼽힌다. 세계적으로 증가하는 추세로 유병률이 인구의 무려 20%라는 보고도 있다. 아토피 피부염은 환자의 특성에 따라 개별화된 치료를 시행해야 한다.

(라) 그런데 외부에서 들어온 병균과 자신의 정상 세포를 확실히 구분하지 못하면 몸속의 면역세포가 우리 몸을 스스로 공격하고 파괴하는 현상이 발생한다. 면역 세포가 정상 세포를 적으로 오인하여 대항하는 자가항체를 만들고 이로 인해 염증이 일어나는 상태를 자가면역질환이라 하며 대표적으로 류마티스 관절염, 루푸스, 아토피 피부염 등이 있다. 이외에도 건선, 비염, 천식, 난치성 갑상샘 질환, 1형 당뇨병, 원형탈모 등 종류만 80여 가지가 넘는다. 질환의 종류가 많은 만큼 자가면역질환의 원인을 정의하기는 쉽지 않다.

(마) 대표적인 자가면역질환으로 류마티스 관절염이 있다. 백혈구가 관절 부위로 이동해 정상 조직을 공격함으로써 발병하는데 초기에는 주로 손가락이나 손목, 발가락, 발목 등 관절 부위가 붓고 열이 나며 통증이 동반된다. 류마티스 관절염이 계속 진행되면 연골 및 뼈가 손상되고, 관절을 지지하는 근육 조직과 인대 등이 약화된다. 또한 적혈구가 감소돼 빈혈 증상이 일어나고, 목에 통증이 느껴지거나 눈이나 입안이 마르며, 심하면 혈관이나 폐, 심장 내벽에 염증이 생기기도 한다. 진단 후 2년 내에 관절 파괴가 시작될 만큼 진행이 빠르지만, 발병 초기부터 자신의 증상에 맞게 약물 등의 적극적인 치료를 한다면 크게 완화될 수 있다.

건조한 피부의 보습, 피부염 치료를 위한 스테로이드 및 면역조절제 투여, 증상을 악화시키는 알레르겐과 스트레스를 피하는 다각적이고 체계적인 치료가 필요하다.

33 다음 중 문단 (가)~(마)를 맥락에 맞게 나열한 것은?

① (가) – (나) – (다) – (마) – (라)
② (다) – (라) – (마) – (가) – (다)
③ (라) – (가) – (나) – (라) – (다)
④ (라) – (가) – (마) – (나) – (다)

34 다음 중 글의 내용과 일치하지 않는 것은?

① 자가면역질환의 발병 원인은 유전적 요인, 바이러스나 세균 감염, 스트레스 등으로 추측할 뿐 뚜렷하게 밝혀진 바는 없다.

② 루푸스의 경우 완치보다는 발현 증상 조절을 목적으로 치료가 행해진다.

③ 여성의 경우 일시적ㆍ주기적 호르몬 변화를 남성보다 더 겪기 때문에 자가면역질환 발병률이 남성에 비해 4배가량 높다.

④ 루푸스는 전신에 염증 반응을 일으키는 질환으로 20~30대 가임기 여성에게서 주로 발생하고 호르몬 변화로부터 직접적인 영향을 받으므로 환자의 상태별 개별화된 치료가 시행된다.

35 기획팀 직원 5명은 이번에 외부 교육에 참여할 예정이다. 다음 조건을 따를 때 교육에 반드시 참여하는 인원은?

조건 1 : 김 대리와 이 주임이 교육에 참여하거나 최 과장이 참여한다.
조건 2 : 장 대리가 교육에 참여하지 않으면 김 대리도 참여하지 않고 유 주임도 참여하지 않는다.
조건 3 : 최 과장은 교육에 참여하지 않기로 했다.

① 1명   ② 2명
③ 3명   ④ 4명

다음은 사업자 유형별(법인, 일반, 간이, 면세) 가동사업자 수와 신규 및 폐업자 수 현황을 조사한 자료이다. 이어지는 물음에 답하시오.

▼ 〈표〉 사업자 유형별 현황

(단위 : 천 명)

구분		2019년	2020년	2021년
총 사업자	총계	5,232	5,417	5,601
	신규	1,085	1,041	1,070
	폐업	842	840	858
법인 사업자	총계	504	529	557
	신규	75	80	83
	폐업	50	55	54
일반 사업자	총계	2,532	2,663	2,832
	신규	503	495	534
	폐업	398	398	411
간이 사업자	총계	1,676	1,687	1,661
	신규	402	361	352
	폐업	316	307	311
면세 사업자	총계	520	538	551
	신규	105	105	101
	폐업	78	80	82

※ 총계 · 신규 · 폐업
  －총계 : 각 연도 말 현재 사업을 계속하고 있는 사업자 수
  －신규 : 해당연도 중 신규 등록한 사업자 수
  －폐업 : 해당연도 중 실제 폐업한 사업자 수
※ 법인사업자 : 개인사업자가 아닌 사업자
※ 개인사업자 : 일반사업자, 간이사업자, 면세사업자로 구분되며, 일반사업자 및 간이사업자는 부가세가 과세됨
  －일반사업자 : 개인사업자 중 간이사업자를 제외한 과세사업자
  －간이사업자 : 직전 1년의 공급대가의 합계액이 48백만 원 미달하는 개인 과세사업자
  －면세사업자 : 개인사업자 중 부가가치세가 면제되는 사업을 영위하는 자

36 위의 자료에 대한 설명으로 옳지 않은 것은?

① 연도 말 사업을 계속하고 있는 개인사업자는 꾸준히 15만 명 이상 증가했다.

② 2019년 대비 2021년 개인 간이사업자로 신규 등록한 사업자는 약 12% 감소했다.

③ 개인사업자 중 부가세가 면제되는 사업자의 신규 등록자와 실제 폐업자 수 차이는 매년 2만 명 이상이다.

④ 2021년 폐업자 수는 일반사업자, 간이사업자, 면세사업자, 법인사업자 순으로 많았다.

37 2020년 말 현재 사업을 계속하고 있는 개인사업자 중 부가세가 과세되는 사업자는 전체 개인사업자의 약 몇 %를 차지하는가?

① 75%

② 79%

③ 84%

④ 89%

38 다음 자료를 참고할 때, 밑줄 친 ㉠과 ㉡을 기준으로 삼는 경우 갭 투자가 성공할 가능성이 가장 높은 지역을 고르면?

> 주택의 매매 가격과 전세금 간의 차액이 적은 집을 매입한 후 실제 거주하지는 않고 임대하다가 집값이 오르면 매도해 이익을 얻는 투자 방식을 갭 투자라고 한다. 갭 투자에 성공하기 위해서는 ㉠전셋값 상승 여력이 **큰 지역을 우선순위에** 두어야 한다. 즉, 전세가율*이 높은 지역은 현재 전셋값도 높지만 수요가 많아 앞으로도 상승 가능성이 높은 곳을 의미한다. 또한 ㉡전셋값 상승에 비해 집값 상승이 덜한 지역을 찾는 것도 한 가지 방법이다. 전세가 비율이 높은 지역에서 전셋값 상승세보다 집값 상승세가 덜하다면 본격적으로 집값이 오르기 전이라는 의미로도 해석할 수 있다.
>
> ※ 전세가율 : 주택매매가격에서 전세가격이 차지하는 비중

▼ 〈표〉 A~F지역의 전세가율 및 전년 대비 매매 · 전세지수 상승률

구분	A	B	C	D	E	F
전세가율(%)	66	78	86	63	74	82
매매지수 상승(%p)	2.5	4.5	5.2	4.8	2.8	5.1
전세지수 상승(%p)	5.3	7.9	7.8	7.3	6.5	7.7

	㉠	㉡
①	C	E
②	D	A
③	F	B
④	G	C

다음 글을 읽고 이어지는 물음에 답하시오.

현대적 인권의 진정한 출발점을 찾아보려면 임마누엘 칸트와 계몽 철학, 그리고 1776년 미국 독립선언을 이뤄낸 미국 혁명을 살펴봐야 한다. 미국은 독립선언문에서 이미 '모든 인간은 평등하게 태어났다'고 부르짖었다. 이 개념은 얼마 후인 1789년 프랑스 인권선언에 재등장한다. "모든 인간은 자유롭고 평등한 권리를 지니고 태어나 살아간다."

그러나 오늘날 인권은 또 다른 강력하고 현대적인 토대에 기초하고 있다. 바로 전쟁이다. 우선 크림 전쟁을 보자. 스위스인 앙리 뒤낭은 1859년 솔페리노 전투에서 전장에 버려진 부상자들을 본 뒤 적십자를 창설하게 된다. 이로써 1864년 제1차 제네바협약이 체결됐다. 이후 1차 세계대전 당시(1914~1918) 군인들이 서로를 죽이고 민간인 수천만 명이 살육 당했다. 베르사유조약이 체결되자 국제연맹(League of Nations)은 전쟁을 '불법'이라 선포하며 모든 수단을 동원해 재발을 막으려 했다. 1930년대에 이르러 국제연맹의 권위가 약해졌지만, 국제연합(UN, 1945년 공식 출범)으로 대체되기 전, 국제연맹은 집단 안보의 토대는 비밀 외교가 아닌 다자주의일 수밖에 없다는 생각을 하게 됐다.

훗날의 승전국들은 1941년부터 더 현실적인 법을 만들 토대를 마련했다. 프랭클린 루스벨트 미국 대통령과 윈스턴 처칠 영국 총리는 향후 국제연합(UN)의 이념적 기초가 되는 대서양헌장에 서명했다. 이어 1945년 4월 샌프란시스코에서 채택된 UN헌장은 전문에서부터 '전쟁의 참화로부터 다음 세대를 지키자'는 임무를 부여하고 '인간의 기본적 권리, 그리고 인간의 존엄성과 가치에 대한 신념'을 선언했다. 3년 후에 나올 세계인권선언 정신의 골자가 UN헌장의 전문에 들어 있다. 그동안 인권에서 나온 근본적으로 새로운 두 가지 개념(집단학살, 반인륜범죄)에 의거, 나치 독일의 주요 전범들을 기소한 뉘른베르크 재판이 열렸다. 승전국들이 UN을 장악한다는 비난을 피하기 위해, 루스벨트 전 미국 대통령의 부인을 의장으로 하는 세계인권선언문 준비위원회는 중국의 장펑춘, 레바논의 찰스 말리크, 칠레의 에르난 산타 크루즈, 영국의 찰스 듀크스, 소련의 알렉산드르 보고몰로프, 아이티의 에밀 생−로, 그리고 프랑스의 르네 카생을 포함해 18명의 위원을 배분 원칙에 따라 현명하게 위원회에 참여시켰다.

당시 위원들 간에 벌어진 토론은 오늘날의 토론과 다름없었다. 굶어 죽어가는 인간에게 정치적 자유의 향유가 중요한가? 권리의 보편성을 주장한다고 해서 문화적 다양성을 무시할 수 있을까? 평화가 인권을 우선적으로 보장할 것인가? 각국 대표들의 서로 다른 독특한 관점들에도 불구하고 세계인권선언문은 야심 차게 이 같은 질문들에 대답을 제시했고, 58개 UN 회원국 가운데 50개국의 지지를 받아 1948년 12월 채택됐다. 이는 2차 세계대전 이후 주요한 외교적 성과로 간주된다. UN 총회 당시 세계인권선언 표결의 기권국을 살펴보면, 남아프리카공화국은 인종 간 평등 원칙을 사유로, 사우디아라비아는 남녀평등 원칙을 사유로, 소련은 정치적 권리보다 경제적·사회적 권리가 우선한다는 원칙을 사유로 각각 기권했다.

세계인권선언에는 여러 기본 원칙이 들어 있다. 인간의 다양한 권리는 보편적이고 서로 불가분의 관계다. 개인의 권리는 공동체의 권리에 우선한다. 모든 인간은 그들이 누구든 간에 동등하다. 크리스틴 라제르쥬 인권자문위원회 의장은 프랑스 인권 선언에는 없지만, 세계인권선언 제1조에 등장하는 '인간의 존엄성' 원칙이 이 모든 원칙 가운데 가장 적용 범위가 넓다고 강조한다. "존엄성과 권리를 가진 모든 인간이 평등하다는 사실은 보편성 원칙의 근거가 된다. 이 원칙 하나만으로도 사형, 고문, 노예제 거부가 가능하고, 이타성과 타인에 대한 인정이 정당해진다."

1948년부터 UN은 이 같은 개념들을 구속력 있는 규범, 즉 국제법상 조약으로 바꿔야 할 필요성을 느꼈다. 쟝−베르나르 마리 국립과학연구소 연구팀장은 "도덕성에만 머무르지 않는 법적 규범으로 확립해야 했다. 보편성 원칙을 포함, 인권 관련 원칙들은 관조적 성격의 개념들이 아니다. 따라서 실제적인 효력을 발휘할 수 있도록 수단을 강구해야 했다"고 전한다. 이를 위해 UN 총회는 즉시 이 일을 담당하는 인권위원회를 만들었고, 경제·사회·문화·시민·정치적 권리에 관한 국제규약이 1966년 채택됐다.

이외에도 많은 협약이 추가됐다. 그중 가장 중요한 협약들로 제노사이드(집단학살)협약(1948), 난민지위협약(1951), 인종차별철폐협약(1965), 아동권리협약(1989), 이주노동자권리협약(1990)이 있다. 이 협약들은 인권의 특정 측면을 둘러싼 다양한 주제들에 관한 십여 개의 선언으로 뒷받침된다. 이와 동시에 UN은 이 협약들이 준수되는지 여부를 확인하는 기구들을 설치했다. 설립 후 얼마 지나지 않아 과거 식민지였던 지역들에서 벌어지는 여러 분쟁 앞에 무기

력한 상태에 빠진 인권위원회는 2006년 폐지되고, 더 많은 권한을 부여받은 인권이사회(United Nations Human Rights Council, UNHRC)가 새로 설립됐다.

39 다음 중 인물과 관련 설명이 바르게 연결되지 않은 것은?

① 앙리 뒤낭 : 솔페리노 전투에서 다친 전사들이 전장에 버려진 모습을 보고 적십자를 창설했다.

② 프랭클린 루스벨트 : 세계인권선언문 준비위원회의 의장으로, 중국, 레바논, 칠레, 영국, 소련, 아이티, 프랑스 등 18개국의 위원과 세계인권선언문을 채택했고 승전국들이 UN을 장악한다는 비난을 피할 수 있었다.

③ 크리스틴 라제르쥬 : 인권자문위원회 의장으로, 세계인권선언 제1조 인간의 존엄성 원칙으로 인해 사형, 고문, 노예제 거부, 타인에 대한 인정 등이 정당해진다고 보았다.

④ 쟝-베르나르 마리 : 국립과학연구소 연구팀장으로, 세계인권선언의 인권 관련 원칙이 실제적 효력을 발휘할 수 있도록 법적 규범이 확립되어야 한다고 보았다.

40 다음의 주요 사건들이 체결된 순서대로 바르게 나열된 것은?

① 프랑스 인권선언 – 미국 독립선언 – 세계인권선언 – UN헌장 – 인종차별철폐협약

② 프랑스 인권선언 – 인종차별철폐협약 – 세계인권선언 – 난민지위협약 – 이주노동자권리협약

③ 미국 독립선언문 – 대서양헌장 – 제노사이드협약 – 경제 · 사회 · 문화 · 시민 · 정치적 권리에 관한 국제규약 – 아동권리협약

④ 세계인권선언 – UN헌장 – 난민지위협약 – 아동권리협약 – 이주노동자권리협약

다음은 농가부채 및 농가자산 관련 자료이다. 이어지는 물음에 답하시오.

▼ 〈표〉 농가부채 및 농가자산

(단위 : 천 원, %)

구분		2018년	2019년	2020년	2021년
농가부채		19,898	26,619	26,892	27,210
	농업용	11,642	17,455	16,961	16,315
	비농업용	8,256	9,164	9,931	10,895
농가자산		170,465	204,527	243,665	298,178
	당좌자산	37,103	33,942	43,995	54,354
농가소득		24,475	26,878	29,001	30,503
당좌자산 대비 부채비율		53.6	78.4	( )	50.1
자산 대비 부채비율		11.7	13.0	( )	9.1

※ 단기상환능력 $= \dfrac{\text{부채}}{\text{당좌자산}} \times 100$(단, 수치가 감소할수록 단기상환능력이 개선됨)

※ 장기상환능력 $= \dfrac{\text{부채}}{\text{자산}} \times 100$(단, 수치가 감소할수록 장기상환능력이 개선됨)

※ 장단기상환능력 수치가 모두 하락할수록 부채상환능력이 향상됨을 의미함

41 위의 자료에 대한 설명으로 옳지 않은 것은?

① 조사기간 중 농가부채와 농가자산 모두 꾸준히 증가했다.

② 2020년부터 농가 당좌자산은 매년 1,000만 원 이상 증가했다.

③ 2019년부터 농업용과 비농업용 부채 차이는 확대되었다.

④ 2019~2021년 부채상환능력은 향상되었다.

42 다음 중 농가소득 대비 부채비율이 가장 높은 연도는?

① 2018년   ② 2019년

③ 2020년   ④ 2021년

43 다음 건강보험 직장가입자의 피부양자 취득에 관한 안내 내용을 참고할 때 옳지 않은 것은?(단, 자격취득 신고일 당일부터 자격을 취득한다고 가정한다.)

피부양자 취득 안내

- 직장가입자 자격취득 시 피부양자를 등록할 수 있음
- 직장가입자의 자격취득·변동 후 피부양자 자격취득·신고를 한 경우 변동일로부터 90일 이내 신고 시 피부양자로 될 수 있었던 날로 소급 인정(기 납부액은 환급)
- 지역가입자가 피부양자로 자격전환 시 피부양자 취득일이 1일인 경우 피부양자 신고일이 속한 달부터 지역보험료가 부과되지 않으나 2일 이후 취득되는 경우 신고일이 속한 달까지는 지역보험료를 납부해야 함

직장가입자의 자격취득(변동) 일자

구분	자격취득(변동)일
근로자	건강보험적용사업장에 사용된 날
	신규 건강보험적용사업장의 경우에는 사업장적용 신고일
사용자	건강보험적용사업장의 사용자가 된 날
	신규 건강보험적용사업장의 경우에는 사업장적용 신고일
공무원	공무원으로 임용된 날
	선거에 의하여 취임하는 공무원은 그 임기가 개시된 날
교직원	해당학교에 교원으로 임용된 날(교원)
	해당학교 또는 그 학교 경영기관에 채용된 날(직원)
일용 근로자	건강보험적용사업장에 1월을 초과하여 사역 결의된 자는 사역 결의된 날
	건강보험적용사업장에 최초사역일 1월 이내의 기간을 정하여 계속 사역 결의되는 자는 최초 사역일로부터 1월을 초과하는 날
단시간 근로자	건강보험적용사업장에 1월 이상 근무하고 소정근로시간이 월 60시간 이상인 단기간 근로자는 근로(고용) 개시일

---

① A씨가 2월 1일부터 건강보험적용사업장에서 고용된 후 4월 1일 B씨의 피부양자 자격취득 신고를 한 경우 B씨는 2월부터 지역보험료가 부과되지 않는다.

② C씨가 1월 1일 자로 공무원으로 임용된 후 4월 10일 자로 D씨의 피부양자 변경신고를 한 경우 D씨는 5월부터 지역보험료가 부과되지 않는다.

③ 건강보험적용사업장에서 4월 1일부터 사역 결의된 일용 근로자 E씨가 5월 1일까지도 사역 결의되었고, 5월 1일 F씨의 피부양자 자격취득 신고를 한 경우 F씨는 5월부터 지역보험료가 부과되지 않는다.

④ 6월 1일부터 건강보험적용사업장에서 일 3시간 주 3회 근무를 시작한 G씨가 8월 1일까지 근무하더라도 소정근로시간 월 60시간 미만에 해당되어 직장가입자 자격을 취득하지 못한다.

다음 글을 읽고 이어지는 물음에 답하시오.

올해부터 선천성 기형과 고위험 신생아에 대한 보험급여가 대폭 강화됨에 따라 신생아 청각선별검사도 건강보험 혜택이 확대될 예정이다. 신생아 청각선별검사란 이름 그대로 난청을 조기에 발견하기 위해 이루어지는 검사이다. 청각·언어 발달에 중요한 시기인 생후 1년 동안 소리를 잘 듣지 못할 경우 청각신경 전달로의 발달에 문제가 생겨 청각·언어 장애인으로 성장하게 되므로 조기 발견과 치료가 매우 중요하다. (㉠) 검사 결과 재검 판정을 받았다면 3개월 이내에 난청확진검사를 받게 되며, 선천성 난청으로 확인되었을 때는 생후 6개월 전에 보청기를 사용, 청각 발달에 진전이 없다고 판단될 시 인공와우이식 수술을 받을 수 있다. (㉡) 선천성 고도난청은 신생아 1,000명당 1~3명이 앓을 만큼 발생률이 높아 적기에 검사를 받는 것이 매우 중요하다. (㉢) 검사에 걸리는 시간은 약 10분으로, 아기가 자는 상태에서 진행된다. 그 때문에 검사 전에 수유를 충분히 해 아기가 안정적으로 잘 수 있는 상태를 만드는 것이 중요하다. (㉣) 보통 생후 1개월 이후에는 아기의 수면시간이 줄어들어 수면제를 복용하고 검사를 해야 할 가능성이 커지므로, 가능한 한 생후 1개월 이내에 할 것을 권장한다.

44 다음 중 글의 내용과 일치하지 않는 것은?

① 선천성 난청 확인 시 청각신경 전달로의 발달에 문제가 생기지 않도록 생후 6개월 전 보청기 사용 등의 조치를 취할 수 있다.

② 난청 조기 발견을 위한 신생아 청각선별검사는 청각·언어 장애인으로 성장할 가능성을 조기 발견하여 치료하기 위한 검사로 올해부터 보험급여 강화 항목에 포함된다.

③ 선천성 난청 검사로 재검 판정을 받은 경우 3개월 이내 난청확진검사를 받아야 하고 선천성 난청으로 진단받은 경우 6개월 이내의 인공와우이식 수술이 권장된다.

④ 선천성 고도난청검사는 아기의 수면시간이 비교적 긴 생후 1개월 이내에 하는 것이 좋으며 충분한 수유로 아기가 안정적으로 잠들게 한 후 약 10분간 진행된다.

45 ㉠~㉣ 중 〈보기〉의 문장이 삽입되기에 적절한 위치는?

〈보기〉
그러나 검사에서 정상 판정을 받았더라도 이후에 감염이나 지연성·유전성 난청 등 여러 요인으로 난청이 생길 수 있으므로 청각 상태를 꾸준히 지켜보는 것이 안전하다.

① ㉠   ② ㉡
③ ㉢   ④ ㉣

46 다음 전국 고구마 재배면적 및 생산량 추이 자료에 대한 설명으로 옳은 것은?

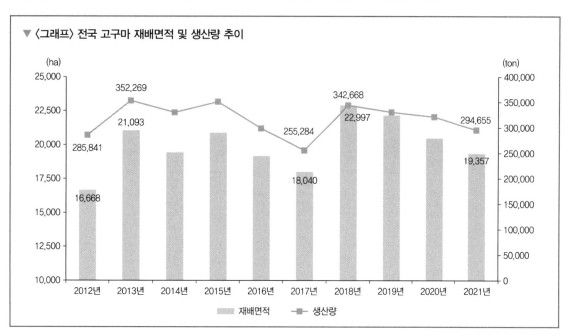

▼ 〈그래프〉 전국 고구마 재배면적 및 생산량 추이

① 고구마 재배면적이 가장 큰 연도는 고구마 생산량도 가장 많다.

② 재배면적과 생산량 증감 추이는 동일하다.

③ 고구마 생산량은 연평균 0.5%씩 증가했다.

④ 2021년 고구마 재배면적은 10년 전보다 3,000ha 이상 증가했다.

47 다음 학교 CCTV 시도별 현황 자료를 바탕으로 작성한 그래프 중 옳지 않은 것은?

▼ 〈표〉 시도별 학교 CCTV 현황

구분	학교 수(개교)	설치 학교 수(개교)	설치 대수(대)
서울	1,296	1,199	6,650
부산	623	604	2,781
대구	437	429	3,119
인천	469	385	2,929
경기	2,048	1,624	10,059
충북	480	352	2,170
경북	975	191	1,348

※ 수도권 : 서울, 인천, 경기

① 시도별 CCTV 설치 대수

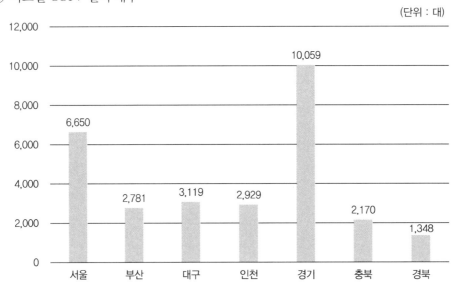

② 시도별 CCTV 설치 학교 수 및 미설치 학교 수

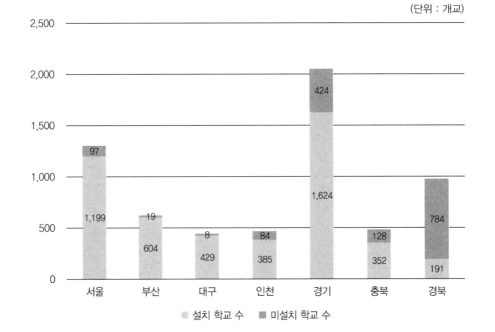

③ 시도별 CCTV 설치 학교당 CCTV 평균 설치 대수

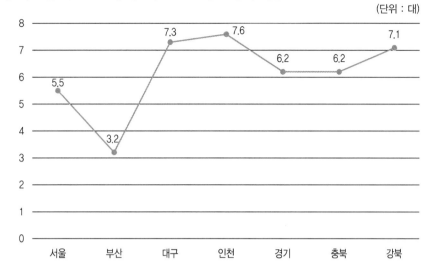

④ 수도권 학교의 CCTV 설치율

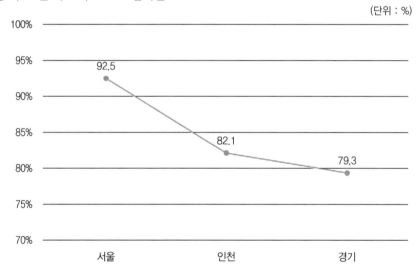

다음은 에너지의 수요와 공급에 대한 현황 자료이다. 이어지는 질문에 답하시오.

▼ 〈표 1〉 1차 에너지 소비량

(단위 : 백만 TOE)

구분	2014년	2015년	2016년	2017년	2018년	2019년	2020년	2021년
계	263.9	276.8	278.9	280.5	283.1	287.8	294.7	( )
석탄	77.2	83.8	81.1	82.1	84.8	85.7	81.9	86.2
석유	104.3	105.1	106.2	105.8	104.9	109.6	118.1	119.4
LNG	43	46.3	50.2	52.5	47.8	43.6	45.5	47.5
원자력	31.9	33.3	31.7	29.3	33	34.8	34.2	31.6
기타	7.5	8.3	9.7	10.8	12.6	14.1	15	17.3

▼ 〈표 2〉 최종 에너지 소비량

(단위 : 백만 TOE)

구분	2014년	2015년	2016년	2017년	2018년	2019년	2020년	2021년
계	195.7	206.0	208.3	210.3	213.7	218.4	225.7	( )
산업부문	117	127	128.5	130.4	135.3	135.7	138.5	144.3
수송부문	36.9	36.9	37.1	37.3	37.6	40.3	42.7	42.8
가정/상업부문	37.3	37.5	37.9	37.4	35.5	36.6	38.3	39.9
공공/기타부문	4.5	4.6	4.8	5.2	5.3	5.8	6.2	6.9

48 다음 자료에 대한 설명으로 옳지 않은 것은?

① 조사기간 동안 1차 에너지 소비량은 3,000만 TOE 이상 증가했다.

② 조사기간 동안 최종 에너지 소비량은 4,000만 TOE 이상 증가했다.

③ 1차 에너지 소비량 중 석유 비중이 석탄보다 크다.

④ 부문별로 2014년 대비 2021년 최종 에너지 소비량은 모두 증가했다.

49 1차 에너지인 LNG의 소비량이 가장 많았던 연도의 최종 에너지 소비량을 부문별로 비중이 큰 순서 대로 바르게 나열한 것은?

① 산업 – 가정/상업 – 수송 – 공공/기타

② 산업 – 수송 – 가정/상업 – 공공/기타

③ 산업 – 가정/상업 – 공공/기타 – 수송

④ 산업 – 수송 – 공공/기타 – 가정/상업

50 한 꽃가게에서 꽃 한 송이씩을 조합할 때 가격과 주요 지역 퀵 배송료가 다음과 같다. 이를 근거로 장미 3송이, 수국 1송이, 작약 7송이를 신촌으로 배송한다면 총금액은 얼마인가?(단, 꽃 가격과 퀵 배송료 외에 추가 금액은 없다.)

■ 조합별 가격

종류	가격
백합, 장미	5,000원
수국, 아네모네	9,000원
작약, 장미	9,000원
백합, 수국	8,000원
아네모네, 작약	11,000원

■ 주요 지역 퀵 배송료

배송지	퀵 배송료
서초	10,000원
강남	11,000원
마포	15,000원
신촌	14,000원
종로	12,000원

① 68,000원 ② 74,000원
③ 78,000원 ④ 84,000원

PSAT형

실전모의고사 3회

50문항/60분

01 다음 글의 내용과 일치하지 않는 것은?(단, 소수점 첫째 자리에서 반올림한다.)

태양광 발전의 경제성이 매년 상승하고 있다. 한국전력공사는 태양광 발전사업자에게 전력을 구매하며 지급하는 구매단가가 최근 5년간 큰 폭으로 하락했다고 밝혔다. 국회 산업통상자원중소벤처기업위원회 소속 ○○○ 의원이 전력거래소와 한전으로부터 받은 자료에 의하면 소규모 태양광 발전 1kWh당 구매단가는 326원(2013년)에서 112원(2017년)으로 66% 감소했다. 1MW 이상의 대규모 태양광 설비에서 생산된 전력의 구매 단가도 같은 기간 158원에서 84원으로 47% 감소한 것으로 나타났다. 다른 재생에너지원의 발전단가도 줄어들었다. 풍력 발전은 163원(2013)에서 91원(2017)으로 44% 감소하고, 수력 발전은 168원(2013년)에서 94원(2017년)으로 44% 감소했다. LNG 발전도 161원(2013년)에서 112원(2017년)으로 31% 감소했다. 반면 원자력 발전 구매단가는 kWh당 39원(2013년)에서 61원(2017년)으로 55% 증가했고, 석탄 발전은 60원(2013년)에서 79원(2017년)으로 32%로 증가했다. 그 결과 1MW 초과 대규모 태양광 발전의 경우 석탄 발전과 단가 차이가 98원(2013년)에서 5원(2017년)으로 급격히 줄어들었고 원자력 발전과 비교해도 단가 차이가 119원(2013년)에서 23원(2017년)으로 81% 감소했다. 태양광 발전단가의 하락은 해외 사례에서 더 선명하게 드러난다. 국제재생에너지기구(IRENA)에 의하면 태양광 발전단가는 1kWh당 0.36달러(2010년)에서 2017년 0.1달러(2017년)로 감소했다. 한국은 이에 반해 높은 지대, 주민과의 갈등, 계통 연계 등에 따른 비용으로 발전단가 하락이 비교적 더디다. ○○○ 의원은 "최근 5년간 태양광 발전 구매단가 하락 추세와 해외 사례를 종합해볼 때 조만간 태양광 발전이 석탄·원자력 발전보다 경제성이 좋아질 것으로 판단된다"고 말했다.

① 국내 소규모 태양광 발전의 2017년 구매단가는 1kWh당 112원으로 4년 전에 비해 66% 감소했다.
② 국내 대규모 태양광 발전의 2017년 구매단가는 1kWh당 84원으로 4년 전에 비해 47% 감소됐다.
③ 국제재생에너지기구가 밝힌 2017년 태양광 발전단가는 1kWh당 0.1달러로 2010년 0.36달러에 비해 72% 감소했다.
④ 석탄 발전 단가는 증가하고 대규모 태양광 발전단가는 감소하여 석탄 발전과 태양광 발전의 2017년 단가 차액이 4년 전 대비 95% 감소했다.
⑤ 원자력 발전과 대규모 태양광 발전의 2017년 단가 차액은 4년 전 대비 87% 감소했다.

다음은 2017~2021년 전력수급 실적을 조사한 자료이다. 다음 물음에 답하시오.

▼ 〈표〉 전력수급 실적

(단위 : kW)

구분	시설용량	평균전력	최대전력
2017년	86,968,937	59,035,145	76,522,000
2018년	93,215,755	59,585,720	80,154,000
2019년	97,648,761	60,284,383	78,790,000
2020년	105,865,557	61,694,161	85,183,000
2021년	116,907,641	63,188,368	85,133,000

※ 부하율(%) = $\dfrac{평균전력}{최대전력} \times 100$

※ 이용률(%) = $\dfrac{평균전력}{시설용량} \times 100$

※ 부하율은 전기설비가 어느 정도 효율적으로 사용되는가를 의미하므로, 부하율이 높을수록 설비이용률(효율)이 높다.

02 조사기간 동안 설비가 가장 효율적으로 사용된 연도와 가장 비효율적으로 사용된 연도를 순서대로 바르게 짝지은 것은?

① 2017년, 2018년
② 2017년, 2020년
③ 2018년, 2020년
④ 2018년, 2021년
⑤ 2019년, 2021년

03 조사기간 중 시설용량이 가장 큰 연도의 이용률은 약 몇 %인가?(단, 소수점 둘째 자리에서 반올림한다.)

① 50.5%
② 52.7%
③ 54.0%
④ 58.3%
⑤ 61.7%

04 다음 전국 도로별 교량 및 터널 수에 대한 설명으로 옳지 않은 것은?

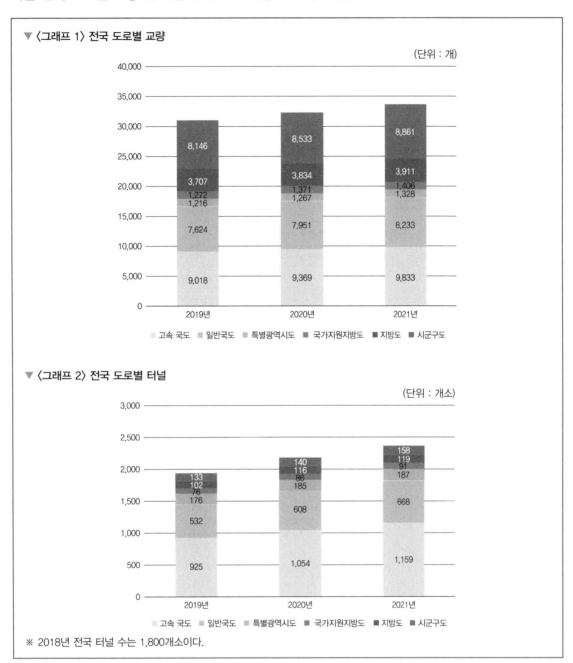

▼ 〈그래프 1〉 전국 도로별 교량

(단위 : 개)

□ 고속 국도 ■ 일반국도 ■ 특별광역시도 ■ 국가지원지방도 ■ 지방도 ■ 시군구도

▼ 〈그래프 2〉 전국 도로별 터널

(단위 : 개소)

□ 고속 국도 ■ 일반국도 ■ 특별광역시도 ■ 국가지원지방도 ■ 지방도 ■ 시군구도

※ 2018년 전국 터널 수는 1,800개소이다.

① 2018년 대비 2019년 전국 터널 수는 8% 증가했다.

② 2019년과 비교하여 2021년 특별광역시도 교량 수 증가량은 터널 수 증가량의 10배 미만이다.

③ 2019~2021년 전국 도로별 교량과 터널 수는 모두 지속해서 증가했다.

④ 전국 도로별 터널 중 시군구도 터널 비중은 매년 지방도 터널 비중보다 크다.

⑤ 2021년 고속국도와 일반국도 교량 비중은 전체 도로 교량의 절반 이상을 차지한다.

05 N사는 기본급 이외에 다음 기준에 따라 초과근무수당을 지급하고 있다. 수당 지급 기준을 바탕으로 직원 Y가 받을 추가 수당은?

▼〈표 1〉 초과근무수당 지급 기준

구분	지급액
시간외근무수당	통상임금 $\times \dfrac{1.5}{200} \times$ 근무시간
야간근무수당	통상임금 $\times \dfrac{0.5}{200} \times$ 근무시간
휴일근무수당	통상임금 $\times \dfrac{1}{200} \times$ 근무시간

▼〈표 2〉 직원 Y의 통상임금 및 추가근무시간

통상임금	시간외근무시간	야간근무시간	휴일근무시간
2,100,000원	16시간	8시간	12시간

① 376,000원
② 382,000원
③ 398,000원
④ 404,000원
⑤ 420,000원

06 K은행은 2022년 하반기 상호금융특별회계 일반거래증권사 선정을 위해 입찰한 4개 증권사를 평가 중이다. 다음 평가 기준에 따라 최종 선정하려 할 때, 옳은 것은?

▼ 〈표 1〉 평가 기준

평가 항목	배점	평가 내용
수수료	40점	제안수수료에 대해 평가
리서치자료	15점	본회 요청자료에 대한 리서치 제공 횟수 평가
세미나 및 IR	20점	세미나 및 IR 개최 평가
주식운용 평가	25점	개별 증권사 운영 기여도 정성평가
합계	100점	–

※ 감점 사항 : 체결수량 불일치, 가격착오매매 등에 대해 건당 1점씩 감점

▼ 〈표 2〉 시중 4개 증권사 평가 내역

평가 항목	M사	K사	J사	D사
수수료	( )	( )	( )	( )
리서치자료	11	8	13	5
세미나 및 IR	15	17	15	16
주식운용 평가	22	19	18	23

① 위 점수만 고려할 때 증권사 2곳은 공동 2위이다.

② 수수료 항목에서 모두 만점을 받는다면 모든 증권사의 총점은 85점 이상이다.

③ M사가 가격착오매매가 3건 있었다면 순위는 바뀐다.

④ D사를 제외한 3곳의 수수료 점수가 모두 35점이라면 D사는 해당 항목에서 만점을 받더라도 선정될 수 없다.

⑤ K사의 수수료 점수가 J사보다 1점만 높아도 순위가 뒤바뀐다.

다음 글을 읽고 이어지는 질문에 답하시오.

이집트인들은 심장이 몸의 중심에 있고 정맥을 통해 신체의 모든 부분과 연결돼 있다고 여겼으며, 뇌보다 심장이 더 중요하다고 생각했다.

㉠ 르네상스 시대에는 해부학자 안드레아스 베살리우스와 박학다식한 레오나르도 다빈치가 뇌 안쪽의 빈틈과 구멍을 보여주는 복잡한 뇌실 그림을 이용해 뇌 구조에 대한 새로운 통찰력을 제시했다. 철학자 르네 데카르트는 뇌실이 교회에서 쓰는 오르간의 파이프 같은 역할을 한다고 생각했다. 영혼은 파이프를 통해서 부는 바람이고 생각은 그 바람이 연주하는 음악인 셈이다.

㉡ 하지만 데카르트의 관점에서 보면 '정신'과 '뇌'는 근본적으로 다르다. 그는 세상에는 과학자가 측정하고 계량할 수 있는 '물질적이고 물리적이며 공간적인 것'과 정신, 생각, 영혼처럼 '비물질적이고 비물리적인 것'이 존재한다고 주장했다. 또한 비물질적인 영혼이 뇌의 중심에 있는 '송과선'이라는 작은 구조물을 통해 신체와 상호작용한다고 생각했다. 이것은 "인간은 단순히 세포의 활동에 불과하다"라는 크릭의 놀라운 가설과 정면으로 맞서는 주장이었다. 정신적인 것과 물질적인 것은 다르다는 그의 기본적인 이원론 개념은 오늘날까지도 영향을 미친다. 영혼 또는 사후 세계를 믿거나 인간이 지상의 육신 이상의 존재라고 생각하는 대부분의 종교적 관점도 이런 이원론을 지지한다.

㉢ 그들이 뇌보다 심장이 더 중요하다고 판단한 이유가 있었다. 심장은 아주 작은 상처만 생겨도 목숨을 잃을 수 있지만, 머리는 타격을 받아 뇌가 상당 부분 훼손되더라도 계속 살아 있을 수 있을뿐더러 신체 기능도 대부분 그대로 유지되기 때문이다. 그들은 뇌를 '머릿속 골수'라고 불렀으며, 피를 식히는 데 사용되리라 추측했다.

㉣ 데카르트 이후 과학자들은 영혼의 영역보다 뇌를 구성하는 물질 안에서 정신적 기능을 찾으려고 노력했다. 토머스 윌리스와 니콜라우스 스테노 같은 1600년대의 해부학자들은 신호(예컨대 손을 움직이겠다는 결정)가 신경을 통해 전달된다는 데 동의했다. 그러면 이 신호는 어떤 형태를 띨까? 데카르트는 영혼이 뇌실을 지나다니는 모습을 상상했지만, 실제 몸 전체의 신경은 안이 텅 빈 구조가 아니었다. 어쩌면 신경은 바이올린 줄처럼 정보를 진동 형태로 전달하는 것일까? 하지만 그러기에는 너무 부드럽고 유연해 보였다.

㉤ 고대 그리스의 철학자이자 과학자인 아리스토텔레스는 이집트인들의 관점에 동의한 반면, 2세기 철학자 겸 의사로 활동한 클라우디우스 갈레누스는 혈관이 아닌 신경 경로를 추적하다가 신경이 전부 뇌로 연결돼 있음을 발견했다. 갈레누스는 신경이 신체 제어와 관련이 있다고 주장했고, 사자의 신경을 절단해서 포효하는 능력을 없애는 실험을 통해 자신의 주장을 입증했다.

그렇다면 생각은 유동체를 통해 전달되는 것일까? 만약 그렇다면, 과학자들은 우리가 물이 담긴 그릇에 손을 넣고 주먹을 쥐었다 폈다 쥐었다를 하겠다고 결심만 해도, 손에게 보낸 신호로 인해 그릇에 담긴 물의 높이가 올라갈 것이라고 추측했다. 이를 시험하기 위해 과학자들은 시소처럼 정밀하게 균형 잡힌 테이블을 만들었다. 그리고 테이블 위에 누워 '정말 열심히' 생각하기 시작했다. 그러면 뇌척수액이 뇌로 몰리면서 머리 쪽의 테이블이 기울어지리라 기대했다. 이 실험은 논리적이고 기발한 듯 보였으나 신경이 몸 전체에 생각을 전달하는 수단을 찾는 데는 결국 실패했다. 그들은 엉뚱한 곳을 보고 있었기 때문이다.

07 다음 중 문단 ㉠~㉤의 순서를 바르게 나열한 것은?

① ㉠-㉢-㉣-㉡-㉤
② ㉡-㉢-㉤-㉠-㉣
③ ㉢-㉤-㉠-㉡-㉣
④ ㉢-㉠-㉡-㉤-㉣
⑤ ㉤-㉣-㉠-㉢-㉣

08 다음 중 철학자의 이름과 주장이 잘못 연결된 것은?

① 클라우디우스 갈레누스 : 신경은 전부 뇌로 연결되어 있고 신체 제어와 관련이 있다.
② 크릭 : 신체를 제어하는 일은 신경과 관련되며, 인간은 단순히 세포의 활동에 불과하다.
③ 데카르트 : '송과선'이라는 구조물을 통해 영혼과 신체가 상호작용을 한다.
④ 니콜라우스 스테노 : 손을 움직이겠다는 결정과 같은 신호를 전달하는 매개체는 신경이다.
⑤ 아리스토텔레스 : 심장은 뇌보다 더 중요한 기관으로 뇌는 머릿속 골수에 불과하다.

최근 여러 화장품 업체에서 앞다투어 다양한 립 제품을 선보이고 있다. 다음은 출시된 신제품의 항목별 평가 점수이다. 이어지는 질문에 답하시오.

구분	A제품	B제품	C제품	D제품	E제품
성분	3.5	1.8	4.3	2.7	3.1
지속력	2.6	4.7	3.2	4.0	3.3
디자인	3.1	3.9	2.7	4.6	3.5
가격	4.4	3.6	3.1	3.0	4.0
트렌드	4.8	4.3	2.8	3.1	3.3

09 개인별 선호도를 고려할 때 구매할 제품이 바르게 연결된 것은?(단, 소비자는 선호 요인의 점수를 더하여, 점수가 가장 높은 제품을 선택한다.)

① 트렌드와 디자인을 중시하는 K는 A제품을 구매한다.
② 성분과 지속력을 중시하는 J는 D제품을 구매한다.
③ 가격과 성분을 중시하는 Y는 C제품을 구매한다.
④ 지속력과 트렌드를 중시하는 I는 B제품을 구매한다.
⑤ 디자인과 가격을 중시하는 S는 E제품을 구매한다.

10 전체 평점과 시장 반응이 상관관계를 보였다고 할 때, 판매량이 가장 많을 것으로 예상되는 제품은?

① A제품 ② B제품
③ C제품 ④ D제품
⑤ E제품

11 다음은 H공사 사옥 내 엘리베이터 철거·설치 용역과 관련한 제안서 평가항목 및 배점 한도 자료이다. 본 자료와 업체별 평가를 참고했을 때, 최종 입찰 가능성이 가장 높은 업체는?

▼〈표 1〉 제안서 평가 기준

평가분야	평가항목	평가요소	배점	배점 기준		
				상	중	하
기술 능력 평가	사업수행 계획	• 용역사업의 목적에 대한 이해 및 반영도 • 공사 과정에 대한 이해도 및 요구사항 만족도	10	10	6	3
	수행 실적	• 관련 공사 수행 실적(계량지표)	10	10	6	3
	인력·조직· 관리기술	• 업체 규모 및 투입 인력의 전문성 • 공사 규모에 맞는 투입 인력 규모 및 적정성	10	10	6	3
	공사 기간	• 총 시공 기간 및 단계별 공사 일정 • 일일 작업 수행 시간 준수 여부	5	5	3	1
	단계별 공사 진행	• 단계별 기송 계획 및 일정의 적정성 • 단계별 확인 점검 방안의 구체성 • 단계별 비상 시 대처 준비성 및 적정성	15	15	10	5
	철거 공사	• 이용자 사전 공지 및 대체 이동 경로 구비 여부 • 소음 및 먼지 등의 불편요소 관리 능력	10	10	6	3
	설치 공사	• 일정 및 단계별 계획에 따른 시공 여부 • 시공 단계에서의 안전성 관리 및 점검 능력	10	10	6	3
	유지·보수	• 시공 후 오작동 및 고장 등에 대한 관리 기간 • 상황별 유지·보수에 필요한 예산 및 기간 책정	10	10	6	3
입찰가격평가		사내 총무부 회계예규 '협상에 따른 계약 체결 기준'의 입찰가격 평점산식을 따름	20	20	14	7
계			100	–		

▼〈표 2〉 입찰 업체 평가

평가분야	평가항목	A	B	C	D	E
기술 능력 평가	사업수행계획	상	상	하	상	중
	수행 실적	중	하	중	상	상
	인력·조직·관리기술	하	중	상	중	상
	공사 기간	상	하	하	하	중
	단계별 공사 진행	상	하	중	상	중
	철거 공사	하	상	중	하	중
	설치 공사	하	중	상	중	중
	유지·보수	상	상	중	하	상
입찰가격평가		하	중	상	중	하

① A업체   ② B업체
③ C업체   ④ D업체
⑤ E업체

다음은 한 건물의 주차 요금이다. 자료를 바탕으로 이어지는 물음에 답하시오.

구분	소형	대형
월, 화, 수, 목요일	• 기본 30분 : 1,000원 • 30분 초과 : 매 15분당 500원 • 1일권(24시간) : 25,000원	• 기본 30분 : 1,500원 • 30분 초과 : 매 10분당 500원 • 1일권(24시간) : 40,000원
금, 토, 일요일 및 법정공휴일	• 기본 30분 : 1,000원 • 30분 초과 : 매 10분당 500원 • 1일권(24시간) : 30,000원	

※ 주차요금 할인 : 할인 대상에 해당하는 경우 주차요금의 50%를 경감받을 수 있음. 단, 두 개 이상의 사유에 해당하는 경우 1개만 적용
※ 할인 대상 : 장애인, 국가유공자, 다자녀 가정(다자녀 우대카드 및 신분증 제시), 경차, 저공해자동차(스티커 부착 차량)

12 다음 중 지불할 주차요금이 두 번째로 적은 경우는?

① 월요일 오후 4시 30분부터 6시 15분까지 주차한 소형차

② 수요일 오전 10시부터 오후 1시까지 주차한 장애인 등록 경차

③ 토요일 오후 7시부터 8시 30분까지 주차한 소형차

④ 어린이날 오전 11시 40분부터 오후 2시까지 주차한 저공해자동차 스티커 부착 소형차

⑤ 1시간 10분 동안 주차한 대형차

13 금요일 한 소형차가 주차장을 이용하려 한다. 24시간 요금을 결제한다면 몇 시간 이상 주차해야 손해를 보지 않는가?(단, 이 소형차는 할인 대상에 포함되지 않는다.)

① 10시간   ② 10시간 10분

③ 10시간 20분   ④ 10시간 30분

⑤ 10시간 40분

다음은 Y시 평생교육문화센터의 봄 학기 수강시간표이다. 자료를 바탕으로 이어지는 물음에 답하시오.

강좌명	요일	시간	강의실	재료비
양말인형 만들기	월/수	10:00~12:00	201	20,000원
프랑스 자수	화/목	10:00~12:00	201	60,000원
가죽공예	월/금	10:00~12:00	202	100,000원
패브릭 아트	월/금	13:00~15:00	202	60,000원
수채화 캘리그라피	화/목	13:00~15:00	201	40,000원
팝아트 초상화	월/수	13:00~15:00	201	40,000원
꽃꽂이	화/목	13:00~15:00	202	100,000원
허브티 바리스타	화/목	10:00~12:00	202	20,000원

14 다음 대화 내용을 참고할 때, 빈칸 ㉠과 ㉡에 들어갈 과목을 바르게 나열한 것은?

A : B씨, 봄 학기 문화센터 수업 신청했어요? 저는 (㉠)을/를 신청했는데, 월요일이랑…. 또 무슨 요일이었지?
아무튼 주 2회 수업이 있어요. 재료비가 가장 비싼 과목이라서 고민했는데, 그래도 신청하니까 기대돼요.
B : 앗! 정말요? 저는 (㉡)을/를 신청했어요. 화요일과 목요일 오후 201 강의실에서 수업이 있어요.

	㉠	㉡
①	가죽공예	수채화 캘리그라피
②	패브릭 아트	꽃꽂이
③	팝아트 초상화	프랑스 자수
④	가죽공예	꽃꽂이
⑤	패브릭 아트	수채화 캘리그라피

15 다음 사례에서 납입할 재료비 총액은 얼마인가?

월요일과 수요일은 오전에만 수업을 듣는다. 화요일과 목요일 오전에는 201 강의실에서 수업을 듣고, 오후에는 강의실을 옮겨 수업을 듣는다.

① 120,000원   ② 140,000원
③ 160,000원   ④ 180,000원
⑤ 200,000원

다음 글을 읽고 이어지는 물음에 답하시오.

(가) 해방 후 북한은 일제강점기의 기존 전원공급체계를 유지하며 풍부한 수자원을 중심으로 수력발전소를 건설했다. 당시 북한의 발전설비용량은 172만 270kW였고, 남한은 이것의 약 11.5%인 19만 8,700kW에 불과했다. 북한으로부터 송전을 받을 만큼 전력 설비가 열악했던 남한은 남북이 갈라서게 된 1948년 5월 북한의 일방적 단전조치로 큰 혼란을 겪었다.

그러나 이후 남한의 전기 관련 산업은 크게 성장했고 전력기기 분야 수출도 2013년 기준 150억 달러를 돌파했다. 반면 북한의 현재 전력 사정은 심각한 수준이다. 전력설비 대부분이 기능을 상실한 한국전쟁 이후 간신히 전쟁 이전 수준을 회복하고 수력발전소 건설 및 화력발전의 비중을 높이는 데 힘썼지만, 석탄 생산량 감소와 화력발전설비 도입 부진 등으로 곤란을 겪었다. 수력·화력발전 설비로 수요를 감당하기 어려워 태양열, 풍력 등 대체에너지 개발·보급을 위해 힘쓰고 있지만, 기술과 자금 부족 등으로 전력난 개선 효과는 미미한 상황이다.

북한정보포털에 따르면 2015년 기준 북한의 발전설비용량은 743만 kW로 한국의 9,765만 kW에 비하면 7.6% 수준이다. 2015년 기준 북한의 총발전량은 수력 100억 kwh(52.6%), 화력 90억 kwh로 한국의 총발전량 5,281억 kwh의 3.6%에 불과하다. 특히 북한 전력설비 중 210만 kW가 1970년대 설비이며 최근 설비는 1994년 준공한 동평양발전소(15만 kW), 1996년 준공한 12월발전소(15만 kW)가 전부다. 태양광 등 신재생에너지 개발을 위해 중국에서 태양광발전 관련 설비를 구매하는 등 대부분의 전기기기 수입은 중국에서 조달하는 것으로 보인다.

송배전 설비 역시 열악하다는 분석이다. 기본적으로 노후화와 기준 미달로 고장이 잦고 성능도 나쁘다고 한다. 전신주는 내구연한이 지났고 이마저 1990년부터 주민들이 전선을 잘라 팔거나 멀쩡하던 송배전 설비마저 훔쳐 팔다 보니 동선, 절연재, 전주의 설비가 부족하다. 이 때문에 계통 신뢰도가 낮고 전력손실률도 20~30%에 달한다.

(나) 남북한 송전망을 연계하려면 개념설계 단계에서 상호 연계 지점, 연계 용량, 연계 방식을 결정해야 한다. 연계망 개념설계 완료 후에는 연계선로, 변전소(혹은 DC변환소), 송전루트를 상세 설계해야 한다.

먼저 양 계통 간의 안정도 해석 등을 통하여 융통 가능한 용량과 가장 합리적인 변전소 위치를 정해 연계 지점을 설정한다. 일차적으로 남한의 경기 북부 345kV 변전소와 북한의 평양 이남 220kV 변전소를 연계하는 방안을 들 수 있다. 연계 용량도 남북한의 중장기적 계통계획에 근거해 결정한다. 남북한과 같이 상호 분리된 전력망의 연계는 크게 AC(Alternating Current : 교류)연계, DC(Direct Current : 직류)연계 방식으로 구분된다.

AC연계 방식은 남북 연계변전소 간을 AC연계선로로 단순히 연계하는 방안과 북한의 연계 지역을 북한 계통에서 분리한 후 AC선로를 통하여 남한 계통에 편입시키는 방안으로 분류된다. 후자와 같은 분리 연계는 남한 계통 전기의 품질에 악영향이 있을 가능성을 막기 위함이다. 예를 들면, 개성공단의 경우 북한 계통에서 개성공단을 분리하고 남한 변전소에서 전력을 공급하였다.

DC연계 방식은 기술적으로는 변환 방식에 따라서 전압형(VSC)과 전류형(CSC)으로 구분되고, 형태적으로는 단일지점에서 연계하는 BTB(Back-To-Back) 방식과 양단 변환소 간을 연결하는 PTP(Point-To-Point) 방식으로 나뉜다. 계통안정성, 제어, 전기환경영향 등 기술적 측면에서는 DC연계가 유리하지만, 경제성에서는 다소 불리하다. 더불어 AC 송전 기술은 남한이 완전 자립화 상태이지만, DC 송전은 특히 변환 부문에서 추가적인 R&D가 필요하다. 남북한 전력망은 계통 규모, 특성, 전기 품질, 전압 계급 등이 상이하므로 전력망 전체를 연계하는 경우 계통 안정성 확보와 고장 시 영향 범위를 최소화를 위해 DC연계 방식이 권장된다. 그러나 단계적으로 연계할 경우 특정 지역을 북한 계통에서 분리하고 AC연계선로를 통해 남한 계통에 연계하는 방식도 가능하다. 만약 AC연계로 남북 계통 전체를 연계한다면 다양한 기술적 문제점이 발생할 수 있으므로 보완책을 사전에 마련하여야 할 것이다. 경제성 및 북한 계통 안정화 이후의 처리 문제 등을 종합적으로 고려한 결과 AC연계 방식을 단계적으로 적용하고 북한 전력망 재구축에 따라 연계 지역을 확장하는 것이 합리적일 것으로 판단된다. 물론 북한 계통 전체를 연계하면서 계통 안정화용의 DC 송전망 건설을 고려한다면 DC연계 방식도 충분히 검토할 수 있다. 이 경우 최초 단계는 1단계 DC연계이지만 북한 계통 재구축과 안정화에 따라서 그 이후 단계는 AC연계 방식을 적용할 수 있다.

중단기적인 남북한 전력 협력을 뛰어넘어 남북한 전력 협력의 최종 목표는 남북한 단일 전력 계통·전력산업 공동 운영체제를 구성하는 것이다. 이는 한반도통합전력망(UKPS : Unified Korean Power System) 구축과 운영으로 요약된다. 한반도전력망이 통합되면, 수화력 협조와 발전 입지 및 중전기업체 수요 성장 등 많은 기술·경제적인 이점이 발생할 것이다. 남북한은 전원 구성과 부하 특성이 상이하므로 통합 계통 운영을 하면 경제적 효율이 높으리라 예상된다. 남북한 양측의 장기 전력 수요, 계통안정성과 경제적인 계통 운영을 위해 최소 500만 kW 이상의 융통전력이 필요할 것이다. 남북한 양 전력 계통의 연계망은 총 4개 루트 정도로 구성하는 것이 합리적으로 보인다.

16 다음 글의 내용과 일치하지 않는 것은?

① 해방 후 남한의 발전설비용량은 북한의 11.5% 정도에 불과했으나, 2015년 기준 북한의 총발전량은 남한의 3.6%이다.

② 1948년 북한의 일방적 단전으로 혼란을 겪는 수준이었던 남한의 전력 사정은 약 65년간 전력기기 수출액 150억 달러를 달성할 만큼 발전했다.

③ 북한은 일제강점기의 기존 전원공급체계인 수력발전으로 전력 수요를 충당할 수 없어 남한의 기술 지원을 통해 태양열발전으로 대체 중이다.

④ 1994년 준공한 동평양발전소와 1996년 준공한 12월발전소를 제외하면 북한의 전력설비 대부분은 1970년대에 세워진 것으로 노후된 상태다.

⑤ 남한과 북한이 단일 전력계통을 공동운영한다면 장기 전력수요 등을 고려해 500만 kW 이상의 전력을 융통하는 것이 합리적이다.

17 다음 전력망 연계방식에 대한 설명 중 적절하지 않은 것은?

① AC : 남한과 북한의 연계변전소를 단순히 연계하거나 북한의 연계지역을 북한계통에서 분리한 후 남한계통에 편입하는 방식으로 연계할 수 있다.

② DC : 남한과 북한의 전력망은 계통규모, 전압계급 등이 다르기 때문에 전력망 전체를 연계하는 경우 고장 시 영향 범위를 줄일 수 있다.

③ AC : 변환방식에 따라서 전압형과 전류형으로 구분되고 형태적으로는 단일지점 연계 방식과 양단 변환소 간을 연결하는 방식으로 구분된다.

④ DC : 계통안정성 등 기술적 측면에서는 유리하지만 변환부문에서 추가적 R&D가 필요하다.

⑤ AC : 남북계통 전체를 연계한다면 기술적 문제점이 발생할 수 있지만 단계적으로 적용하면서 연계지역을 확장하는 방식은 합리적일 것으로 보인다.

다음은 한국의 박물관 및 미술관 현황과 OECD 주요 국가 박물관 수를 조사한 자료이다. 이어지는 물음에 답하시오.

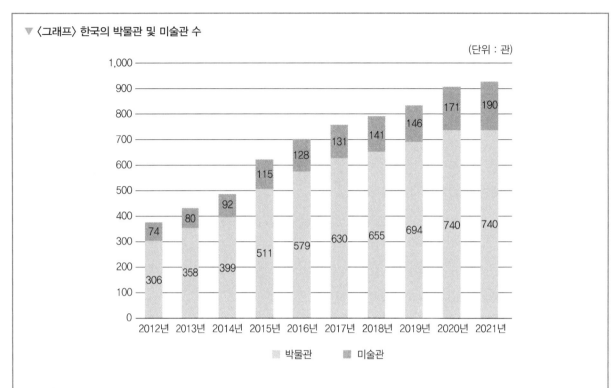

▼ 〈그래프〉 한국의 박물관 및 미술관 수

▼ 〈표〉 2013년 OECD 주요 국가 박물관 수

(단위 : 만 명, 관)

국가	인구수(A)	박물관 수(B)	1관당 인구수(만 명)
미국	28,000	4,609	( )
프랑스	6,000	1,300	4.6
캐나다	3,100	1,352	2.3
일본	13,000	3,492	3.7
독일	8,200	4,034	2

※ 2013년 한국 인구수는 4,800만 명이다.

※ 1관당 인구수 = $\dfrac{A}{B}$

18 위의 자료에 대한 설명으로 옳지 않은 것은?(단, 소수점 둘째 자리에서 반올림한다.)

① 2012년 이후 박물관과 미술관 수는 모두 꾸준히 증가 또는 유지되었다.

② 전년 대비 미술관 수가 가장 많이 늘어난 연도에는 박물관 수도 가장 많이 늘었다.

③ 2012년 대비 2021년 미술관 수는 150% 이상 증가했다.

④ 2013년 한국 박물관 1관당 인구수는 약 13만 명으로, OECD 주요 국가와 비교했을 때 열악한 수준이다.

⑤ 미국의 2013년 박물관 수 대비 인구수는 독일의 3배 이상이다.

19 2021년 국내 박물관 구성비가 국립 : 공립 : 사립 : 대학 = 3 : 32 : 29 : 10이었다면, 사립 박물관은 총 몇 관인가?(단, 제시된 박물관 외의 박물관은 없다고 가정한다.)

① 290관
② 300관
③ 310관
④ 320관
⑤ 330관

20 다음은 혼인 · 이혼 건수 및 초혼연령에 대해 조사한 자료이다. 이에 대한 설명으로 옳지 않은 것은? (단, 소수점 첫째 자리에서 반올림한다.)

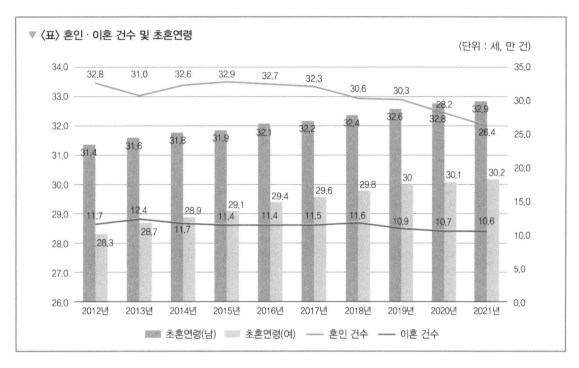

▼ 〈표〉 혼인 · 이혼 건수 및 초혼연령
(단위 : 세, 만 건)

① 혼인 건수가 전년 대비 가장 많이 증가한 연도는 2014년이다.
② 2012년부터 남성과 여성의 초혼연령은 꾸준히 증가했다.
③ 여성의 초혼연령이 처음으로 30세를 넘기 시작한 연도는 2019년이다.
④ 10년간 이혼 건수는 평균 11.5만 건 이상이다.
⑤ 2015년 대비 2021년 혼인 건수는 20% 정도 감소했다.

PART 01
PART 02
PART 03
PART 04

다음은 공공기관의 경영실적평가 안내 및 A기업의 평가 사례이다. 이를 바탕으로 이어지는 물음에 답하시오.

공공기관이란 정부의 투자·출자 또는 정부의 재정지원 등으로 설립·운영되는 기관으로, 공기업, 준정부기관 등이 이에 해당된다. 그런데 공공기관은 그 특성상 성과지향적인 경영을 수행하기 어렵다. 따라서 경영효율성을 높이고 책임성을 강화하기 위한 제도적 장치로서 매년 경영실적평가가 실시된다.

평가지표는 평가 대상 기업의 경영실적을 체계적이고 종합적으로 평가할 수 있도록 경영관리와 주요사업의 범주로 구성된다. 각 평가범주는 단위 평가지표로 구분하여 평가한다.

■ 공기업 및 준정부기관 지표 및 가중치 기준

범주	평가지표	가중치							
		2015년				2016년			
		공기업		준정부기관		공기업		준정부기관	
		비계량	계량	비계량	계량	비계량	계량	비계량	계량
경영관리	1. 경영전략 및 사회공헌 • 전략기획 및 사회적 책임 • 기관의 경영혁신(2016년) • 국민평가 • 정부 3.0 • 경영정보공시 점검 • 정부권장정책	5 	 – 2 1 1 5	5 	 – 2 1.5 1.5 5	2 3 	 2 1 1 5	2 3 	 2 1.5 1.5 5
	2. 업무효율		8		6		8		6
	3. 조직, 인적자원 및 성과 관리	2		2		2		2	
	4. 재무예산관리 및 성과 • 재무예산관리 • 자구노력 이행 성과 • 재무예산 성과 • 계량 관리 업무비	2 4 	 6 2	2 4 	 6 3	2 4 	 6 2	2 4 	 6 3
	5. 보수 및 복리후생 관리 • 보수 및 복리후생 • 총 인건비 인상률 • 노사관리	6 3	 3 	6 3	 3 	6 3	 3 	6 3	 3
	소 계	22	28	22	28	22	28	22	28
주요사업	주요사업 계획·활동·성과를 종합평가	13	37	13	37	18	32	18	32
	합 계	35	65	35	65	40	60	40	60

※ 주요사업의 계량지표는 원칙적으로 성과지표로 설정하되, 불가피한 경우 산출지표로도 가능함. 또한 사업별로 1~3개 수준의 세부지표로 평가하는 것을 원칙으로 함

비계량지표는 지표별 세부평가내용 전체를 대상으로 전반적인 운영실적과 전년 대비 개선도를 고려하여 등급을 부여한다. C등급(보통)을 기준으로 A~E의 5개 등급으로 구분하며, C등급을 제외하고 각각의 등급보다 우수한 성과를 낸 경우 + 점수를 부여하여 9등급으로 평가한다. 등급 설정 및 평점은 다음과 같다.

등급	A$^+$	A^0	B$^+$	B^0	C	D$^+$	D^0	E$^+$	E^0
평점	100	90	80	70	60	50	40	30	20

계량지표는 기준치(통상 전년도 실적치)에 일정 수준을 고려한 최고목표와 최저목표에 따라 득점구간을 설정하여 측정하는 목표 부여 방법을 적용한다. 기본득점은 20점(100점 만점)으로 하여 다음과 같이 평점을 계산하되, 평점의 상한과 하한은 각각 100점과 20점으로 하여 이를 초과하거나 미달하지 않도록 한다.

$$20점 + 80점 \times \frac{실적 - 최저목표}{최고목표 - 최저목표}$$

이때 기준치는 별도로 정하지 않는 한 다음과 같이 설정한다.

[상향지표] 기준치 = max {직전년도 실적치, 직전 3개년 평균 실적치}
[하향지표] 기준치 = min {직전년도 실적치, 직전 3개년 평균 실적치}

최고목표와 최저목표는 경영관리와 주요사업을 구분하여 아래와 같이 설정한다.

- 경영관리 계량지표
  [상향지표] 최고목표 = 기준치 × 110%   최저목표 = 기준치 × 80%
  [하향지표] 최고목표 = 기준치 × 90%   최저목표 = 기준치 × 120%

- 주요사업 계량지표
  [상향지표] 최고목표 = 기준치 × 120%   최저목표 = 기준치 × 80%
  [하향지표] 최고목표 = 기준치 × 80%   최저목표 = 기준치 × 120%

지표별 평가점수는 지표별 평점에 지표별 가중치를 곱하여 산출하고, 비계량지표와 계량지표 평가점수를 합산한 뒤 이를 100점으로 환산하여 기관의 종합 평가결과를 산출한다.

▼ 〈표〉 2016년 A기업의 경영실적평가 예시

범주	평가지표	비계량		계량	
		가중치	등급	가중치	득점
경영관리	1. 경영전략 및 사회공헌				
	• 전략기획 및 사회적 책임	2	C		
	• 기관의 경영혁신	3	C		
	• 국민평가			2	1.94
	• 정부 3.0			1	0.78
	• 경영정보공시 점검			1	1.00
	• 정부권장정책			5	4.38
	2. 업무효율				
	• 노동생산성			3	2.24
	• 자본생산성			3	2.28
	• 매출액 대비 인건비 비중			2	1.51
	3. 조직, 인적자원 및 성과 관리	2	B⁰		
	4. 재무예산관리 및 성과				
	• 재무예산관리	2	C		
	• 자구노력 이행 성과	4	B⁰		
	• 재무예산 성과				
	(이자보상비율)			2	1.75
	(부채감축 달성도)			2	1.75
	(중장기재무관리계획 이행실적)			2	1.42
	• 계량 관리 업무비			2	1.85
	5. 보수 및 복리후생 관리				
	• 보수 및 복리후생	6	B⁰		
	• 총 인건비 인상률			3	1.50
	• 노사관리	3	B⁰		

범주	평가지표	비계량		계량	
		가중치	등급	가중치	득점
주요사업	1. 신속 · 정확한 여객서비스 제공으로 국민철도 실현 • 철도 이용객 확대 • 국민과의 시간약속 준수 • 신속하고 정확한 여객서비스 제공으로 국민철도 실현사업 성과관리의 적정성	8	C	8 5	5.86 2.36
	2. 운영효율 향상으로 물류사업 경쟁력 강화 • 화물수송 효율성 증대 • 운영효율 향상으로 물류사업 경쟁력 강화사업 성과관리의 적정성	2	B⁰	4	2.07
	3. 편안하고 안전한 철도서비스 제공 • 열차 안전운행서비스 제공 • 편안하고 안전한 철도서비스 제공사업 성과관리의 적정성	6	C	11	11.00
	4. 미래 지속성장을 위한 신성장사업 활성화 • 신성장사업 성장률 • 미래지속성장을 위한 신성장사업 활성화사업 성과관리의 적정성	2	C	4	2.61
합 계		40		60	

21 경영실적평가에 대한 서술로 옳지 않은 것은?

① 경영실적평가는 크게 경영관리와 주요사업 범주로 구분하여 평가한다.

② 주요사업은 사업별로 1~3개의 세부지표를 기준으로 평가한다.

③ 공기업과 준정부기관의 2016년 비계량 가중치는 전년보다 증가하였다.

④ 2016년 주요사업 부문의 계량 가중치는 32점으로 비계량 가중치보다 높다.

⑤ 비계량지표는 기준에 따른 점수 체계를 적용하여 계량지표보다 객관적인 평가가 가능하다.

22 A기업에 대한 평가로 옳지 않은 것은?

① 주요사업 부문의 평가지표는 크게 4가지이다.

② 재무예산과 관련한 자구노력 이행 성과는 B⁰등급으로 다소 긍정적인 평가를 받았다.

③ 경영관리 부문 중 보수 및 복리후생 관리의 비계량 평가점수는 조직, 인적자원 및 성과 관리를 제외한 나머지 평가시표의 비계량 평가점수의 합보나 너 크나.

④ 가중치 대비 득점을 볼 때, 주요사업 부문 중 국민과의 시간약속 준수는 상대적으로 개선해야 할 사항이다.

⑤ 주요사업 부문의 세부지표 중 열차 안전운행서비스 제공에 가중치가 가장 높게 배정되었다.

23 다음은 세계 양식 전복 생산량과 판매액에 대한 자료이다. 이에 대한 해석으로 적절한 것을 모두 고르면?(단, 소수점 첫째 자리에서 반올림하며, 2016년 세계 양식 전복 총 생산량은 155,573톤이다.)

▼ 〈표〉 세계 양식 전복 생산량

(단위 : 톤)

구분	2014년	2016년	2018년	2020년
중국	42,373	90,694	115,397	139,697
한국	6,207	6,564	8,977	12,343
남아공	914	1,111	1,150	1,500
칠레	843	853	1,146	1,276
호주	639	604	859	757

▼ 〈그래프〉 2020년 세계 양식 전복 판매액 비중

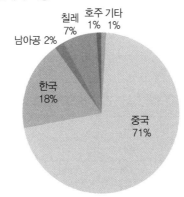

PART 01

PART 02

PART 03

PART 04

〈보기〉

㉠ 중국의 전복 양식 생산량은 2016년부터 2년마다 24,000톤 이상 증가했다.

㉡ 2020년 한국의 양식 전복 생산율은 약 8%이다.

㉢ 2016년 중국의 양식 전복 생산량은 한국의 13배 이상이다.

㉣ 2020년 한국의 전복이 중국의 전복보다 더 고가에 거래되었다.

① ㉠

② ㉠, ㉡

③ ㉠, ㉡, ㉢

④ ㉠, ㉡, ㉣

⑤ ㉠, ㉡, ㉢, ㉣

다음 글을 근거로 판단할 때, S기업 신입 · 경력직원 7명의 부서 배치 결과로 옳지 않은 것은?

작년 매출 증대로 인해 S기업은 올해 하반기 신입 · 경력직원을 총 7명 선발하였다. 신입 · 경력직원들을 각자의 역량에 맞게 적절한 부서로 배치하고자 하며, 부서별 충원 요청 인원은 다음과 같다.

설계팀	개발팀	생산팀
3명	2명	2명

S기업 인사부는 신입 · 경력직원들이 서류전형 때 자기소개서에 1차로 적어 냈던 희망 부서와 최종 면접 때 2차로 답한 희망 부서, 면접관들의 면접 결과지를 토대로 최종 평가하여 이들을 적합한 부서로 배치할 예정이다. 먼저 1차 희망 부서로 배치하는데, 충원 요청 인원보다 지원자 수가 더 많은 경우 입사 성적 순으로 우선 배치된다. 1차 희망 부서로 지원했으나 배치되지 못한 직원은 2차 희망 부서로 재배치되며, 마찬가지로 입사 성적 순으로 배치된다. 그럼에도 1 · 2차 희망 부서에 배치되지 못한 남은 직원들은 요구인원을 채우지 못한 부서로 마지막으로 배치된다.

신입 · 경력직원 7명의 서류전형과 면접전형 점수 및 1 · 2차 희망 부서는 아래와 같다. D의 서류전형 점수만 입력되지 않은 상태로, 40점 이상이라는 것만 확인되었다. 단, 입사성적은 서류전형과 면접전형 점수의 합으로 계산한다.

신입 · 경력 직원	A	B	C	D	E	F	G
서류전형	43	44	42	( )	50	44	45
면접전형	42	42	46	42	44	43	45
1차 희망	설계	설계	개발	설계	설계	생산	개발
2차 희망	생산	생산	설계	생산	개발	개발	생산

① A의 입사 성적이 4점 더 높다면, 설계팀으로 배치된다.
② C는 개발팀에 배치된다.
③ D의 서류전형 성적이 50점이라면, 설계팀으로 배치된다.
④ D의 입사 성적이 87점이라면, A는 생산팀으로 배치된다.
⑤ D의 서류전형 성적이 42점이라면 개발팀으로 배치된다.

25 다음은 어느 대학 입학처에서 진행하는 정시전형에 따른 성적 반영 계산법이다. 입학처에서 반영점수 총점이 가장 높은 지원자부터 합격 전화를 줄 예정이라면, 전화 순서가 바르게 나열된 것은?(단, 수능 반영비율은 100%이다.)

■ 대학수학능력시험 성적 반영
  • 반영 영역 및 반영 비율(%)

계열	국어	수학		영어	사탐/과탐
		A	B		
인문	35	20		25	20
자연	20	35			

  • 반영점수 산출 방법
    – 백분위 점수 평균 $= \Sigma ($반영영역 백분위 점수$\times \dfrac{\text{반영영역 반영비율}(\%)}{100})$
    – 반영점수 $=$ 백분위 점수 평균$\times \dfrac{\text{수능 반영비율}(\%)}{10}$

■ 해당 대학 지원자의 대학수학능력시험 백분위 성적

지원자	지원 계열	국어	수학	영어	사탐/과탐
갑	인문	90	80(A)	70	85(사탐)
을	자연	80	84(B)	80	95(과탐)
병	자연	70	70(A)	80	80(과탐)

※ 수학 A형을 선택하는 경우 해당 영역 백분위 점수의 15%를 가산점으로 부여

① 갑-을-병
② 갑-병-을
③ 병-을-갑
④ 병-갑-을
⑤ 을-병-갑

26 영화관의 기호·상황별 추천 좌석에 대한 〈정보 1〉과 〈정보 2〉에 근거하여, 주어진 〈상황〉에 알맞은 좌석을 바르게 나열한 것은?

■ 〈정보 1〉 영화관 좌석

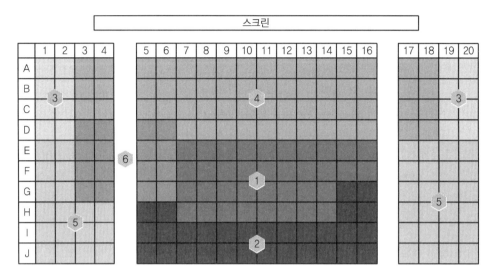

- 1번 : 영상을 중요하게 여기는 경우 최고의 영상미를 느낄 수 있다.
- 2번 : 사운드를 중요시하는 경우, 뮤지컬 영화를 감상하기에 좋다.
- 3번 : 아이들과 동반하여 영화를 보러 온 부모의 경우 다른 사람들의 피해를 주지 않으면서 영화 감상하기 좋다.
- 4번 : 생생한 입체감을 중요시하는 경우, 3D 영화의 경우 감상하기에 좋다.
- 5번 : 주시안(주로 사용하는 눈)에 따라 왼쪽 눈이 주시안인 사람은 오른쪽 좌석으로, 오른쪽 눈이 주시안인 사람은 왼쪽 좌석에 앉았을 때 눈의 피로감이 덜하다.
- 6번 : 외국 영화를 보는 경우 자막을 읽을 때 눈의 피로감이 덜하다.

■ 〈정보 2〉 영화표 가격

구분		A~B석	C~F석	G~J석
주중(월~목)	오전 10시 이전	6,000원	6,000원	6,000원
	오전 10시~오후 4시 이전		7,500원	8,000원
	오후 4시~오후 8시 이전	7,000원	9,000원	10,000원
	오후 8시~자정 이전	8,000원	8,000원	9,000원
	자정 이후	6,000원	7,000원	8,000원
주말(금~일)	오전 10시 이전	7,000원	7,000원	7,000원
	오전 10시~자정 이전	9,000원	10,000원	11,000원
	자정 이후	8,000원	9,000원	10,000원

〈상황〉

- A : "나는 토요일 오후 1시 20분 영화표를 2장 예매했어. 영화표 가격은 총 2만 원이 넘게 든 것 같아. 저번에 자막 읽느라 눈이 피곤했는데, 이번 해외 영화는 상영 시간이 2시간 30분인 만큼 눈이 덜 피로한 자리로 앉기로 했어. 그리고 영화 상영 중에 화장실에 갈 수도 있어서 통로 쪽으로 했지만 스크린에 최대한 가까운 자리로 같이 앉으려고."

- B : "나는 수요일 연차를 쓰고 영화 취향이 같은 동생이랑 같이 오후 2시 영화를 보기로 했어. 오전 10시 이전 시간대는 전 좌석 가격이 동일했는데, 오후 2시 영화를 보려니까 1,500원이 더 비싸더라고. 미리 영화 후기를 보니까 배우들의 움직임, 세트, 소품까지 모두 바로 앞에서 보는 것처럼 실감나나 봐. 그거만큼 중요한 게 없지. 그래서 스크린 정중앙에 위치한 자리로 예매했어."

	A	B
①	G3, G4	C10, C11
②	H3, H4	G10, G11
③	G5, G6	D10, D11
④	H3, H4	D10, D11
⑤	G5, G6	D9, D10

다음 글을 읽고 이어지는 물음에 답하시오.

2021년이면 서울 광화문광장이 세종문화회관 앞 차로를 흡수하면서 3.7배로 넓어진다. 광화문 앞 옛 육조거리를 복원해 북악산에서 광화문광장, 숭례문, 용산, 한강으로 이어지는 역사경관축도 회복한다. 이를 위해 세종대왕상과 이순신장군상을 이전하는 방안도 검토한다.

서울시는 21일 이런 내용을 주요 골자로 한 광화문광장 국제설계공모 최종 당선작을 발표했다. 공모에는 국내 38개 팀, 해외 32개팀 등 17개 국가에서 70개팀 202명의 건축·조경 전문가가 참여했다. 70대 1의 경쟁률을 뚫은 당선작에는 CA조경과 김영민 서울시립대 조경학과 교수, ㈜유신, ㈜선인터라인 건축이 제안한 'Deep Surface'(과거와 미래를 깨우다)가 선정됐다.

설계공모에 앞서 서울시가 제시한 새로운 광화문광장의 기본방향은 3가지다. 광화문의 600년 '역사성'과 3·1운동부터 촛불민주제까지 광장민주주의를 지탱해 온 '시민성', 지상·지하 네트워크 확대를 통한 '보행성 회복'이 그것이다.

당선작은 이를 바탕으로 세 가지를 구현하고자 했다. 우선 주작대로(육조거리)를 복원해 국가상징축(북악산~광화문광장~숭례문~용산~한강)을 완성한다. 지상과 지하광장을 입체적으로 연결해 시민이 주인인 다층적 기억의 공간을 형성했다. 자연과 도시를 아우르는 한국적 경관의 재구성(북악산~경복궁~광화문)에도 주안점을 뒀다. 지상은 '비움', 지하는 '채움'을 주제로 공간을 구성했다. 경복궁 광화문 앞에 '역사광장'(3만 6,000여 m²)을 조성하고 역사광장 남측에는 '시민광장'(2만 4,000여 m²)을 조성한다. 지상광장은 다양한 대형 이벤트가 열릴 수 있도록 비움의 공간으로 조성한다. 광장 어디서든 경복궁과 그 뒤 북안산의 원경을 어디서든 막힘 없이 볼 수 있도록 구조물과 배치를 정리한다. 당선작은 이를 위해 세종대왕상과 이순신장군상을 세종문화회관 옆과 옛 삼군부 터(정부종합청사 앞)로 각각 이전하는 방안을 제안했다. 해치광장 등 3곳으로 단절돼 있던 지하공간은 하나로 통합해 이용자들을 위한 또 다른 광장으로 만든다. 콘서트, 전시회 같은 문화 이벤트가 연중 열리는 휴식, 문화, 교육, 체험 공간으로 채워진다. 지상과 지하는 선큰공간으로 연결된다. 역사광장 초입부에 조성되는 선큰공간은 지하광장에서 지하철까지 이어진다.

○○○ 심사위원장은 "당선작은 광장의 지상공간을 비워서 강력한 도시적 역사적 축을 형성하고, 이렇게 비워진 공간에 다양한 시민활동을 담고자 광장 주변부 지하공간을 긴밀하게 연결해 지하도시를 실현했다"고 설명했다. 또 "선큰공간을 적절히 배치해 시민의 접근성과 공간의 쾌적성을 높였다"며 "현재 교통섬 같은 광화문광장이 주변 공간과 밀접하게 연결돼 시민의 일상적인 공간을 회복하고 역사도시 서울을 새롭게 인식시킬 수 있는 계기가 될 것"이라고 밝혔다.

당선팀에게는 기본·실시설계권이 주어진다. 서울시는 당선자와 설계 범위 등에 대해 협의한 뒤 2월 중 설계계약을 체결하고 연내 설계를 마무리할 계획이다. 내년 초 공사에 들어가 2021년 새로운 광화문광장을 준공한다. 이번 사업에는 서울시와 정부 예산 총 1,040억 원이 투입된다. 서울시는 669억 원, 문화재청은 371억 원을 분담한다. 서울시는 설계를 구체화하는 과정에서 주민설명회, 공청회 등을 통해 지역주민이 우려하는 사항을 직접 듣고, 주민 관점에서 이를 해소하기 위한 대안을 모색할 계획이다.

27 다음 글의 내용과 일치하지 않는 것은?

① 광화문광장 국제설계공모 최종 당선작에 'Deep Surface'가 선정되었다.

② 서울시의 광화문광장 국제설계공모는 광화문의 역사성, 시민성, 보행성 회복을 기본방향으로 하였다.

③ 시민광장 초입부의 선큰공간은 지상과 지하를 연결하며 휴식 · 문화 · 교육 · 체험 공간으로 채워질 예정이다.

④ 광화문에는 역사광장과 시민광장이 조성되고 지상광장은 비움의 공간으로, 하나로 통합될 지하공간은 또 다른 광장으로 채워질 예정이다.

⑤ 서울시는 주민설명회, 공청회 등을 통해 지역주민의 우려 사항을 듣고 해결책을 모색한 후 내년 초 공사에 들어갈 예정이다.

28 당선작에 반영된 서울시가 제시한 새로운 광화문광장의 기본방향 3가지에 대한 설명으로 가장 적절한 것은?

① 역사성 : 지상과 지하광장을 입체적으로 연결한다.

② 역사성 : 해치광장 등 3곳으로 단절돼 있던 지하공간을 하나로 통합한다.

③ 시민성 : 선큰공간을 적절히 배치한다.

④ 시민성 : 지상을 비우고 광장 주변부 지하공간을 긴밀하게 연결한다.

⑤ 보행성 회복 : 주작대로(육조거리)를 복원해 국가상징축을 완성한다.

29 다음 소개된 주소 부여 원칙을 따를 때, 〈보기〉에서 옳지 않은 것을 모두 고르면?

■ 도로명주소의 표기방법

시도/시군구/읍면	+	도로명	+	건물번호

- 도로명은 붙여 쓴다.
- 도로명과 건물번호 사이는 띄어 쓴다.

■ 도로명 부여 대상 도로별 구분
- 대로 : 도로의 폭이 40미터 이상 또는 왕복 8차로 이상인 도로
- 로 : 도로의 폭이 12미터 이상 40미터 미만 또는 왕복 2~7차로인 도로
- 길 : '대로'와 '로' 외의 도로

■ 규칙
- 건물번호
  - 20m 간격으로 부여
  - 도로 시작점에서 왼쪽은 홀수, 오른쪽은 짝수를 부여
  - 건물 사이에 여러 건물이 있는 경우 하이픈을 사용
    예 1과 3 사이에 있는 건물은 1−1, 1−2로 번호 부여

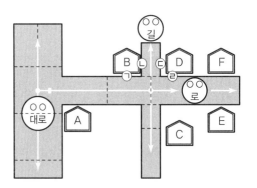

- 건물번호 부여 방법
  - 2개의 도로에 출입구가 접한 경우 큰 도로의 출입구를 기준으로 하여 건물번호 부여

〈보기〉

(가) 새 주소 표기 시 '국회대로62길 9'는 바른 표기이다.

(나) 두 개의 도로에 출입구가 접한 B와 D의 경우, 주 출입구는 ㉠과 ㉢이다.

(다) B를 제외한 나머지는 건물번호로 짝수를 부여받는다.

---

① (가)　　　　　　　　　② (나)

③ (다)　　　　　　　　　④ (가), (다)

⑤ (나), (다)

30 ○○공사 K대리는 일요일에 인천에서 출발하여 △△공원으로 가족들과 함께 당일 여행을 갔다가 돌아올 계획이다. 차량 A~E 중 대여료와 유류비의 총합이 가장 저렴한 것으로 선택해서 렌트하려고 한다. K대리가 선택할 차량은 무엇인가?(단, 인천에서 △△공원까지는 360km이다.)

▼ 〈표 1〉 대여료

구분	A	B	C	D	E
평일 대여료 (월~목)	40,000원	70,000원	70,000원	100,000원	120,000원
주말 대여료 (금~일 및 공휴일)	50,000원	90,000원	80,000원	110,000원	140,000원
사용 연료	휘발유	휘발유	LPG	경유	경유
연비(km/ℓ)	12km	16km	9km	10km	15km

※ 대여료는 1일 기준이다.

▼ 〈표 2〉 유류비

연료	휘발유	경유	LPG
가격(ℓ당)	1,650원	1,350원	800원

① A

② B

③ C

④ D

⑤ E

다음은 전기요금 계산에 관한 자료이다. 다음 물음에 답하시오.

■ 주택용 저압 전력
- 주거용 고객(아파트 고객 포함), 계약전력 3kW 이하의 고객
- 독신자 합숙소(기숙사 포함) 또는 집단주거용 사회복지시설로서 고객이 주택용 전력의 적용을 희망하는 경우 적용
- 주거용 오피스텔 고객
  ※ 주거용 오피스텔 : 주택은 아니지만, 실제 주거 용도로 이용되는 오피스텔

기본요금(원/호)		전력량요금(원/kWh)	
200kWh 이하 사용	910	처음 200kWh까지	93.3
201~400kWh 사용	1,600	다음 200kWh까지	187.9
400kWh 초과 사용	7,300	400kWh 초과	280.6

※ 필수사용량 보장공제 : 200kWh 이하 사용 시 월 4,000원 한도 감액(감액 후 최저요금 1,000원)
※ 슈퍼유저요금 : 동·하계(7~8월, 12~2월) 1,000kWh 초과 전력량요금은 709.5원/kWh 적용

■ 주택용 고압 전력
- 고압으로 공급받는 가정용 고객에게 적용

기본요금(원/호)		전력량요금(원/kWh)	
200kWh 이하 사용	730	처음 200kWh까지	78.3
201~400kWh 사용	1,260	다음 200kWh까지	147.3
400kWh 초과 사용	6,060	400kWh 초과	215.6

※ 필수사용량 보장공제 : 200kWh 이하 사용 시 월 2,500원 한도 감액(감액 후 최저요금 1,000원)
※ 슈퍼유저요금 : 동·하계(7~8월, 12~2월) 1,000kWh 초과 전력량요금은 574.6원/kWh 적용

※ 단일계약은 주택용 고압 요금을 적용, 종합계약은 주택용 저압 요금을 적용
※ 전기요금계 = 기본요금 + 전력량요금

---

31 제시된 자료에 대한 다음 설명 중 옳지 않은 것은?

① 회사 기숙사에 사는 고객이 주택용 전력 사용을 원하는 경우 주택용 저압 전력 기준으로 전기요금이 계산된다.

② 기본요금과 전력량요금 모두 주택용 고압 전력의 경우보다 주택용 저압 전력인 경우에 더 비싸다.

③ 필수사용량 보장공제를 적용할 때 주택용 저압 전력과 고압 전력의 감액 후 최저 요금은 동일하다.

④ 주거용 오피스텔 고객의 경우 8월분 사용량이 1,200kWh였다면, 1,000kWh 초과량에 대한 전력량요금은 574.6원/kWh가 적용된다.

⑤ 주택용 저압 전력과 고압 전력 201~400kWh 사용 시의 기본요금과 400kWh 초과 사용 시의 기본요금 차이는 저압 전력의 경우가 900원 더 크다.

32 고압으로 공급받는 가정용 고객 A가 8월 1일부터 31일까지 사용한 전기요금을 계산하려고 한다. 청구금액은 총 얼마인가?

> ───〈월간 1,100kWh 사용 시 전기요금 계산(주거용)〉───
>
> • 기본요금(원 미만 절사) : _____원
> • 전력량요금(원 미만 절사) : _____원
>   ☐ 전기요금계(기본요금 + 전력량요금) : _____원
> • 부가가치세(원 미만 4사 5입) : _____원
> • 전력산업기반기금(10원 미만 절사) : _____원
>   ☐ 청구금액(전기요금계 + 부가가치세 + 전력산업기반기금) : _____원
>
> ※ 부가가치세율 : 전기요금계의 10%
> ※ 전력산업기반기금률 : 전기요금계의 3.7%

① 254,600원　　　　　　　　② 260,400원

③ 270,600원　　　　　　　　④ 282,200원

⑤ 288,600원

33 다음은 2021년 국가별 자동차 생산량과 소비량에 관련된 자료이다. 이에 대한 해석으로 가장 적절한 것은?(단, 소수점 둘째 자리에서 반올림한다.)

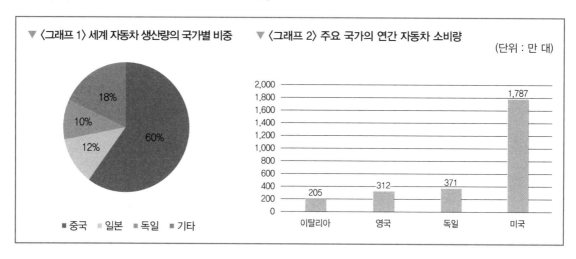

① 이탈리아의 자동차 생산량은 500만 대이다.

② 중국의 자동차 소비량이 가장 많다.

③ 기타 국가의 자동차 생산량보다 영국의 자동차 생산량이 더 많다.

④ 미국의 자동차 소비량은 독일의 자동차 소비량의 5배 미만이다.

⑤ 일본과 독일의 자동차 생산량의 차이는 100만 대 미만이다.

다음 글을 읽고 이어지는 물음에 답하시오.

온라인 쇼핑과 자율주행 기술이 만난 '자율주행 배달 서비스' 시장이 열리고 있다. 음식부터 꽃, 세탁물 배달 전용 차량이 세계 곳곳에서 개발되고 있다. 한국에서도 올해 하반기에 이 같은 서비스를 체험할 수 있을 것으로 전망된다. 이날 이마트는 자율주행차 업체 ⓐ<u>토르드라이브</u>와 자율주행 배송서비스 시범운영 계약을 체결했다고 밝혔다. 이마트는 연내 시범 매장 한 곳을 선정해 고객이 매장에서 구매한 상품을 자율주행 차량으로 배송하는 '근거리 당일 배송 서비스'를 시험해 볼 예정이다. 토르드라이브 ○○○이사는 "창고에서 창고를 오가는 물류 자율주행으로 시작해 고객 서비스까지 점차 시범서비스를 확대할 예정"이라고 말했다.

글로벌 자동차업체들은 앞서 자율주행 배달 서비스 시장이 급속히 확대될 것으로 보고 배송 플랫폼 시장에 적극적으로 투자해 왔다. ⓑ<u>제너럴모터스</u>의 자율주행차 자회사 ⓒ<u>크루즈</u>는 음식 배달 애플리케이션 ⓓ<u>도어대시</u>와 손잡고 3월부터 미국 샌프란시스코 일대에서 자율주행 자동차를 이용한 음식 배달 서비스를 선보인다고 밝혔다. 앞서 포드는 ⓔ<u>도미노피자</u>와 피자배달 자율주행 서비스 파트너십을 맺은 데 이어 마이애미 주에서는 꽃, 음식, 세탁물 배달 서비스 네트워크를 구축 중이다. 포드는 패스트푸드, 식료품 등을 배달하는 자율주행 자동차 서비스 시장 규모가 2026년에는 1,300억 달러(약 146조 원) 규모가 될 것으로 전망했다.

자동차업계는 자율주행 배송 시장 전망이 밝은 이유로 크게 세 가지를 든다. 우선 정보기술(IT) 발달로 자체 배달망이 없던 업체들까지 한국의 ⓕ<u>배달의 민족</u>, 미국 도어대시처럼 배달 플랫폼 시장에 진입할 수 있게 됐다. 둘째는 인건비 등 비용 절감 효과다. 미 경제지 월스트리트저널은 "안전성이 확보되고, 자율주행에 들어가는 각종 센서와 레이더 장비 값이 낮아지면 배송 비용을 크게 낮출 수 있을 것"이라고 전망했다. 세 번째는 배송 거리 및 목적에 따라 다양한 차량 개발이 가능하다는 점이다. ⓖ<u>도요타</u>가 지난해 10월 미국에서 ⓗ<u>피자헛</u>과 손잡고 첫선을 보인 ⓘ<u>툰드라 파이트럭</u>이 대표적이다. 수소전기차인 이 트럭에는 로봇과 오븐, 냉장고가 장착돼 있어 6, 7분에 피자 1개씩을 만들면서 이동할 수 있다.

한국에서는 자율주행 배송 서비스가 쉽게 대중화될지 미지수라는 분석도 나온다. '아파트 현관문 앞 공짜 배송'에 길들여진 소비자가 무인 자동차 배달을 반기지 않을 수 있다. 또 아직 한국은 일반 도로에서의 자율주행 허가 과정이 까다롭다. 자동차업계 관계자는 "자율주행 규제 완화 및 윤리적 문제가 정립되지 않은 상태에서 국내 완성차 및 통신사 등 대기업들이 섣불리 사업화 아이디어를 내기에 조심스러워하고 있다"고 말했다.

34 다음 중 윗글의 내용과 일치하지 않는 것은?

① 토르드라이브는 이마트의 시범 매장에서 고객이 구매한 물품을 자율주행 차량으로 근거리 당일 배송하는 서비스를 시험할 예정이다.

② 토르드라이브의 자율주행은 창고와 창고 사이 물류 이동을 시작으로 고객 서비스까지 이어질 계획이다.

③ 제너럴모터스, 포드, 도요타 등 글로벌 자동차업계들은 2026년 기준 1,300억 달러 규모의 자율주행 자동차 서비스 시장을 예상하고 관련 시장에 투자하고 있다.

④ 정보기술의 발달은 자체적으로 배달망을 형성하지 못했던 업체들이 고객에게 배달 서비스를 제공할 수 있는 환경을 조성했다.

⑤ 한국은 자율주행차와 일반 차량이 같은 도로를 주행하는 데 대해 조심스러운 입장이므로 자율주행 배송 서비스의 대중화 시점과 규모를 쉽게 예측하기 어렵다.

35 다음은 밑줄 친 ⓐ~ⓘ를 성격에 따라 분류한 것이다. 성격이 다른 하나는?

① ⓐ, ⓒ

② ⓑ, ⓖ

③ ⓓ, ⓕ

④ ⓔ, ⓗ

⑤ ⓗ, ⓘ

36 다음 글의 내용과 일치하지 않는 것은?

앞으로 수·화력발전 시설 내부에 설치되는 각종 설비의 장착부도 내진기준을 적용받게 된다. 수·화력발전소의 경우 그동안 건물 자체나 주요 설비인 터빈 등은 건축구조기준에 따라 내진기준을 적용받았으나 보일러, 압력용기, 배관 등 기타 발전소에 설치되는 설비의 장착부에 대한 내진기준은 별도로 없었다. 그러나 경주·포항 지진으로 인해 이들 설비에 대해서도 내진기준을 마련해 발전시설의 안전성을 높여야 한다는 목소리가 높아졌다. 이에 전기협회는 2016년 1월부터 발전소 주요설비 장착부에 대한 내진성능 확보 여부를 확인하기 위한 기준개발에 나섰다. 이번에 마련된 기준안에 따르면 발전용 수력설비 및 화력설비, 송전설비, 배전설비, 변전설비 등 관계법령에 따라 내진설계를 해야 하는 시설물은 행정안전부에서 제정한 '내진설계기준 공통적용사항'을 반영한 시설별 내진설계기준을 적용해야 한다. 내진등급 및 시설물 관리등급은 시설의 중요도에 따라 특등급과 1등급 2가지로 분류했으며, 발전설비용량별로는 △핵심시설 △중요시설 △일반시설 등 3종류로 구분했다. 이 가운데 핵심시설은 재현주기 4,800년 지진에, 중요시설은 내진 특등급 및 재현주기 2,400년 지진에, 일반시설은 내진 1등급 및 재현주기 1,000년 지진에 대한 내진성능을 확보하도록 했다. 발전용 수·화력설비의 내진설계 대상시설 중 관계법령이 제정되기 전에 설치된 경우와 관계법령 제정 후 내진설계기준이 강화된 경우에는 기존시설물을 대상으로 내진성능을 평가하도록 했다. 전기협회 관계자는 "재난안전 및 지진방재 국가기준체계하에 전기시설에 대한 안전기준 체계를 보완하는 것이 필요하다"면서, "장기적으로 전력생산 및 공급망의 시설 특성을 고려한 내진성능 목표 및 설계기준 설정 기반조성, 기준유지관리 체계 등을 확보하는 데 노력하겠다"고 말했다. 한편, 이번 기준안은 사업계의 의견을 수렴한 뒤 행안부의 검토를 거쳐 산업부의 '전기설비기술기준 및 판단기준'에 반영되어 최종 고시될 예정이다.

① 주요 설비인 터빈 이외의 설비 장착부에 대한 내진기준도 마련될 예정이다.

② 발전·송전·배전·변전설비에는 행정안전부가 제정한 내진설계기준을 적용해야 한다.

③ 발전설비용량에 따라 중요시설로 분류된 시설은 재현주기 4,800년 지진에 대한 내진성능을 확보해야 한다.

④ 내진설계 대상시설 중 관계법령 제정 전 설치된 발전용 수·화력설비에는 내진성능 평가가 실시된다.

⑤ 경주·포항 지진 이후 발전소 주요설비 장착부에 대한 내진성능 확보 여부 확인을 위한 기준이 개발되고 있다.

37 A공사 개발팀 5명은 ○월 ○일 오전 10시부터 오후 6시까지 H월드로 가족 동반 야유회를 가기로 하였다. 총무를 맡은 J대리는 참석 인원을 파악하여 H월드 이용 요금을 산정하려 한다. H월드 입장 요금 규정과 참석자 명단이 다음과 같다면 개발팀 야유회 비용 중 H월드 입장에 드는 총 비용은?(단, 동반 가족의 입장료도 개발팀에서 지원하며 개발팀 5명의 가족 구성원 중 미참석자는 없다.)

H월드 입장 요금

1. 입장권 안내

종류	대인	청소년	소인/경로	유아
주간권	56,000원	47,000원	44,000원	무료
야간권(17시~)	46,000원	40,000원	37,000원	무료

※ 경로 : 만 65세 이상 / 청소년 : 만 13~18세 / 소인 : 36개월~만 12세 / 유아 : ~36개월

2. 우대 안내

① 장애인 우대(장애인등록증 제시)
  - 1일 입장권(1~3급 본인 동반 1인, 4급 이하 본인) 우대가로 구입 가능

구분		주간권	야간권
입장권	대인	33,000원	27,000원
	청소년	28,000원	24,000원
	소인/경로	26,000원	23,000원

② 국가유공자 우대(증명서류 제시)
  - 본인 동반 1인, 1일 입장권 50% 우대가로 구입 가능

구분		주간권	야간권
입장권	대인	28,000원	23,000원
	청소년	23,500원	20,000원
	소인/경로	22,000원	18,500원

③ 다자녀 가정 우대
  - 1일 입장권 우대가로 구입 가능
  - 우대 대상 : 막내 자녀가 만 15세 이하인 3명 이상의 다자녀 가정의 부부와 직계자녀
  - 해당 가정 내 일부 가족만 이용 시에도 혜택 적용

구분		주간권	야간권
입장권	대인	44,000원	36,500원
	청소년	37,000원	32,000원
	소인/경로	35,000원	29,000원

④ 임신부 우대(산모수첩 혹은 임신확인서 제시)
  - 1일 입장권(임신부 본인) 우대가로 구입 가능 우대가격

구분		주간권	야간권
입장권	대인	47,000원	38,000원

개발팀 야유회 참석자 명단

참석자		비고
B과장 가족	B과장	만 45세
	배우자	만 40세
	자녀1	만 16세
	자녀2	만 14세
	자녀3	만 12세
J대리 가족	J대리	만 30세
	배우자	만 30세, 임산부(산모수첩 소지)
	자녀1	만 1세
L주임 가족	L주임	만 30세, 국가유공자(증명서류 소지)
	배우자	만 26세
P주임	P주임	만 28세, 4급 장애인 (장애인등록증 소지)
E사원	E사원	만 28세

① 368,000원

② 427,000원

③ 445,000원

④ 483,000원

⑤ 515,000원

PART 01

PART 02

PART 03

PART 04

다음은 의료인력 및 병상 수 추이를 조사한 자료이다. 다음 물음에 답하시오.

▼ 〈표〉 인구 10만 명당 의료인 수

(단위 : 명)

구분		2017년	2018년	2019년	2020년	2021년
의료인		945	980	1,010	1,046	1,080
	의사	218	223	227	232	235
	한의사	42	44	45	46	47
	치과의사	55	56	57	58	59
	조산사	17	17	16	16	16
	간호사	613	640	665	694	723

※ 의료인 : 보건복지부장관의 면허를 받은 의사, 한의사, 치과의사, 조산사 및 간호사를 말함

▼ 〈그래프〉 인구 천 명당 병상 수

(단위 : 병상)

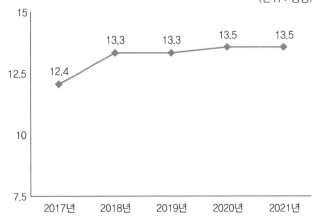

38 인구 천 명당 의료인 수가 전년 대비 가장 많이 증가한 연도의 인구 천 명당 병상 수는 OECD 회원국 평균의 몇 배인가?(단, OECD 회원국 평균 인구 천 명당 병상 수는 4.5병상이다.)

① 2배   ② 2.5배
③ 3배   ④ 3.5배
⑤ 4배

39 위의 〈표〉를 참고하여 작성한 그래프 중 옳지 않은 것은?(단, 소수점 둘째 자리에서 반올림한다.)

① 2019년 인구 10만 명당 의료인 수 구성비

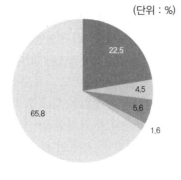

② 2017년과 2021년 인구 10만 명당 의료인 수

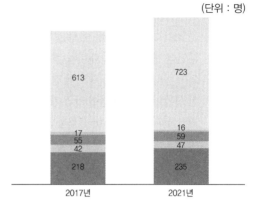

③ 연도별 인구 10만 명당 전체 의료인 수

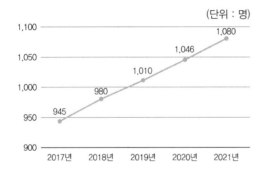

④ 2019~2021년 인구 10만 명당 전체 의료인 수 전년 대비 증가율

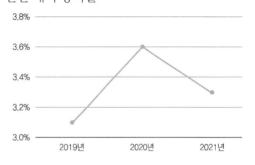

⑤ 연도별 인구 10만 명당 의사 및 간호사 수

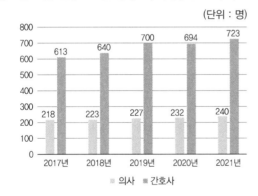

40 다음 글을 읽고 나눈 대화 중 적절하지 않은 것은?

'연금체계 개편 관련 대국민 설문 조사 결과'를 보면 연금개혁이 얼마나 어려운 일인지를 새삼 깨닫게 된다. 국민연금공단이 일반 국민 1,944명을 대상으로 실시한 '연금체계 개편 관련 대국민 설문 조사'에서는 국민연금 소득대체율로 50% 이상을 택한 응답이 57%에 달했다. 소득대체율이란 국민연금에 40년간 가입했을 때 본인의 평균 월 소득 대비 수령 연금액의 비율을 말한다. 지금은 45%이며 2028년 40%까지 떨어지게끔 설계되어 있다. 그러나 실제로 국민연금에 40년 동안 가입해 있는 사람은 소수이므로 실질 소득대체율은 21~24%인 상황이다. 예를 들어 가입 기간 월평균 300만 원을 번 사람이 희망하는 국민연금 수령액은 150만 원 이상이지만 실제로는 평균 63~72만 원을 받게 된다는 뜻이다. 현재 소득의 9%인 보험료율에 '부담스럽다'고 응답한 비율은 36.8%로 '부담되지 않는다'고 응답한 18.3%의 2배에 달했다. '보통'이 43.1%였다.

이번 설문 결과를 정리하자면 국민은 '덜 내고 더 받는' 연금개혁을 희망한다. 하지만 세상에 그런 묘안은 없다. 국민연금은 지금 당장 '더 내든가, 덜 받든가' 혹은 둘 모두를 포함하는 개혁을 요구받고 있다. 국민의 바람과 현실을 둘 다 충족시키는 일은 현실적으로 불가능하다. 보건복지부는 이달 말로 예정되어 있었던 '국민연금종합운영계획' 국회 제출을 다음 달로 연기했다. 경제사회노동위원회에서 국민연금개혁특위를 발족함에 따라 특위 논의 결과를 반영하기 위해서다.

사회적 합의기구에서 이 문제를 다룬다는 것 자체는 평가할 일이지만 그 과정에서 개혁 방향이나 강도가 옅어져서 문제를 미봉하는 데 그치지는 않을까 걱정이다. 국민연금은 충분하지는 않지만 국민 노후를 현실적으로 뒷받침하는 유일한 제도이다. 소득이 적을수록 기여분보다 많이 가져가는 소득재분배 기능도 갖추고 있다. 어느 사적 연금보다 가입자에게 유리한 수익 구조이다. 정부는 국민연금의 필요성과 개혁의 당위를 충분히 설명하고 이번에 필요한 개혁을 완수해야 한다.

① A : 향후 수령하게 될 연금액을 예상할 때 소득대체율과 실질소득대체율을 구분할 필요가 있겠어.

② B : 저자는 사회적 합의를 위한 각계각층의 노력을 유의미하게 여기지만 그 과정에 대한 우려도 가지고 있구나.

③ C : 현재 보험료율에 부담을 느끼는 응답자의 비율이 그렇지 않은 경우의 2배에 달한다니, 보험료율이 인상된다면 강한 반발이 있을 것 같아.

④ D : '덜 내고 더 받는' 국민적 요구의 불가능성을 설득할 방안을 찾지 못해 국민연금종합운영계획의 국회 제출이 연기되고 있구나.

⑤ E : 국민연금이 단순히 국민의 노후를 보장하는 방안이 아니라 소득재분배 기능을 수행하는 사회적 제도였구나.

41 다음 중 한글 문서 편집 시 사용되는 단축키로 옳지 않은 것은?

① 각주 : Ctrl + n, n
② 들여쓰기 : Alt+t, a
③ 쪽 테두리 : Alt+w, b
④ 머리말 : Ctrl+n, h
⑤ 하이퍼링크 : Ctrl+k, b

42 다음 이미지 파일에 대해 설명한 것으로 옳지 않은 것은?(단, 1KB = 1,024바이트이다.)

- 사진 크기 : 274×274pixel
- 파일 형식 : PNG 파일(.png)
- 파일 크기 : 178KB
- 지원 방식 : 트루 컬러

① 너비 274픽셀, 높이 274픽셀의 이미지 파일이다.
② 사진 크기를 324×324pixel로 변경하는 경우 파일 용량이 커진다.
③ 이미지 파일 크기를 바이트로 변환하면 180,000바이트 이상이다.
④ 24비트 컬러를 구현하며, 반투명을 지원한다.
⑤ PNG 파일은 손실 압축 방식을 사용한다.

43 다음 워크시트에는 어느 가구점의 가구 종류에 따른 수량과 금액이 모두 입력되어 있다. 가구 판매수량 중 판매수량이 '10'인 셀의 위치를 구하기 위한 식을 A, 판매수량이 '5보다 큰' 판매건에 대한 매출금액의 합계를 구하기 위한 식을 B라 할 때, A와 B에 각각 입력할 식은?

	A	B	C	D	E
1	일자	품목	판매수량(개)	금액(원)	
2	2019-01-10	가구 A	5	5,250,000	
3	2019-01-15	가구 B	2	4,002,000	
4	2019-01-02	가구 C	4	1,150,000	
5	2019-01-08	가구 D	1	2,185,000	
6	2019-01-20	가구 E	5	1,673,500	
7	2019-01-18	가구 a	10	960,000	
8	2019-01-15	가구 b	3	1,857,000	
9	2019-01-21	가구 c	6	2,251,000	
10	2019-01-16	가구 d	4	3,755,000	
11	2019-01-21	가구 e	7	488,000	
12					
13					

〈보기〉

ⓐ SUMIF(C2 : C11, ">5", D2 : D11)

ⓑ MATCH(10, C2 : C11, 0)

ⓒ COUNTIF(C2 : C11, "5")

ⓓ OFFSET(A2 : D11, 5, 2, 1, 1)

	A	B
①	ⓐ	ⓑ
②	ⓐ	ⓓ
③	ⓑ	ⓐ
④	ⓑ	ⓒ
⑤	ⓒ	ⓐ

다음은 K사에서 생산되는 제품에 대한 번호 부여 방식이다. 이를 바탕으로 이어지는 물음에 답하시오.

제품번호 부여 방식

- 본 구역에서 생산되는 제품들은 생산 지역과 생산 일자, 제품의 품목, 품목별 생산 순서 순으로 제품번호를 부여받는다.
- 생산 지역별 코드

생산지	A공장	B공장	C공장	D공장
코드	BW	AX	MA	FD

- 제품 품목별 코드

제품	소도구	약품	포장재
코드	HT	MC	RP

- 2019년 6월 생산 일정

일정	6월 1~10일	6월 11~20일	6월 21~30일
생산 제품	• A공장 : 소도구 200개, 약품 150개 • C공장 : 포장재 100개	• B공장 : 포장재 250개 • D공장 : 소도구 100개	• A공장 : 포장재 100개 • B공장 : 약품 150개 • C공장 : 소도구 200개

※ 제품번호 중 생산 순서는 매일 초기화하여 새로운 번호를 부여한다.
예 2019년 6월 21일 A공장에서 198번째로 생산된 소도구 : BW0621HT198

---

44 다음 제품에 해당하는 코드로 옳은 것은?

> 2019년 6월 15일 D공장에서 42번째로 생산된 소도구

① FD0615HT042 ② AX0615HT042
③ AX0615RP042 ④ FD0615MC042
⑤ FD0615RP042

---

45 생산부 H대리는 이번 달 담당 구역에서 생산한 제품들 중 제품번호가 잘못 부여된 것이 있다는 보고를 듣고 해당 제품을 찾아내 수거하려고 한다. '제품번호 부여 방식'을 참고할 때, 〈보기〉에서 제품번호가 잘못 부여된 제품은 총 몇 개인가?

〈보기〉

AX0616RP158	BW0625MC271	FD0611HT108
MA0622RP096	FD0613HT009	MA0624HT062
BW0609MC096	AX0616RP157	AX0618RP211

① 1개 ② 3개
③ 5개 ④ 6개
⑤ 7개

46 다음은 한 치킨 프랜차이즈의 SWOT 분석이다. 분석 결과에 따른 적절한 전략으로 옳지 않은 것은?

강점(Strength)	• 경쟁사 대비 높은 가격 경쟁력 • 다양한 주류 품목 취급 • 농축산인 직거래를 통한 원재료 공급 안정성
약점(Weakness)	• 후발 주자로서 낮은 시장 점유율 • 명확한 특징이 잡히지 않은 브랜드 이미지 • 경쟁사 대비 적은 수의 가맹점 점포 수
기회(Opportunity)	• 월드컵, 아시안 게임 등 국제 스포츠 이벤트 다수 개최 • '치맥' 등 안주로서의 치킨에 대한 긍정적 이미지 확산 • 음식 배달 어플 사용자 증가로 인한 배달음식 소비 확산
위협(Threat)	• 시장 포화로 인한 경쟁 심화 • 원재료 가격 및 인건비 상승으로 인한 수익률 악화 • 일부 프랜차이즈 본사의 '갑질' 이슈로 인한 프랜차이즈 거부감

구분	S(강점)	W(약점)
O(기회)	① 월드컵 특별 할인 등 스포츠 응원전을 대상으로 한 할인 행사 시행 ② '찰떡궁합의 치킨 & 맥주 조합' 등 취급 주류와 연계된 마케팅	③ 배달 어플과의 제휴를 통해 부족한 점포 수를 보완 • '치맥'을 키워드로 한 B급 감성의 SNS 광고
T(위협)	④ 본사와 가맹점 간 인건비 분담 정책으로 '착한 기업' 이미지 확보 • 원재료 상승으로 인한 가격 인상 흐름에 불참, 판매가 동결을 통한 가격 경쟁력 강화	⑤ 무리한 매장 수의 확대보다는 기존 가맹점의 수익률 향상에 집중해 '상생 기업'으로서 미디어에 노출

47

다음은 △△금융지주의 결재 규정 중 전결사항을 나타낸 표의 일부이다. 이를 참고했을 때, J가 사용한 비용의 항목으로 가장 적절한 것은?

결재 규정

최고 결재권자의 결재사항 및 최고결재권자로부터 위임된 전결사항은 아래와 같다.

구분	내용	금액	제출 서류	과장	부장	사장
접대비	거래처 식비	10만 원 이하	지출결의서	●		
		10만 원 초과	지출결의서		●	
	거래처 경조사비	20만 원 이하	지출결의서	●		
		20만 원 초과	• 지출결의서 • 기안서		●■	
출장비	국내 출장비	30만 원 이하	• 지출결의서 • 출장비 신청서	●■		
		30만 원 초과			●■	
	국외 출장비	50만 원 이하	• 지출결의서 • 출장 계획서 • 출장 계획서		●■	
		50만 원 초과				●■
운영비	사무용품 구입	15만 원 이하	지출결의서	●		
		15만 원 초과			●	
	기타 비품 구입	10만 원 이하	지출결의서	●		
		10만 원 초과			●	
교육비	사내 교육비	20만 원 이하	• 지출결의서 • 기안서	●	■	
		20만 원 초과			●■	
	사외 교육비	40만 원 이하	• 지출결의서 • 교육 계획서		●■	
		40만 원 초과				●■
마케팅비	사은품 · 기념품 구입비	30만 원 이하	지출결의서	●■		
		30만 원 초과	• 지출결의서 • 기안서		●■	
	광고비	50만 원 이하	• 지출결의서 • 광고 기획서		●■	
		50만 원 초과			●	■

※ 전결 구분
- ● : 지출결의서
- ■ : 기안서, 각종 계획서 · 기획서 및 신청서

결재 서류

기안서			
결재	담당	과장	부장	최종 결재
	J		전결	부장

① 30만 원을 초과하는 사은품 · 기념품 구입비
② 30만 원을 초과하는 국내 출장비
③ 40만 원을 초과하는 사외 교육비
④ 50만 원 이하의 광고비
⑤ 50만 원 이하의 국외 출장비

다음은 J대리가 근무 중 사용하는 프린터의 사용설명서 일부이다. 이어지는 물음에 답하시오.

프린터에 문제가 있는 경우 이 문제 해결 팁을 참조하십시오. 문제가 지속되면 서비스 센터에 문의하십시오

인쇄

1. 인쇄할 수 없습니다.
   - 프린터가 켜져 있는지 확인합니다.
   - 용지 및 잉크 카세트가 올바르게 삽입되어 있는지 확인합니다.
   - 잉크 시트가 느슨하지 않은지 확인합니다.
   - 프린터 전용 용지를 사용하고 있는지 확인합니다.
   - 필요한 경우 잉크 카세트를 교체하고 용지 카세트를 리필합니다.
   - 올바른 용지, 용지 카세트, 잉크 카세트를 사용하고 있는지 확인합니다.
   - 특정 온도를 넘으면 프린터가 일시적으로 인쇄를 중지할 수 있습니다. 이는 오작동이 아니며, 프린터의 열이 식을 때까지 기다리십시오. 연속으로 인쇄하는 경우, 고온의 환경에서 또는 후면의 통풍구가 막혀 프린터의 내부 온도가 높아지는 경우에는 프린터가 일시적으로 인쇄를 중지하여 인쇄에 시간이 더 오래 걸릴 수 있습니다.
2. 메모리 카드나 USB 플래시 드라이브의 이미지를 표시하거나 인쇄할 수 없습니다.
   - 메모리 카드가 올바른 슬롯에 라벨 쪽이 위로 향하도록 완전히 삽입되었는지 확인합니다.
   - USB 플래시 드라이브가 올바른 방향으로 완전히 삽입되었는지 확인합니다.
   - 지원되는 이미지 포맷인지 확인합니다.
   - 어댑터를 필요로 하는 메모리 카드를 어댑터를 사용하지 않고 삽입하지 않았는지 확인합니다.
3. 카메라에서 인쇄할 수 없습니다.
   - 카메라가 PictBridge를 지원하는지 확인합니다.
   - 프린터와 카메라가 올바르게 연결되었는지 확인합니다.
   - 카메라 배터리에 충분한 전원이 남았는지 확인합니다. 배터리가 소모되었다면 완전히 충전된 배터리 또는 새 배터리로 교체하십시오.
4. 인쇄 품질이 떨어집니다.
   - 잉크 시트와 용지에 먼지가 없는지 확인합니다.
   - 프린터 내부에 먼지가 없는지 확인합니다.
   - 프린터에 응결이 발생하지 않았는지 확인합니다.
   - 프린터가 전자파 또는 강한 자기장을 발생시키는 장비 근처에 있지 않은지 확인합니다.

용지

1. 용지 공급에 문제가 있거나 용지 걸림이 자주 발생합니다.
   - 용지 및 잉크 카세트가 올바르게 삽입되어 있는지 확인합니다.
   - 카세트에 19매 미만의 용지가 있는지 확인합니다.
   - 용지 카세트에 19매 이상의 용지가 배출되지 않았는지 확인합니다.
   - 프린터 전용 용지를 사용하고 있는지 확인합니다.
2. 용지 걸림
   용지가 용지 배출 슬롯의 앞쪽 또는 뒤쪽에서 튀어나오면 주의하여 꺼냅니다. 용지를 살짝 잡아당겨서 제거할 수 없다면 강제로 꺼내지 마시고 프린터의 전원을 끈 후 다시 켜 주십시오. 용지가 나올 때까지 반복하십시오. 전원을 실수로 끈 경우 전원을 다시 켜고 용지가 나올 때까지 기다리십시오. 그 후에도 문제가 해결되지 않는다면 대리점이나 가까운 서비스 센터로 문의하십시오. 걸린 용지를 강제로 제거하면 프린터가 손상될 수 있습니다.

48 J대리는 회의 전 회의 참석 구성원에게 기획서를 공유하고자 인쇄 버튼을 눌렀으나 인쇄 오류로 결국 출력하지 못했다. J대리가 확인해볼 만한 사항으로 가장 적절하지 않은 것은?

① 프린터의 전원이 On인지를 확인해본다.
② 잉크 카세트나 용지 카세트의 교체 또는 리필 시기를 확인해본다.
③ 프린터 사용에 적합한 용지를 넣은 상태인지 확인해본다.
④ 용지나 잉크 카세트가 바르게 놓여 있는지 확인해본다.
⑤ 프린터에 응결이 발생한 것은 아닌지 확인해본다.

49 J대리는 출력한 문서의 인쇄 상태가 좋지 않아 프린터 내부의 먼지를 걸러냈지만, 여전히 출력물의 내용을 알아보기 어려웠다. J대리가 취할 가장 적절한 조치는?

① 잉크 시트가 느슨한 상태인지를 확인한다.
② 전자파 발생이 의심되는 장비와 프린터가 가까이에 놓여 있지는 않은지 확인한다.
③ 배터리 전원이 충분한지를 확인한 후 소모 시 새 배터리로 교체한다.
④ 카세트에 19매 미만의 용지가 있는지 확인하도록 한다.
⑤ 메모리 카드의 라벨이 위를 향해 넣어져 있는지 확인한다.

50 작업물을 인쇄하는 도중 용지가 걸려 인쇄되지 않는 문제가 발생했다. 해당 문제의 해결 과정으로 가장 적절한 것은?

① 배출된 용지가 슬롯의 앞쪽 또는 뒤쪽으로 나와 있으면 힘을 강하게 주어 잡아당긴다.
② 용지 걸림이 발생한 즉시 가까운 대리점으로 전화해서 문제를 해결하도록 한다.
③ 전원을 끄고 프린터 내부에 이물질이 끼어 있는지 확인 후 강제로 제거한다.
④ 용지가 나올 때까지 프린터의 전원 스위치 바꾸기를 반복한다.
⑤ 걸린 용지를 억지로 제거 시 프린터가 손상될 수 있으므로, 용지가 걸린 상태로 둔다.

PART 03

모듈형
실전모의고사

모듈형
실전모의고사 1회
`60문항/60분`

01 다음 중 봉사에 대한 설명으로 옳지 않은 것은?

① 봉사의 사전적 의미는 나라나 사회 또는 남을 위하여 자신의 이해를 돌보지 아니하고 몸과 마음을 다하여 일하는 것을 의미한다.

② 현대 사회의 직업인에게 봉사란 자신보다는 고객의 가치를 최우선으로 하는 서비스 개념이다.

③ 봉사는 어려운 사람을 돕는 자원봉사만을 의미한다.

④ 기업이 고객에게 만족을 제공하기 위해서는 봉사를 강조해야 한다.

02 다음 〈보기〉 중 외적인 시간낭비 요인에 해당하는 것을 모두 고르면?

〈보기〉
ㄱ 교통 혼잡   ㄴ 고객의 방문으로 인한 면담
ㄷ 거절하지 못하는 우유부단함   ㄹ 충분히 소화할 수 있는 일정의 연기
ㅁ 계획의 부족

① ㄱ, ㄴ   ② ㄱ, ㄷ, ㅁ
③ ㄴ, ㄹ   ④ ㄷ, ㄹ, ㅁ

03 다음 중 인간관계에 있어서 가장 중요한 것은?

① 어떻게 행동하느냐 하는 것

② 피상적인 인간관계 기법

③ 외적 모습 위주의 사고

④ 자신의 사람됨, 깊은 내면

04 다음 중 문서이해를 위한 구체적인 절차 중 가장 먼저 행해져야 할 사항은?

① 현안 파악하기

② 문서가 작성된 배경과 주제를 파악하기

③ 문서의 목적을 이해하기

④ 내용을 요약하고 정리하기

05 다음 중 업무 방해요소의 극복방법에 대한 설명으로 옳지 않은 것은?

① 방해요소들을 잘 활용하면 오히려 도움이 되는 경우도 있다.

② 업무 스트레스의 원인을 체계적으로 분석한다.

③ 갈등을 해결하는 데 가장 중요한 것은 대화와 협상이다.

④ 업무 스트레스는 부정적인 결과만을 가져오기 때문에 없을수록 좋다.

06 다음 중 성찰과 관련된 설명으로 옳지 않은 것은?

① 성찰을 통해 현재의 부족한 부분을 알 수 있다.

② 성찰은 지속적으로 연습해야 몸에 익혀진다.

③ 성찰을 함으로써 신뢰감을 형성할 수 있다.

④ 성찰을 하더라도 한 번 한 실수는 반복적으로 하게 되므로, 처음에 실수를 하지 않는 것이 중요하다.

07 다음 〈보기〉의 ㉠~㉢에 해당하는 문제의 유형이 바르게 연결된 것은?

〈보기〉

㉠ 앞으로 어떻게 할 것인가 하는 문제

㉡ 현재 직면하여 해결하기 위해 고민하는 문제

㉢ 현재의 상황을 개선하거나 효율을 높이기 위한 문제

	㉠	㉡	㉢
①	설정형 문제	발생형 문제	탐색형 문제
②	발생형 문제	탐색형 문제	설정형 문제
③	설정형 문제	발생형 문제	탐색형 문제
④	발생형 문제	설정형 문제	탐색형 문제

08 다음 중 워드프로세서의 기능에 대한 설명으로 옳지 않은 것은?

① 작성된 문서를 다양한 편집 형태로 출력할 수 있다.

② 새 창을 열지 않고 여러 개의 문서를 불러올 수 있다.

③ 블록 설정은 한 줄 단위로만 가능하다.

④ 문서 안에 다른 프로그램을 연결한 문서를 삽입하여 기능을 확장시킬 수 있다.

09 다음 중 설명서의 올바른 작성법에 해당하지 않는 것은?

① 정확한 내용 전달을 위해 명령문으로 작성한다.
② 상품이나 제품을 설명하는 글의 성격에 맞춰 정확하게 기술한다.
③ 정확한 내용 전달을 위해 간결하게 작성한다.
④ 소비자들이 이해하기 어려운 전문용어는 가급적 사용을 삼간다.

10 다음 〈보기〉의 내용과 관련하여 미국의 기술사학자 휴즈가 주장한 개념은?

〈보기〉
　　철도와 전신은 서로 독립적으로 발전한 기술이었지만 곧 서로 통합되기 시작했다. 우선 전신선이 철도를 따라 놓이면서 철도 운행을 통제하는 일을 담당했다. 이렇게 철도 운행이 효율적으로 통제되면서 전신은 곧 철도회사의 본부와 지부를 연결해서 상부의 명령이 하부로 효율적으로 전달되게 하는 역할을 했고 이는 회사의 조직을 훨씬 더 크고 복잡하고 위계적으로 만들었다. 철도회사는 전신에 더 많은 투자를 하고, 전신 기술을 발전시키는 데 중요한 역할을 담당했다.

① 기술경영　　　　　　　　　　　② 지속 가능한 기술
③ 기술혁신　　　　　　　　　　　④ 기술 시스템

11 다음은 데이터베이스와 파일시스템에 관한 설명이다. 빈칸 ㉠~㉣에 해당하는 것을 바르게 분류한 것은?

　　(㉠)에서는 하나의 파일은 독립적이고 어떤 업무를 처리하는 데 필요한 모든 정보를 가지고 있다. 파일도 데이터의 집합이므로 (㉡)(이)라고 볼 수도 있으나 일반적으로 (㉢)(이)라 함은 여러 개의 서로 연관된 파일을 의미한다. 이런 여러 개의 파일이 서로 연관되어 있으므로 사용자는 여러 개의 파일에 있는 정보를 한 번에 검색해 볼 수 있다. (㉣)은/는 데이터와 파일, 그들의 관계 등을 생성하고, 유지하고 검색할 수 있게 해주는 소프트웨어다. 반면에 (㉤)은/는 한 번에 한 개의 파일에 대해서 생성, 유지, 검색을 할 수 있는 소프트웨어다.

	데이터베이스	파일시스템
①	㉠, ㉢	㉡, ㉣, ㉤
②	㉡, ㉣	㉠, ㉢, ㉤
③	㉠, ㉡, ㉤	㉢, ㉣
④	㉡, ㉢, ㉣	㉠, ㉤

12 다음 중 리더에 대한 설명으로 적절하지 않은 것은?

① 새로운 상황 창조자

② 혁신지향

③ 계산된 리스크를 취함

④ '무엇을 할까'보다는 '어떻게 할까'에 초점을 맞춤

13 다음 중 통계의 일반적인 기능에 대한 설명으로 옳지 않은 것은?

① 많은 수량적 자료를 처리 가능하고 쉽게 이해할 수 있는 형태로 축소시킨다.

② 표본을 통해 대상 집단의 특성은 유추하기 어렵다.

③ 의사결정의 보조수단으로 활용할 수 있다.

④ 관찰 가능한 자료를 통해 논리적으로 어떠한 결론을 추출 · 검증한다.

14 다음 중 비판적 사고에 대한 설명으로 옳지 않은 것은?

① 비판적 사고의 주요 목적은 어떤 주장의 단점을 파악하려는 데 있다.

② 비판적 사고를 하려면 우리의 감정을 철저히 배제해야 한다.

③ 비판적 사고는 부정적으로 생각하는 것이 아니라 지식과 정보에 바탕을 둔 합당한 근거에 기초를 두는 것이다.

④ 비판적으로 사고하는 것은 어떤 주제나 주장에 대해서 적극적으로 분석하는 것이다.

15 다음 중 자기개발 계획 수립을 위한 전략에 대한 설명으로 옳은 것은?

① 장기목표는 단기목표를 수립하기 위한 기본단계가 된다.

② 장단기목표 모두 반드시 구체적으로 작성한다.

③ 인간관계는 자기개발 목표를 수립히는 데 고려할 사항인 동시에 하나익 자기개발 목표가 될 수 있다.

④ 미래에 대한 계획이므로 현재의 직무를 고려할 필요가 없다.

16 다음 중 직장 내 전화예절에 대한 설명으로 옳지 않은 것은?

① 자신이 누구인지를 즉시 말하도록 한다.

② 항상 펜과 메모지를 곁에 두고, 메시지를 받아 적을 수 있도록 한다.

③ 받는 즉시 용건이 무엇인지를 신속히 파악하도록 한다.

④ 긍정적인 멘트로 전화 통화를 마무리하며, 전화 건 상대방에게 감사 표시를 하도록 한다.

PART 01

PART 02

PART 03

PART 04

17 다음은 산업 재해가 발생한 사건에 대해 예방 대책을 세운 것이다. 이 중 누락되어 보완되어야 할 단계의 내용은?

사고 사례	○○공장 사출 공정에서 사출성형기 취출 에러가 발생하자 재해자가 비상정지 스위치를 작동시키지 않고, 조작상태를 반자동으로 놓고 점검하던 중 협착되어 사망한 재해임
재해 예방 대책	• 1단계 : 사출 공정에 대한 안전 목표를 설정하고 안전관리 책임자를 선정하며, 안전 계획을 수립하고 이를 시행·감독하게 한다. • 2단계 : 사출 공정에서의 각종 사고 조사, 안전 점검, 현장 분석을 작업자의 제안, 관찰 및 보고서 연구 등을 통하여 확인한다. • 3단계 : 사출 공정에서의 안전을 위한 적절한 시정책, 즉 기술적 개선, 인사 조정 및 교체, 교육, 설득, 공학적 조치 등을 선정한다. • 4단계 : 사출 공정의 안전 교육 및 훈련 실시, 안전시설과 장비의 결함 개선, 안전 감독 실시 등의 선정된 시정책을 적용한다.

① 안전관리 조직   ② 사실의 발견

③ 원인 분석   ④ 기술 공고화

18 2분기 프로젝트를 맡게 된 A부서는 예산을 책정받아 프로젝트 개발에 필요한 기자재를 구입·운용하고자 한다. 고려해야 할 사항으로 옳지 않은 것은?

① 구매하려는 기자재의 활용 및 구입의 목적을 명확히 한다.

② 구입 후 기자재의 분실 및 훼손을 방지하기 위해 책임관리자를 지정한다.

③ 적절한 장소에 보관하여 기자재가 필요할 때 적재적소에 활용될 수 있도록 한다.

④ 예산을 기한 내 모두 집행하기 위해 향후 필요할 것으로 예상되는 기자재를 일단 구입한다.

19 다음 중 조직의 체제에 포함되지 않는 것은?

① 조직경영   ② 조직구조

③ 조직규정   ④ 조직문화

20 다음 중 상황과 대상에 따른 의사표현법에 대한 설명으로 옳지 않은 것은?

① 상대방에게 부탁해야 할 때는 기간, 비용, 순서 등을 명확하게 제시해야 한다.

② 상대방의 잘못을 지적할 때는 확실하게 말하기보다는 돌려서 말해 준다.

③ 상대방의 요구를 거절할 때는 정색을 하며 '안 된다'고 말하기보다는 먼저 사과를 한 후에, 이유를 설명한다.

④ 설득해야 할 때는 자신이 변해야 상대방도 변한다는 사실부터 받아들여야 한다.

21 다음 중 컴퓨터 바이러스를 예방하는 방법으로 옳은 것을 〈보기〉에서 모두 고르면?

〈보기〉

㉠ 백신 프로그램을 설치하고 자주 업데이트한다.

㉡ 전자우편(E-mail)은 안전하므로 바로 열어서 확인한다.

㉢ 인터넷에서 자료를 받았을 때는 바이러스 검사 후에 사용한다.

㉣ 좋은 자료가 많은 폴더는 정보공유를 위해 서로 공유하여 사용한다.

① ㉠, ㉢　　　　　　　　　　　　② ㉡, ㉢

③ ㉡, ㉣　　　　　　　　　　　　④ ㉢, ㉣

22 다음 중 직업윤리의 일반적 덕목에 해당하지 않는 것은?

① 소명의식　　　　　　　　　　　② 직분의식

③ 평등의식　　　　　　　　　　　④ 봉사의식

23 빈칸 ㉠~㉢에 해당하는 값을 바르게 짝지은 것은?

• 1kg은 (㉠)g이다.
• 1분은 (㉡)초이다.
• 1cm는 (㉢)mm이다.

	㉠	㉡	㉢
①	100	60	100
②	100	100	10
③	1,000	60	10
④	1,000	100	100

24 다음 작성한 문서를 볼 때 〈공문서 작성 원칙〉에서 지켜지지 않은 사항을 모두 고르면?

○○자치부

수신　운영지원과장
제목　장관직인 인영사용 승인 신청

「행정업무의 효율적 운영에 관한 규정」 제14조제4항에 따라 장관직인 인영사용 승인을 다음과 같이 신청하오니 승인하여 주시기 바랍니다.

1. 사용목적 : 2019년 여론업무 유공자 장관 표창장 제작
2. 사용부서 : 지방행정국 자치행정과
3. 사용업체 : ○○사(대표 : 김○○)
4. 사용수량 : 200매
5. 사용예정기간 : 2019년 12월 23일~12월 27일
6. 반납예정일 : 2019년 12월 28일. 끝.

붙임　1. 장관직인 인영사용 승인 신청서 1부.
　　　2. 사업자등록증 사본 1부.

자치행정과장

주무관 김○○　　　　행정사무관 이○○　　　　자치행정과장 박○○
시행 자치행정과−5268
우 02541 서울특별시 서대문구 XX로 10
전화 02−0000−0000 / 전송 02−0000−0000

공문서 작성 원칙

㉠ 본문은 왼쪽 처음부터 시작하여 작성한다.
㉡ 본문 내용을 둘 이상의 항목으로 구분할 필요가 있으면 1., 가., 1), 가), (1), (가) 순서로 표시한다.
㉢ 하위 항목은 상위 항목의 위치로부터 1자(2타)씩 오른쪽에서 시작한다.
㉣ 쌍점(:)의 왼쪽은 붙이고 오른쪽은 1타를 띄운다.
㉤ 날짜는 숫자로 표기하되, 연·월·일의 글자는 생략하고 그 자리에 온점(.)을 찍는다.
㉥ 기간을 나타낼 때는 물결표(~)를 쓴다.
㉦ 본문이 끝나면 1자를 띄우고 '끝.' 표시를 한다. 단, 첨부물(붙임)이 있는 경우, 첨부 표시문 끝에 1자를 띄우고 '끝.' 표시를 한다.
㉧ 붙임 다음에는 쌍점을 찍지 않고, 붙임 다음에 1자를 띄운다.

① ㉠, ㉣, ㉤, ㉧　　　　　　　　② ㉡, ㉢, ㉥, ㉦
③ ㉠, ㉢, ㉣, ㉤, ㉦　　　　　　④ ㉢, ㉣, ㉤, ㉦, ㉧

25 다음 사례와 관련된 대인관계 향상방법으로 가장 적절한 것은?

> 나는 지키지 못할 약속은 절대로 하지 않는다는 철학을 가지고 이를 지키기 위해 노력해왔다. 그러나 이 같은 노력에도 불구하고 약속을 지키지 못하게 되는 예기치 않은 일이 발생하면 그 약속을 지키든가, 그렇지 않으면 상대방에게 나의 상황을 충분히 설명해 연기한다.

① 언행일치
② 약속의 이행
③ 진지한 사과
④ 상대방에 대한 이해심

26 다음 중 빈칸 ㉠과 ㉡에 들어갈 경력단계에 해당하는 것은?

	㉠	㉡
①	직업 상담	직업 선택
②	직업 선택	조직 입사
③	조직 입사	직업 선택
④	직업 선택	경력 준비

27 농도 8%인 소금물 300g에 물을 부어 소금물의 농도가 6%가 되었다면 추가로 부은 물의 양은?

① 100
② 120
③ 140
④ 160

28 다음 중 책임감이 결여된 경우에 해당하는 것은?

① 출퇴근 시간을 엄수한다.
② 업무를 위해서는 개인의 시간도 일정 부분 할애한다.
③ 동료의 일은 동료 본인이 스스로 해결할 수 있도록 관여하지 않는다.
④ 힘든 업무를 동료의 도움을 받아 해결한 후 정중하게 감사의 뜻을 전한다.

29 다음 〈보기〉의 목적과 역할을 달성하기 위해 기업에서 개발해 두어야 할 것은?

<보기>
- 기업에서 활동 기준이나 업무 수속 등을 문서로 하여 명확화한 것으로 경영의 의지 결정 방법을 나타낸 규정서부터 안내서까지 있다.
- 판매원 교육의 일환으로 표준화할 수 있는 일의 작업지시서를 말한다.
- 작업의 수준, 방법 등 순서를 세워서 구체적으로 문서화한 것으로 순조로운 조직 활동, 업무의 체계적 습득, 일정 수준의 작업 확보가 제작 목적이다.

① 약관   ② 정관
③ 증서   ④ 매뉴얼

30 다음 중 사업 환경을 구성하고 있는 자사, 경쟁사, 고객에 대한 분석 방법은?

① SWOT 분석   ② 3C 분석
③ 목표 분석   ④ 심층면접 분석

31 다음 중 개인정보의 유출을 방지하기 위한 방법이 아닌 것은?

① 정체불명의 사이트에 접속하지 않는다.
② 비밀번호를 주기적으로 교체한다.
③ 비밀번호는 잊어버리지 않도록 전화번호로 사용한다.
④ 이용 목적에 부합하는 정보를 요구하는지 확인한다.

32 90km/h로 이동할 때 40분이 걸리는 거리를 50km/h로 이동한다면, 이때 소요시간은?

① 1시간 5분   ② 1시간 12분
③ 1시간 18분   ④ 1시간 22분

33 직장생활의 의사소통에 대한 설명으로 옳은 것을 〈보기〉에서 모두 고르면?

〈보기〉
ㄱ 의사소통은 내가 상대방에게 메시지를 전달하는 과정이다.
ㄴ 의사소통은 정보의 전달 이상은 아니다.
ㄷ 의사소통에서 상대방이 어떻게 받아들일 것인가에 대한 고려가 바탕이 되어야 한다.

① ㄱ   ② ㄷ
③ ㄱ, ㄴ   ④ ㄱ, ㄷ

34 다음 사례와 연관된 팀워크 촉진 방법으로 가장 적절한 것은?

팀 회의를 시작하면서 J는 비눗방울이 든 병을 팀원들에게 하나씩 나누어주고는 긴장을 풀도록 하였다. 팀이 일상사에서 벗어나는 행동을 한 것은 어느 정도 팀에 성공적인 결과를 가져다주었다. 실습을 통해서 팀은 새로운 각도에서 생각할 수 있게 되었으며, 팀원들은 많은 아이디어를 내놓았다.

① 동료의 피드백을 장려한다.   ② 갈등을 해결하고자 노력한다.
③ 참여적으로 의사결정을 한다.   ④ 창의력 조성을 위해 협력한다.

35 다음 〈보기〉의 질문에 해당하는 자기관리 단계로 적절한 것은?

〈보기〉
• 자신이 현재 수행하고 있는 역할과 능력은 무엇인가?
• 역할들 간에 상충되는 것은 없는가?
• 현재 변화되어야 할 것들은 무엇인가?

① 비전 및 목적 정립   ② 과제 발견
③ 일정 수립   ④ 수행

36 다음 〈보기〉는 고용노동부가 발표한 '산업 재해 예방 대책'에 제시된 사고사망 재해 원인 분석 자료이다. ㉠~㉢에 해당하는 사례를 바르게 나열한 것은?

〈보기〉

- 기술적 원인(약 37%) : 구조물 불량, 생산방법 부적당, (㉠) 등
- 교육적 원인(약 20%) : 작업방법의 교육 불충분, 경험 미숙, (㉡) 등
- 작업관리적 원인(약 40%) : 작업준비 불충분, 작업수칙 미제정, (㉢) 등

	㉠	㉡	㉢
①	기계 · 기구 · 설비 불량	안전지식의 부족	인원배치 부적당
②	안전지식의 부족	인원배치 부적당	기계 · 기구 · 설비 불량
③	인원배치 부적당	기계 · 기구 · 설비 불량	안전지식의 부족
④	기계 · 기구 · 설비 불량	인원배치 부적당	안전지식의 부족

37 다음 〈보기〉의 ㉠~㉢을 나타내기에 적합한 그래프가 바르게 짝지어진 것은?

〈보기〉

㉠ 연도별 매출액 추이 변화 ㉡ 제품별 매출액 구성비
㉢ 영업소별 매출액

	㉠	㉡	㉢
①	막대 그래프	점 그래프	원 그래프
②	점 그래프	층별 그래프	레이더 차트
③	선 그래프	원 그래프	막대 그래프
④	층별 그래프	레이더 차트	선 그래프

38 다음 〈보기〉는 자원을 효과적으로 활용하기 위한 과정을 나열한 것이다. 순서대로 바르게 나열한 것은?

〈보기〉

㉠ 실제 이용 가능한 자원 수집 및 확보
㉡ 자원 활용계획에 따라 확보한 자원 활용
㉢ 확보한 자원에 대한 활용계획 수립
㉣ 요구되는 자원의 종류와 양 확인

① ㉠-㉢-㉡-㉣   ② ㉡-㉠-㉣-㉢
③ ㉢-㉡-㉠-㉣   ④ ㉣-㉠-㉢-㉡

39 다음 중 경영의 4요소에 포함되지 않는 것은?

① 경영목적　　　　　　　　　　　② 인적자원
③ 자금　　　　　　　　　　　　　④ 시스템

40 다음 〈보기〉에서 설명하는 문제해결의 단계는?

〈보기〉

　이전 단계를 통해 만들어진 실행계획을 실제 상황에 적용하는 활동으로 해결안을 사용하여 당초 장애가 되는 문제의 원인들을 제거하는 단계

① 문제 도출　　　　　　　　　　② 원인 분석
③ 실행 및 평가　　　　　　　　　④ 해결안 개발

41 다음 〈보기〉의 ㉠~㉣에 해당하는 문서를 바르게 짝지은 것은?

〈보기〉
㉠ 회사의 업무에 대한 협조를 구하거나 의견을 전달할 때 작성하는 문서
㉡ 진행됐던 사안의 수입과 지출결과를 보고하는 문서
㉢ 상대방에게 기획의 내용을 전달하여 기획을 시행하도록 설득하는 문서
㉣ 각종 조직 및 단체 등이 언론을 상대로 자신들의 정보가 기사로 보도되도록 보내는 자료

	㉠	㉡	㉢	㉣
①	설명서	기안서	기획서	공문서
②	기안서	결산보고서	기획서	보도자료
③	기획서	영업보고서	기안서	보도자료
④	비즈니스 레터	설명서	기안서	공문서

42 다음 중 도표 작성에 대한 설명으로 적절하지 않은 것을 〈보기〉에서 모두 고르면?

〈보기〉

㉠ 선 그래프의 선이 두 종류 이상이면 반드시 무슨 선인지 그 명칭을 기입해야 한다.

㉡ 막대 그래프를 작성할 때 일반적으로 세로축은 연, 월, 장소 등의 명칭 구분, 가로축은 금액이나 매출액 같은 수량으로 정한다.

㉢ 원 그래프는 정각 12시의 선을 기점으로 오른쪽으로 그리는 게 일반적이다.

㉣ 원 그래프는 비율이 높은 항목 순서대로 그리며, '기타' 항목의 구성비율이 가장 높다면 가장 처음에 그린다.

---

① ㉣

② ㉠, ㉢

③ ㉡, ㉢

④ ㉡, ㉣

43 한 정류장에 A와 B 두 대의 버스가 정차한다. A버스의 배차 간격은 15분, B버스의 배차 간격은 25분이며 오전 6시에 A와 B 두 대의 버스가 정류장에 동시에 도착했다면, 두 버스가 동시에 도착하는 다음 시간은?

① 오전 7시 15분

② 오전 7시 30분

③ 오전 7시 45분

④ 오전 8시

다음 자료를 바탕으로 이어지는 물음에 답하시오.

환경부		
보도자료	배포일시	2019. 11. 28. (목)
	담당부서	환경보건정책관실 환경보건정책과 조○○ 과장
		국립환경과학원 가습기살균제보건센터 김○○ 센터장

제2기 가습기살균제 구제계정운용위원회 출범
제18차 구제계정운용위원회 개최, 특별구제계정 지원을 위한 제2기 전문위원회 구성

■ 환경부(장관 조○○)와 한국환경산업기술원(원장 남○○)은 11월 28일 서울 용산역 회의실에서 제18차 구제계정 운용위원회(위원장 이○○)'를 개최하여 △전문위원회 구성(안)을 심의·의결하고, △특별구제계정 대상 질환 확대 계획을 논의했다.

■ 이번 회의에서는 '가습기살균제피해구제법' 제33조제5항에 따라 제2기 △긴급의료지원 전문위원회, △구제급여 상당지원 전문위원회, △원인자 미상·무자력 피해자 추가지원 전문위원회 구성(안)을 심의·의결했다.

■ 제2기 전문위원회는 의료계, 법조계 및 인문·사회학 분야 등 가습기살균제 피해구제 관련 전문가 총 17명으로 구성했으며, 특별구제계정 지원에 관한 사항을 전문적으로 검토할 예정이다.

■ 아울러, 환경부는 가습기살균제피해구제법 시행('17.8.9~) 이후 피해인정 질환 및 피해지원을 확대하여 현재까지 2,822명의 피해자에게 496억 원*을 지원했다고 밝혔다.

※ 피해자수('17.8. 280명 → '19.11. 2,822명), 지원금액('17.8. 42억 원 → '19.11. 496억 원)

– 이하 생략 –

44 다음 중 자료의 작성법으로 적절하지 않은 것은?

① 새 소식을 전달한다는 목적에 부합해야 한다.
② 다양한 수식어를 활용하여 설득력 있게 작성한다.
③ 전문용어의 사용은 가급적 삼가고, 문장은 간결하게 쓴다.
④ 핵심을 빠르게 파악할 수 있도록 중요한 정보를 앞부분에 배치한다.

45 다음 중 자료를 통해 알 수 없는 것은?

① 제2기 전문위원회 구성 인원
② 구제계정운용위원회 의결 사항
③ 피해자 구제 현황
④ 특별구제계정 대상 질환

46 다음 〈보기〉와 관련된 산업 재해의 기본 원인은?

〈보기〉
- 안전지식의 불충분
- 유해 위험 작업 교육 불충분
- 작업관리자의 작업방법 교육 불충분

① 교육적 원인
② 기술적 원인
③ 불안전한 상태
④ 작업 관리상 원인

47 다음 중 조직에서 업무가 배정되는 방법에 대한 설명으로 옳지 않은 것은?

① 조직의 업무는 조직 전체의 목적을 달성하기 위해 배분된다.
② 업무를 배정할 때에는 일의 동일성, 유사성, 관련성에 따라 이루어진다.
③ 업무 배정을 통해 조직을 가로로 구성하게 된다.
④ 직위는 조직의 업무체계 중에서 하나의 업무가 차지하는 위치이다.

48 다음 중 자기개발의 3요소에 해당하지 않는 것은?

① 자기관리
② 목표수립
③ 자아인식
④ 경력개발

49 다음 〈보기〉 중 효율적인 시간 관리의 효과로 적절한 것을 모두 고르면?

〈보기〉
㉠ 스트레스 감소   ㉡ 균형적인 삶   ㉢ 목표 달성
㉣ 일 중독   ㉤ 시간 파괴

① ㉠, ㉡
② ㉠, ㉡, ㉢
③ ㉡, ㉢, ㉣
④ ㉢, ㉣, ㉤

50 미팅이 효율적이고 체계적으로 진행되도록 촉진하고, 미팅의 주제나 목표를 달성하도록 지원하는 것을 일컫는 말은?

① 소프트 어프로치   ② 하드 어프로치
③ 퍼실리테이션   ④ 코디네이터

51 다음 중 연단공포증 극복 방법으로 적절하지 않은 것은?

① 청중 앞에서 말할 기회를 자주 가져야 한다.
② 청자가 상사이거나 연장자라면 연단에서 청자의 신분을 의식해야 한다.
③ 할당된 시간보다 더 많은 시간 동안 발표할 내용을 준비한다.
④ 청중의 눈을 봐야 하는 상황이 어렵다면 창밖을 쳐다보는 대신 청중의 코를 본다.

52 다음 계산식의 결괏값은?

$$2 \times (4^2 + 6^2) - 4$$

① 96   ② 98
③ 100   ④ 102

53 다음 대화에 나타난 경청의 방해요인은?

> A : 나 요즘 고민이 있어.
> B : 하하, 나도 늘 고민을 달고 살아. 고민 없는 사람이 어딨겠어.
> A : 농담이 아니라 조금 심각해. 우리 집 말야 이번에…
> B : 아! 얼마 전 갔던 곳 괜찮지 않았어? 오늘 저녁에 또 가지 않을래?

① 판단하기   ② 슬쩍 넘어가기
③ 다른 생각하기   ④ 대답할 말 준비하기

54 다음은 주간보고서 제출 시기가 여러 차례 늦어지는 현상에 대한 C부장과 A대리의 대화이다. 대화를 통해 드러난 갈등상황을 Win−Win 방식으로 해결하려면, C부장이 내릴 피드백으로 가장 적절한 것은?

> C부장 : A대리, 요즈음 주간보고서가 기한 내에 업로드되지 않고 있는데 무슨 사정이 있는 건가요?
> A대리 : 사실을 말씀드리면, 주간보고서를 기한 내 제출하려고 이메일, 체크리스트, 불만사항 등 모든 자료를 철저히 검토했지만 B과장님이 담당하셨던 자료를 받을 수 없어서 기다리다가 늦어졌습니다.
> C부장 : B과장이 해당 자료를 주지 않은 이유가 뭔가요?
> A대리 : 여쭤보지 않아서 정확히는 모르겠습니다.
> C부장 : 물어보지 않았군요. 물어본다면 B과장이 어떻게 대답할 것 같나요?
> A대리 : B과장님은 업무 수행 시 불편 사항에 대한 논의에 열려 있는 분이세요. 하지만 월초에 시작된 프로젝트로 너무 바빠서 시간이 부족하다 보니 주간보고서 자료를 준비하지 못하신 것 같습니다.
> C부장 : B과장이 다른 업무로 바빠서 해당 자료를 준비하지 못한 데 대해 어떻게 생각하죠?
> A대리 : 바쁘시다는 점은 충분히 이해하지만, 해당 자료는 주간보고서를 위해 반드시 필요합니다. 팀별 성과와 인센티브 등을 종합적으로 평가할 권한이 있는 B과장님이 작성해주셔야만 하는 자료예요. 그런데 B과장님이 너무 바쁘시니 저도 요청하는 게 쉽지 않아서 한 번도 이 문제를 상의해본 적이 없습니다.

① 주간보고서가 늦어지면 주간보고서를 토대로 진행되는 임원회의도 늦어지게 됩니다. 계속 이렇게 보고서 제출이 늦어지게 된다면 차라리 전체적으로 일정을 재조율하는 게 낫겠군요. 제출 기한을 얼마나 연기해주면 안정적으로 작성할 수 있습니까?

② 자료 준비의 중요성을 B과장이 잘 알 필요가 있으니, 주간보고서 작성에 필요한 자료들을 지금보다 편리하게 수신할 방법에 대해 함께 논의해 보세요. B과장의 반응도 나쁘지 않을 거라고 예상됩니다.

③ 주간보고서의 제출일 엄수가 중요한데 B과장이 담당하는 프로젝트 역시 회사의 사활이 걸린 문제니 난감하군요. 전례가 없는 일이긴 하지만, 팀별 성과표의 열람 권한을 줄 테니 앞으로 B과장의 업무를 A대리가 맡아서 해주세요.

④ 월초에 시작된 프로젝트가 업무량에 비해 진행 기간이 짧다고 들었지만 그럴수록 시간 관리를 잘해서 누락되는 업무가 없도록 해야 하는데 안타깝네요. 다가오는 워크숍에서 효율적인 시간 관리에 대한 강의를 마련하는 게 좋을 것 같군요.

55 다음 중 정보, 자료 및 지식에 관한 옳은 설명만을 〈보기〉에서 모두 고른 것은?

> **〈보기〉**
> ㉠ 자료와 정보 가치의 크기는 절대적이다.
> ㉡ 정보는 특정한 상황에 맞도록 평가한 의미 있는 기록이다.
> ㉢ 정보는 사용하는 사람과 사용하는 시간에 따라 달라질 수 있다.
> ㉣ 지식이란 자료를 가공하여 이용 가능한 정보로 만드는 과정이다.

① ㉠, ㉡   ② ㉡, ㉢
③ ㉡, ㉣   ④ ㉢, ㉣

56 다음은 과제나 프로젝트 수행 시 예산을 관리하기 위한 예산 집행 실적 워크시트이다. ㉠×㉡의 값으로 옳은 것은?

예산 집행 실적						
항목	배정액	당월 지출액	누적 지출액	잔액	사용률(%)	비고
당월 시재	200,000		50,000	㉠	㉡	비품 구입
합계						

① 37,000

② 37,500

③ 38,000

④ 38,500

57 다음 〈보기〉 중 직업에 대한 설명으로 옳은 것을 모두 고르면?

〈보기〉
㉠ 경제적인 보상이 있어야 한다.
㉡ 본인의 자발적 의사에 의한 것이어야 한다.
㉢ 장기적으로 지속할 수 있어야 한다.
㉣ 취미활동, 아르바이트, 강제노동 등도 포함된다.
㉤ 다른 사람들과 함께 인간관계를 쌓을 수 있는 기회가 된다.

① ㉠, ㉡, ㉢

② ㉠, ㉢, ㉤

③ ㉡, ㉣, ㉤

④ ㉠, ㉡, ㉢, ㉤

58 다음 중 SWOT전략에 대한 설명으로 옳은 것은?

① SO전략 : 시장의 위협을 회피하기 위해 강점을 사용하는 전략
② ST전략 : 약점을 극복함으로써 시장의 기회를 활용하는 전략
③ WO전략 : 시장의 기회를 활용하기 위해 강점을 사용하는 전략
④ WT전략 : 시장의 위협을 회피하고 약점을 최소화하는 전략

59 제품 Q를 만드는 데 A는 8일, B는 10일 걸린다고 한다. A가 먼저 3일 동안 만든 후 둘이 함께 만들다가 이후 남은 일을 B가 4일간 해서 끝냈다면, 둘이 함께 만든 기간은?

① 1일   ② 2일
③ 3일   ④ 4일

60 다음은 어떤 시험에 응시한 남녀 응시자와 합격자 수를 나타낸 것이다. 이에 대한 설명으로 옳지 않은 것은?(단, 소수점 둘째 자리에서 반올림한다.)

구분	응시자	합격자
남자	11,150명	1,920명
여자	4,290명	760명

① 전체 응시자 합격률은 17.4%이다.
② 여자 응시자 중 합격자 비중은 17.7%이다.
③ 총 응시자 중 여자 비중은 27.8%이다.
④ 응시자 대비 합격자 비중은 남자가 더 높다.

CHAPTER

02

모듈형
실전모의고사 2회
60문항/60분

01 S팀장이 체크한 키슬러의 대인관계 의사소통 양식 검사 결과가 다음과 같았다. 이때 S팀장에게 필요한 조언으로 옳은 것은?

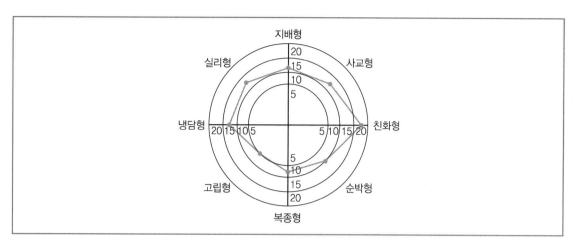

① 적극적인 자기표현과 주장을 하도록 노력한다.

② 타인과의 정서적인 거리를 유지하는 노력이 필요하다.

③ 타인의 감정 상태에 관심을 가지고 긍정적인 감정을 표현해야 한다.

④ 대인관계의 중요성을 인식하고 타인에 대한 비현실적인 두려움의 근원을 되돌아본다.

02 다음 빈칸 ㉠~㉢에 해당하는 값을 바르게 짝지은 것은?

- $1m^3$는 (㉠)cm^3이다.
- 1ml는 (㉡)dl이다.
- 1할은 (㉢)리이다.

	㉠	㉡	㉢
①	10,000	0.1	100
②	10,000	0.01	10
③	1,000,000	0.1	10
④	1,000,000	0.01	100

03 다음 데이터베이스의 필요성에 대한 설명 중 옳은 것만을 〈보기〉에서 모두 고르면?

〈보기〉

㉠ 데이터의 중복과 안정성을 높인다.
㉡ 데이터의 양이 많아 검색이 어렵다.
㉢ 프로그램의 개발이 쉽고 개발 기간도 단축된다.
㉣ 데이터가 한 곳에만 기록되어 있어 결함 없는 데이터를 유지하기 어려워졌다.

① ㉠, ㉡   ② ㉠, ㉢
③ ㉡, ㉣   ④ ㉢, ㉣

04 W사의 4개 팀 팀장의 성향이 다음과 같다. 다음 중 A~D팀장의 리더십 유형을 바르게 짝지은 것은?

- A팀장은 부하직원들의 생각을 듣기보다는 자신의 생각에 도전이나 반항 없이 순응하도록 요구한다. 이에 따라 부하직원들은 조직에 대한 정보는 잘 모르는 채로 자신에게 주어진 업무만을 묵묵히 수행하고 있다.
- B팀장은 아침마다 정규 직원회의를 실시한다. 직원회의에서 그날의 협의 내용에 대한 개요자료를 부하직원 들에게 나누어주면 직원들은 자료를 토대로 자신의 의견을 개진하거나 완전히 새로운 안을 제시할 수 있다. B팀장은 부하직원들의 생각에 동의하거나 거부할 권한을 가진다.
- C팀장은 자신이 팀원 중 한 명일 뿐이라고 생각하며 자신이 다른 팀원들보다 더 비중있다고 생각하지 않는 다. C팀장과 일하는 팀원들은 팀의 성과 및 결과에 대한 책임을 공유하고 있다.
- D팀장은 그동안 자신의 팀이 유지해온 업무 수행 상태에 문제가 있다고 평가하고, 이를 개선하기 위해 노력 하고 있다. 그는 팀에 명확한 비전을 제시하고, 팀원들로 하여금 업무에 몰두할 수 있도록 격려한다.

	A팀장	B팀장	C팀장	D팀장
①	독재자 유형	파트너십 유형	변혁적 유형	민주주의에 근접한 유형
②	파트너십 유형	민주주의에 근접한 유형	독재자 유형	변혁적 유형
③	민주주의에 근접한 유형	변혁적 유형	파트너십 유형	독재자 유형
④	독재자 유형	민주주의에 근접한 유형	파트너십 유형	변혁적 유형

05 다음 중 자기관리가 이루어지는 단계를 〈보기〉에서 골라 순서대로 바르게 나열한 것은?

<보기>

㉠ 수행 ㉡ 반성 및 피드백 ㉢ 일정 수립
㉣ 비전 및 목적 정립 ㉤ 과제 발견

① ㉣-㉢-㉡-㉤-㉠ ② ㉣-㉤-㉢-㉠-㉡
③ ㉤-㉢-㉣-㉡-㉠ ④ ㉤-㉣-㉢-㉠-㉡

06 다음 중 〈보기〉의 ㉠~㉢이 지칭하는 것을 바르게 짝지은 것은?

<보기>

㉠ 어떤 사건이 일어나거나 증상이 나타나는 정도
㉡ 모든 사례의 수치를 합한 후에 총 사례 수로 나눈 값
㉢ 전체의 수량을 100으로 하여 생각하는 수량이 몇이 되는가를 가리키는 수

	㉠	㉡	㉢
①	빈도	평균	백분율
②	범위	분산	백분율
③	분산	중앙값	표준편차
④	평균	빈도	표준편차

07 다음과 같은 업무를 수행하는 부서에 해당하는 것은?

주주총회 및 이사회 개최 관련 업무, 의전 및 비서업무, 집기비품 및 소모품의 구입과 관리, 사무실 임차 및 관리, 차량 및 통신 시설의 운영, 국내외 출장 업무 협조, 복리후생 업무, 법률자문과 소송관리, 사내외 홍보 광고 업무

① 인사부 ② 총무부
③ 회계부 ④ 영업부

다음 문서를 바탕으로 이어지는 물음에 답하시오.

출장보고서

작성일 : 2020년 2월 28일

작성자 : 영업팀 대리 오○○

지난 2월 24~27일 출장 결과를 다음과 같이 보고합니다.

－다 음－

1. 출장 일시 : 2020년 2월 24~27일
2. 출장지 : 대구광역시, 부산광역시
3. 출장 인원 : 영업팀 곽○○ 과장, 오○○ 대리
4. 보고 내용
   - 최근 불황과 시장 내 경쟁 과열이 맞물려 납품 계약 체결에 어려움을 겪고 있으며, 전기 대비 납품 물량도 줄어든 상황임
   - 이번에 출시된 신제품을 적극적으로 홍보함으로써 신규 계약 체결 및 시장점유율 확대의 기회로 삼고자 함
   - 기존 거래처인 A, B, C와 기존 물량 추가 납품 및 신제품 납품 계약을 체결하였고, 신규 거래처 D, E와도 거래 약정을 합의함
5. 첨부 자료 : 납품 계약서, 출장비 내역서

---

08 위와 같은 문서를 작성할 때의 유의사항으로 적절하지 않은 것은?

① 복잡한 내용이나 수치 등은 도표나 그림을 활용한다.

② 이해하기 어려운 전문용어는 가급적 사용하지 않는다.

③ 업무상 상사에게 제출하는 문서이므로 궁금한 점을 질문받을 것에 대비한다.

④ 핵심적인 내용이 잘 드러나도록 간결하면서도 내용이 중복되지 않게 쓴다.

09 위 문서를 통해 알 수 없는 것은?

① 출장자는 영업팀 2인이다.

② 3박 4일간 출장 후 복귀한 다음 날 보고서를 작성하였다.

③ 신제품 홍보가 이 출장의 주목적이었다.

④ 출장비 지출 내역은 추가 자료로 확인할 수 있다.

10 다음 중 자원관리에 대한 설명으로 옳지 않은 것은?

① 필요한 자원의 종류와 양을 구체적으로 확인해야 한다.
② 필요한 만큼의 자원만 확보하면 된다.
③ 자원 활용 계획을 세우면서 우선순위를 고려한다.
④ 가능하면 계획대로 수행한다.

11 다음 중 창의적 사고와 거리가 먼 것은?

① 정보와 정보의 조합
② 발산적 사고
③ 유용한 아이디어를 새롭게 생산해 내는 정신적 과정
④ 기존의 정보를 객관적으로 분석하는 일

12 다음 중 도표를 그릴 때의 주의사항으로 적절하지 않은 것은?

① 하나의 도표에 여러 가지 내용을 넣지 않는다.
② 단위의 눈금에 따라 수치가 크거나 작게 보일 수 있음을 유의한다.
③ 수치를 생략할 때는 이해하는 데 오해가 발생하지 않도록 주의한다.
④ 특별히 순서가 정해져 있지 않은 것은 왼쪽에서 오른쪽 또는 아래에서 위의 순서대로 배열한다.

13 다음 중 기술선택의 특성으로 적절하지 않은 것은?

① 연구자 또는 엔지니어들이 전 기업 차원에서의 필요 기술에 대한 분석이나 검토 없이 기술을 선택하는 것은 상향식 기술선택이다.
② 제품 또는 서비스 개발 과정 중 시장의 고객 요구와 맞지 않고 기술자들의 지식과 흥미만을 고려한 기술선택이 이뤄지는 경우 경쟁력이 부족한 기술선택의 가능성에 노출된다.
③ 기업이 직면한 외부환경과 보유 자원에 대한 체계적 분석을 통해 확보해야 하는 기술과 목표기술에 대한 수준을 결정하는 것은 하향식 기술선택이다.
④ 기술선택 시 쉽게 구할 수 있고, 기업 간 기술 공유가 자유롭게 이뤄질 수 있는지 고려해야 한다.

14 다음 중 경력개발 계획을 수립하고 실행하는 단계를 〈보기〉에서 골라 순서대로 바르게 나열한 것은?

〈보기〉

㉠ 경력목표 설정 ㉡ 직무정보 탐색 ㉢ 경력개발 전략 수립
㉣ 실행 및 평가 ㉤ 자신과 환경 이해

① ㉡－㉤－㉢－㉠－㉣ ② ㉤－㉡－㉠－㉢－㉣
③ ㉡－㉤－㉠－㉢－㉣ ④ ㉤－㉡－㉢－㉠－㉣

15 다음 중 정보를 검색할 때의 주의사항으로 옳지 않은 것은?

① BBS, 뉴스그룹, 메일링 리스트 등도 사용한다.
② 키워드의 선택이 중요하고 검색어를 구체적으로 입력한다.
③ 검색 결과에 자료가 너무 많으면 결과 내 재검색 기능을 사용한다.
④ 검색한 모든 자료는 신뢰할 수 있으므로 그대로 내 자료로 활용한다.

16 다음 중 문서작성 시 주의해야 할 사항으로 옳지 않은 것은?

① 작성 시기를 고려하며, 육하원칙에 맞게 쓴다.
② 작성한 문서와 관련된 자료를 가능한 한 모두 첨부한다.
③ 문서 작성 후에는 반드시 다시 한 번 내용을 검토한다.
④ 문서에 포함된 금액, 수량, 일자 등을 정확히 기재한다.

17 다음 중 직접비용에 해당하는 것만을 〈보기〉에서 모두 고르면?

〈보기〉

㉠ 컴퓨터 구입비 ㉡ 보험료 ㉢ 건물관리비
㉣ 광고비 ㉤ 통신비 ㉥ 빔프로젝터 대여료
㉦ 인건비 ㉧ 출장 교통비

① ㉠, ㉢, ㉤ ② ㉡, ㉣, ㉧
③ ㉠, ㉥, ㉦, ㉧ ④ ㉡, ㉢, ㉣, ㉤

18 다음 중 조직변화의 유형에 대한 설명으로 옳지 않은 것은?

① 조직변화는 환경 변화에 따른 것으로 어떤 환경 변화가 있느냐는 어떻게 조직을 변화시킬 것인가에 지대한 영향을 미친다.

② 제품이나 서비스에 대한 변화는 기존 제품이나 서비스의 문제점이 발생할 때뿐만 아니라 새로운 시장을 확대하기 위해서도 이루어진다.

③ 조직의 목적과 일치시키기 위해 문화를 변화시키기도 한다.

④ 조직변화는 기존의 조직구조나 경영방식하에서 환경 변화에 따라 제품이나 기술을 변화시키는 것이다.

19 귀하는 백화점 매장이 잘 운영되는지 관리하던 도중 입사한 지 얼마 안 된 A브랜드 김 사원이 매니저가 없는 동안 "나 혼자 일해서 옆 매장에 신상품 구경하고 왔어. 너도 혼자 일해? 야, 지켜보고 감시하는 사람도 없는데 대충해. 이럴 때나 쉬엄쉬엄하지. 언제 이렇게 일하냐."라고 통화하는 것을 잠시 듣게 되었다. 백화점 매장 관리자인 귀하가 김 사원에게 해줄 수 있는 말로 적절하지 않은 것은?

① 근무 시간인데 본인이 해야 할 일에 집중해야 합니다.

② 상사가 없더라도 근면한 자세로 일해야 합니다.

③ 근무 중 개인적인 통화는 하지 말아야 합니다.

④ 끝내지 못한 업무가 있다면 반드시 마치고 퇴근해야 합니다.

20 효율적이고 합리적인 인사 관리를 위한 원칙 중 〈보기〉의 ⊙과 ⓒ에 해당하는 것을 바르게 연결한 것은?

〈보기〉
⊙ 직장에서 신분이 보장되고 계속해서 근무할 수 있다는 믿음을 갖게 하여 근로자가 안정된 회사 생활을 할 수 있도록 함
ⓒ 근로자의 인권을 존중하고 공헌도에 따라 노동의 대가를 공정하게 지급함

	⊙	ⓒ
①	단결의 원칙	공정 인사의 원칙
②	종업원 안정의 원칙	공정 보상의 원칙
③	공정 인사의 원칙	종업원 안정의 원칙
④	종업원 안정의 원칙	공정 인사의 원칙

21 다음 중 기획서의 올바른 작성법에 해당하지 않는 것은?

① 내용이 한눈에 파악되도록 체계적으로 목차를 구성한다.

② 핵심내용의 표현에 신경을 써야 한다.

③ 효과적인 내용 전달을 위해 적합한 표나 그래프를 활용하여 시각화하도록 한다.

④ 인용한 자료의 출처는 경우에 따라 생략한다.

22 다음 중 직업윤리에 대한 설명으로 옳지 않은 것은?

① 인간의 윤리관계 중 직업 특수상황에서 요구되는 별도의 덕목과 규범이다.

② 공사의 구분, 동료와의 협조, 전문성, 책임감 등이 포함된다.

③ 'ㅇㅇ' 회사 직원이냐를 구분하는, 그 회사의 특수한 윤리이다.

④ 직업을 가진 사람이라면 반드시 지켜야 할 공통적인 윤리규범이다.

23 다음 중 외국인과의 의사소통에서 비언어적인 의사소통에 대한 설명으로 옳지 않은 것은?

① 눈을 마주 쳐다보는 것은 흥미와 관심이 있음을 나타낸다.

② 어조가 높으면 만족과 안심을 나타낸다.

③ 말씨가 매우 빠르거나 짧게 얘기하면 공포나 노여움을 나타내 는 것이다.

④ 자주 말을 중지하면 결정적인 의견이 없음을 의미하거나 긴장 또는 저항을 의미한다.

24 다음 〈보기〉의 ㉠~㉺을 도표 작성 순서대로 바르게 나열한 것은?

〈보기〉

㉠ 가로축과 세로축에 나타낼 것을 결정한다.
㉡ 어떠한 도표로 작성할 것인지를 결정한다.
㉢ 자료를 가로축과 세로축이 만나는 곳에 표시한다.
㉣ 가로축과 세로축의 눈금의 크기를 결정한다.
㉤ 도표의 제목 및 단위를 표시한다.
㉥ 표시된 점들을 활용하여 도표를 작성한다.

① ㉡-㉠-㉣-㉢-㉥-㉤

② ㉡-㉢-㉣-㉠-㉤-㉥

③ ㉡-㉤-㉠-㉣-㉥-㉢

④ ㉤-㉡-㉣-㉠-㉢-㉥

25 미국의 알렉스 오즈번이 고안한 그룹발산기법으로, 창의적인 사고를 위한 발산방법 중 가장 널리 사용되는 방법이며, 집단의 효과를 살려서 아이디어의 연쇄반응을 일으켜 자유분방한 아이디어를 내는 기법은?

① 체크리스트법　　　　　　　　　　② NM법
③ 브레인스토밍　　　　　　　　　　④ So what 기법

26 다음 〈보기〉의 상황에서 ○○기업이 선택한 방법으로 가장 적절한 것은?

〈보기〉
　○○기업은 기계 가공 분야에서 뛰어난 업체 혹은 상품, 기술, 경영 방식 등을 배워 합법적으로 응용하고자 한다. 단순한 모방과 달리 우수한 기업이나 성공한 상품, 기술, 경영 방식 등의 장점을 충분히 배우고 익힌 후 자사의 환경에 맞추어 재창조하는 것이다. 다소 쉽게 아이디어를 얻어 신상품을 개발하거나 조직 개선을 위한 새로운 출발점으로 이용하고자 한다.

① 벤치마킹　　　　　　　　　　② 기업합병
③ 기업인수　　　　　　　　　　④ 기업매수

27 다음 식이 성립하도록 빈칸에 들어갈 알맞은 숫자를 고르면?

$$240 \div (16 \times \boxed{}) \times 29 = 87$$

① 2　　　　　　　　　　② 3
③ 4　　　　　　　　　　④ 5

28 다음은 자원의 낭비 요인 중 어느 것에 속하는가?

- 습관적인 일회용품 사용
- 할 일 미루기
- 주위 사람들과 약속 지키지 않기

① 노하우 부족　　　　　　　　　　② 비 계획적 행동
③ 편리성 추구　　　　　　　　　　④ 자원에 대한 인식 부재

29 길이가 250cm인 끈을 긴 끈과 짧은 끈 하나씩으로 나눴다. 긴 끈의 길이가 짧은 끈 길이의 4배보다 15cm 짧다면 긴 끈의 길이는 몇 cm인가?

① 193   ② 197
③ 203   ④ 207

30 다음 중 실행상의 문제점을 해결하기 위한 모니터링 체제를 구축할 때 고려할 사항이 아닌 것은?

① 문제가 재발하지 않을 것을 확신할 수 있는가?
② 혹시 또 다른 문제를 발생시키지 않았는가?
③ 바람직한 상태가 달성되었는가?
④ 해결안별 세부 실행내용은 구체적으로 수립되었는가?

31 다음 중 직장에서의 성예절과 관련된 설명으로 옳지 않은 것은?

① 성희롱은 가해자와 피해자의 의견이 일치할 때 성립한다.
② 직장 내 성예절을 지키기 위해서는 부적절한 언어와 행동을 삼가야 한다.
③ 남성 위주의 가부장적 문화와 성 역할에 대한 잘못된 인식을 바로잡아야 한다.
④ 여성과 남성이 동등한 지위를 보장받아야 한다.

32 다음 중 성공하는 사람의 이미지를 위한 의사표현에 대한 설명으로 옳지 않은 것은?

① 부정적인 말을 하면 인생도 부정적으로 될 것이고, 긍정적인 말을 하면 인생도 긍정적으로 될 것이다.
② 상대의 말에 공감해야 한다.
③ 항상 공손한 자세로 "미안합니다.", "죄송합니다만"이라는 표현을 자주 써야 한다.
④ 자신의 대화 패턴을 주의 깊게 살펴본다.

33 다음 사례에서 부족한 문제해결 사고는?

> A회사는 국제 금융 위기를 맞이하여, 기업의 위기 상황에 처해 있다. 이러한 상황을 타개하기 위해서 중국에 있는 시장을 철수해서 비용을 절감하려고 하였다. 그러나 A회사가 중국에서 철수한 후 A회사의 제품이 중국에서 인기를 끌게 되었고, 결국 A회사는 비용을 절감한 게 아니라 수익을 버린 결과를 초래하게 되었다.

① 전략적 사고 ② 분석적 사고
③ 발상의 전환 ④ 내ㆍ외부자원의 활용

34 ~ 35

다음은 특정 값을 나열한 것이다. 자료를 바탕으로 이어지는 물음에 답하시오.

> 6, 14, 5, 17, 10, 8, 3

34 자료의 평균은?

① 7 ② 8
③ 9 ④ 10

35 자료의 분산은?(단, 소수점 둘째 자리에서 반올림한다.)

① 21.7 ② 21.9
③ 22.2 ④ 22.5

36 다음 〈공문서 작성 원칙〉을 참고할 때, 밑줄 친 ㉠~㉣ 중 바르게 쓰인 곳은?

공문서 작성 원칙

1. 본문은 왼쪽 처음부터 시작하여 작성한다.
2. 본문 내용을 둘 이상의 항목으로 구분할 때 번호 순서는 1., 가., 1), 가), (1), (가)를 따른다.
3. 하위 항목은 상위 항목의 위치로부터 1자(2타)씩 오른쪽에서 시작한다.
4. 쌍점(:)의 왼쪽은 붙이고 오른쪽은 한 칸을 띄운다.
5. 문서에 금액을 표시할 때는 '금' 표시 후 아라비아 숫자로 쓰되, 숫자 다음에 괄호를 하고 한글로 적는다.
6. 본문이 끝나면 1자를 띄우고 '끝.' 표시를 한다. 단, 첨부물(붙임)이 있는 경우, 첨부 표시문 끝에 1자를 띄우고 '끝.' 표시를 한다.
7. 붙임 다음에는 쌍점을 찍지 않고, 붙임 다음에 1자를 띄운다.

○○시

수신 내부결재
제목 ○○시 탁구 동호회 취미클럽 활동 운영비 지원

---

　　1. <u>직장 취미클럽 활성화와 일상생활 속의 체육활동을 통한 건강한 체력을 바탕으로 공직생활의 활력을 도모하기 위하여</u> … ㉠

　　2. 2020 ○○시장기 탁구대회 출전에 따른 ○○시청 탁구 동호회 취미클럽 활동 운영비를 다음과 같이 지원하고자 합니다.

　　가. 행사개요
　　<u>(1) 대회명: 2020 ○○시장기 탁구 동호인대회</u> … ㉡
　　(2) 일자: 2020. 1. 22. (수)
　　(3) 장소: ○○체육관
　　나. <u>금회 집행 예정액: 금 458,000원</u> … ㉢

<u>붙임　○○시청 탁구인동호회 명단 1부.　끝.</u> … ㉣

지방행정주사 정○○　　　　행정지원과장 진○○　　　　행정지원국장 윤○○
시행 총무과−0125 (2019. 1. 15.)
우 03751 ○○도 ○○시 XX로 58
전화 02−0000−0000 / 전송 02−0000−0000

---

① ㉠   ② ㉡

③ ㉢   ④ ㉣

37 다음 중 예절에 대한 설명 중 옳지 않은 것은?

① 예절이란 일정한 생활문화권에서 오랜 생활습관을 통해 하나의 공통된 생활 방법으로 성립된 것이다.

② 예절은 에티켓이라는 용어로 많이 활용된다.

③ 예절은 언어문화권과 무관하므로 전 세계 공통 예절을 익혀야 한다.

④ 공통적으로 행해지는 가장 바람직한 예절을 알아야 한다.

38 다음 밑줄 친 ㉠~㉣을 언어적인 의사소통과 문서적인 의사소통으로 바르게 짝지은 것은?

> 무역회사에 근무하는 K과장은 아침부터 밀려드는 일에 정신이 없다. 오늘 ㉠<u>독일의 고객사에서 보내온 주방용품 컨테이너 수취확인서</u>를 확인하고 운송장을 작성해야 하는 일이 꼬여 버려, ㉡<u>국제전화로 걸려오는 수취 확인 문의 전화</u>와 다른 고객사의 클레임을 받느라 전화도 불이 난다. 어제 오후 퇴근하기 전에 P대리에게 ㉢<u>운송장을 영문으로 작성해 K과장에게 줄 것을 지시한 메모</u>를 책상 위에 올려놓고 갔는데, P대리가 아마도 못 본 모양이었다. 아침에 다시 한 번 얘기했는데 P대리는 엉뚱한 주문서를 작성해 놓았다. 그래서 다시 P대리에게 클레임 관련 메일을 보내 놓은 참이다. 게다가 오후에 있을 ㉣<u>회의 때 발표할 주간업무보고서를 작성</u>해야 하는데 시간이 빠듯해 큰일이다.

	언어적인 의사소통	문서적인 의사소통
①	㉡	㉠, ㉢, ㉣
②	㉠, ㉡	㉢, ㉣
③	㉡, ㉢	㉠, ㉣
④	㉡, ㉣	㉠, ㉢

39 다음 중 세계화와 국제감각에 대한 설명으로 옳지 않은 것은?

① 세계화가 진행됨에 따라 직업인들은 직·간접적으로 영향을 받게 된다.

② 세계화 시대에 업무를 효과적으로 수행하기 위해서는 국제 동향을 파악해야 한다.

③ 이문화 이해는 다른 문화를 자기 문화 중심으로 이해하는 것이다.

④ 직업인이 외국인과 함께 일을 하기 위해서는 국제 매너를 갖춰야 한다.

40 다음 특징에 해당하는 멤버십 유형은?

> • 자아상 : 조직의 운영방침에 민감, 규정과 규칙에 따라 행동
> • 동료/리더의 시각 : 개인의 이익을 극대화하기 위한 흥정에 능함, 적당한 열의와 평범한 수완으로 업무 수행
> • 조직에 대한 자신의 느낌 : 명령과 계획의 빈번한 변경, 리더와 부하 간의 비인간적 풍토

① 소외형   ② 순응형
③ 실무형   ④ 수동형

41 다음 중 의사소통능력 개발에 관한 설명으로 옳은 것만을 〈보기〉에서 모두 고르면?

> 〈보기〉
> ㉠ 피드백은 상대방이 원하는 경우 대인관계에 있어서 그의 행동을 개선할 기회를 제공해 줄 수 있다.
> ㉡ 전문용어는 그 언어를 사용하는 집단 구성원들 사이에 사용될 때에나 조직 밖에서 사용할 때나 똑같이 이해를 촉진시킨다.
> ㉢ 상대방의 이야기를 들어주는 것과 경청의 의미는 같다.

① ㉠   ② ㉠, ㉡
③ ㉠, ㉢   ④ ㉡, ㉢

42 다음 중 〈보기〉의 네트워크 혁명 3대 법칙들이 바르게 연결된 것은?

> 〈보기〉
> ㉠ 컴퓨터의 파워가 18개월마다 2배씩 증가한다.
> ㉡ 네트워크의 가치는 사용자 수의 제곱에 비례한다.
> ㉢ 창조성은 네트워크에 접속되어 있는 다양한 지수함수와 비례한다.

	무어의 법칙	메트칼피의 법칙	카오의 법칙
①	㉠	㉡	㉢
②	㉡	㉢	㉠
③	㉢	㉠	㉡
④	㉠	㉢	㉡

43 정보원(sources)은 크게 1차 자료와 2차 자료로 구분된다. 1차 자료를 〈보기〉에서 모두 고른 것은?

〈보기〉

| ㉠ 편람 | ㉡ 단행본 | ㉢ 학술지 | ㉣ 학위논문 |

① ㉠, ㉡

② ㉡, ㉢

③ ㉠, ㉡, ㉢

④ ㉡, ㉢, ㉣

44 다음 〈보기〉 중 조직목표의 개념 및 특징에 대한 설명으로 옳은 것을 모두 고르면?

〈보기〉

㉠ 조직목표는 조직구성원들의 의사결정 기준이 된다.

㉡ 조직구성원들이 자신의 업무를 성실하게 수행하면 전체 조직목표도 자연스럽게 달성된다.

㉢ 조직목표는 환경이나 조직 내의 다양한 원인에 의해 변동되거나 없어지기도 한다.

㉣ 조직은 한 개의 목표를 추구한다.

㉤ 조직목표 중 공식적인 목표인 사명은 측정 가능한 형태로 기술되는 단기적인 목표이다.

① ㉠, ㉢

② ㉣, ㉤

③ ㉠, ㉢, ㉤

④ ㉡, ㉢, ㉣

45 다음 중 갈등의 5단계 과정을 바르게 나열한 것은?

① 의견 불일치 – 진정 – 격화 – 대결 – 갈등 해소

② 대결 – 의견 불일치 – 진정 – 격화 – 갈등 해소

③ 의견 불일치 – 대결 – 격화 – 진정 – 갈등 해소

④ 대결 – 의견 불일치 – 격화 – 진정 – 갈등 해소

46 다음은 다양한 협상 전략을 보여주는 사례들이다. 세 가지 사례에 해당하는 협상 전략을 알맞게 나열한 것은?

> (가) ○○사의 A주임은 △△기업의 부품을 구매하는 업무를 담당한다. △△기업이 생산하는 부품은 ○○사 주력제품에 들어가는 매우 중요한 부품으로 ○○사는 3년째 △△기업의 제품을 개당 1,500원에 구입했다. 그런데 △△기업이 부품의 가격을 2,000원으로 인상하겠다는 내용을 전달해 왔다. 이에 A주임은 △△기업의 통지를 다각도에서 살펴본 후 그 제안을 기꺼이 수용하기로 하였다. 단기적으로는 ○○사의 손해를 야기하지만, △△기업과의 장기적 관계를 염두에 둘 때 해당 제안을 수용하는 것이 이익이라는 데 생각이 미쳤기 때문이다.
>
> (나) B부장은 □□기업 영업부에서 근무한다. 신제품 출시 가격에 대해 도매업체와 협상하던 중 해당 도매업체가 신제품에 대해 별다른 관심을 보이지 않고 협상에 적극적이지 않다는 점을 파악하였다. 해당 도매업체와의 협상에 시간과 노력을 들일 가치를 느끼지 못한 B부장은 협상을 포기하기로 하였다.
>
> (다) C팀장은 신제품 출시에 따른 기존 재고의 처리 방안을 궁리하다가 ◇◇업체에 재고 처리를 요청하였다. ◇◇업체의 D사장은 자금 부족 사정을 설명하며 C팀장의 제안을 거절하였지만 C팀장은 해당 재고를 받아주지 않는다면 다른 제품의 거래도 끊겠다는 조건을 걸어 협상을 성공시켰다.

	(가)	(나)	(다)
①	협력전략	유화전략	회피전략
②	회피전략	협력전략	강압전략
③	유화전략	회피전략	강압전략
④	강압전략	유화전략	협력전략

47 다음 중 신입사원 K씨가 〈보기〉에서처럼 기술능력을 습득할 수 있는 방법으로 가장 적절한 것은?

> 〈보기〉
> • 신입사원인 K씨는 본인의 직무와 관련한 장비에 대해 교육 훈련을 받을 필요가 있다.
> • K씨는 업무수행이 중단되는 일이 없이 업무수행에 필요한 지식·기술·능력·태도를 교육받을 수 있어야 한다.

① OJT   ② JIT

③ LMS   ④ e-learning

48 다음은 시간 계획의 기본원리를 나타낸 것이다. 관련 설명으로 옳지 않은 것은?

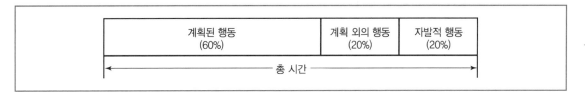

계획된 행동 (60%)	계획 외의 행동 (20%)	자발적 행동 (20%)
← 총 시간 →		

① 계획 외의 행동은 예정 외의 행동에 대비한 시간이다.
② 자발적 행동은 창조성을 발휘하는 시간이라고 볼 수 있다.
③ 자신에게 주어진 시간 중 60%는 계획된 행동을 하여야 한다는 것을 의미한다.
④ 자신에게 주어진 모든 시간을 계획적으로 사용하는 것은 충분히 가능한 일임을 알 수 있다.

49 다음 중 자기개발의 특징에 대한 설명으로 옳은 것은?

① 사람들은 모두 자기개발에 있어서 지향하는 바가 비슷하다.
② 자기개발은 생활 가운데 이루어져야 한다.
③ 자기개발은 일시적으로 이루어지는 과정이다.
④ 자기개발은 승진이나 이직을 원하는 사람만 하는 것이다.

50 다음 중 〈보기〉의 사례를 특허, 실용신안, 의장, 상표로 구분하여 바르게 연결한 것은?

〈보기〉
㉠ 미국의 조셉은 양이 장미 넝쿨을 넘어가지 못하도록 철조망을 발명하였다.
㉡ 잉크펜의 중앙에 홈을 내고 구멍을 뚫어 자연스럽게 글을 쓸 수 있었다.
㉢ 반달형, 맥주병형 등 다양한 디자인의 성냥갑을 창안하였다.
㉣ 코카콜라 병의 빨간 글씨, 코닥필름 등의 노란색 등이 해당한다.

	특허	실용신안	의장	상표
①	㉠	㉡	㉢	㉣
②	㉡	㉢	㉣	㉠
③	㉢	㉣	㉠	㉡
④	㉣	㉠	㉡	㉢

51 원가에 40%의 이익을 붙여 판매하던 제품을 10% 할인하려 한다. 이 제품의 원가가 15,000원이라면 할인이 적용된 판매가는 얼마인가?

① 16,800원   ② 17,500원

③ 18,900원   ④ 19,600원

52 다음 중 전자상거래(Electronic Commerce)에 관한 설명으로 옳은 것만을 〈보기〉에서 모두 고르면?

〈보기〉
㉠ 나의 경험담도 전자상거래 상품이 될 수 있다.
㉡ 인터넷 서점, 홈쇼핑, 홈뱅킹 등도 전자상거래 유형이다.
㉢ 개인이 아닌 공공기관이나 정부는 전자상거래를 할 수 없다.
㉣ 팩스나 전자우편 등을 이용하는 거래는 전자상거래가 아니다.

① ㉠, ㉡   ② ㉡, ㉢

③ ㉡, ㉣   ④ ㉢, ㉣

53 다음 중 〈보기〉의 ㉠~㉢에 해당하는 것을 바르게 짝지은 것은?

〈보기〉
㉠ 현상 및 원인 분석 전에 지식과 경험을 바탕으로 일의 과정이나 결과, 결론을 가정한 다음 검증 후 사실일 경우 다음 단계의 일을 수행한다.
㉡ 일상 업무에서 일어나는 상식, 편견을 타파하여 객관적 사실로부터 사고와 행동을 출발한다.
㉢ 기대하는 결과를 명시하고 효과적으로 달성하는 방법을 사전에 구상하고 실행에 옮긴다.

	㉠	㉡	㉢
①	성과 지향의 문제	가설 지향의 문제	사실 지향의 문제
②	성과 지향의 문제	사실 지향의 문제	가설 지향의 문제
③	가설 지향의 문제	사실 지향의 문제	성과 지향의 문제
④	사실 지향의 문제	성과 지향의 문제	가설 지향의 문제

54 협상의 설득전략 중 어떤 과학적인 논리보다 동료나 사람들의 행동에 의해서 상대방 설득을 진행하는 전략은?

① See-Fee-Change 전략   ② 상대방 이해 전략
③ 연결 전략   ④ 사회적 입증 전략

55 다음 빈칸 ㉠~㉢에 들어갈 용어를 바르게 짝지은 것은?

> 자기개발은 자신의 능력, 적성 및 특성 등에 있어서 (㉠)와/과 (㉡)을/를 찾고 확인하여 (㉠)을/를 강화시키고, (㉡)을/를 관리하여 성장을 위한 기회로 활용하는 것이다. 직업기초능력으로서 자기개발능력은 직업인으로서 자신의 능력, 적성, 특성 등의 객관적 이해에 기초하여 (㉢)을/를 스스로 수립하고 성취해나가는 능력이다.

	㉠	㉡	㉢
①	기술	특기	발전 목표
②	강점	약점	발전 목표
③	장점	단점	능력 표준
④	기술	특기	능력 표준

56 다음 중 직장에서의 명함 교환에 대한 설명으로 적절하지 않은 것은?

① 상대방에게 받은 명함은 받은 즉시 접어서 호주머니에 넣는다.
② 명함을 받으면 한두 마디 대화를 건네 본다.
③ 쌍방이 동시에 명함을 꺼낼 때는 왼손으로 서로 교환하고 오른손으로 옮겨 든다.
④ 명함은 하위에 있는 사람이 먼저 꺼낸다.

57 검색엔진을 사용하여 인터넷에서 남아메리카 국가인 베네수엘라의 수도가 어디인지 알아보려고 한다. 키워드 검색방법을 사용할 때 가장 적절한 검색식은 무엇인가?(단, 사용하려는 검색엔진은 AND 연산자로 '&', OR 연산자로 'ǀ', NOT 연산자로 '!'를 사용한다.)

① 남아메리카 & 국가   ② 남아메리카 ! 수도
③ 남아메리카 ǀ 베네수엘라   ④ 베네수엘라 & 수도

58 다음 중 자기개발 설계 전략으로 적절하지 않은 것은?

① 보통 장기목표는 1~3년 정도의 목표를 의미한다.
② 장기목표는 자신의 욕구, 가치, 흥미, 적성 및 기대를 고려한다.
③ 다른 사람과의 관계를 발전시키는 것도 하나의 자기개발 목표가 될 수 있다.
④ 현재 직무를 담당하는 데 필요한 능력과 자신의 수준, 적성 등을 고려한다.

59 경영은 '계획 → 실행 → 평가'의 과정을 거쳐 이루어진다. 다음 중 실행 과정에서 이루어지는 것은?

① 대안 분석   ② 실행 방안 선정
③ 조직목적 달성   ④ 교정 및 피드백

60 A, B, C, D, E, F 6명은 토요일과 일요일에 3명씩 나누어 당직을 서야 한다. 이때 A가 반드시 일요일에 당직을 서게 될 경우의 수는?

① 5가지   ② 10가지
③ 15가지   ④ 20가지

memo

NCS 공기업 통합 실전모의고사 PSAT형＋모듈형＋전공

PART 04

전공
실전모의고사

경영학
실전모의고사

25문항/25분

01 생산, 판매, 회계, 인사, 총무 등의 부서를 만들고 관련 과업을 할당하는 조직구조 유형은?

① 사업부 조직　　　　　　　　　　② 매트릭스 조직
③ 기능별 조직　　　　　　　　　　④ 팀 조직
⑤ 네트워크 조직

02 전문경영자와 소유경영자에 관한 설명으로 옳지 않은 것은?

① 소유경영자는 환경 변화에 빠르게 대응할 수 있다는 장점이 있다.
② 전문경영자에 비해 소유경영자는 단기적 성과에 집착하는 경향이 강하다.
③ 전문경영자와 주주 사이에 이해관계가 상충될 수 있다.
④ 전문경영자에 비해 소유경영자는 상대적으로 전문성이 떨어질 수 있다.
⑤ 소유경영자는 전문경영자에 비해 상대적으로 강력한 리더십의 발휘가 가능하다.

03 민츠버그(H. Mintzberg)의 경영자 역할 중 의사결정 역할의 범주에 속하지 않는 것은?

① 연락자　　　　　　　　　　　② 기업가
③ 문제해결자　　　　　　　　　④ 자원배분자
⑤ 협상자

04 BCG(Boston Consulting Group) 매트릭스에 관한 설명으로 옳지 않은 것은?

① 원의 크기는 매출액 규모를 나타낸다.
② 수직축은 시장성장률, 수평축은 상대적 시장점유율을 나타낸다.
③ 기업의 자원을 집중적으로 투입하는 강화전략은 시장성장률과 시장점유율이 높은 사업에 적합하다.
④ 시장성장률은 낮지만 시장점유율이 높은 사업은 현상유지전략을 적용한다.
⑤ 시장성장률은 높지만 시장점유율이 낮은 사업의 경우 안정적 현금 확보가 가능하다.

05 동기부여의 내용 이론에 해당하지 않는 것은?

① 2요인 이론　　　　　　　　　② ERG 이론
③ X, Y 이론　　　　　　　　　④ 공정성 이론
⑤ 욕구단계 이론

06 차별적 마케팅의 일환으로 서로 다른 특성을 지닌 소비자집단을 다양한 기준으로 세분화할 때 그 한 가지 기준인 행동적 변수에 해당하지 않는 것은?

① 구매 또는 사용 상황
② 소비자가 추구하는 편익
③ 소비자의 라이프스타일
④ 상표 충성도
⑤ 제품 사용 경험

07 재무제표에 관한 설명으로 옳지 않은 것은?

① 재무상태표는 기업의 일정 시점의 재무상태에 대한 정보를 제공한다.
② 자본변동표는 일정 기간 동안 발생한 소유주지분의 변동 내역을 보여준다.
③ 손익계산서는 기업의 일정 기간 동안의 경영성과를 보고하기 위한 재무제표이다.
④ 현금흐름표는 기업의 일정 기간 동안의 현금흐름을 나타내는 재무제표로서, 현금의 변동내용을 명확하게 보고하기 위하여 당해 회계 기간에 속하는 현금의 유입과 유출내용을 적정하게 표시하여야 한다.
⑤ 주석은 재무상태표, 포괄손익계산서, 현금흐름표 및 자본변동표 등에 인식되어 본문에 표시되는 항목에 관한 설명이나 금액의 세부내역은 포함하지만, 우발부채와 재무제표에 인식하지 아니한 계약상 약정사항 등과 같은 항목은 포함하지 않는다.

08 기업이 취급하는 상품이나 서비스의 뛰어난 품질, 성능, 디자인 등을 바탕으로 경쟁업체와 구분하는 전략은?

① 집중화전략
② 차별화전략
③ 저가전략
④ 원가우위전략
⑤ 기능별전략

09 제품수명주기에서 매출이 급상승하고 후발 기업이 시장에 나타나며 수익성이 좋아지는 시기는?

① 성장기
② 도입기
③ 성숙기
④ 안정기
⑤ 쇠퇴기

10 수직적 통합에 관한 설명으로 옳지 않은 것은?

① 수직적 통합은 거래비용의 감소에 따른 원가상 이점이 있는 반면, 관련 활동 간 생산능력의 불균형과 독점적 공급으로 인한 비효율성에 의해 오히려 원가열위로 작용하기도 한다.

② 전방통합을 통해 유통망을 확보하여 고객에게 차별적 서비스를 제공하는 것이 가능해진다.

③ 후방통합을 통해 양질의 원재료를 안정적으로 공급받아 고품질을 유지할 수 있다.

④ 수직적 통합은 기업활동의 유연성을 강화시키는 요인으로 작용해서 경쟁력을 강화할 수 있으며, 특히 기술변화가 심하고 수요가 불확실하거나 경쟁이 치열한 경우에 적합하다.

⑤ 기업 간 거래 시 제품사양이나 가격, 납기 등의 결정을 내부화하여 비용절감 및 원료조달이나 제품의 판로확보가 가능해지고, 이를 통해 안정적 기업활동이 유지될 수 있다.

11 훈련의 방법을 직장 내 훈련(OJT)과 직장 외 훈련(Off – JT)으로 구분할 때 직장 외 훈련에 해당하지 않는 것은?

① 강의실 강의　　　　　　　　　　② 영상과 비디오
③ 시뮬레이션　　　　　　　　　　④ 직무순환
⑤ 연수원 교육

12 지식재산권의 유형이라 할 수 없는 것은?

① 특허권　　　　　　　　　　　　② 상표권
③ 통제권　　　　　　　　　　　　④ 디자인권
⑤ 실용신안권

13 제휴와 투자에 의한 국제화 전략에 해당하지 않는 것은?

① 프랜차이징　　　　　　　　　　② 합작투자
③ 컨소시엄　　　　　　　　　　　④ 해외직접투자
⑤ 구상무역

14 주식회사에 관한 설명으로 옳지 않은 것은?

① 주식회사의 최고의사결정기구는 이사회이다.
② 주주는 기업의 소유주로서 유한책임을 지닌다.
③ 대규모 자금을 조달할 수 있는 효과적인 기업형태이다.
④ 보통주의 주주는 의결권을 가지므로 일반적으로 보통주의 주가가 우선주보다 높게 형성된다.
⑤ 우리나라 대부분의 기업형태는 주식회사이다.

15 페욜(H. Fayol)이 제시한 5가지 관리 요소에 해당하지 않는 것은?

① 통제　　　　　　　　　　② 실행
③ 지휘(명령)　　　　　　　④ 조정
⑤ 조직

16 우호적인 제3자를 통해 지분을 확보하게 한 뒤, 주주총회에서 제3자로 하여금 투표권을 행사하게 하여 기습적으로 경영권을 탈취하는 방법은?

① 팩맨(Pac man)　　　　　② 파킹(Parking)
③ 그린메일(Green mail)　　④ 공개매수(Tender offer)
⑤ 독약처방(Poison pill)

17 국제표준화기구(ISO)에서 제정한 환경경영체제와 관련된 국제표준은?

① ISO 9001　　　　　　　② ISO 14001
③ ISO 22000　　　　　　　④ ISO 26000
⑤ ISO/IEC 27001

18 개당 10,000원에 판매되는 제품 A의 연간수요는 400개로 일정하게 발생하고 있으며, 1회 주문비용은 5,000원, 개당 연간 재고유지비용은 판매가격의 25% 정도로 추산하고 있다. 경제적 주문량(EOQ) 모형을 적용하여도 큰 무리가 없다고 가정할 때, 경제적 주문량은?

① 25개　　　　　　　　　② 30개
③ 35개　　　　　　　　　④ 40개
⑤ 50개

19 미국의 랜드연구소에서 개발한 의사결정기법으로, 전문가들을 한 장소에 대면시키지 않아 상호 간의 영향을 배제하면서 전문적인 견해를 얻는 방법은?

① 제3자조정기법(third party peace – making technique)
② 상호작용집단법(interaction group method)
③ 브레인스토밍(brain storming)
④ 델파이기법(delphi technique)
⑤ 명목집단법(nominal group technique)

20 SWOT분석에 관한 설명으로 옳지 않은 것은?

① SWOT분석은 외부요인과 내부요인을 결합하여 효과적인 전략을 세우기 위한 분석기법이다.
② SWOT분석을 통한 전략적 대안의 선택은 기업의 성장에 도움이 된다.
③ 위협을 회피하기 위해 강점을 사용하는 전략은 SO(Strength – Opportunity) 전략이다.
④ 위험을 회피하고 약점을 최소화하는 전략은 WT(Weakness – Threat) 전략이다.
⑤ 약점을 극복함으로써 기회를 활용하는 전략은 WO(Weakness – Opportunity) 전략이다.

21 인터넷 쇼핑몰, 인터넷 뱅킹, 공연이나 여행 관련 예약 등 기업과 소비자 간에 이루어지는 전자상거래의 형태는?

① B2B   ② C2C
③ B2C   ④ B2G
⑤ G2C

22 다음 설명에 해당하는 생산시스템은?

- 원재료 · 부품 · 반제품 등과 같은 종속적 수요의 재고에 대한 주문 및 생산계획을 처리하도록 만들어진 정보시스템
- 재고관리, 일정 계획과 통제의 두 가지 기능을 동시에 수행하는 기법

① 공급사슬관리(SCM)   ② 자재소요계획(MRP)
③ 적시생산시스템(JIT)   ④ 컴퓨터통합생산(CIM)
⑤ 유연제조시스템(FMS)

23 기업부실의 징후가 아닌 것은?

① 자본잠식의 심화

② 재고자산의 감소

③ 매출액의 지속적 감소

④ 차입조건이나 금리 면에서 불리한 신규차입금 급증

⑤ 영업활동으로 인한 현금흐름의 부족 지속

24 마케팅 믹스 중 촉진 활동이 아닌 것은?

① 광고(Advertisement)

② 포지셔닝(Positioning)

③ 인적판매(Personal sale)

④ 프로모션(Promotion)

⑤ PR(Public relations)

25 지속가능경영을 구성하는 세 가지 요소를 〈보기〉에서 고르면?

〈보기〉
㉠ 대내적 공정성　　　　　　　　㉡ 대외적 공헌성 ㉢ 경제적 수익성　　　　　　　　㉣ 환경적 건전성 ㉤ 사회적 책임성

① ㉠, ㉡, ㉣

② ㉠, ㉡, ㉤

③ ㉠, ㉢, ㉣

④ ㉠, ㉢, ㉤

⑤ ㉢, ㉣, ㉤

기계일반

실전모의고사

25문항/25분

01 지름이 25mm이고 길이가 6m인 강봉의 양쪽 단에 100kN의 인장력이 작용하여 6mm가 늘어났다. 이때의 응력과 변형률은?(단, 재료는 선형 탄성 거동을 한다.)

① 203.7MPa, 0.01   ② 203.7kPa, 0.01

③ 203.7MPa, 0.001   ④ 203.7kPa, 0.001

⑤ 203.7MPa, 0.1

02 직경이 d이고 길이가 L인 균일한 단면을 가진 직선축의 전체 길이에 걸쳐 토크 t_0가 작용할 때, 최대 전단응력은?

① $\dfrac{2t_0 L}{\pi d^3}$ ② $\dfrac{4t_0 L}{\pi d^3}$

③ $\dfrac{16t_0 L}{\pi d^3}$ ④ $\dfrac{32t_0 L}{\pi d^3}$

⑤ $\dfrac{48t_0 L}{\pi d^3}$

03 탄성(Elasticity)에 대한 설명으로 옳은 것은?

① 물체의 변형률을 표시하는 것

② 물체에 작용하는 외력의 크기

③ 물체에 영구변형을 일어나게 하는 성질

④ 물체에 가해진 외력을 증대시키려는 성질

⑤ 물체에 가해진 외력이 제거되는 동시에 원형으로 되돌아가려는 성질

04 그림과 같이 단순보의 지점 B에 M_0의 모멘트가 작용할 때 최대 굽힘 모멘트가 발생되는 A단에서부터의 거리 x는?

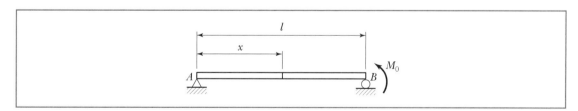

① $x = \dfrac{l}{5}$ ② $x = l$

③ $x = \dfrac{l}{2}$ ④ $x = \dfrac{l}{4}$

⑤ $x = \dfrac{3l}{4}$

05 지름 3mm의 철사로 평균지름 75mm의 압축코일 스프링을 만들고 하중 10N에 대하여 3cm의 처짐 량을 생기게 하려면 감은 회수(n)는 대략 얼마로 해야 하는가?(단, 전단 탄성계수 G=88GPa이다.)

① $n=8.9$ ② $n=8.5$

③ $n=7.8$ ④ $n=6.7$

⑤ $n=6.3$

06 냉동 효과가 70kW인 카르노 냉동기의 방열기 온도가 20℃, 흡열기 온도가 −10℃이다. 이 냉동기 를 운전하는 데 필요한 이론 동력(일률)은?

① 약 6.02kW   ② 약 6.98kW

③ 약 7.98kW   ④ 약 8.99kW

⑤ 약 9.12kW

07 물질의 양을 1/2로 줄이면 강도성(강성적) 상태량의 값은?

① 1/2로 줄어든다.   ② 1/4로 줄어든다.

③ 변화가 없다.   ④ 2배로 늘어난다.

⑤ 3배로 늘어난다.

08 배기체적이 1,200cc, 간극체적이 200cc인 가솔린 기관의 압축비는 얼마인가?

① 5   ② 6

③ 7   ④ 8

⑤ 9

09 절대 온도가 0에 접근할수록 순수 물질의 엔트로피는 0에 접근한다는 절대 엔트로피 값의 기준을 규 정한 법칙은?

① 열역학 제0법칙   ② 열역학 제1법칙

③ 열역학 제2법칙   ④ 열역학 제3법칙

⑤ 열역학 제4법칙

10 밀폐 단열된 방에 다음 두 경우에 대하여 가정용 냉장고를 가동시키고 방 안의 평균온도를 관찰한 결과 가장 합당한 것은?

> a) 냉장고의 문을 열었을 경우
> b) 냉장고의 문을 닫았을 경우

① a), b) 경우 모두 방 안의 평균온도는 하강한다.
② a), b) 경우 모두 방 안의 평균온도는 상승한다.
③ a), b)의 경우 모두 방 안의 평균온도는 변하지 않는다.
④ a)의 경우는 방 안의 평균온도는 변하지 않고, b)의 경우는 상승한다.
⑤ b)의 경우는 방 안의 평균온도는 변하지 않고, a)의 경우는 하강한다.

11 파이프 내에 점성유체가 흐른다. 다음 중 파이프 내의 압력 분포를 지배하는 힘은?

① 관성력과 중력
② 관성력과 표면장력
③ 관성력과 탄성력
④ 관성력과 원심력
⑤ 관성력과 점성력

12 다음 중 유동장에 입자가 포함되어 있어야 유속을 측정할 수 있는 것은?

① 열선속도계
② 정압피토관
③ 프로펠러 속도계
④ 레이저 도플러 속도계
⑤ GPS 속도계

13 비중이 0.8인 기름이 지름 80mm인 곧은 원관 속을 90L/min으로 흐른다. 이때의 레이놀즈수는 약 얼마인가?(단, 이 기름의 점성계수는 5×10^{-4}kg/(s·m)이다.)

① 38,200
② 19,100
③ 3,820
④ 1,910
⑤ 382

14 안지름 0.1m인 파이프 내에 평균 유속 5m/s로 어떤 액체가 흐르고 있다. 길이 100m 사이의 손실수두는 약 몇 m인가?(단, 관 내의 흐름으로 레이놀즈 수는 1,000이다.)

① 81.6
② 50
③ 40
④ 16.32
⑤ 14

15 중력과 관성력의 비로 정의되는 무차원수는?(단, ρ : 밀도, V : 속도, l : 특성 길이, μ : 점성계수, P : 압력, g : 중력가속도, c : 소리의 속도)

① $\dfrac{\rho V l}{\mu}$
② $\dfrac{V}{\sqrt{(gl)}}$
③ $\dfrac{P}{\rho V^2}$
④ $\dfrac{V}{c}$
⑤ $\dfrac{Vl}{\mu}$

16 탄소강에 함유된 인(P)의 영향을 바르게 설명한 것은?

① 강도와 경도를 감소시킨다.
② 결정립을 미세화시킨다.
③ 연신율을 증가시킨다.
④ 상온 취성의 원인이 된다.
⑤ 주물의 기포를 증가시킨다.

17 황동 가공재 특히 관, 봉 등에서 잔류응력에 기인하여 균열이 발생하는 현상은?

① 자연균열
② 시효경화
③ 탈아연부식
④ 저온풀림경화
⑤ 응력부식균열

18 배빗메탈이라고도 하는 베어링용 합금인 화이트 메탈의 주요 성분으로 옳은 것은?

① Pb−W−Sn
② Fe−Sn−Cu
③ Sn−Sb−Cu
④ Zn−Sn−Cr
⑤ Cu−Cr−W

19 쾌삭강(Free Cutting Steel)의 절삭 속도를 크게 하기 위하여 첨가하는 주된 원소는?

① Ni
② Mn
③ W
④ S
⑤ Cu

20 다음 중 구상흑연주철에서 흑연을 구상으로 만드는 데 사용하는 원소는?

① Cu
② Mg
③ Ni
④ Ti
⑤ P

21 슬롯 테이퍼 핀의 테이퍼 값은?

① $\dfrac{1}{10}$
② $\dfrac{1}{20}$
③ $\dfrac{1}{25}$
④ $\dfrac{1}{50}$
⑤ $\dfrac{1}{100}$

22 코터의 너비가 2cm, 높이가 4cm, 코터의 허용전단응력이 150kg/cm²일 때 코터에 가할 수 있는 하중은?

① 1,200kg
② 1,600kg
③ 2,400kg
④ 2,600kg
⑤ 2,800kg

23 축 단을 약간 크게 하여 경사지게 중첩시켜 공통의 키로서 고정한 커플링은?

① 반중첩 커플링
② 유니버설 커플링
③ 클램프 커플링
④ 셀러 커플링
⑤ 올덤 커플링

24 기어 전동장치에서 물림률을 구하는 식으로 맞는 것은?

① $\dfrac{\text{법선피치}}{\text{물림길이}}$

② $\dfrac{\text{접촉호의 길이}}{\text{원주피치}}$

③ $\dfrac{\text{법선피치}}{\text{접촉각}}$

④ $\dfrac{\text{접촉호의 길이}}{\text{접촉각}}$

⑤ $\dfrac{\text{법선피치}}{\text{접촉호의 길이}}$

25 어느 기계의 회전수를 전동기 회전수의 1/4로 감속하려면 기계의 벨트 풀리 지름을 약 얼마로 해야 하는가?(단, 전동기는 매분 1,700회전하고 이 벨트 풀리 지금은 100mm이다.)

① 400mm

② 350mm

③ 100mm

④ 25mm

⑤ 10mm

memo

03

전기일반
실전모의고사

01 다른 종류의 금속선으로 된 폐회로의 두 접합점의 온도를 달리하였을 때 전기가 발생하는 효과는?

① 톰슨 효과
② 핀치 효과
③ 펠티어 효과
④ 제벡 효과
⑤ 볼타 효과

02 비유전율이 4이고 전계의 세기가 20[kV/m]인 유전체 내의 전속밀도[$\mu C/m^2$]는?

① 0.708
② 0.168
③ 6.28
④ 2.83
⑤ 3.15

03 반지름 $r_1 = 2$[cm], $r_2 = 3$[cm], $r_3 = 4$[cm]인 3개의 도체구가 각각 전위 $V_1 = 1,800$[V], $V_2 = 1,200$[V], $V_3 = 900$[V]로 대전되어 있다. 이 3개의 구를 가는 선으로 연결했을 때의 공통전위는 몇 [V]인가?

① 1,100
② 1,200
③ 1,300
④ 1,500
⑤ 1,600

04 정전유도에 의해서 고립 도체에 유기되는 전하는?

① 정전하만 유기되며 도체는 등전위이다.
② 정·부 동량의 전하가 유기되며 도체는 등전위이다.
③ 부전하만 유기되며 도체는 등전위가 아니다.
④ 정·부 동량의 전하가 유기되며 도체는 등전위가 아니다.
⑤ 정전하만 유기되며 도체는 등전위가 아니다.

05 정전계의 설명으로 가장 적합한 것은?

① 전계에너지가 최대가 되는 전하 분포의 전계이다.
② 전계에너지와 무관한 전하 분포의 전계이다.
③ 전계에너지가 최소가 되는 전하 분포의 전계이다.
④ 전계에너지가 일정하게 유지되는 전하 분포의 전계이다.
⑤ 전계에너지가 반복적으로 변화하는 전하 분포의 전계이다.

06 그림의 대칭 T회로의 일반 4단자 정수가 다음과 같다. $A=D=1.2$, $B=44[\Omega]$, $C=0.01[\mho]$일 때, 임피던스 Z[Ω]의 값은?

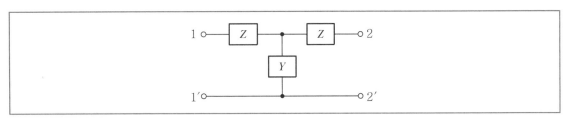

① 1.2

② 12

③ 20

④ 44

⑤ 50

07 임피던스 궤적이 직선일 때 이의 역수인 어드미턴스 궤적은?

① 원점을 통하는 직선

② 원점을 통하지 않은 직선

③ 원점을 통하는 원

④ 원점을 통하지 않는 원

⑤ 원점을 통하는 곡선

08 역률 0.8, 소비 전력 800[W]인 단상 부하에서 30분간의 무효전력량[Var · h]은?

① 200

② 300

③ 400

④ 800

⑤ 1,000

09 $R=100[\Omega]$, $C=30[\mu F]$의 직렬회로에 $f=60[Hz]$, $V=100[V]$의 교류 전압을 인가할 때 전류[A]는?

① 0.32

② 0.45

③ 0.56

④ 0.75

⑤ 0.96

10 그림과 같은 회로에서 a, b의 단자 전압 E_{ab}[V]는?

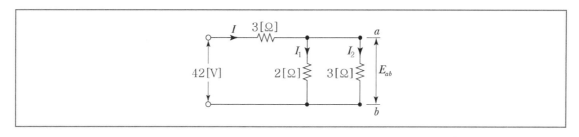

① 3
② 6
③ 12
④ 24
⑤ 35

11 어떤 제어계에서 입력신호를 가한 다음 출력신호가 정상상태에 도달할 때까지의 응답은?

① 정상응답
② 선형응답
③ 과도응답
④ 시간응답
⑤ 반복응답

12 회로망의 전달함수 $H(s) = \dfrac{V_2(s)}{V_1(s)}$를 구하면?

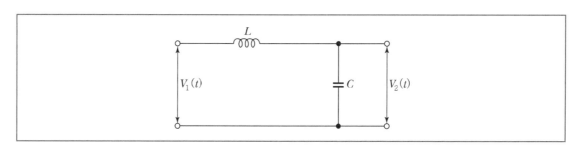

① $\dfrac{LC}{1 + LC_s}$

② $\dfrac{LC}{1 + LC_s{}^2}$

③ $\dfrac{1}{1 + LC_s}$

④ $\dfrac{1}{1 + LC_s{}^2}$

⑤ $\dfrac{2}{1 + LC_s{}^2}$

13 다음 안정도 판별법 중 $G(s)H(s)$의 극점과 영점이 우반 평면에 있을 경우 판정 불가능한 방법은?

① Routh – Hurwitz 판별법   ② Bode 선도

③ Nyquist 판별법   ④ 근궤적법

⑤ Hurwitz 판별법

14 그림과 같은 구형파의 라플라스 변환은?

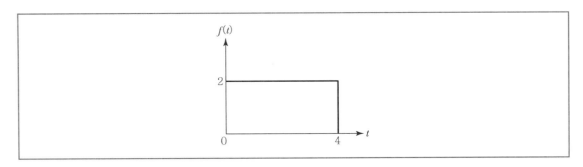

① $\dfrac{2}{s}(1-e^{4s})$ ② $\dfrac{4}{s}(1-e^{2s})$

③ $\dfrac{2}{s}(1-e^{-4s})$ ④ $\dfrac{4}{s}(1-e^{-2s})$

⑤ $\dfrac{4}{s}(2-e^{-2s})$

15 다음 중 피드백 제어계의 일반적인 특징이 아닌 것은?

① 비선형 왜곡이 감소한다.

② 구조가 간단하고 설치비가 저렴하다.

③ 대역폭이 증가한다.

④ 계의 특성 변화에 대한 입력 대 출력비의 감도가 감소한다.

⑤ 정확성이 증가한다.

16 어느 변전설비의 역률을 60[%]에서 80[%]로 개선한 결과 2,800[kVA]의 콘덴서가 필요하였다. 이 발전설비의 용량은 몇 [kW]인가?

① 4,800   ② 5,000

③ 5,400   ④ 5,800

⑤ 6,000

17 수력 발전소에서 사용되는 수차 중 15[m] 이하의 저낙차에 적합하여 조력 발전용으로 알맞은 수차는?

① 카플란 수차

② 펠턴 수차

③ 프란시스 수차

④ 튜블러 수차

⑤ 사류 수차

18 3상용 차단기의 정격용량은 그 차단기의 정격전압과 정격차단전류와의 곱을 몇 배한 것인가?

① 3배

② $\sqrt{3}$ 배

③ 1배

④ $1/\sqrt{3}$ 배

⑤ $\sqrt{3}/3$배

19 송전선로에서 역섬락을 방지하기 위하여 가장 필요한 것은?

① 피뢰기를 설치한다.

② 초호각을 설치한다.

③ 가공지선을 설치한다.

④ 탑각 접지저항을 적게 한다.

⑤ 직렬 리액터를 설치한다.

20 경간 300[m], 전선 자체의 무게가 W = 1.11[kg/m], 인장하중 10,210[kg], 안전율 2.2인 선로의 이도(dip)는 약 몇 [m]인가?

① 1.7

② 2.2

③ 2.7

④ 3.2

⑤ 4.1

21 60[Hz]의 전원에 접속된 4극 3상 유도전동기에서 슬립이 0.05일 때의 회전속도[rpm]는?

① 1,800

② 1,760

③ 1,750

④ 1,730

⑤ 1,710

22 변압기에서 생기는 철손 중 와류손(eddy current loss)은 철심의 규소 강판 두께와 어떤 관계가 있는가?

① 두께에 비례
② 두께의 2승에 비례
③ 두께의 1/2승에 비례
④ 두께의 3승에 비례
⑤ 두께의 1/3승에 비례

23 2대의 3상 동기발전기가 무부하로 운전하고 있을 때 대응하는 기전력 사이의 상차각이 30°이면 한쪽 발전기에서 다른 쪽 발전기로 공급하는 1상당 전력은 몇 [kW]인가?(단, 각 발전기 1상의 기전력은 2,000[V], 동기 리액턴스는 5[Ω]이고, 전기자 저항은 무시한다.)

① 400
② 300
③ 200
④ 100
⑤ 50

24 다음 권선법 중 직류기에 주로 사용되는 것은?

① 폐로권, 환상권, 이층권
② 폐로권, 고상권, 이층권
③ 개로권, 환상권, 당층권
④ 개로권, 고상권, 이층권
⑤ 개로권, 환상권, 이층권

25 직류기에서 정류코일의 자기 인덕턴스를 L이라 할 때 정류코일의 전류가 정류기간 T_c 사이에 I_c에서 $-I_c$로 변한다면 정류코일의 리액터스 전압(평균값)은?

① $\dfrac{T_c}{I_c}$
② $L\dfrac{I_c}{T_c}$
③ $L\dfrac{2T_c}{I_c}$
④ $L\dfrac{I_c}{2T_c}$
⑤ $L\dfrac{2I_c}{T_c}$

주요 공기업 최신기출 모의고사

본 답안지는 마킹 연습용입니다.

의사소통능력

번호	①	②	③	④	⑤
1	①	②	③	④	⑤
2	①	②	③	④	⑤
3	①	②	③	④	⑤
4	①	②	③	④	⑤
5	①	②	③	④	⑤
6	①	②	③	④	⑤
7	①	②	③	④	⑤
8	①	②	③	④	⑤
9	①	②	③	④	⑤
10	①	②	③	④	⑤
11	①	②	③	④	⑤
12	①	②	③	④	⑤
13	①	②	③	④	⑤
14	①	②	③	④	⑤
15	①	②	③	④	⑤
16	①	②	③	④	⑤
17	①	②	③	④	⑤
18	①	②	③	④	⑤
19	①	②	③	④	⑤
20	①	②	③	④	⑤

수리능력

번호	①	②	③	④	⑤
1	①	②	③	④	⑤
2	①	②	③	④	⑤
3	①	②	③	④	⑤
4	①	②	③	④	⑤
5	①	②	③	④	⑤
6	①	②	③	④	⑤
7	①	②	③	④	⑤
8	①	②	③	④	⑤
9	①	②	③	④	⑤
10	①	②	③	④	⑤
11	①	②	③	④	⑤
12	①	②	③	④	⑤
13	①	②	③	④	⑤
14	①	②	③	④	⑤
15	①	②	③	④	⑤
16	①	②	③	④	⑤
17	①	②	③	④	⑤
18	①	②	③	④	⑤
19	①	②	③	④	⑤
20	①	②	③	④	⑤

문제해결능력

번호	①	②	③	④	⑤
1	①	②	③	④	⑤
2	①	②	③	④	⑤
3	①	②	③	④	⑤
4	①	②	③	④	⑤
5	①	②	③	④	⑤
6	①	②	③	④	⑤
7	①	②	③	④	⑤
8	①	②	③	④	⑤
9	①	②	③	④	⑤
10	①	②	③	④	⑤
11	①	②	③	④	⑤
12	①	②	③	④	⑤
13	①	②	③	④	⑤
14	①	②	③	④	⑤
15	①	②	③	④	⑤
16	①	②	③	④	⑤
17	①	②	③	④	⑤
18	①	②	③	④	⑤
19	①	②	③	④	⑤
20	①	②	③	④	⑤

성 명

수 험 번 호

①	②	③	④	⑤	⑥	⑦	⑧	⑨	⓪
①	②	③	④	⑤	⑥	⑦	⑧	⑨	⓪
①	②	③	④	⑤	⑥	⑦	⑧	⑨	⓪
①	②	③	④	⑤	⑥	⑦	⑧	⑨	⓪
①	②	③	④	⑤	⑥	⑦	⑧	⑨	⓪
①	②	③	④	⑤	⑥	⑦	⑧	⑨	⓪
①	②	③	④	⑤	⑥	⑦	⑧	⑨	⓪
①	②	③	④	⑤	⑥	⑦	⑧	⑨	⓪

감독위원 확인

(인)

(인)

PSAT형 실전모의고사 1회

성 명

수 험 번 호

| | ① | ② | ③ | ④ | ⑤ | ⑥ | ⑦ | ⑧ | ⑨ | ⓪ |
| ① | ② | ③ | ④ | ⑤ | ⑥ | ⑦ | ⑧ | ⑨ | ⓪ |

감독위원 확인

인   인

1	①	②	③	④	⑤
2	①	②	③	④	⑤
3	①	②	③	④	⑤
4	①	②	③	④	⑤
5	①	②	③	④	⑤
6	①	②	③	④	⑤
7	①	②	③	④	⑤
8	①	②	③	④	⑤
9	①	②	③	④	⑤
10	①	②	③	④	⑤
11	①	②	③	④	⑤
12	①	②	③	④	⑤
13	①	②	③	④	⑤
14	①	②	③	④	⑤
15	①	②	③	④	⑤
16	①	②	③	④	⑤
17	①	②	③	④	⑤
18	①	②	③	④	⑤
19	①	②	③	④	⑤
20	①	②	③	④	⑤

21	①	②	③	④	⑤
22	①	②	③	④	⑤
23	①	②	③	④	⑤
24	①	②	③	④	⑤
25	①	②	③	④	⑤
26	①	②	③	④	⑤
27	①	②	③	④	⑤
28	①	②	③	④	⑤
29	①	②	③	④	⑤
30	①	②	③	④	⑤
31	①	②	③	④	⑤
32	①	②	③	④	⑤
33	①	②	③	④	⑤
34	①	②	③	④	⑤
35	①	②	③	④	⑤
36	①	②	③	④	⑤
37	①	②	③	④	⑤
38	①	②	③	④	⑤
39	①	②	③	④	⑤
40	①	②	③	④	⑤

41	①	②	③	④	⑤
42	①	②	③	④	⑤
43	①	②	③	④	⑤
44	①	②	③	④	⑤
45	①	②	③	④	⑤
46	①	②	③	④	⑤
47	①	②	③	④	⑤
48	①	②	③	④	⑤
49	①	②	③	④	⑤
50	①	②	③	④	⑤

PSAT형 실전모의고사 2회

번호	1	2	3	4		번호	1	2	3	4		번호	1	2	3	4		번호	1	2	3	4
1	①	②	③	④		21	①	②	③	④		41	①	②	③	④						
2	①	②	③	④		22	①	②	③	④		42	①	②	③	④						
3	①	②	③	④		23	①	②	③	④		43	①	②	③	④						
4	①	②	③	④		24	①	②	③	④		44	①	②	③	④						
5	①	②	③	④		25	①	②	③	④		45	①	②	③	④						
6	①	②	③	④		26	①	②	③	④		46	①	②	③	④						
7	①	②	③	④		27	①	②	③	④		47	①	②	③	④						
8	①	②	③	④		28	①	②	③	④		48	①	②	③	④						
9	①	②	③	④		29	①	②	③	④		49	①	②	③	④						
10	①	②	③	④		30	①	②	③	④		50	①	②	③	④						
11	①	②	③	④		31	①	②	③	④												
12	①	②	③	④		32	①	②	③	④												
13	①	②	③	④		33	①	②	③	④												
14	①	②	③	④		34	①	②	③	④												
15	①	②	③	④		35	①	②	③	④												
16	①	②	③	④		36	①	②	③	④												
17	①	②	③	④		37	①	②	③	④												
18	①	②	③	④		38	①	②	③	④												
19	①	②	③	④		39	①	②	③	④												
20	①	②	③	④		40	①	②	③	④												

성 명

수 험 번 호

①	②	③	④	⑤	⑥	⑦	⑧	⑨	⓪
①	②	③	④	⑤	⑥	⑦	⑧	⑨	⓪
①	②	③	④	⑤	⑥	⑦	⑧	⑨	⓪
①	②	③	④	⑤	⑥	⑦	⑧	⑨	⓪
①	②	③	④	⑤	⑥	⑦	⑧	⑨	⓪
①	②	③	④	⑤	⑥	⑦	⑧	⑨	⓪
①	②	③	④	⑤	⑥	⑦	⑧	⑨	⓪
①	②	③	④	⑤	⑥	⑦	⑧	⑨	⓪

감독위원 확인

(인)

(인)

PSAT형 실전모의고사 3회

문번	답란					문번	답란					문번	답란				
1	①	②	③	④	⑤	21	①	②	③	④	⑤	41	①	②	③	④	⑤
2	①	②	③	④	⑤	22	①	②	③	④	⑤	42	①	②	③	④	⑤
3	①	②	③	④	⑤	23	①	②	③	④	⑤	43	①	②	③	④	⑤
4	①	②	③	④	⑤	24	①	②	③	④	⑤	44	①	②	③	④	⑤
5	①	②	③	④	⑤	25	①	②	③	④	⑤	45	①	②	③	④	⑤
6	①	②	③	④	⑤	26	①	②	③	④	⑤	46	①	②	③	④	⑤
7	①	②	③	④	⑤	27	①	②	③	④	⑤	47	①	②	③	④	⑤
8	①	②	③	④	⑤	28	①	②	③	④	⑤	48	①	②	③	④	⑤
9	①	②	③	④	⑤	29	①	②	③	④	⑤	49	①	②	③	④	⑤
10	①	②	③	④	⑤	30	①	②	③	④	⑤	50	①	②	③	④	⑤
11	①	②	③	④	⑤	31	①	②	③	④	⑤						
12	①	②	③	④	⑤	32	①	②	③	④	⑤						
13	①	②	③	④	⑤	33	①	②	③	④	⑤						
14	①	②	③	④	⑤	34	①	②	③	④	⑤						
15	①	②	③	④	⑤	35	①	②	③	④	⑤						
16	①	②	③	④	⑤	36	①	②	③	④	⑤						
17	①	②	③	④	⑤	37	①	②	③	④	⑤						
18	①	②	③	④	⑤	38	①	②	③	④	⑤						
19	①	②	③	④	⑤	39	①	②	③	④	⑤						
20	①	②	③	④	⑤	40	①	②	③	④	⑤						

※ 본 답안지는 마킹 연습용입니다.

모듈형 실전모의고사 1회

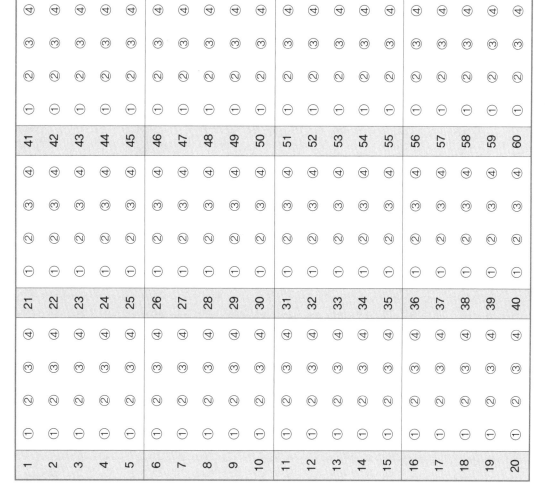

성명	

수험번호								

감독위원 확인	

모듈형 실전모의고사 2회

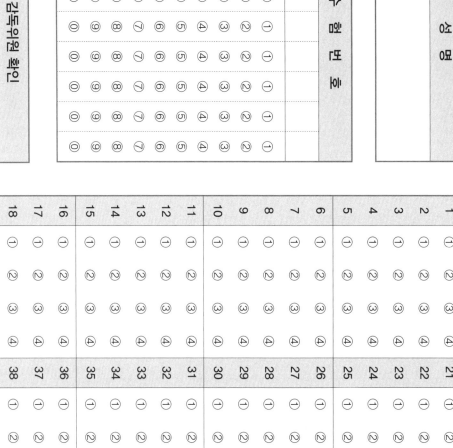

성명

수 험 번 호

감독위원 확인

(인)

(인)

1	① ② ③ ④	21	① ② ③ ④	41	① ② ③ ④
2	① ② ③ ④	22	① ② ③ ④	42	① ② ③ ④
3	① ② ③ ④	23	① ② ③ ④	43	① ② ③ ④
4	① ② ③ ④	24	① ② ③ ④	44	① ② ③ ④
5	① ② ③ ④	25	① ② ③ ④	45	① ② ③ ④
6	① ② ③ ④	26	① ② ③ ④	46	① ② ③ ④
7	① ② ③ ④	27	① ② ③ ④	47	① ② ③ ④
8	① ② ③ ④	28	① ② ③ ④	48	① ② ③ ④
9	① ② ③ ④	29	① ② ③ ④	49	① ② ③ ④
10	① ② ③ ④	30	① ② ③ ④	50	① ② ③ ④
11	① ② ③ ④	31	① ② ③ ④	51	① ② ③ ④
12	① ② ③ ④	32	① ② ③ ④	52	① ② ③ ④
13	① ② ③ ④	33	① ② ③ ④	53	① ② ③ ④
14	① ② ③ ④	34	① ② ③ ④	54	① ② ③ ④
15	① ② ③ ④	35	① ② ③ ④	55	① ② ③ ④
16	① ② ③ ④	36	① ② ③ ④	56	① ② ③ ④
17	① ② ③ ④	37	① ② ③ ④	57	① ② ③ ④
18	① ② ③ ④	38	① ② ③ ④	58	① ② ③ ④
19	① ② ③ ④	39	① ② ③ ④	59	① ② ③ ④
20	① ② ③ ④	40	① ② ③ ④	60	① ② ③ ④

※ 본 답안지는 마킹 연습용입니다.

전공 실전모의고사

	경영학						기계일반						전기일반				
1	①	②	③	④	⑤	1	①	②	③	④	⑤	1	①	②	③	④	⑤
2	①	②	③	④	⑤	2	①	②	③	④	⑤	2	①	②	③	④	⑤
3	①	②	③	④	⑤	3	①	②	③	④	⑤	3	①	②	③	④	⑤
4	①	②	③	④	⑤	4	①	②	③	④	⑤	4	①	②	③	④	⑤
5	①	②	③	④	⑤	5	①	②	③	④	⑤	5	①	②	③	④	⑤
6	①	②	③	④	⑤	6	①	②	③	④	⑤	6	①	②	③	④	⑤
7	①	②	③	④	⑤	7	①	②	③	④	⑤	7	①	②	③	④	⑤
8	①	②	③	④	⑤	8	①	②	③	④	⑤	8	①	②	③	④	⑤
9	①	②	③	④	⑤	9	①	②	③	④	⑤	9	①	②	③	④	⑤
10	①	②	③	④	⑤	10	①	②	③	④	⑤	10	①	②	③	④	⑤
11	①	②	③	④	⑤	11	①	②	③	④	⑤	11	①	②	③	④	⑤
12	①	②	③	④	⑤	12	①	②	③	④	⑤	12	①	②	③	④	⑤
13	①	②	③	④	⑤	13	①	②	③	④	⑤	13	①	②	③	④	⑤
14	①	②	③	④	⑤	14	①	②	③	④	⑤	14	①	②	③	④	⑤
15	①	②	③	④	⑤	15	①	②	③	④	⑤	15	①	②	③	④	⑤
16	①	②	③	④	⑤	16	①	②	③	④	⑤	16	①	②	③	④	⑤
17	①	②	③	④	⑤	17	①	②	③	④	⑤	17	①	②	③	④	⑤
18	①	②	③	④	⑤	18	①	②	③	④	⑤	18	①	②	③	④	⑤
19	①	②	③	④	⑤	19	①	②	③	④	⑤	19	①	②	③	④	⑤
20	①	②	③	④	⑤	20	①	②	③	④	⑤	20	①	②	③	④	⑤
21	①	②	③	④	⑤	21	①	②	③	④	⑤	21	①	②	③	④	⑤
22	①	②	③	④	⑤	22	①	②	③	④	⑤	22	①	②	③	④	⑤
23	①	②	③	④	⑤	23	①	②	③	④	⑤	23	①	②	③	④	⑤
24	①	②	③	④	⑤	24	①	②	③	④	⑤	24	①	②	③	④	⑤
25	①	②	③	④	⑤	25	①	②	③	④	⑤	25	①	②	③	④	⑤

※ 본 답안지는 마킹 연습용입니다.

성 명

수 험 번 호

①	②	③	④	⑤	⑥	⑦	⑧	⑨	⓪
①	②	③	④	⑤	⑥	⑦	⑧	⑨	⓪
①	②	③	④	⑤	⑥	⑦	⑧	⑨	⓪
①	②	③	④	⑤	⑥	⑦	⑧	⑨	⓪
①	②	③	④	⑤	⑥	⑦	⑧	⑨	⓪
①	②	③	④	⑤	⑥	⑦	⑧	⑨	⓪
①	②	③	④	⑤	⑥	⑦	⑧	⑨	⓪
①	②	③	④	⑤	⑥	⑦	⑧	⑨	⓪

감독위원 확인

(인)　　　　(인)

memo

memo

memo

NCS 공기업 통합 실전모의고사 PSAT형+모듈형+전공

2022

NCS

공기업 통합 실전모의고사

PSAT형+모듈형+전공

NCS 공기업연구소 편저

정답 및 해설

2022 NCS

공기업 통합
실전모의고사
PSAT형＋모듈형＋전공

정답 및 해설

NCS 공기업연구소 편저

PART 01

주요 공기업
최신기출 모의고사

01	④	02	②	03	③	04	④	05	④	06	④	07	④	08	③	09	④	10	④
11	②	12	③	13	②	14	③	15	①	16	③	17	③	18	•	19	④	20	⑤

01 코레일 2020상 ★ 　　　　　답 ④

- 며칠 : 그달의 몇째 되는 날, 몇 날
- 훼손 : 체면이나 명예를 손상함
- 들다 : 앞말이 뜻하는 행동을 애써서 적극적으로 하려고 함을 나타내는 말
  ㉠ 웬지 → 왠지
  ㉡ 그러던지 → 그러든지
  ㉁ 어떡게 → 어떻게

02 코레일 2020상 ★★ 　　　　　답 ②

- 혼돈 : 마구 뒤섞여 있어 갈피를 잡을 수 없음
- 혼동 : 구별하지 못하고 뒤섞어서 생각함
① • 지양 : 더 높은 단계로 오르기 위하여 어떠한 것을 하지 아니함
  • 지향 : 어떤 목표로 뜻이 쏠리어 향함
③ • 결재 : 결정할 권한이 있는 상관이 부하가 제출한 안건을 검토하여 허가하거나 승인함
  • 결제 : 증권 또는 대금을 주고받아 매매 당사자 사이의 거래 관계를 끝맺는 일
④ • 운용 : (기금, 예산, 물품 등) 무엇을 움직이게 하거나 부리어 씀
  • 운영 : (학교, 당, 기업, 상점, 학회, 대회 등) 조직이나 기구, 사업체 따위를 운용하고 경영함
⑤ • 개발 : 토지나 천연자원 따위를 개척하여 유용하게 만듦, 지식이나 재능 따위를 발달하게 함, 산업이나 경제 따위를 발전하게 함
  • 계발 : 슬기나 재능, 사상 따위를 일깨워 줌

03 건강보험공단 2020하 ★★ 　　　　　답 ③

세 번째 문단을 보면 제도가 개선됨에 따라 올해 7월 1일부터 구매하는 보청기의 경우 제품 검수 확인 후 131만 원 범위 내에서 일시 지급되던 급여 금액이 제품 급여와 적합 관리로 분리되어 급여 단계별로 나누어 지급된다고 나와 있다. ③은 그 반대로 설명하고 있으므로 글의 내용과 일치하지 않는다.

04 건강보험공단 2020하 ★★ 　　　　　답 ④

㉣이 속한 문단의 내용을 보면 제도가 개선된 이후, 새롭게 등장한 보청기 판매 업소의 등록 기준을 인력과 시설·장비 두 가지 기준으로 나누어 설명하고 있다. 이를 토대로 〈보기〉의 내용을 살펴보면, 기존 등록 업소의 경우 인력 기준과 시설·장비 기준의 유예기간에 관해 설명하고 있다. 따라서 이는 앞서 말한 두 가지 기준에 관한 설명과 이어지므로 ㉣에 들어가는 것이 맥락상 적절하다.

05 한국전력공사 2020상 ★★ 　　　　　답 ④

1문단을 보면 식물계 바이오매스는 화석연료와 마찬가지로 이산화탄소를 배출하기는 하지만, 생장하면서 광합성을 통해 상당량의 이산화탄소를 흡수한다고 나와 있다. 따라서 아예 배출되지 않는다는 설명은 적절하지 않다.

06 건강보험공단 2020하 ★★ 　　　　　답 ④

지역사회 통합 돌봄 서비스는 노인이 요양병원이나 요양시설에 들어가는 대신 살던 곳에서 자립적인 생활을 할 수 있도록 정부가 복지와 의료 서비스를 제공하는 사업이라고 나와 있다.
① 저소득 노인 인구 밀집 지역에서는 지역 주민으로 구성된 마을 활동가들이 마을 순찰, 생활 환경 개선 및 재난 위험 관리, 독거노인 안부 확인, 주민 생활 편의 등을 제공하며 50여 종의 생활공구와 목발, 보행 보조기 등을 무료로 대여해 준다고 나와 있을 뿐 건강보험료를 지원해 준다는 내용은 없다.
② 지역사회 통합 돌봄 서비스는 노인이 요양병원이나 요양시설에 들어가는 대신 살던 곳에서 자립적인 생활을 할 수 있도록 정부가 복지와 의료 서비스를 제공하는 사업이라고 나와 있으며, 요양병원 등 의료기관을 장기간 이용한 환자들의 퇴원 절차를 간소화하였다는 내용은 없다.
③ '요양병원 – 지자체 연계 시스템'이 도입되기 이전에는 요양병원 환자지원팀이 퇴원 예정 환자에게 필요한 지역사회 서비스 목록을 작성하여 지자체에 팩스로 전달하였다고 나와 있으므로, 지자체가 아닌 요양병원 환자지원팀이 지역사회 서비스에 대한 환자들의 수요를 파악했다는 것을 알 수 있다.

07 건강보험공단 2020하 ★★ 정답 ④

(마)와 (가)는 베버리지 보고서가 도입된 배경을 설명하고 있다. (나)에서는 베버리지 보고서에 관해 제시하고 (라)에서는 베버리지 보고서의 도입 이후 나타난 효과를 제시하고 있다. (다)에서는 베버리지 보고서의 내용이 현재 영국에 미친 영향을 설명하고 있다.

08 한국전력공사 2021상 ★★★ 정답 ③

3문단을 보면 동해의 동쪽 끝이자 일본 서쪽 해안은 경계지역으로 한반도 주변에서 규모가 큰 지진이 발생할 가능성이 가장 큰 지역이라고 나와 있다.
① 1문단을 보면 쓰나미는 화산분화나 해저 산사태 등으로 발생하지만 대부분은 지진의 여파라고 나와 있다.
② 2문단을 보면 수심이 낮아 규모가 큰 지진이 발생하기 어려운 서해라고 나와 있다.
④ 3문단을 보면 가장 최근에 발생한 쓰나미로 1993년 규모 7.8의 지진으로 인해 동해안에 발생한 최대 높이 3m의 쓰나미라고 나와 있다.
⑤ 3문단을 보면 1983년에 발생한 쓰나미로 1명이 사망하고 2명이 실종되는 등 인명피해가 발생했다고 나와 있다.

09 한국전력공사 2021상 ★★ 정답 ④

〈보기〉에 제시된 문장은 한반도가 1900년대에 쓰나미를 네 차례 겪었다는 내용이다. ② 문장 앞에서는 일본에서 일어난 지진이 한반도에 영향을 주는 것을 설명하였고, ② 뒤 문장에서는 한반도에 최근 발생한 쓰나미와 그 이전에 발생한 쓰나미에 대해 설명하고 있다. 따라서 〈보기〉의 문장은 ②에 들어가는 것이 문맥상 자연스럽다.

10 한국전력공사 2021상 ★★ 정답 ④

2문단을 보면 수도권을 중심으로 한 집중 분포의 우려는 물류센터의 인허가 규제 강화 등의 이유로 해소되고 있다고 나와 있다.
① 1문단을 보면 코로나 19 팬데믹 시대에 대부분의 산업이 '코로나 불황기'를 거치고 있는 와중에 물류산업은 전례 없는 호황기를 누리고 있다고 나와 있다.
② 1문단을 보면 지난해 택배 물동량은 전년 대비 21% 증가한 33.7억 박스를 기록했으며, 매출액 또한 전년 대비 19% 증가한 7.5조 원을 넘었다고 나와 있다.
③ 1문단을 보면 최근 업계에서 자사의 인력과 시설을 활용하는 1PL 물류 체계에서 벗어나 제3의 물류 전문 기업에게 물류 사업을 이관하는 3PL에 대한 수요가 늘어나고 있다고 나와 있다.
⑤ 2문단을 보면 최근 들어 물류에서 큰 비중을 차지하는 온라인 식품배송 업체들이 새벽배송 등 신선식품 유통망을 점차 전국적으로 확대되었다고 나와 있다.

11 한국전력공사 2021상 ★★ 정답 ②

빈칸 바로 앞 문장을 보면 물류산업의 호황에도 불구하고 업계에서는 산업 전망에 대한 우려의 목소리도 제기된다고 하였다. 따라서 이와 같은 맥락으로 공급과잉의 우려, 집중 분포의 우려, 시설 전환의 우려가 제시된다는 내용이 이어져야 자연스럽다.

12 한국동서발전 2021상 ★★ 정답 ③

풍력발전의 경우 한반도 기준 호남권, 해안가 일부, 경북 내륙, 태백산맥 외엔 설치 가능한 부지를 찾는 일이 쉽지 않다고 언급되어 있으나 태양광발전의 경우는 설치 가능 지역이 적다는 언급이 없다.

13 국민건강보험공단 2020상 ★★ 정답 ②

㉠과 ㉠ 뒷 문장은 '엑소 글러브 폴리'에 폴리머 소재가 사용된 이유를 설명하고 있다. 또한 ㉠과 ㉠ 뒷 문장은 접속사 '그래서'로 이어지고 있으므로 인과 관계를 맺고 있다. 폴리머가 저렴하고 손 모양 그대로 밀착되는 형태로 사용자의 심리적 부담감을 해소할 수 있다는 데에서 ㉠에는 폴리머를 사용하여 만든 장갑과는 달리 일반 의족이나 의수는 값이 비싸고 미관상 어색하다는 한계가 있다는 점을 언급하는 내용이 들어가야 할 것임을 알 수 있다.

14 국민건강보험공단 2020상 ★★★ 정답 ③

5문단에서 우리나라는 모든 국민이 강제적으로 공적건강보험에 가입하는 방식을 채택하고 있다고 하였다.
① 제시된 글을 통해 알 수 없는 내용이다.
② 2문단에서 최초의 건강보험제도는 신체적·정신적인 손상뿐만 아니라 그로 인한 경제적 손실까지도 보상해 주는 제도였다고 하였다.
④ 6문단에서 조세방식하에서는 전 국민이 모두 동등한 의료서비스 혜택을 받을 수 있다고 하였다.

15 국민건강보험공단 2020상 ★★ 정답 ①

최초의 건강보험제도가 마련된 목적을 설명하고 있으므로 문맥상 '기술, 방법, 물자 따위를 끌어 들임'을 의미하는 도입이 들어가는 것이 적절하다. 도출은 '판단이나 결론을 이끌어 냄'을 의미한다.

16 부산교통공사 2021상 ★ 정답 ③

'입추의 여지도 없다'는 발 들여놓을 데가 없을 정도로 많은 사람들이 꽉 들어찬 경우를 이르는 말로 '발 들여놓을 틈도 없다'는 속담과 유사한 의미를 가졌다.
① '봄비에 얼음 녹듯 한다'는 봄비에 얼음이 잘 녹듯이 무슨 일이든 쉽게 해결된다는 의미이다.

② '우물에서 숭늉 찾는다'는 성미가 급하여 일의 절차도 무시하고 터무니없이 재촉하거나 서두름을 비유적으로 이르는 말이다.

④ '칠 년 가뭄에 하루 쓸 날 없다'는 계속 날이 개어 있다가 무슨 일을 하려고 하는 날 공교롭게도 날씨가 궂어 일을 그르치는 경우를 비유적으로 이르는 말이다.

17 코레일 2020상 ★★   🔖 ③

표준발음법 제5항의 3.에 의해 [무니]로 발음해야 한다.

18 한국전력공사 2020상 ★★★   🔖 ⑤

1문단을 보면 1910~50년대에는 '제품화된 놀이기구 시기'로서 미끄럼틀, 그네, 시소 등과 같은 전형적인 놀이시설물을 만들어 공원, 학교, 주택가 빈터에 놀이터를 설치하였다고 나와 있다.

① 1943년 덴마크의 한 조경건축가에 의해 탄생하였고, 어린이들의 창의력을 바탕으로 다양한 놀이가 자유자재로 이루어지는 놀이터는 모험 놀이터이다.

② 3문단을 보면, 전통 놀이터는 주로 단조롭고 반복적인 운동놀이 경험을 제공하고 탐색적이고 도전적인 놀이경험을 충분히 제공하지 못하는 단점이 있어서 어린이의 관심이나 흥미를 끌지 못한다고 나와 있다.

③ 1950~60년대에 두 가지 이상의 놀이기구가 부착된 복합놀이 시설물이 등장하였지만, 안전에 대한 관심이 많아지면서 위험하지 않은 기구를 설치하던 시기는 1970~80년대이다.

④ 4문단을 보면 현대식 놀이터란 전문 건축가나 디자이너가 건축 재료를 사용해서 미적으로 조성해 놓은 놀이터이며, 주로 다른 건축물과의 조화를 이루도록 구성해 놓은 경우가 많다고 나와 있다. 또한 어린이의 놀이 욕구가 반영되지 못해 어린이 놀이터로서 부적절한 요소가 많이 내포되어 있다고 나와 있다.

19 코레일 2020상 ★★★   🔖 ④

많은 미래학자들과 전망 보고서들은 제4차 산업혁명에 따른 미래사회의 변화를 크게 두 가지 측면에서 나타날 것임을 예측하고 있으며, 보다 현실적이고 타당한 대응 방안을 마련하기 위해 이러한 변화를 면밀히 살펴보아야 함을 설명하는 문단 (다)를 첫 번째에 놓아야 한다. 이어서 앞서 언급한 두 가지 측면 중 첫 번째 측면인 기술 · 산업 구조의 변화에 관해 설명하고 있는 문단 (라)를 배열하면 자연스럽다. 문단 (가)를 보면 첫 번째에 이어 두 번째로 고용구조의 변화가 나타날 것임을 설명하고 있으므로 (라)에 이어 세 번째 문단으로 이어져야 한다. 문단 (가)의 마지막을 보면 컴퓨터화 및 자동화로 인해 현재 직업의 47%가 20년 이내에 사라질 가능성이 높다고 하였다. 따라서 이와 관련하여 호주와 독일의 일자리 감소가 예상된다는 내용의 문단 (마)가 네 번째로 이어져야 한다. 마지막으로 이러한 제4차 산업혁명으로 인한 일자리 감소가 반드시 부정적인 측면만 있는 것은 아님을 설명하는 문단 (나)를 연결한다.

20 한국수력원자력 2021상 ★★   🔖 ⑤

3문단을 보면 미국은 CCS 프로젝트의 규모와 기술을 주도하며, 노르웨이를 중심으로 유럽 국가들도 많은 신규 프로젝트 계획을 제시했다고 나와 있다.

① 1문단을 보면 CCS 기술은 중장기적인 관점에서 산업공정 등 탄소 배출을 감축하기 어려운 부문의 문제를 비교적 저렴한 가격으로 해결해 줄 수 있다고 나와 있다.

② 3문단을 보면 코로나19로 인한 경기 침체로 온실가스 저감 정책과 투자가 위축될 것이라는 우려가 있었지만, 각국 정부는 기후 변화와 관련해 도전적 정책 목표를 제시하고 새 프로젝트 지원 계획을 발표했다고 나와 있다.

③ 1문단을 보면 CCS가 장착된 발전소는 관성, 주파수 제어 및 전압 제어와 같은 그리드 안정화 서비스뿐만 아니라 급전 가능한 저탄소 전기를 공급한다고 나와 있을 뿐, CCS가 장착되지 않은 발전소에 대해서는 알 수 없다.

④ 2문단을 보면 에너지 전환 위원회(Energy Transition Commission)와 국제에너지기구(IEA)는 탄소배출 저감이 어려운 산업에서 CCS 없이는 순 제로 배출 달성이 불가능하며, 가능하다고 해도 훨씬 더 많은 비용이 들 것이라고 예측했다고 나와 있다.

01	①	02	②	03	②	04	③	05	④	06	④	07	②	08	②	09	②	10	②
11	④	12	②	13	②	14	④	15	③	16	①	17	④	18	③	19	②	20	③

01 건강보험공단 2020하 ★★   閏 ①

2018년 60대 남자 간암 환자 수는 94,476명이고, 2017년은 73,814명이다. 따라서 2018년 60대 남자 간암 환자 수는 전년에 비해 $\frac{94,476-73,814}{73,814}\times100≒28\%$ 증가했다.

② 2017년 연령별 남자 간암 환자 수(50세 미만 : 115,867 → 121,700, 50대 : 99,808 → 107,884, 60대 : 66,854 → 73,814, 70대 : 22,567 → 25,255, 80세 이상 : 2,762 → 3,292)는 전년에 비해 모두 증가했다.

③ 2015~2019년 동안 80세 이상 간암 환자 수를 정리하면 다음과 같다.

(단위 : 명)

구분	2015년	2016년	2017년	2018년	2019년
80세 이상	6,628	5,790	7,085	7,440	6,983

따라서 2015~2019년 동안 80세 이상 간암 환자 수는 매년 8,000명 이하였다.

④ 2015~2019년 50세 미만 간암 환자 수와 50대 간암 환자 수를 정리하면 다음과 같다.

(단위 : 명)

구분	2015년	2016년	2017년	2018년	2019년
50세 미만	172,706	204,526	213,461	226,803	232,650
50대	177,705	178,283	192,301	209,951	210,025

따라서 2015~2019년 동안 2015년만 제외하고 50대 미만 간암 환자 수는 50대 간암 환자 수보다 매년 많았다.

02 건강보험공단 2020하 ★★   閏 ②

2019년 전체 간암 환자 수는 총 665,309명이다. 이 중 여성 간암 환자 수는 253,031명이다. 따라서 여성 환자가 차지하고 있는 비중은 $\frac{2019년\ 여성\ 간암\ 환자\ 수}{2019년\ 전체\ 간암\ 환자\ 수}\times100=\frac{253,031}{665,309}\times100≒$ 38%이다.

03 건강보험공단 2020하 ★★   閏 ②

2019년 국민연금 총 지급액은 19,083십억 원이며, 그중 70대 지급액은 4,661십억 원이다. 따라서 2019년 국민연금 총 지급액에서 70대가 차지하는 비중은 $\frac{4,661}{19,083}\times100≒24.4\%$이다.

① 2017년 국민연금 총 지급액은 15,180십억 원이며, 그중 50대 국민연금 지급액은 1,031십억 원이다. 이는 전년 대비 $\frac{1,031-1,137}{1,137}\times100≒(-)9.3\%$ 감소하였다.

③ 2019년 80대 이상 수급자 수는 4,716,226 - 1,526 - 14,999 - 17,378 - 36,030 - 71,900 - 229,089 - 2,588,782 - 1,523,811 = 232,711명이다. 따라서 2015~2020년 동안 80대 이상 수급자 수는(70,181 → 99,931 → 140,015 → 184,836 232,711 → 283,549) 매년 증가하였다.

④ 2016년 60대 국민연금 수급자 수는 3,769,420 - 1,544 - 17,271 - 13,811 - 33,614 - 77,794 - 283,851 - 1,115,453 - 99,931 = 2,126,151명이다. 2016년 60대 국민연금 지급액은 9,024십억 원이므로 2016년 60대 국민연급 수급자의 평균 지급액은 $\frac{9,024십억\ 원}{2,126,151}≒0.004244289$십억 원≒ 4,244,289원이다.

04 건강보험공단 2020하 ★★   閏 ③

2017~2018년 50대·60대 국민연금 지급액을 정리하면 다음과 같다.

(단위 : 십억 원)

	2017년	2018년
50대	1,031	969
60대	9,950	11,192

따라서 그래프를 바르게 그리면 다음과 같다.

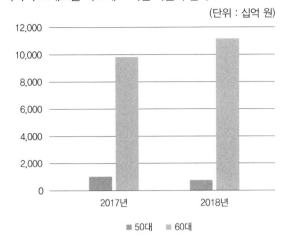

(단위 : 십억 원)

■ 50대 ■ 60대

05 한국동서발전 2021상 ★★★   🖺 ④

2021년 IGCC 에너지 생산량은 $706,845 - 487,184 = 219,661$ TOE 이다. 따라서 2017~2021년 IGCC 에너지 생산량은 $1,285 \rightarrow 76,104 \rightarrow 273,861 \rightarrow 362,527 \rightarrow 219,661$ TOE로 매년 증가하다 2021년에 감소했다.

① 2019년 재생에너지 중 생산량이 가장 많은 에너지원은 9,358,998TOE로 폐기물이고, 가장 작은 에너지원은 7,941TOE로 수열이다.

② 2017~2021년 수력 에너지와 풍력 에너지 생산량은 다음과 같다.

(단위 : TOE)

구분	2017년	2018년	2019년	2020년	2021년
수력	453,787	603,244	600,690	718,787	594,539
풍력	283,455	355,340	462,162	525,188	570,816

따라서 2017~2021년 동안 수력 에너지 생산량은 풍력 에너지 생산량보다 매년 많았다.

③ 2018년 신에너지 생산량은 전년 대비 $\dfrac{317,720 - 231,458}{231,458}$

$\times 100 = \dfrac{86,262}{231,458} \times 100 = 37.3\%$ 증가했다.

06 한국동서발전 2021상 ★★   🖺 ④

2017~2021년 재생에너지 총생산량을 구하면 다음과 같다.
- 2017년 : $28,469 + 849,379 + 283,455 + 453,787 + 104,731$
  $+ 135,046 + 4,791 + 2,765,657 + 8,436,216$
  $= 13,061,531$ TOE
- 2018년 : $28,495 + 1,092,832 + 355,340 + 603,244$
  $+ 104,562 + 162,047 + 5,989 + 2,765,453$
  $+ 8,742,726 = 13,860,688$ TOE
- 2019년 : $28,121 + 1,516,349 + 462,162 + 600,690$
  $+ 104,256 + 183,922 + 7,941 + 3,598,782$
  $+ 9,358,998 = 15,861,221$ TOE
- 2020년 : $27,395 + 1,977,148 + 525,188 + 718,787$
  $+ 103,380 + 205,464 + 14,725 + 4,442,376$
  $+ 9,084,212 = 17,098,675$ TOE

- 2021년 : $26,912 + 2,787,935 + 570,816 + 594,539$
  $+ 101,030 + 224,722 + 21,236 + 4,162,427$
  $+ 7,049,477 = 15,539,094$ TOE

따라서 2017~2021년 중 재생에너지 총생산량이 가장 많은 해와 가장 적은 해는 2020년과 2017년이다.

07 한국동서발전 2021상 ★★   🖺 ②

2018, 2021년 가정부분 도시가스, 전력 소비 현황은 다음과 같다.

(단위 : 천 TOE)

구분	2018년	2021년
도시가스	11,822	10,597
전력	5,551	5,555

따라서 해당 자료로 그래프를 그리면 다음과 같다.

(단위 : 천 TOE)

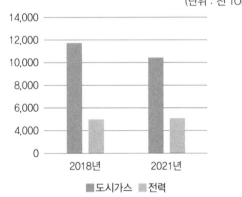

■ 도시가스 ■ 전력

08 한국철도공사 2021상 ★★★   🖺 ②

2017~2021년 서울특별시의 신혼부부 수는 $291,341 \rightarrow 278,294 \rightarrow 263,148 \rightarrow 246,867 \rightarrow 232,454$쌍으로 가장 적었던 해는 2021년이다.

① 2021년 신혼부부 수가 전년 대비 증가한 지역은 세종특별자치시($12,432 \rightarrow 12,966$) 1곳이다.

③ 2017~2021년 충청도의 평균 신혼부부 수는 약 99,432쌍, 전라도는 약 82,750쌍으로 충청도가 전라도보다 더 많다.

④ 2017~2021년 경기도와 강원도의 신혼부부 수는 다음과 같다.

(단위 : 쌍)

구분	2017년	2018년	2019년	2020년	2021년
경기도	387,989	383,763	372,622	366,403	356,169
강원도	38,141	37,445	36,456	35,685	34,928

따라서 2017~2021년 동안 경기도와 강원도의 신혼부부 수는 매년 약 10배 정도 차이난다.

⑤ 2019년 전국의 신혼부부는 총 $263,148 + 83,545 + 59,102 + 83,619 + 37,534 + 40,061 + 35,376 + 11,031 + 372,622 + 36,456 + 41,480 + 58,589 + 40,699 + 42,584 + 65,118 + 90,261 + 18,546 = 1,379,771$쌍이다.

09 한국철도공사 2021상 ★★　　　　　　　　답 ②

2017년 A사의 수입액은 $69,253 + 184,740 + 149,049 = 403,042$ 백만 달러이고, 수출액은 $7,806 + 33,736 + 36,679 + 431,293 = 509,514$백만 달러이다. 따라서 2017년 A사의 수입액은 수출액보다 $509,514 - 403,042 = 106,472$백만 달러 적다.

① 2019년 A사의 원자재 수입액은 전년 대비

$$\frac{261,705 - 221,940}{221,940} \times 100 = \frac{39,765}{221,940} \times 100 = 18\% \text{ 증가}$$

했다.

③ 2017~2021년 A사의 자본재 수입액은 $149,049 \rightarrow 175,352 \rightarrow 176,496 \rightarrow 166,014 \rightarrow 178,269$백만 달러로 매년 증가하다가 2020년에만 감소하였다.

④ 2018년 A사의 수입액 중 원자재가 차지하는 비중은

$$\frac{221,940}{472,383} \times 100 = 47\% \text{이다.}$$

⑤ 2017~2021년 A사의 평균 중화학공업품 수출액은

$$\frac{431,293 + 494,639 + 514,734 + 463,506 + 447,055}{5}$$

$= 470,245$백만 달러이다.

10 한국철도공사 2021상 ★★　　　　　　　　답 ②

2017년 A사의 수입액은 $69,253 + 184,740 + 149,049 = 403,042$ 백만 달러이므로 2016년 A사의 수입액은 $\frac{403,042}{1.2} = 335,868$ 백만 달러이다. 따라서 2016년 A사의 원자재 수입액은 $335,868 \times 0.45 = 151,141$백만 달러이다.

11 국민건강보험공단 2020상 ★★　　　　　　답 ④

월급이외의 소득월액보험료는 [연간 보수 외 소득 − 3,400만원 (공제금액) ÷ 12] × 소득평가율 × 6.67%이다. 따라서 Y 대리의 소득월액보험료 = (8,300만 원 − 3,400만 원) ÷ 12 × 1 × 0.0667 = 272,358원이다.

12 국민건강보험공단 2020상 ★★　　　　　　답 ②

A의 보수월액보험료 = 4,000만 원 ÷ 12 × 0.0667 = 222,333원
A의 장기요양보험료 = 222,333원 × 0.1025 = 22,789원
A의 보험료 = 보수월액보험료 + 장기요양보험료 = 222,333원 + 22,789원 = 245,122원
B의 소득월액보험료 = (8,400만 원 − 3,400만 원) ÷ 12 × 1 × 0.0667 = 277,917원
B의 장기요양보험료 = 277,917원 × 0.1025 = 28,486원
B의 보험료 = 277,917원 + 28,486원 = 306,403원
따라서 A와 B의 보험료 차이는 306,403원 − 245,122원 = 61,281원이다.

13 코레일 2020상 ★　　　　　　　　　　　답 ②

7월 27일 기준 코로나 완치율은 $\frac{12,650}{14,175} \times 100 = 90\%$이다.

① 7월 26일 코로나 확진 환자 수는 59명, 27은 24명, 28일은 28명이다.

③ 7월 23일 완치된 코로나 누적 환자 수는 12,000명, 24일은 12,100명, 25일은 12,400명이다. 따라서 완치된 코로나 환자 수는 24일은 100명, 25일은 300명이다.

④ 7월 25일은 코로나 완치자 수가 300명(12,100 → 12,400)으로 200명 이상이다.

⑤ 7월 22일에 누적 코로나 확진 환자 수가 13,913명이면 23일 코로나 확진 환자 수 25명이다. 또한 24일은 41명, 25일은 113명이므로 7월 23일부터 25일까지 일일 코로나 확진자 수는 매일 증가하였다.

14 한국전력공사 2020상 ★★　　　　　　　답 ④

① 2018~2020년 동안 신재생 에너지 생산량이 매년 증가한 도시는 서울특별시, 부산광역시, 광주광역시, 대전광역시 총 4개이다.

② 2018년 신재생 에너지의 총 생산량은 2,949,121Toe, 2019년은 3,126,039Toe, 2020년은 3,027,395Toe이다. 따라서 신재생 에너지 총 생산량은 2019년에 가장 많았다.

③ 광주광역시의 2018년 신재생 에너지의 생산량 대비 사용량은 $\frac{68,810}{70,215} \times 100 = 98\%$이다.

⑤ 2019년 신재생 에너지 총 사용량은 3,000,522Toe, 2020년은 2,903,256Toe이다. 따라서 $\frac{2,903,256 - 3,000,522}{3,000,522} \times 100 = -3.24\%$이므로 2020년 신재생 에너지 총 사용량은 전년 대비 10% 이하로 감소하였다.

15 한국철도공사 2021상 ★★　　　　　　　답 ③

도착 비행기 운항 수가 500편 이하인 공항은 무안(461편), 사천(160편), 포항(419편), 원주(202편)로 4곳이다.

① 출발 비행기 운항 수가 가장 많은 공항은 75,016편인 인천공항이고, 여객 수가 가장 많은 공항은 10,494,489명인 제주공항으로 이 둘은 동일하지 않다.

② 출발 여객 수와 도착 여객 수 차이가 가장 큰 공항은 $6,158,819 - 5,891,032 = 267,787$명인 인천공항이다.

④ 청주공항 출발 여객 수는 981,676명이므로 대구공항 출발 여객 수 870,520명보다 많다.

⑤ 출발 비행기 운항 수와 도착 비행기 운항 수가 같은 곳은 사천공항, 포항공항, 군산공항, 원주공항으로 4곳이다.

16 국민건강보험공단 2020상 ★★ 目 ①

2019년 제3군 총 감염병 환자 수는 419(10세 미만)+1,024(10대)+190(20대)+205(30대)+316(40대)+2,445(50대 이상)=4,599명이다. 제3군에는 말라리아와 쯔쯔가무시증이 속하므로 2019년 쯔쯔가무시증 환자 수는 4,599−559=4,040명이다. 또한 전년도 쯔쯔가무시증 환자 수는 6,668명이다. 따라서 2019년 쯔쯔가무시증 환자 수는 전년 대비 약 39% 감소하였다.

17 국민건강보험공단 2020상 ★★ 目 ④

2019년 연령에 따른 감염군별 환자 수를 구하면 다음과 같다.

(단위 : 명)

	제1군	제2군	제3군
10세 미만	179	59,231	419
10대	279	17,316	1,024
20대	2,488	2,318	190
30대	6,349	1,659	205
40대	6,282	1,101	316
50대 이상	2,135	1,609	2,445
합계	17,712	83,234	4,599

2020년 감염군별 환자 수를 구하면 다음과 같다.

(단위 : 명)

	제1군	제2군	제3군	합계
2020년 감염군별 환자 수	17,712 −10,000 =7,712	83,234 −15,000 =68,234	4,599 +25,000 =29,599	105,545

따라서 2020년 감염군별 환자 수가 각각 차지하는 비중은 제1군은 $\frac{7,712}{105,545}\times100\fallingdotseq7\%$, 제2군은 $\frac{68,234}{105,545}\times100\fallingdotseq65\%$, 제3군은 $\frac{29,599}{105,545}\times100\fallingdotseq28\%$이다.

18 국민건강보험공단 2020상 ★★★ 目 ③

① 2018년 감염군별 환자 수를 정리하면 제1군(콜레라, 장티푸스, A형간염)은 2+213+2,437=2,652명, 제2군(파상풍, B형간염, 수두)은 31+392+96,497=96,920명, 제3군(말라리아, 쯔쯔가무시증)은 576+6,668=7,244명이다. 따라서 그래프로 나타내면 다음과 같다.

② 2015~2019년 A형간염 환자 수는 2015년엔 1,804명, 2016년은 4,679명, 2017년은 4,419명, 2018년은 2,437명, 2019년은 17,617명이다. 따라서 그래프로 나타내면 다음과 같다.

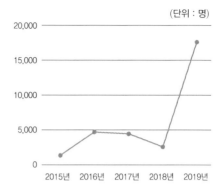

④ 17번 해설을 참고하면 2019년 20대 제1군 환자 수는 2,488명, 제2군은 2,318명, 제3군은 190명이고, 30대 제1군 환자 수는 6,349명, 제2군은 1,659명, 제3군은 205명이다. 따라서 그래프로 나타내면 다음과 같다.

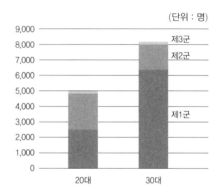

19 한국전력공사 2020상 ★★ 目 ②

폭력범죄자 수는 총 348,510명이며, 이 중 30대는 53,292+10,649=63,941명이다. 따라서 폭력범죄자 중 30대가 차지하는 비중은 $\frac{63,941}{348,510}\times100\fallingdotseq18.3\%$이다.

20 한국전력공사 2020상 ★★★ 目 ③

2020년 국내 범죄자 수는 총 800,506명이다. 2020년 국내 범죄자의 90%가 한국 국적이므로 한국 국적 범죄자는 800,506×0.9≒720,455명이다. 따라서 2020년 국내 범죄자 중 외국 국적을 가진 범죄자는 800,506−720,455=80,051명이다. 이 중 중국 국적 범죄자는 50%를 차지하므로 80,051×0.5≒40,025명이다.

01	③	02	④	03	②	04	④	05	①	06	③	07	⑤	08	②	09	②	10	①
11	⑤	12	②	13	⑤	14	②	15	②	16	④	17	④	18	③	19	④	20	①

01 부산교통공사 2021상 ★★　　답 ③

첫 번째 조건과 두 번째 조건, 세 번째 조건에 의해서 ⓐ와 ⓖ에는 사업지원팀이 앉고, ⓓ에는 기획팀이 앉으므로 ⓒ에는 영업팀이, ⓑ에는 기획팀이 앉아야 한다. 또한 ⓔ에는 영업팀이, ⓕ는 기획팀이 앉아야하며, 네 번째 조건에 의해 ⓗ에는 기획팀이 앉아야 한다. 따라서 ⓐ~ⓗ의 자리배치 순서는 다음과 같다.

ⓐ	ⓑ	ⓒ	ⓓ	ⓔ	ⓕ	ⓖ	ⓗ
사업 지원팀	기획팀	영업팀	기획팀	영업팀	기획팀	사업 지원팀	기획팀

02 코레일 2020상 ★★　　답 ④

• B가 부정행위를 한 경우 :

	사실	거짓
A		✓
B		✓
C	✓	
D	✓	
E	✓	

• B가 부정행위를 하지 않은 경우 :

	사실	거짓
A		✓
B	✓	
C		✓
D	✓	
E	✓	

03 한국동서발전 2021상 ★★★　　답 ②

정부지원 대상을 보면 중증 장애아 자녀를 포함한 아동 2명 이상을 둔 경우 지원대상에 속한다. 그러나 부가사항에서 중증 장애아동(장애등급 1~3급)은 지원을 제외하며, 장애아동을 제외한 아동에게만 서비스를 제공한다고 나와 있다.

① 부가사항을 보면 시간제 돌봄서비스 정부지원을 받는 아동은 영아종일제 중복지원이 불가하다고 나와 있다. 따라서 만 36개월 이하여도 시간제 돌봄서비스를 신청할 수 있다.

③ 만 36개월 이하 아동 2명 이상을 둔 다자녀 가정이라고 해도 부모가 모두 비취업하여 가정에서 아동을 양육한다면 정부지원 대상에서 제외된다.

④ 부가사항에서 유치원을 이용하는 아동은 평일 오전 9시부터 오후 3시까지 시간제 돌봄서비스 정부지원이 불가하다고 나와 있으나 이는 신청 자체가 불가한 것이 아니라 정부지원에서만 제외됨을 의미한다. 정부지원 대상 항목에서 정부지원 대상에 해당하지 않는 경우 전액 본인부담으로 서비스 이용이 가능하다고 하였으므로 신청 자체가 불가능한 것은 아니다.

04 한국동서발전 2021상 ★★　　답 ④

월소득 500만 원은 120% 이하에 해당한다. 둘째의 시간제 돌봄서비스 비용은 주 3회 4시간씩이므로 4주 기준 비용은 $4,400 \times 3 \times 4 \times 4 = 211,200$원이다. 셋째의 영아종일제 돌봄서비스는 주 5회 11시간씩이므로 4주 이용 시 총 220시간으로 월 200시간을 초과한다. 정부지원을 받는 200시간까지는 $4,000 \times 200 = 800,000$원이고, 초과된 20시간은 전액 본인부담금이 적용되어 $9,700 \times 20 = 194,000$원을 부담한다. 그러므로 이들 부부가 지불할 본인부담금은 총 1,205,200원이다.

05 코레일 2020상 ★　　　　　　　정답 ①

세 번째 조건에 따르면 성수네 집 바로 위층에는 아무도 살지 않으므로, 성수네 집은 2층이거나 8층이다.
- 성수네 집이 2층인 경우 : 다섯 번째 조건에 의해 수연이네 집은 6층이고, 이어서 네 번째 조건에 의해 세희네 집은 5층이다. 첫 번째와 두 번째 조건에 의해 소미네 집은 7층이고, 선유네 집은 8층임을 알 수 있다.
- 성수네 집이 8층인 경우 : 다섯 번째 조건에 의해 수연이네 집은 6층이고, 이어서 두 번째 조건에 의해 소미네 집은 7층이다. 그러나 이 경우 첫 번째 조건을 충족시키지 못한다.

06 코레일 2020상 ★　　　　　　　정답 ③

주어진 내용을 기호로 정리하면 다음과 같다.
(전제 1) 직원∧업무를 잘 함
(전제 2) 직원∧정규교육
(전제 3) 특별교육 → 특별업무
(전제 4) ＿＿＿＿＿＿＿＿＿＿＿
(결론) 특별업무∧업무를 잘 함

따라서 '모든 직원은 특별교육을 받는다.'라는 전제가 보충되면 '직원 → 특별교육 → 특별업무'가 되고 '직원∧업무를 잘 함'이므로 '특별업무∧업무를 잘 함'이라는 결론이 도출될 수 있다.

07 한국철도공사 2021상 ★　　　　　　　정답 ⑤

부산으로 가는 경부선 IXX – 새마을호 열차는 1,001~1,030 사이의 홀수 번호여야 한다. 따라서 가능한 번호는 ⑤ 1,029뿐이다.
① 호남선이며, 하행선인 KTX의 열차번호이다.
② 경전선이며, 상행선인 무궁화호의 열차번호이다.
③ 호남선이며, 상행선인 ITX – 새마을호의 열차번호이다.
④ 전라선이며, 하행선인 무궁화호의 열차번호이다.

08 부산교통공사 2021상 ★★　　　　　　　정답 ②

3월 9일부터 5월 16일까지 달력은 다음과 같다.

일	월	화	수	목	금	토
	3월 9일	3월 10일	3월 11일	3월 12일	3월 13일	3월 14일
3월 15일	3월 16일	3월 17일	3월 18일	3월 19일	3월 20일	3월 21일
3월 22일	3월 23일	3월 24일	3월 25일	3월 26일	3월 27일	3월 28일
3월 29일	3월 30일	3월 31일	4월 1일	4월 2일	4월 3일	4월 4일
4월 5일	4월 6일	4월 7일	4월 8일	4월 9일	4월 10일	4월 11일
4월 12일	4월 13일	4월 14일	4월 15일	4월 16일	4월 17일	4월 18일
4월 19일	4월 20일	4월 21일	4월 22일	4월 23일	4월 24일	4월 25일
4월 26일	4월 27일	4월 28일	4월 29일	4월 30일	5월 1일	5월 2일
5월 3일	5월 4일	5월 5일	5월 6일	5월 7일	5월 8일	5월 9일
5월 10일	5월 11일	5월 12일	5월 13일	5월 14일	5월 15일	5월 16일

김 사원이 판매 첫 주 평일과 36일 후 공적마스크를 구입한 경우의 수는 다음과 같다.
- 3월 9일 월요일(1, 6년생) → 4월 14일 화요일(2, 7년생)
- 3월 10일 화요일(2, 7년생) → 4월 15일 수요일(3, 8년생)
- 3월 11일 수요일(3, 8년생) → 4월 16일 목요일(4, 9년생)
- 3월 12일 목요일(4, 9년생) → 4월 17일 금요일(5, 0년생)
- 3월 13일 금요일(5, 0년생) → 4월 18일 토요일(출생연도 관계없음)

따라서 3월 13일 금요일에 산 경우를 제외하고는 출생연도가 맞지 않으므로 김 사원은 3월 13일 금요일에 공적마스크를 구매하였다. 김 사원의 출생연도 끝자리는 5 또는 0이며 5월 8일 금요일에 공적마스크를 구매할 수 있다.

09 코레일 2020상 ★★　　　　　　　정답 ②

홍이동은 홍일동보다 먼저 출장을 가지 않으므로 홍이동은 3월에 출장을 가지 않는다. 또한 홍일동이 12월에 출장을 가면 홍이동이 올해 출장을 갈 수 없으므로 홍일동은 12월에 출장을 가지 않는다. 주어진 조건을 표로 정리하면 다음과 같다.

	3월	6월	9월	12월
홍일동			×	×
홍이동	×	×	×	○
홍삼동		×		×
홍사동			×	×

홍이동만 12월에 출장을 갈 수 있으므로 홍이동은 12월에 출장을 간다. 따라서 홍삼동은 홍이동보다 먼저 출장을 간다.

10 한국전력공사 2020상 ★★　　　　　　　정답 ①

② AX0615HT042 : 2020년 6월 15일 B공장에서 42번째로 생산된 소도구
③ AX0615RP042 : 2020년 6월 15일 B공장에서 42번째로 생산된 포장재
④ FD0615MC042 : 2020년 6월 15일 D공장에서 42번째로 생산된 약품
⑤ FD0615RP042 : 2020년 6월 15일 D공장에서 42번째로 생산된 포장재

11 한국전력공사 2020상 ★　　　　　　　정답 ⑤

극작가는 모두 인문학 전공자이고 인문학 전공자이면서 여자인 사람은 극작가가 아니라고 했으므로 극작가는 모두 인문학 전공자이면서 남자이다. 그런데 인문학 전공자이면서 남자인 사람은 모두 논설가이다.
따라서 '극작가 → 인문학 전공자∧남자 → 논설가'이므로 인문학을 전공한 남자가 모두 논설가인 것은 맞지만, 모두 극작가인지는 알 수 없다. ①, ②, ③, ④ '극작가 → 인문학 전공자∧남자 → 논설가'이므로 극작가는 모두 남자이면서 논설가이다.

12 코레일 2020상 ★
정답 ②

구분	업무지식	정보활용	응용력	책임감	성실성	합계
갑	2	3	2	3	2	12
을	3	1	2	2	3	11
병	1	3	1	2	3	10
정	3	2	3	1	3	12

이들 중 합계 점수가 12점인 갑과 정이 승진 대상자와 성과급 대상자인데, 갑의 평가에 C가 포함되지 않으므로 갑이 승진, 정이 성과급 대상자가 된다.

13 코레일 2020상 ★★
정답 ⑤

구분	업무지식	정보활용	응용력	책임감	성실성	합계
갑	3	3	2	3	3	14
을	4.5	1	2	2	4.5	14
병	1.5	3	1	2	4.5	12
정	4.5	2	3	1	4.5	15

정은 15점으로 가장 점수가 높으므로 승진 대상자가 된다. 갑과 을은 합계 점수가 같은데, 을이 가중치 항목의 점수가 더 높으므로 을이 성과급 대상자가 된다.

14 한국전력공사 2020상 ★★
정답 ②

디지털문화본부는 V코드이므로 간행물 3이 된다. 또한 사업결과 분야는 XYZ 중 Y에 해당하는 코드가 B여야 하므로 옳다.
① 일련번호가 007인 간행물 1이 가장 등록 순서가 빠르다.
③ 정책본부의 코드는 Ⅱ이므로 해당하는 간행물이 없다.
④ 정책 분야와 관련된 간행물 2는 C에 해당하는 코드가 A이므로 자체수행이 아닌 위탁연구에 의해 작성된 자료이다.
⑤ 분석 분야의 내용은 Y코드가 A, 번역물은 X코드가 T이므로 XY의 코드가 TA여야 하는데, 이에 해당하는 간행물이 없다.

15 건강보험공단 2020하 ★★
정답 ②

출장기간 중 접대비에 사용한 비용은 총 4,500(9월 8일) + 3,300(9월 9일) = 7,800엔이다.
① 3박 4일 동안의 저녁 식대는 총 7,200(9월 7일) + 700(9월 8일) + 810(9월 9일) = 8,710엔이다.
③ 출장기간 중 택시비에 사용한 비용은 총 580(9월 7일) + 580(9월 8일) + 830(9월 9일) + 700(9월 10일) = 2,690엔이다.
④ 문제에 주어진 조건을 보면 항공료의 경우 왕복 시 요금에 해당한다고 나와 있다. 따라서 출장 시 왕복으로 항공권을 구매하였음을 알 수 있다.

16 건강보험공단 2020하 ★★
정답 ④

이 대리가 9월 8일에 지출한 총 비용은 800 + 580 + 950 + 4,500 + 700 + 230 = 7,760엔이다. 1엔은 11원이므로 한화로 전환하면 7,760 × 11 = 85,360원이다.

17 건강보험공단 2020하 ★★
정답 ④

- 가 기업
  A 세미나실 대관료(주중) → 100 + 60 = 160만 원
  1시간 이용 시간 초과 → 30만 원
  콘덴서 마이크(DMS-D7) 4대 + EMP-1720 1대 + 노트북 2대 → {(15,000×2) + 150,000 + (5,000×2)} = 19만 원
  총 대관료는 160만 원 + 30만 원 + 19만 원 = 2,090,000원이다.
- 나 기업
  C 세미나실 대관료(주중) → 90만 원
  1회 횟수 추가 → 90 × 0.3 = 27만 원
  다이나믹 마이크(CM-B77) 2대 + 콘덴서 마이크(MP-301) 3대 + PLC-F46E 1대 + 노트북 1대 → 20,000 + 120,000 + 5,000 = 14만 5천 원
  총 대관료는 90만 원 + 27만 원 + 14만 5천 원 = 1,315,000원이다.
- 다 기업
  B 세미나실 대관료(주말) → 160만 원
  다이나믹 마이크(BY-M800) 5대 + 콘덴서 마이크(MP-301) 4대 + 노트북 3대 + USB 타입 헤드셋 1대 → {(6,000×2) + (20,000×2) + (5,000×3) + 3,000} = 70,000원
  총 대관료는 160만 원 + 7만 원 = 1,670,000원이다.
- 라 기업
  A 세미나실 대관료(주중) → 160만 원
  2시간 이용 시간 초과 → 30 × 2 = 60만 원
  콘덴서 마이크(DMS-D7) 2대 + EP890 1대 + USB 타입 헤드셋 3대 → {180,000 + (3,000×3)} = 18만 9천 원
  총 대관료는 160만 원 + 60만 원 + 18만 9천 원 = 2,389,000원이다.

따라서 가장 많은 비용을 지불한 기업은 라 기업이고, 가장 적은 비용을 지불한 기업은 나 기업이다.

18 건강보험공단 2020하 ★★
정답 ③

- 대관료 : K대리는 B세미나실을 주중에 4시간 정도 대관할 예정이며, 이용 시간이 5시간 이하이므로 3시간까지는 원래 대관료의 50%, 나머지 1시간은 10만 원 추가된다. 따라서 총 대관료는 (130만 원×0.5) + 10만 원 = 750,000원이다.
- 부대설비 사용료 : K대리가 필요한 부대설비는 빔프로젝터 PJ-403D 1대와 USB 타입 헤드셋 3대이므로 130,000 + (3,000×3) = 139,000원이다.

따라서 K대리가 지불해야 하는 총 비용은 750,000 + 139,000 = 889,000원이다.

19 한국전력공사 2020상 ★★ 　　目 ④

각 A~C 공항을 경유하는 방법별 총 시간, 거리, 요금은 다음과 같다.

	시간	거리	요금
A공항을 경유하는 방법	8시간 50분	8,400km	210만 원
B공항을 경유하는 방법	9시간 10분	8,450km	200만 원
C공항을 경유하는 방법	8시간	8,100km	210만 원

위 표를 보면 A공항과 C공항을 경유하는 방법이 총 210만 원으로 가장 비싸며, B공항을 경유하는 방법은 200만 원으로 가장 저렴하다. 따라서 두 요금의 차이는 210 − 200 = 10만 원이다.
① C공항을 경유하면 가장 짧은 8,100km를 비행하게 된다.
② A공항을 경유하는 방법과 C공항을 경유하는 방법의 거리의 차는 300km이다.
③ B공항을 경유하면 9시간 10분으로 가장 많은 시간이 소요된다.
⑤ A공항과 C공항을 경유하는 방법 모두 210만 원의 요금이 발생한다.

20 한국전력공사 2020상 ★★ 　　目 ①

4명과 6명이 순서대로 근무를 서게 되므로 최소공배수인 12일마다 같은 조합이 이루어지게 되며 12일간의 근무조합은 다음과 같이 표로 정리할 수 있다.

구분	병	정	갑	을
A	1		7	
B		2		8
C	9		3	
D		10		4
E	5		11	
F		6		12

따라서 정과 C는 함께 근무를 설 수 없는 조합이 된다.

NCS 공기업 통합 실전모의고사 PSAT형＋모듈형＋전공

PART 02

PSAT형
실전모의고사

01	③	02	⑤	03	③	04	①	05	②	06	①	07	③	08	③	09	②	10	②
11	①	12	④	13	①	14	③	15	④	16	⑤	17	③	18	⑤	19	③	20	①
21	②	22	③	23	④	24	③	25	⑤	26	⑤	27	⑤	28	③	29	⑤	30	⑤
31	③	32	③	33	③	34	③	35	②	36	①	37	②	38	④	39	③	40	④
41	②	42	⑤	43	④	44	③	45	③	46	⑤	47	①	48	③	49	③	50	⑤

01 의사소통능력 ★★★ 🔖 ③

인도는 3대 화석연료 사용이 모두 급증하면서 총 26억 t의 CO_2를 배출해 4대 배출국 중 가장 높은 6.3%의 증가율을 보일 것으로 나타났다.

02 의사소통능력 ★★ 🔖 ⑤

• 소급(遡及) : 과거에까지 거슬러 올라가서 미치게 함
• 소환(김喚) : 조사하기 위하여 불러들임
'소환'은 '소급'의 유의어가 아니고 맥락상 대체 가능한 어휘도 아니다.
① 문턱(門 –) : 어떤 일이 시작되거나 이루어지려는 무렵을 비유적으로 이르는 말
  초입(初入) : 어떤 일이나 시기가 시작되는 첫머리
② 복속(服屬) : 복종하여 붙좇음
  속복(屬服) : 복종하여 따름
③ 실존(實存) : 실제로 존재함. 또는 그런 존재
  실재(實在) : 실제로 존재함
④ 산재(散在) : 여기저기 흩어져 있음
  분포(分布) : 일정한 범위에 흩어져 퍼져 있음

03 의사소통능력 ★★ 🔖 ③

의성은 예부터 영남에서 중부 지역으로 나아가는 요충지였으며, 서라벌에서 안동, 영주로 올라가거나 문경을 거쳐 한강 유역으로 진출하기 위해 거쳐야 하는 지역이었다.
① '조문국 사적지'는 '금성산 고분군'의 다른 명칭이다.
② 〈삼국사기〉, 〈고려사〉, 〈신증동국여지승람〉에서 조문국의 실존에 대한 기록을 확인할 수 있다. 하지만 고구려 무용총과 쌍용총 벽화는 탑리리 고분에서 출토된 금동관의 장식과 유사성을 확인할 수 있을 뿐 그 자체가 조문국의 실존을 입증한다고 볼 수는 없다.

④ 경주를 제외한 의성에만 크고 작은 고분 374기가 산재한다.
⑤ 탑리리 고분의 금동관의 깃털 장식을 우즈베키스탄 사마르칸트에서도 볼 수 있지만 사마르칸트가 신라의 교역국이었음을 추론할 근거가 제시문 내에 충분하지는 않다.

04 문제해결능력 ★★ 🔖 ①

서울 기준으로 시드니와는 +2시간, 밴쿠버와는 −17시간의 시차가 난다. 회의는 1시간 동안 업무 시간 내에만 진행해야 한다. 서울 기준 오전 9시에 시드니는 오전 11시이고, 밴쿠버는 전일 오후 4시로 이 시간대를 제외한 나머지 시간은 회의를 진행할 수 없다.

05 수리능력 ★★ 🔖 ②

2018년과 2019년에는 감소했다.
① 2021년 화재 발생 건수는 44,435건, 2020년 화재 발생 건수는 42,135건이므로 $\frac{44,435 - 42,135}{42,135} \times 100 ≒ 5.5\%$이다.
③ 2018년 화재로 인한 인명피해는 2,223명으로 2016년부터 2021년 사이 가장 컸다.
④ 2020년, 2021년 화재로 인한 재산피해액은 각각 4,053억 5,700만 원, 4,331억 6,500만 원이며, 약 278억 원 증가하였으므로 6.9% 정도 증가하였다.
⑤ 2018~2020년 화재 발생 건수는 감소, 증가했으며, 재산피해액은 증가, 감소했으므로 증감 방향은 반대이다.

06 수리능력 ★★   답 ①

- 2017년 화재로 인해 발생한 사망자 수
  = 2016년 사망자 수 305명 × (1 − 0.14) ≒ 262명
- 2017년 화재로 인해 발생한 부상자 수
  = 2018년 부상자 수 1,956명 ÷ (1 + 0.2) ≒ 1,630명

따라서 2017년 화재로 인해 발생한 사망자 수와 부상자 수는 총 1,892명이다.

07 문제해결능력 ★★   답 ③

주어진 조건을 바탕으로 가능한 경우의 수를 정리하면 다음과 같다.

구분	경우 1	경우 2	경우 3	경우 4
6층	IT본부	IT본부	홍보부	IT본부
5층	연구부	총무부	영업부	홍보부
4층	총무부	연구부	IT본부	영업부
3층	기획부			
2층	홍보부	홍보부	총무부	총무부
1층	영업부	영업부	연구부	연구부

6층은 IT본부이거나 홍보부이므로 참이다.

① 홍보부가 2층일 때 연구부가 4층(경우 2)일 수 있으므로 항상 참은 아니다.

② 총무부가 2층일 때 IT본부가 4층(경우 3)일 수 있으므로 항상 참은 아니다.

④ 총무부 위층이 연구부(경우 1)일 수 있으므로 항상 참은 아니다.

⑤ 4층에 홍보부가 위치할 경우 영업부가 3층에 와야 하지만 기획부는 3층에 고정이므로 4층에는 홍보부도 위치할 수 없다.

08 수리능력 ★★   답 ③

분기	A	B	C	D
1/4분기	50 × 0.15	50 × 0.30	50 × 0.15	50 × 0.40
2/4분기	65 × 0.25	65 × 0.30	65 × 0.20	65 × 0.25
3/4분기	130 × 0.30	130 × 0.20	130 × 0.10	130 × 0.40
4/4분기	150 × 0.50	150 × 0.15	150 × 0.20	150 × 0.15
합계	137.75	83	63.5	110.75

09 문제해결능력 ★   답 ②

진술 중 모순 관계인 병과 정의 발언을 기준으로 답을 찾는다.

- 병이 참인 경우 : 정이 범인인 동시에 거짓말을 하고 있다. 정이 범인이라면 갑과 을의 발언은 참이다. 그렇다면 나머지 무의 발언도 참이어야 하는데, 이는 두 명이 거짓말을 한다는 조건에 위배된다.

- 정이 참인 경우 : 병이 거짓이므로 범인은 정이 아니다. 그런데 갑과 을은 동일관계이므로 둘 중 하나만 참이 될 수 없고, 다섯 명 중 두 명만 거짓을 말하므로 갑과 을의 발언은 참이다. 따라서 무의 발언이 거짓이 되므로 물건을 훔친 사람은 을이다.

10 문제해결능력 ★   답 ②

- 첫 번째 명제 : 경치 → 여행(대우 : ~여행 → ~경치)
- 두 번째 명제 : 사람과의 어울림 → 여행(대우 : ~여행 → ~사람과의 어울림)
- 세 번째 명제 : 여행 → 바다(대우 : ~바다 → ~여행)

명제를 모두 정리하면,

- 경치 → 여행 → 바다(대우 : ~바다 → ~여행 → ~경치)
- 사람과의 어울림 → 여행 → 바다(대우 : ~바다 → ~여행 → ~사람과의 어울림)

11 의사소통능력 ★★★   답 ①

○○공사는 정부 사업 중 처음으로 보수율이라는 항목을 적용한 ESCO사업 입찰 계획을 2018년 4월에 발표했다.

② 입찰에 참가하는 업체가 제시해야 하는 보수율의 근거자료는 실증시험을 통한 자료가 아닌 시뮬레이션 자료이다.

③ 정부 주도 ESCO사업에서 고효율에너지기자재 인증서에 명시된 등기구 소비전력으로 에너지 절감액을 계산하는 일은 예외적이지 않고 일반적이다.

④ 소비전력만을 기준으로 삼을 때는 ㄴ사의 제품이 더 높은 점수를 받지만, 보수율을 적용하면 80 × 0.5 = 40W, 70 × 0.6 = 42W로 ㄱ사의 소비전력이 더 낮게 책정되어 더 높은 배점을 받게 된다.

⑤ ○○공사 관계자에 의하면 선정기준에 보수율을 포함시키는 일은 기준 미달 제품 회수가 아니라 투자비 회수기간을 단축시키기 위한 불가피한 선택이었다. 제시문 하단의 ESCO사업에 대한 설명을 통해 ○○공사 관계자의 발언이 투자비 회수를 뜻함을 알 수 있다.

12 의사소통능력 ★★★   답 ④

제시문에서 동북아 슈퍼그리드에 참여하는 국가로 일본을 언급하지만 일본의 주 발전에너지원을 수력으로 지칭하지는 않았다.

13 문제해결능력 ★★★   답 ①

그룹별로 1순위 표를 정리하면 다음과 같다.

- A : 2,500 + 2,000 = 4,500표
- B : 2,000표
- C : 1,800표
- D : 500표
- E : 1,200표

회원 1만 명의 총 1만 표 중 5,000표 이상을 받은 그룹이 없다. 따라서 최소의 표를 받은 그룹 D의 표가 그룹 C에게 넘어가며 그룹 C의 득표수는 1,800 + 500 = 2,300표가 된다. 그럼에도 과반수의 표를 얻지 못하므로, 그룹 E의 표가 그룹 A에게 넘어가며 그룹 A의 득표수는 4,500 + 1,200 = 5,700표가 된다. 따라서 올해의 앨범상을 받는 그룹은 A이다.

14 문제해결능력 ★★ 　　　　　　　　　　답 ③

원료입고 및 세척과 제품 검수를 제외한 비용에서 10%씩 절감되므로, 기존 생산비에서 $(140+100+50+30+90+50+40) \times 0.1 = 50$원이 줄어든다. 따라서 100병 생산 시 5,000원을 절감하게 된다.

15 문제해결능력 ★★ 　　　　　　　　　　답 ④

불량률이 15%에서 5%로 줄어든 상황이다. 즉, 500병 생산 시 기존에는 425병만 판매할 수 있었지만 혁신 후에는 475병을 판매할 수 있다. 생산비는 동일하나 기존보다 50병을 더 판매할 수 있으므로 판매수익은 $640 \times 2 \times 50 = 64,000$원 증가한다.

16 수리능력 ★★ 　　　　　　　　　　답 ⑤

조사기간 동안 흡연율이 가장 높은 연령집단은 36.6%의 흡연율을 기록한 30~39세이고, 가장 낮은 흡연율을 기록한 연령집단은 8%의 흡연율을 기록한 70세 이상이다.

- 30~39세 흡연율 평균
  $$= 30 + \frac{2+2.4+2.8+5+6.6+2.5+0.7-2.3+0.4}{10}$$
  $$= 30 + 2.01 = 32.01\%$$
- 70세 이상 흡연율 평균
  $$= 10 + \frac{2.8+6+3.2+2.6+4.3+0.9-2+0.1-1-0.9}{10}$$
  $$= 10 + 1.6 = 11.6\%$$

따라서 $32.01 - 11.6 \fallingdotseq 20\%\mathrm{p}$이다.

17 수리능력 ★★ 　　　　　　　　　　답 ③

2013년의 19~29세 흡연율(33.9%) > 30~39세 흡연율(32.4%)로 30대 흡연율이 더 낮았다.

① 40대 흡연율은 2014년부터 29.2% → 25.4% → 25%로 꾸준히 감소했다.

② 2020년 남자 흡연율과 여자 흡연율의 차이는 $39.4 - 5.5 = 33.9\%\mathrm{p}$로 가장 적다.

④ 평균 $= \dfrac{2012 \sim 2021년 \ 50대 \ 흡연율 \ 총합}{10년} = \dfrac{225}{10} = 22.5\%$

이므로 20%보다 크다.

> **Tip**
>
> 10년 동안의 흡연율을 모두 더하려면 시간이 오래 걸린다. 2012년 50대 흡연율만 20%에서 0.7% 모자라고, 나머지 연도별 흡연율은 모두 20%보다 크므로, 10년 동안의 평균 흡연율이 20%이면 흡연율 합계 200%보다 클 것임을 알 수 있다.

⑤ 2013년 전체 흡연율은 27.8%로 조사기간 중 가장 높았다.

18 의사소통능력 ★★ 　　　　　　　　　　답 ⑤

제시된 글에서는 사회의 경제·정치·제도적 수준에 따라 해당 사회에서 사용하는 언어에도 차이가 있음을 밝히고, 글의 말미에서 해당 사회가 발전할수록 언어도 그에 맞게 변화해 나갈 것이라고 예측하고 있다. 즉 사회의 요소들이 언어에 영향을 미침을 이야기하고 있으며 이를 가장 잘 나타낸 주제는 ⑤이다.

① 제시된 글에서는 언어와 사회 간에 미치는 영향을 일방적인 것으로 보고 있지는 않으며, 오히려 사회가 언어에 미치는 영향을 주로 이야기하고 있다.

② 제시문은 선택지의 내용과 반대로 언어의 질적인 발전을 위해서는 경제·정치·제도적 발전이 필요하다고 보는 견해에 가깝다.

19 의사소통능력 ★★ 　　　　　　　　　　답 ③

일단 ㉠을 마지막에 위치시켜 '트레몰리노스 효과'에 대한 언급이 이후 문장과 연결되도록 한다. 남은 ㉡, ㉢, ㉣ 중에서는 결론에 해당하는 ㉣을 세 번째 위치에 놓는다. 결론 ㉣의 이유로 제시되는 ㉡, ㉢ 중 문장 ㉡의 첫머리에 등장하는 접속어 '이후'에 주목하여 ㉢을 앞으로, ㉡을 그다음으로 위치시킨다. 순서를 종합하면 ㉢ - ㉡ - ㉣ - ㉠이 된다.

20 의사소통능력 ★★★ 　　　　　　　　　　답 ①

제시문은 관광 상품 소비자들의 변화에 대해 설명한다. 이들의 선호는 기존의 전형적인 패키지 상품에서 새로운 경험으로 변화하는데, '기존의 전형'과 '새로운 경험'을 기준으로 관광의 성격을 분류할 수 있다. ⓐ, ⓑ, ⓓ, ⓕ는 기존의 관광 방식을 보여주는 장소로, ⓒ, ⓔ, ⓖ는 새로운 경험을 원하는 여행객들이 찾는 장소로 제시된다.

21 수리능력 ★★ 　　　　　　　　　　답 ②

2015년의 경우 $9,488 \times 4 = 37,952 < 49,159$톤/일이고, 2016년의 경우 $10,021 \times 4 = 40,084 < 48,934$톤/일이다. 따라서 2015~2016년 생활폐기물은 지정폐기물보다 4배 이상 발생했다.

① 2018년 일평균 전체 폐기물 발생량은 감소했다.

③ 폐기물종류별로 가장 비중이 큰 폐기물은 건설폐기물이며, 전체 비중의 47% 안팎으로 50%를 넘지 못한다.

> **Tip**
>
> 전체의 50% 이상을 차지한다면, '총계×0.5<건설폐기물'이어야 한다.

④ 사업장배출시설계폐기물은 다른 폐기물과 달리 2015년부터 폐기물 발생량이 꾸준히 증가했다.

⑤ 2015년 대비 2021년 전체 폐기물 발생량은
$$\frac{429,139 - 374,642}{374,642} \times 100 \fallingdotseq 14.5\%$$ 증가했다.

> **Tip**
>
> 2021년 전체 폐기물 발생량이 2015년 대비 20% 이상 증가했다면, '374,642(2015년 전체 폐기물 발생량)×1.2<429,139(2021년 전체 폐기물 발생량)'이어야 하지만, 그렇지 않으므로 20% 이상 증가했다고 할 수 없다.

22 수리능력 ★★★ 답 ③

전력 판매수익이 가장 높았던 2020년 전력판매량은 497,040백만 kwh로 5,000억 kwh 미만이다.

① 전력판매량과 전력 판매수익은 2021년 각각 증가, 감소했으므로 반대 양상을 보인다.

② 2017년 대비 2018년 전력판매량 증가율은 $\frac{477,592 - 474,849}{474,849}$ $\times 100 ≒ 0.6\%$이고, 2020년 대비 2021년 전력판매량 증가율은 $\frac{507,746 - 497,040}{497,040} \times 100 ≒ 2.2\%$이다. 따라서 2.2 − 0.6 = 1.6%p 이상 차이 난다.

④ 5년간 전력판매량을 살펴보면, 5,000억 kwh 기준으로 2021년의 경우 7,746백만 kwh 더 많았던 반면, 나머지 연도의 전력판매량은 모두 5,000억 kwh을 넘지 않았다. 5,000억 kwh 기준으로 부족한 전력판매량을 합한 양이 7,746백만 kwh보다 많으므로 평균 전력판매량은 5,000억 kwh를 넘지 못한다.

> **Tip**
>
> 정확히 계산하면, 평균 전력판매량은
> $500,000 + \frac{-25,151 - 22,408 - 16,345 - 2,960 + 7,746}{5}$
> $= 488,176.4$백만 kwh이다.

⑤ 연도별 전년 대비 전력 판매수익 증가분을 구하면 다음과 같다.

2018년	2019년	2020년
26,557억 원	8,196억 원	13,239억 원

따라서 전력 판매수익이 가장 크게 증가한 연도는 2018년이다.

23 수리능력 ★★ 답 ④

식중독 신고 건수가 가장 적었던 연도는 228건으로 집계된 2013년이나, 식중독 환자 수가 4,958명으로 가장 적었던 해는 2017년이다.

① 식중독 신고 건수 및 환자 수 증감 추이는 다음과 같다.
- 식중독 신고 건수 : 감소, 증가, 감소, 증가, 감소, 증가, 감소, 증가, 감소
- 식중독 환자 수 : 감소, 증가, 감소, 감소, 감소, 증가, 감소, 증가, 감소

  2015~2016년 증감 추이는 반대이므로 같지 않다.

② 2018년 식중독 환자 수는 7,466명으로 전년보다 7,466 − 4,958 = 2,508명 증가했다.

③ 2019년과 2020년 식중독 신고 건수는 각각 330건, 399건이므로, 음식점에서의 식중독 신고 건수는 각각 330 − (64 + 9 + 54 + 4) = 199건, 399 − (68 + 3 + 73 + 4) = 251건이다. 따라서 2020년 음식점에서의 식중독 신고 건수는 2019년보다 251 − 199 = 52건 더 많다.

⑤ 집단급식소 중 학교로부터 신고된 식중독 건수가 차지하는 비중은 2019년의 경우 $\frac{38}{64} \times 100 ≒ 59\%$, 2020년의 경우 $\frac{36}{68} \times 100 ≒ 53\%$로 절반이 넘는다.

24 문제해결능력 ★★★ 답 ③

디프테리아/파상풍/백일해 예방접종은 1~5차까지 DTap으로 접종 후 만 11~12세에 Tdap으로 1회 접종해야 한다.

① 결핵 예방 백신인 BCG는 생후 4주 이내에 1회 접종한다.

② 폐렴구균 고위험군에 한하여 의사 상담 후 24개월~만 12세에 PPSV를 추가 접종한다.

④ 인플루엔자 백신은 일정표에 매년 접종해야 한다고 안내하고 있으며, 접종 첫 해에 4주 간격으로 2회 접종해야 한다.

⑤ 총 4차에 걸쳐 접종하는 백신은 폴리오 예방 백신인 IPV, b형헤모필루스인플루엔자 예방 백신인 Hib, 폐렴구균 예방 백신 중 PCV(단백결합)이다.

25 문제해결능력 ★★★ 답 ⑤

일본뇌염 약독화 백신은 생후 12~23개월에 1차 접종하고, 12개월 후 2차 접종해야 한다. 따라서 생후 15개월에 접종했다면 생후 27개월에 2차 접종해야 한다.

26 의사소통능력 ★★ 답 ⑤

제시문에서는 수요지 중심의 친환경·고효율·분산형 설비의 비중을 높여야 한다고 언급한다.

27 의사소통능력 ★★★ 답 ⑤

(다) 문단에 노후설비 폐지에 대한 언급이 있지만 (라) 문단에 '현행 시장운영규칙에 따라 연료비가 낮은 설비부터 가동하도록 되어 있어 멀쩡한 발전소를 폐지할 수 없다'고 언급하므로 노후화 등 불가피한 이유가 아니라면 발전소 폐지를 고려하는 경우는 드물다는 것을 추론할 수 있다. 또한 제시문 전반에서 이용률 제한, 친환경 전원 대체 가동 등 폐지 외의 방안을 모색하고 있으므로 전원 폐지를 합리적 선택이라 보는 데는 무리가 있다.

28 문제해결능력 ★★ 답 ③

단체 승차권의 경우 출발 1일 전 환불할 경우 위약금은 승차 운임의 10%이다.

29 문제해결능력 ★★ 답 ⑤

출발 2시간 전에는 승차권 금액의 10%를 위약금으로 물게 되므로 부산행 기차표는 위약금을 제외한 53,100원을 돌려받게 된다. 서울행 기차표는 평일 승차권이며, 출발까지 며칠의 여유가 있으므로 위약금 없이 전액 환불받는다. 따라서 환불받는 금액은 112,100원이다.

30 의사소통능력 ★★★ 답 ⑤

월면토는 대부분 현무암질이며 직경이 수십 나노미터 정도로 미세하고 표면은 매우 거칠다.

31 수리능력 ★★★ 답 ③

㉠ [O] 2016~2017년 아동 안전사고 사망자 수를 구하면 다음과 같다.

- 2016년 : $87+19+28+5+1+56=196$명
- 2017년 : $75+24+26+7+2+62=196$명

㉡ [O] 〈그래프〉를 살펴보면, 2014~2017년 막대그래프에서 안전사고 사망자 유형 중 교통사고가 차지하는 면적이 가장 넓다.

㉢ [O] 아동 안전사고 사망자 유형 중 '추락'으로 인한 사망자 수는 2014년부터 31 → 28 → 28 → 26명으로 유지 또는 감소했다.

32 문제해결능력 ★★ 답 ③

2019년 3월까지 신청하면 2019년 1~3월분은 4월에 소급하여 지급된다.

33 문제해결능력 ★★★ 답 ③

- A씨 : 신규 출생자의 경우 출생일 포함 60일 내에 신청해야 출생월분부터 소급 지급된다. 1월 출생 후 4월에 신청했으므로 4월분부터 지급받게 되어 9개월분(90만 원)을 지급받는다.
- B씨 : 연중 90일 이상 국외에 체류한 바 있다. 3월 1일부터 90일이 되는 시점은 5월 29일이므로 6월부터는 지급 정지되며, 입국 후 10월부터 다시 지급된다. 따라서 6~9월분(4개월)을 제외하고 8개월분(80만 원)을 지급받는다.
- C씨 : 딸의 아동수당은 12개월분(120만 원)을 지급받고, 아들의 경우 만 6세 이전까지인 4개월분(40만 원)을 지급받는다.

따라서 이들이 지급받는 아동수당의 총액은 330만 원이다.

34 문제해결능력 ★★ 답 ③

약점을 보완하며 위협을 최소화하는 WT전략에 해당한다.

35 문제해결능력 ★★★ 답 ②

지역별 수치 및 환산 점수는 다음과 같다.

	아동인구비율		10km² 당 도서관 수		합계
	비율(%)	환산 점수	개관	환산 점수	
a구	11	5	3.5	4	9
b구	9.9	4	2.4	10	14
c구	8.9	2	3.1	6	8
d구	10.8	5	4.1	2	7
e구	8.1	1	3.8	4	5

따라서 어린이 도서관이 설립될 곳은 b구이다.

36 문제해결능력 ★★ 답 ①

32번 문항에서 선정된 b구의 아동 인구는 36,430명이나 총 장서 수는 같으므로 비율만을 고려하여 계산하면 된다. 비고 사항을 고려한 주제별 도서 구매 예산을 비교하면 다음과 같다.

- 과학 : $11,000\times13=143,000$
- 문학 : $5,000\times(54\div2)=135,000$
- 사회 : $8,000\times16=128,000$
- 언어 : $9,000\times4\times0.75+35,000\times4\times0.25=62,000$
- 역사 : $10,000\times8=80,000$

따라서 과학도서 구매에 가장 많은 예산이 필요하다.

37 의사소통능력 ★★★ 답 ②

(나)에서 설명되는 시간 동기화 통합 보호 계전시스템은 운행 중인 차량의 전력 공급 설비가 고장 난 상황에 대처하는 시스템이다.

38 의사소통능력 ★★ 답 ④

'시험을 완료했다'는 의미는 시험에서 최종적으로 합격하는 일을 마쳤다는 의미이므로 '통과'로 대체할 수 있다.

④ 완료(完了) : 어떤 일을 완전히 끝마침

통과(通過) : 어떤 기관에 제출한 서류나 안건 따위가 검열이나 심의에 승인됨. 어떤 곳을 통하여 지나감. 시험 따위에서 합격을 함

①, ② 설비(設備) : 특정한 목적에 따라 갖춘 기물이나 장치

설치(設置) : 어떤 일을 하는 데 필요한 기계나 설비, 건물 따위를 마련하여 갖춤. 일정한 목적을 위해 어떤 기관이나 조직 따위를 구성하여 둠

건축(建築) : 여러 가지 재료를 이용하여 건물이나 구조물 따위를 세우거나 쌓아 만듦

③ 도입(導入) : 기술, 방법, 물자 따위를 끌어들임

수입(輸入) : 외국의 물품을 사들임

⑤ 인증(認證) : 문서나 일 따위가 합법적인 절차로 이루어졌음을 공적 기관이 인정하여 증명함

인정(認定) : 확실히 그렇다고 여김. 국가나 지방 자치 단체가 자기의 판단에 의하여 어떤 사실의 존재 여부나 옳고 그름을 판단하여 결정하는 일

39 의사소통능력 ★★★   답 ③

(라)는 GDU를 수입해 사용하기 때문에 수급이 어렵다는 문제와 기판과 커패시터가 일체형이라서 부분 교체가 불가능하다는 문제를 해결한 데 대한 내용이므로 ⓒ에는 '국산화'가 어울린다. '경량화'는 물건이나 규모 등이 이전보다 줄거나 가벼워짐을 뜻하므로 적절하지 않다.

① 활성화(活性化) : 물질 재료가 지니는 기능을 활발하게 하는 것
② 최소화(最小化) : 가장 적게 함
④ 실용화(實用化) : 실제로 널리 쓰이게 됨
⑤ 국산화(國産化) : 어떤 물자가 국내의 기술로 개발되어 생산됨

40 수리능력 ★★★   답 ④

2020년부터 2021년까지 미세먼지(PM2.5) 농도가 꾸준히 유지 또는 감소한 지역은 대구, 인천, 대전이며, 2019년 대비 2021년 미세먼지(PM2.5) 농도가 가장 많이 감소한 지역은 28 − 21 $= 7\mu g/m^3$ 감소한 대전이다.

① 2016년 이후로 한국의 미세먼지(PM2.5) 농도는 감소, 증가, 감소, 증가, 감소, 증가했다.
② 〈표 1〉을 참고하면 한국의 미세먼지(PM2.5) 농도는 25.00 ~ 30.04$\mu g/m^3$로 OECD 주요국과 비교했을 때 매우 높으며, 호주 미세먼지(PM2.5) 농도 8.52~10.88의 3배 수준이다.
③ 2015~2021년 호주와 미국의 미세먼지(PM2.5) 농도는 각각 8.52~10.88$\mu g/m^3$, 7.36~9.66$\mu g/m^3$로, OECD 주요국과 비교했을 때 매우 낮은 수준이며 지속해서 감소했다.
⑤ 2021년 한국의 주요 도시 중 부산의 연평균 미세먼지(PM2.5) 농도는 26$\mu g/m^3$로 연평균 환경 기준치인 25$\mu g/m^3$를 초과했다.

41 수리능력 ★★   답 ②

2019~2021년 매년 미세먼지 수치가 연평균 환경기준인 25$\mu g/m^3$ 이상이었던 지역은 부산, 인천이다.

42 의사소통능력 ★★   답 ⑤

본동사와 보조동사가 연결될 경우 띄어 쓰는 것이 원칙이나, 붙여서 표기하는 것도 허용된다. ⑩의 경우 '뿐'이 조사가 아닌 의존명사로 사용되었으므로 '빌려줬을 뿐이라며'와 같이 고쳐야 한다.

43 의사소통능력 ★★★   답 ④

브루킹스 연구소에서는 대학교를 졸업한 미국 여성들의 노동시장 참여율이 1960년대에 태어난 세대나 1980년대 초반에 태어난 세대가 비슷하게 80% 이상이라는 연구결과를 발표했다. 또한, 미국 여성의 경우 결혼과 출산, 육아를 담당하는 30대 중반에는 노동시장 참여율이 잠시 떨어졌으나 그 시기를 지나면 대학을 졸업한 여성의 노동시장 참여율은 다시 85%에 이르렀다는 내용이 나와 있다.

44 의사소통능력 ★★   답 ③

문단 ⓒ은 OECD 회원국 성별에 따른 임금 격차에 대해 언급하고 있지 않다.

① 전체 일자리 가운데 공공 부문 일자리가 차지하는 비율에 대한 자료는 ⊙을 뒷받침할 수 있다.
ⓛ 미국 연방정부가 하는 일에 대한 신뢰도 관련 자료는 ⓛ을 뒷받침할 수 있다.
ⓔ 대학교를 졸업한 여성의 출생연도별 · 연령별 노동시장 참여율에 대한 자료는 ⓔ을 뒷받침할 수 있다.
ⓜ GDP를 기준으로 측정한 시간당 노동생산성 지표에 대한 자료는 ⓜ을 뒷받침할 수 있다.

45 수리능력 ★★   답 ③

• 2016년 국내 용기라면 생산액 비중은 전체의 25.3%이므로, 국내 라면 생산액이 약 1조 4,361억 원이라 하면 1조 4,361억 원×0.253 = 3,633억 원이다.
• 2021년 국내 용기라면 생산액 비중은 전체의 30.1%이므로, 국내 라면 생산액이 약 2조 1,240억 원이라 하면, 2조 1,240억 원×0.301 = 6,393억 원이다.

따라서 2016년 용기라면 생산액보다 2021년 용기라면 생산액이 더 크다.

> **Tip**
> 2021년 라면 생산액과 용기라면 생산 비중 모두 2016년보다 크다. 따라서 계산하지 않아도 2021년 용기라면 생산액은 2016년 생산액보다 크다.

① 2016~2021년 라면 생산액의 증감 추이는 2016년 이후로 증가, 감소, 증가, 증가, 감소이지만, 라면 수출액 증감 추이는 2021년까지 꾸준히 증가했다. 따라서 증감 추이는 상이하다.
② 국내 라면의 수출액은 2016년 129,518천 달러에서 2021년 212,529천 달러로 증가했다. 따라서 2016년 대비 2021년 국내 라면 수출액은 $\dfrac{212,529 - 129,518}{129,518} \times 100 ≒ 64\%$이다.
④ 2021년 봉지라면 생산액 비중은 2016년보다 6.4%p 감소하였다. 그러나 라면 총 생산액은 약 1.5배 증가하였다. 비중이 감소했더라도 총 생산액이 월등히 증가하였으므로 봉지라면 생산액은 증가했음을 추론할 수 있다. 봉지라면 생산액을 정확히 계산하면 다음과 같다.
• 2016년 : 1,436,140백만 원×66.2% = 950,724,680,000원
• 2021년 : 2,124,000백만 원×59.8% = 1,270,152,000,000원

⑤ 〈그래프 1〉를 참고하면, 라면 생산액과 수출액의 구체적인 수치까진 알 수 없으나 두 그래프의 간격을 통해 확인할 수 있다. 따라서 차이가 가장 큰 연도는 2017년, 차이가 가장 작은 연도는 2021년임을 알 수 있다.

46 수리능력 ★★★ 📖 ⑤

ⓛ [×] 2017~2018년 10대 수출품목 비중의 변화는 58.6%로 유지되었으나, 10대 수입품목의 비중은 48.4%에서 48%로 0.4%p 감소했다. 따라서 증감방향은 같지 않다.

ⓒ [×] 2021년 10대 품목 수출액은 전년보다 $\frac{337,345-276,513}{276,513}\times100≒22\%$ 증가했고, 10대 품목 수입액은 전년보다 $\frac{211,767-165,084}{165,084}\times100≒28\%$ 증가했으므로 수입액의 증가율이 더 크다.

ⓜ [×] 2020년에서 2021년까지 수입품목의 경우 2위는 반도체, 4위는 천연가스로, 수출제품의 경우 6위는 자동차부품, 9위는 철강판으로 순위 변화가 없었다.

ⓞ [○] 〈그래프 1〉과 〈그래프 2〉의 2021년 막대그래프를 참고하면, 10대 수출품목과 수입품목의 비중이 각각 59%, 55.8%를 차지했음을 알 수 있다.

ⓔ [○] 석유제품 수출액은 2020년 26,472백만 달러 → 2021년 35,037백만 달러, 수입액은 2020년 12,003백만 달러 → 2021년 15,118백만 달러로 모두 전년보다 증가했다.

47 자원관리능력 ★★★ 📖 ①

1,600×1,200×715 규격 L형 책상의 단가는 135,000원이며, 금액은 540,000원이다.

48 자원관리능력 ★★★ 📖 ③

L형 책상 단가를 수정하여 금액을 합산하면 54+21+12.4+31.6+41=160만 원이다.

49 수리능력 ★★★ 📖 ③

2018년에도 총 활동기업 수는 전년 대비 2,000개 감소했다.
① 2021년 총 활동기업 수는 전년보다 4% 증가했으므로 1.04×5,554≒577만 6천 개이다.
② 2015년 신생기업 수=$\frac{\text{창업률}}{100}$×총활동기업 수=$\frac{15}{100}$×5,147≒77만 2천 개이다.
④ 2019년 소멸기업 수=$\frac{\text{소멸률}}{100}$×총활동기업 수=$\frac{14}{100}$×5,559≒77만 8천 개이다.
⑤ 기업 수 증가율이 전년 대비 증가한 연도는 2016년, 2019년, 2021년이다. 가장 크게 증가한 연도부터 순서대로 나열하면, 2021년(4.1%p)>2019년(3.4%p)>2016년(0.8%p)이다. 따라서 두 번째로 가장 많이 증가한 연도는 2019년이다.

50 수리능력 ★★ 📖 ⑤

독일과 영국의 2020년 창업률이 서로 바뀌었다.

01	②	02	④	03	③	04	④	05	③	06	③	07	②	08	④	09	③	10	④
11	②	12	③	13	②	14	②	15	④	16	④	17	④	18	②	19	④	20	②
21	④	22	④	23	③	24	②	25	③	26	③	27	②	28	①	29	④	30	②
31	①	32	①	33	④	34	④	35	③	36	③	37	④	38	①	39	②	40	③
41	③	42	②	43	③	44	③	45	②	46	②	47	③	48	②	49	①	50	②

01 의사소통능력 ★★★   답 ②

연구팀은 옥시스테롤이 전사인자($ROR\alpha$)를 활성화시켜 연골기질을 분해하는 다양한 효소들의 발현을 유도함으로써 연골조직이 파괴된다는 것을 알아냈다.

02 문제해결능력 ★★   답 ④

화재가 발생했을 때 엘리베이터는 절대 이용하지 않고, 계단으로 대피해야 한다고 하였으므로 부적절한 대처이다.

03 의사소통능력 ★   답 ③

임플란트의 구조, 치아 상실 예방법, 틀니의 종류에 대한 내용은 제시문에서 찾아볼 수 없다.

04 수리능력 ★★★   답 ④

시도별로 6.25 참전 유공자와 월남 참전 유공자 수가 가장 많은 순으로 나열하면 다음과 같다.
• 6.25 참전 유공자 수 : 경기도(21,960명)＞서울(16,219명)＞경상북도(7,820명)
• 월남 참전 유공자 수 : 경기도(43,447명)＞서울(38,233명)＞부산(18,061명)
따라서 상위 3개 시도는 동일하지 않다.
① 2021년 전체 참전 유공자 수는 300,154명으로 2년 전보다 335,879－300,154＝35,725명 감소했다.
② 2019~2021년 전체 참전 유공자 중 월남 참전 유공자는 약 61~66%이다.
③ 2021년 세종특별자치시, 제주특별자치도, 울산광역시의 참전 유공자 수는 각각 1,191명, 3,961명, 4,809명으로 해외 거주자와 주소 불명을 제외하고 참전 유공자 수가 적은 3개 지역에 해당한다.

05 수리능력 ★★★   답 ③

6.25 및 월남 참전 유공자 총 3,110명 중 서울특별시, 경기도의 참전 유공자는 $695+773=1,468$명으로 $\dfrac{1,468}{3,110}\times100≒47\%$이다.

> **Tip**
> 3,110명의 45%는 약 1,400명이고, 50%는 1,555명이므로 서울특별시와 경기도의 참전 유공자는 45~50%의 비중을 차지한다.

06 수리능력 ★★   답 ③

문화예술종류별로 관람률을 비교하면 영화 관람률이 가장 높고 무용 관람률이 가장 낮다.
① 성별에 따른 문화예술종류별 관람률은 다음과 같다.

남자	51.5%	58.5%	62.0%	61.6%
여자	57.4%	62.9%	66.9%	66.3%

② 연령대에 따른 문화예술종류별 관람률을 살펴보면, 20세 미만/20대＞30대＞40대＞50대＞60세 이상이다.
④ 〈표 2〉를 참고하면, 한국의 영화 관람률은 54%로 유럽국의 평균 영화 관람률인 52%보다 2%p 더 높다.

07 수리능력 ★   답 ②

유럽국의 평균 문화예술관람률은 음악/연주회 35%, 연극 28%, 발레/무용/오페라 18%, 영화 52%, 박물관/미술관 37%로, 해당 관람률에 미치지 못하는 유럽 국가는 스페인, 폴란드, 헝가리로 총 3개국이다.

08 의사소통능력 ★★★   답 ④

우리나라의 연령별 암검진대상 가이드라인에 대한 내용은 제시문에서 찾아볼 수 없다.
① 일본 후생노동성 연구팀의 분석 결과, 80세가 넘으면 대장암 검진을 통해 생존기간이 연장되는 이익에 비해 검진에 따른 부작용으로 인한 불이익이 더 크다는 점이 밝혀졌다.
② 검진대상 상한 연령을 75세로 하는 미국처럼 검진에 따른 이익과 불이익에 관한 추계연구 결과 등을 참고해 상한 연령을 정해 놓은 국가도 있다.

09 의사소통능력 ★★   답 ③

환자 본인 부담이 10%인 영국식 건강보험제도는 1980년대 이전 싱가포르가 도입했던 보험제도로, 현재 운영 중인 의료계정 시스템과 별개이다.
④ 2017년 기준 미국의 국민총소득(GNI) 대비 의료비 지출은 17.1%이므로 OECD 평균 8.9%의 약 2배이다.

10 의사소통능력 ★★   답 ④

1문단에서 보장성이 높은 유럽 선진국들이 건강보험 재정 고갈에 대한 대책으로 수혜자 부담 원칙으로 전환하는 추세라고 하였으므로 보장성 강화는 수혜자 부담 전환 방책이라고 보기 어렵다. 또한 수혜자 부담 원칙에 따르면 병원을 자주 방문하는 환자의 경우 본인 부담률이 인상되므로 ④는 적절하지 않다. ①은 프랑스, ②는 독일과 네덜란드, ③은 프랑스의 정책에 해당된다.

11 수리능력 ★★   답 ②

B, C, E직업의 평균 연봉을 각각 B, C, E라고 하면,
- B + C = 2,700 ··· ㉠
- E = B + 400 ··· ㉡
- 0.5E = C − 610, E = 2C − 1,220 ··· ㉢
㉡식을 ㉢식에 대입하면,
B + 400 = 2C − 1,220, B − 2C = −1,620 ··· ㉣
㉠식과 ㉣식을 연립하면 B = 1,260만 원, C = 1,440만 원, E = 1,660만 원이다.
A~E직업의 변동계수를 구하면 다음과 같다.

- A직업의 변동계수 : $\frac{637}{980} \times 100 = 65\%$

- B직업의 변동계수 : $\frac{567}{1,260} \times 100 = 45\%$

- C직업의 변동계수 : $\frac{360}{1,440} \times 100 = 25\%$

- D직업의 변동계수 : $\frac{480}{1,600} \times 100 = 30\%$

- E직업의 변동계수 : $\frac{498}{1,660} \times 100 = 30\%$

따라서 변동계수가 큰 순으로 나열하면, A직업 − B직업 − D직업/E직업 − C직업이다.

12 문제해결능력 ★★   답 ③

왕복 12시간 이내에서 직항편이 운행 중인 곳이므로 편도 4시간 20분이 걸리는 괌이다.

13 문제해결능력 ★★   답 ②

괌의 비행시간은 4시간 20분이며 한국보다 한 시간 빠르므로 한국 시각으로 오후 6시 30분에 도착한다.

14 의사소통능력 ★★★   답 ②

㉠ [×] 2문단에서 후기고령자의 본인부담비율을 개정해 현역세대에 편중된 부담을 재검토하고 고령자에게도 일정 부분 분담시키는 방향으로 형평성을 확보하자고 주장하였다.
㉣ [×] 3문단에서 현역세대의 부담을 경감하자는 의견을 제기하였다.
㉡ [○] 4문단에서 사회보장급여의 효율화를 통해 재정부담을 줄이고, 직장보험의 보험료에 부담전가를 하지 않음으로써 제도의 지속성을 확보해야 한다고 주장하였다.
㉢ [○] 5문단에서 약가제도 개혁, 진료수가의 포괄화, ICT를 활용한 의료의 적정화 및 효율화 등 보험진료와 진료수가의 재검토를 제안하였다.
㉤ [○] 6문단에서 보험자가 각자의 특성을 살려 보험자 기능을 발휘할 수 있는 제도 체계를 유지해야 한다고 주장하였다.

15 의사소통능력 ★★★   답 ④

직장보험 단체들은 과중한 갹출금 부담을 견뎌내지 못하고 해산을 검토하는 건보조합도 끊이지 않고 있다고 하면서, 현역세대의 부담에 의존하는 제도로는 지속가능성을 확보할 수 없다고 보았다.
① 2018년에 70~74세 고령자의 본인부담이 20%가 되는 것을 감안하여 현재 10%인 75세 이상 후기고령자의 본인부담도 20%로 개정하는 것이 필요하다고 제안하였다.
② 의료기능의 분화·연계에 의한 효율화와 말기의료 구조의 재검토(환자·의사의 존중 등)가 필요하다고 하였다.
③ 제시문은 2025년 단카이세대(1947년에서 1949년 사이에 태어난 일본의 베이비붐 세대)가 75세 이상인 후기고령자로 진입하는 반면, 이를 떠받치는 현역세대 인구는 급격하게 줄어, 지속가능한 의료보험제도 구축을 위한 제도 개선이 필요하다고 주장한다. 더불어 국비지원을 확충하기 위한 안정된 재원 확보가 필요하지만 현역세대의 부담을 줄이는 방향으로 현행 제도를 검토해야 한다고 주장한다.

16 문제해결능력 ★   답 ④

괄호 안의 수를 더한 값이 가장 큰 경우를 고르면 된다. A사가 3제품군, B사가 2제품군을 홍보할 때의 합이 7로 가장 크다.

17 수리능력 ★★   답 ④

운전면허 보유율은 $\frac{3,119}{5,130} \times 100 \fallingdotseq 60.8\%$이다.

① 운전면허 소지자는 2020년 약 90만 명 증가, 2021년 약 47만 5천 명 증가했으므로 증가폭은 둔화되었다.
② 2019~2021년 1종 보통 운전면허 소지자와 2종 보통 운전면허 소지자 모두 전체 운전면허 소지자 중 대부분을 차지한다.
③ 2019~2021년 2종 특수 운전면허 소지자는 0이다.

18 수리능력 ★★   답 ②

2021년 전체 운전면허 소지자 중 여성 운전면허 소지자는 31,665,000명×0.42 = 13,299,300명이다. 따라서 2019년 대비 13,299,300 − 12,373,038 = 926,262명 증가했다.

19 문제해결능력 ★★   답 ④

중증치매자는 CT 촬영 시 총액의 5%를 본인부담한다. 나머지는 본인부담금이 면제된다.

20 문제해결능력 ★★   답 ②

자연분만 산모의 경우 식대가 면제되지만 그 외의 경우 20%를 부담한다. 따라서 가장 많은 금액인 5,510×3×0.2 = 3,306원을 부담한다.

① 4,630×3×0.2 = 2,778원
③ 4,870×3×0.05 = 730.5원
④ 6세 미만의 경우 식대 면제 대상이다.

21 의사소통능력 ★★★   답 ④

제시문에서는 캡슐 내시경의 수출국으로 중국과 유럽만 언급되었으며, 이번 연구는 SCI급 논문 5편과 국내·외 특허 17건이라는 성과를 올렸다.

22 수리능력 ★★   답 ④

2021년 청년층 실업률은 9.5%이고, 경제활동인구수가 4,312만 명이므로 실업자 수는 4,312만 명×0.095 ≒ 410만 명이다.

① 2021년 청년층 비경제활동인구수는 생산가능인구수에서 경제활동인구수를 제외한 인구수이므로, 9,149 − 4,312 = 4,837만 명이다.
② 2017년 고용률과 실업률은 전년 대비 1%p로 조사기간 동안 가장 크게 증가했다.
③ 2021년 경제활동참가율은 $\frac{경제활동인구수}{생산가능인구수} \times 100 = \frac{4,312}{9,149}$
$\times 100 \fallingdotseq 47\%$이다.

23 문제해결능력 ★★★   답 ③

현재시각 기준 초미세먼지 시간평균농도는 $160\mu g/m^3$로 2시간 이상 유지되므로 경보가, 미세먼지는 $150\mu g/m^3$ 이상 300 $\mu g/m^3$ 미만으로 유지되어 주의보가 내려진 상황이다. 오후에는 북동풍이 불면서 미세먼지농도가 낮아질 전망이나 관측 전이므로, 경보와 주의보가 발령되어 유지되고 있다.

24 문제해결능력 ★★★   답 ②

지역별로 한국과 WHO 기준에 따른 미세먼지 상태를 정리하면 다음과 같다.

구분	서울	경기	인천
한국	나쁨	나쁨	매우 나쁨
WHO	매우 나쁨	매우 나쁨	매우 나쁨
구분	**강원**	**세종**	**충북**
한국	보통	나쁨	보통
WHO	나쁨	나쁨	나쁨
구분	**충남**	**대전**	**경북**
한국	보통	보통	보통
WHO	나쁨	나쁨	나쁨
구분	**경남**	**대구**	**울산**
한국	보통	보통	보통
WHO	보통	보통	보통
구분	**부산**	**전북**	**전남**
한국	보통	보통	좋음
WHO	보통	나쁨	좋음
구분	**광주**	**제주**	
한국	보통	보통	
WHO	나쁨	보통	

따라서 한국과 WHO 기준이 다른 곳은 총 9곳이다.

25 의사소통능력 ★★★   답 ③

1문단에서 '제4차 산업혁명과 관련한 논의는 IT기술과 인터넷의 보급이 확대되면서부터 꾸준히 진행되어 왔지만, 세계적 화두로서 공식화한 계기는 2016년 스위스 다보스에서 열린 제46차 세계경제포럼(World Economic Forum, WEF)'이라고 하였다.

26 의사소통능력 ★★   답 ③

이 글은 제4차 산업혁명 시대의 핵심 기술로 자율주행 자동차와 전기 자동차 분야를 꼽고 있다.

27 수리능력 ★ 　　　　　　　　　　　　　　　　답 ②

2021년 계절 중 여름의 경우 일조시간은 582.7시간으로 전년보다 621.4 − 582.7 = 38.7시간 감소했다.

① 2021년 계절별 전국 평균 일조시간 총 합은 봄(755.4) + 여름(582.7) + 가을(606.2) + 겨울(603.0) = 2,547.3시간이며, 2012년(2,100.8시간)보다 $\frac{2,547.3 - 2,100.8}{2,100.8} \times 100 ≒$ 21% 증가했다.

③ 2014년의 경우 겨울의 전국 평균 일조시간이 550.8시간으로 길고, 해당 기간을 제외한 2012~2021년 봄(3~5월)의 전국 평균 일조시간은 다른 계절과 비교했을 때 614~755.4시간으로 가장 길다.

④ 사계절의 연도별 전국 평균 일조시간이 긴 순서부터 정리하면 다음과 같다.

순위	봄		여름	
	연도	값	연도	값
1	2021년	755.4	2020년	621.4
2	2019년	737.9	2017년	586.1

순위	가을		겨울	
	연도	값	연도	값
1	2021년	606.2	2021년	603
2	2017/2018년	605.9	2020년	578.1

28 수리능력 ★ 　　　　　　　　　　　　　　　　답 ①

2012년부터 2021년까지의 가을(9~11월) 전국 평균 일조시간의 평균은

$$550 + \frac{\begin{array}{c}-25.1 - 0.9 - 5.1 - 40 + 43.9 + 55.9 \\ + 55.9 + 12.7 - 94.2 + 56.2\end{array}}{10} = 550 + 5.93 =$$

555.93시간 ≒ 555.9시간이다.

29 문제해결능력 ★★ 　　　　　　　　　　　　답 ④

당구장은 유치원 및 대학의 정화구역 금지시설에서 제외되는 업종에 속한다. 따라서 절대정화구역이라고 해도 허용되는 시설이다.

30 문제해결능력 ★★ 　　　　　　　　　　　　답 ②

오보 베지테리언은 채소 외에 달걀 같은 동물의 알만 먹는 유형이다. 달걀과 유제품을 먹는 채식주의자는 락토 오보 베지테리언이다.

31 문제해결능력 ★★ 　　　　　　　　　　　　답 ①

락토 오보 베지테리언은 유제품과 달걀을 섭취하는 채식주의자이다. 따라서 어패류를 섭취하지 않아 오메가3가 결핍될 수 있으므로 이 성분이 포함된 영양제 B만 복용하면 된다.

32 문제해결능력 ★ 　　　　　　　　　　　　　　답 ①

평가 결과를 점수화하면 다음과 같다.

구분	업무 역량	근태	회사 기여도	조직 적응	합계
A	3	3	3	1	10
B	2	2	2	3	9
C	1	3	3	2	9
D	2	1	2	3	8

이들 중 점수가 가장 높은 A는 포상자로 우선 선발되며, 동점자 중 '보통'을 받은 C는 제외되므로 B가 나머지 포상자로 선정된다.

33 의사소통능력 ★★★ 　　　　　　　　　　　답 ④

(가)~(마)의 앞 문장은 '면역세포가 외부에서 침입한 병균을 물리친다'는 내용이므로 '외부에서 들어온 병균'에 대한 내용으로 시작되는 (라)를 맨 앞에 놓아 흐름이 자연스럽도록 한다. (가)~(마)의 뒤 문장은 건조한 피부와 피부염에 대한 내용이므로 이 증상이 발생하는 질환에 대한 내용에서 이어지는 것이 자연스럽고, 피부염 증상을 보이는 질환은 (다)의 아토피 피부염이므로 (다)를 맨 마지막에 놓는다. 남은 (가), (나), (마) 중 (가)는 자가면역질환의 원인, (나)와 (마)는 각각 자가면역질환인 루푸스와 류마티스 관절염에 대한 내용이다. 자가면역질환의 원인을 정의하기 어려우나 관련된 다양한 가설이 제기되고 있다는 내용의 연결이 자연스러우므로 (라)에서 (가)로 이어지도록 (가)를 두 번째로 놓는다. 성격이 유사한 (나)와 (마) 중 (나)의 첫 문장의 '루푸스 또한 자가면역질환이다'라는 표현은 다른 종류의 자가면역질환이 앞서 설명되었음을 전제하므로 (나)를 (마) 다음에 놓는다. 종합하면 (라) − (가) − (마) − (나) − (다) 순서가 된다.

34 의사소통능력 ★★ 　　　　　　　　　　　답 ④

제시문 안에서는 루푸스 증상이 호르몬 변화에 영향을 받는다는 내용을 찾을 수 없으며, 환자의 특성에 따라 개별화된 치료를 시행해야 한다고 언급된 질환은 루푸스가 아닌 아토피 피부염이다.

35 문제해결능력 ★ 　　　　　　　　　　　　　답 ③

- 조건 1 : (김 대리 ∧ 이 주임) ∨ 최 과장
- 조건 2 : ~장 대리 → ~김 대리 ∧ ~유 주임
- 조건 3 : ~최 과장

이를 정리하면 김 대리와 이 주임은 교육에 참여하고, 장 대리도 교육에 참여한다. 유 주임의 교육 참여 여부는 확정적이지 않다. 따라서 교육에 확실히 참여하는 사람은 3명이다.

36 수리능력 ★★★　　　　　　　　　　　답 ③

개인사업자 중 부가세가 면제되는 사업자는 면세사업자로, 신규 등록한 사업자 수와 실제 폐업자 수의 차이를 구하면 2019년 2만 7천 명(=105−78), 2020년 2만 5천 명(=105−80), 2021년 1만 9천 명(=101−82) 차이 난다. 따라서 2021년의 경우 2만 명을 넘지 못한다.

① 연도 말 사업을 계속하고 있는 개인사업자는 (총사업자−법인사업자)이므로, 연도별로 정리하면 다음과 같다.

2019년	2020년	2021년
5,232−504 =4,728천 명	5,417−529 =4,888천 명	5,601−557 =5,044천 명

따라서 전년보다 15만 명 이상 계속해서 증가했다.

② 개인 간이사업자로 신규 등록한 사업자는 2019년 40만 2천 명, 2021년 35만 2천 명이므로, 2019년 대비 2021년 감소율은 $\frac{50}{402}\times100\fallingdotseq12\%$이다.

④ 2021년 폐업자 수는 일반사업자(41만 1천 명), 간이사업자(31만 1천 명), 면세사업자(8만 2천 명), 법인사업자(5만 4천 명) 순으로 많다.

37 수리능력 ★★　　　　　　　　　　　답 ④

개인사업자 중 부가세가 과세되는 경우는 일반사업자와 간이사업자이다. 따라서 2020년 일반사업자와 간이사업자는 2,663+1,687=435만 명으로, 개인사업자 5,417−529=488만 8천 명 中 $\frac{435}{488.8}\times100\fallingdotseq89\%$를 차지한다.

38 문제해결능력 ★★　　　　　　　　　　답 ①

㉠은 이어지는 내용을 참고할 때, 전세가율이 높은 지역을 의미한다. 따라서 전세가율이 86%로 가장 높은 C지역이다.
㉡은 전세−매매지수 격차가 큰 곳이 해당된다. 전세−매매지수 격차를 정리하면 다음과 같다.

A	B	C	D	E	F
2.8	3.4	2.6	2.5	3.7	2.6

이 중에서 3.7%p의 격차를 보이는 E지역이 ㉡에 부합한다.

39 의사소통능력 ★★　　　　　　　　　　답 ②

세계인권선언문 준비위원회의 의장은 프랭클린 루스벨트 대통령이 아니라 그의 부인이었다.

40 의사소통능력 ★★★　　　　　　　　　답 ③

순서대로 정리하면 다음과 같다. 미국 독립선언(1776), 프랑스 인권선언(1789), 대서양헌장(1941), UN헌장(1945), 세계인권선언(1948), 제노사이드협약(1948), 난민지위협약(1951), 인종차별철폐협약(1965), 경제·사회·문화·시민·정치적 권리에 관한 국제규약(1966), 아동권리협약(1989), 이주노동자권리협약(1990)

대서양헌장의 경우 채택 시기를 제시문에서 찾을 수 없지만 승전국들이 1941년부터 현실적인 법을 만들 토대를 마련한 데 대한 결과물이고, 국제연합(UN, 1945년 출범)의 이념적 기초가 되었다고 언급되었으므로 1941~1945년에 선언되었음을 알 수 있다.

41 수리능력 ★★　　　　　　　　　　　답 ③

농업용과 비농업용 부채 차이를 계산하면 다음과 같다.
• 2019년 : 17,455−9,164=8,291천 원=829만 1천 원
• 2020년 : 16,961−9,931=7,030천 원=703만 원
• 2021년 : 16,315−10,895=5,420천 원=542만 원
따라서 매년 부채 차이는 축소되었다.

① 〈표〉를 참고하면 농가부채와 농가자산 모두 2018년부터 2021년까지 꾸준히 증가했다.

② 농가 당좌자산은 2020년 1,005만 3천 원, 2021년 1,035만 9천 원으로 매년 1,000만 원 이상 증가했다.

④ 부채상환능력은 단기상환능력 수치가 모두 하락해야 향상되었다고 해석할 수 있다. 2020년 단기상환능력은 $\frac{26,892}{43,995}\times100\fallingdotseq61.1\%$이고, 장기상환능력은 $\frac{26,892}{243,665}\times100\fallingdotseq11\%$이다. 따라서 2019년부터 장단기상환능력은 각각 78.4 → 61.1 → 50.1%, 13 → 11 → 9.1%로 감소하므로, 부채상환능력이 향상되었다고 볼 수 있다.

42 수리능력 ★★　　　　　　　　　　　답 ②

2019년의 경우 농가소득 2,687만 8천 원 중 농가부채가 2,661만 9천 원으로 약 99%를 차지한다.

Tip

나머지 연도에 대한 농가소득 대비 부채비율을 구하면 다음과 같다.

2018년	2020년	2021년
$\frac{19,898}{24,475}\times100$ $\fallingdotseq81.3\%$	$\frac{26,892}{29,001}\times100$ $\fallingdotseq92.7\%$	$\frac{27,210}{30,503}\times100$ $\fallingdotseq89.2\%$

43 문제해결능력 ★★★　　　　　　　　　답 ③

건강보험적용사업장에 1월을 초과하여 사역 결의된 일용 근로자의 직장가입자 자격취득일은 사역 결의된 날이다. 따라서 E씨는 4월 1일부터 직장가입자 자격을 취득하게 되며, 변동일로부터 90일 내에 피부양자 자격취득 신고를 하였으므로 F씨는 4월 1일 자로 피부양자 자격을 취득한다. 피부양자 취득일이 1일인 경우 피부양자 신고일이 속한 달부터 지역보험료가 부과되지 않으므로 4월부터 부과되지 않는다.

선천성 난청 검사로 재검 판정을 받았다면 3개월 이내에 난청확진검사를 받게 되며, 선천성 난청으로 확인되었을 때는 생후 6개월 전에 보청기를 사용하게 된다. 인공와우이식은 청각 발달에 진전이 없다고 판단될 경우 받는 수술이다.

〈보기〉의 문장이 '그러나 검사에서 정상 판정을 받았더라도~'로 시작하므로 검사에서 정상 판정을 받지 못한 경우에 대한 내용의 뒤에 놓이는 것이 자연스럽다. ⓒ의 앞 문장이 검사에서 정상 판정을 받지 못한 상황에 대한 설명이다.

③ ⓒ의 앞 문장이 청각 관련 검사의 중요성을 설명하므로 검사 결과에 대처하는 방법을 설명하는 〈보기〉가 뒤에 올 수 있다고 여길 수 있으나, ⓒ의 뒷문장이 검사 진행 방법에 대한 내용이므로 〈보기〉의 문장이 가운데에 삽입되는 것이 부자연스럽다.

① 고구마 재배면적이 가장 큰 연도는 2018년이며, 고구마 생산량이 가장 많은 연도는 2013년이다.

③ 고구마 생산량은 2012년 285,841ton이고, 2021년 294,655ton으로 $\frac{294,655 - 285,841}{285,841} \times 100 ≒ 3\%$ 증가했다. 따라서 연평균 0.3%씩 증가했음을 알 수 있다.

> **Tip**
>
> 2012년과 2021년 고구마 생산량을 약 28만 6천ton, 29만 5천ton으로 바꾸면 증가율은 $\frac{29.5 - 28.6}{28.6} \times 100 ≒ 3\%$로 계산 시간을 단축할 수 있다.

④ 2021년 고구마 재배면적은 19,357ha로 2012년보다 19,357 − 16,668 = 2,689ha 증가했다.

시도별 CCTV 설치 학교당 CCTV 평균 대수를 구하면 다음과 같다.

구분	학교당 CCTV 평균 대수	구분	학교당 CCTV 평균 대수
서울	$\frac{6,650}{1,199} ≒ 5.5$대	경기	$\frac{10,059}{1,624} ≒ 6.2$대
부산	$\frac{2,781}{604} ≒ 4.6$대	충북	$\frac{2,170}{352} ≒ 6.2$대
대구	$\frac{3,119}{429} ≒ 7.3$대	경북	$\frac{1,348}{191} ≒ 7.1$대
인천	$\frac{2,929}{385} ≒ 7.6$대		

따라서 부산의 학교당 CCTV 평균 설치 대수는 4.6대이므로, 다음과 같은 그래프로 그려져야 한다.

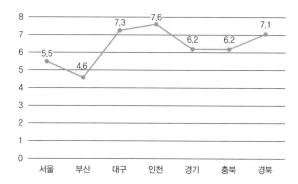

④ 수도권(서울, 인천, 경기)의 학교 CCTV 설치율을 구하면 다음과 같다.

- 서울 : $\frac{1,199}{1,296} \times 100 ≒ 92.5\%$
- 인천 : $\frac{385}{469} \times 100 ≒ 82.1\%$
- 경기 : $\frac{1,624}{2,048} \times 100 ≒ 79.3\%$

2021년 최종 에너지 소비량은 144.3 + 42.8 + 39.9 + 6.9 = 233.9백만 TOE이다. 따라서 조사기간 동안 233.9 − 195.7 = 38.2백만 TOE = 3,820만 TOE 증가했다.

① 2021년 1차 에너지 소비량은 17.3 + 31.6 + 47.5 + 119.4 + 86.2 = 302백만 TOE이다. 따라서 조사기간 동안 302 − 263.9 = 38.1백만 TOE = 3,810만 TOE 증가했다.

③ 매년 1차 에너지 소비량이 많은 순부터 나열하면, 석유, 석탄, LNG, 원자력, 기타 순이다.

④ 부문별로 2014년 대비 2021년 최종 에너지 소비량 증가분은 다음과 같다.
- 산업부문의 경우 : 144.3 − 117 = 27.3백만 TOE
- 수송부문의 경우 : 42.8 − 36.9 = 5.9백만 TOE
- 가정 · 상업부문의 경우 : 39.9 − 37.3 = 2.6백만 TOE
- 공공 · 기타부문의 경우 : 6.9 − 4.5 = 2.4백만 TOE

따라서 모든 부문에서 2014년 대비 2021년 최종 에너지 소비량을 증가했다.

1차 에너지인 LNG의 소비량이 가장 많았던 연도는 52.5백만 TOE를 기록한 2017년이며, 해당 연도의 최종 에너지 소비량 비중은 산업부문이 전체의 약 62%를 차지하며 가장 높고, 그 다음으로 가정/상업, 수송, 공공/기타 순이다.

백합을 a, 장미를 b, 수국을 c, 아네모네를 d, 작약을 e라 하고 식을 세우면 다음과 같다.

$a+b=5,000$

$c+d=9,000$

$e+b=9,000$

$a+c=8,000$

$d+e=11,000$

위 식을 합산하면

$2(a+b+c+d+e)=42,000$

$a+b+c+d+e=21,000$이다.

연립하면 백합은 3,000원, 장미는 2,000원, 수국은 5,000원, 아네모네는 4,000원, 작약은 7,000원임을 알 수 있다.

따라서 꽃을 배송하는데 드는 비용은 $(2,000 \times 3+5,000+7,000 \times 7)+14,000=74,000$원이다.

01	⑤	02	②	03	③	04	②	05	⑤	06	③	07	③	08	②	09	④	10	①
11	③	12	④	13	②	14	①	15	④	16	③	17	③	18	②	19	①	20	④
21	⑤	22	③	23	③	24	⑤	25	②	26	③	27	③	28	④	29	⑤	30	③
31	④	32	③	33	④	34	③	35	⑤	36	③	37	③	38	③	39	⑤	40	④
41	⑤	42	⑤	43	③	44	①	45	②	46	④	47	①	48	⑤	49	②	50	④

01 의사소통능력 ★★ 답 ⑤

제시문에서 '대규모 태양광 발전의 경우 원자력 발전과 비교해도 119원(2013년)에서 23원(2017년)으로 81% 감소했다'고 언급되므로 단가 차액이 87% 감소했다는 내용은 제시문과 일치하지 않는다.

① 제시문에서 '소규모 태양광 발전 1kWh당 구매단가는 326원(2013년)에서 112원(2017년)으로 66% 감소했다'고 언급된다.

② 제시문에서 '1MW 이상의 대규모 태양광 설비에서 생산된 전력의 구매단가도 같은 기간 158원에서 84원으로 47% 감소한 것으로 나타났다'고 언급된다.

③ 제시문에서 '국제재생에너지기구(IRENA)에 의하면 태양광 발전단가는 1kWh당 0.36달러(2010년)에서 2017년 0.1달러(2017년)로 감소했다'고 언급된다. 2010년 대비 2017년의 발전단가 증감률을 계산하여 소수점 첫째 자리에서 반올림하면 72%이므로 제시문과 일치하는 내용이다.

④ 제시문에서 '1MW 초과 대규모 태양광 발전의 경우 석탄 발전과 단가 차이가 98원(2013년)에서 5원(2017년)으로 급격히 줄어들었다'고 언급된다. 2013년 대비 2017년의 단가 증감률을 계산하여 소수점 첫째 자리에서 반올림하면 95%이므로 제시문과 일치하는 내용이다.

02 수리능력 ★★ 답 ②

부하율은 평균전력을 최대전력으로 나눈 값으로서 분자(평균전력)가 클수록, 분모(최대전력)가 작을수록 부하율이 높으며, 이는 설비가 효율적으로 사용된다는 것을 의미한다.

• 최대전력이 낮고, 평균전력이 높은 편인 2017년과 2019년 부하율은 각각 77.1%, 76.5%이므로 부하율이 가장 높은 연도는 2017년이다.

• 2020년과 2021년 최대전력은 비슷한 수치로 높은 편이며, 그 중 2020년 최대전력이 가장 높고, 평균전력이 더 낮으므로, 부하율이 가장 낮은 연도는 2020년이다.

Tip		
정확한 계산을 통해 부하율을 구하면 다음과 같다.		
2017년	$\dfrac{59,035,145}{76,522,000} \times 100 ≒ 77.1\%$	
2018년	$\dfrac{59,585,720}{80,154,000} \times 100 ≒ 74.3\%$	
2019년	$\dfrac{60,284,383}{78,790,000} \times 100 ≒ 76.5\%$	
2020년	$\dfrac{61,694,161}{85,183,000} \times 100 ≒ 72.4\%$	
2021년	$\dfrac{63,188,368}{85,133,000} \times 100 ≒ 74.2\%$	

03 수리능력 ★★ 답 ③

2017~2021년 중 시설용량이 가장 높은 연도는 2021년이므로, 이용율은 $\dfrac{63,188,368}{116,907,641} \times 100 ≒ 54.0\%$이다.

04 수리능력 ★★ 답 ②

2019년과 비교하여 2021년 특별광역시도 교량 수는 1,216 → 1,328개소로 112개소 증가했으며, 터널 수는 176 → 187개소로 11개소 증가했다. 따라서 10배 이상이다.

① 2019년 전국 터널 수는 925 + 532 + 176 + 76 + 102 + 133 = 1,944개소이다. 2018년 전국의 터널 수는 1,800개소이므로,

2018년 대비 2019년 전국 터널 수 증가율은 $\dfrac{1,944-1,800}{1,800}$ $\times 100 = 8\%$이다.

③ 〈그래프 1〉과 〈그래프 2〉의 막대그래프 길이 또는 수치를 보면, 교량과 터널 수 모두 지속해서 증가했음을 알 수 있다.

④ 정확하게 식을 세워 비중을 계산하지 않아도, 시군구도 터널 수는 133~158개소이고, 지방도 터널 수는 102~119개소이므로, 시군구도 터널 비중이 더 크다.

⑤ 2021년 전체 교량 수는 33,572개소이고, 고속국도와 일반국도 교량 수는 9,833 + 8,233 = 18,066개소이다. 따라서 33,572개소×0.5 = 16,786개소<18,066개소이므로, 고속국도와 일반국도 교량 비중은 전체의 절반 이상을 차지한다.

Tip

※ 그래프를 보면 고속국도와 일반국도의 교량 수는 약 18,000개소이다. 그런데 전체 도로 교량은 약 34,000개소로 그래프의 높이를 통해 절반 이상을 차지함을 확인할 수 있다.

05 자원관리능력 ★★   ⑤

- 시간외근무수당 : 210만 원×$\dfrac{1.5}{200}$×16 = 252,000원

- 야간근무수당 : 210만 원×$\dfrac{0.5}{200}$×8 = 42,000원

- 휴일근무시간 : 210만 원×$\dfrac{1}{200}$×12 = 126,000원

직원 Y가 받을 추가근무수당은 252,000 + 42,000 + 126,000 = 420,000원이다.

06 문제해결능력 ★★   ③

수수료 항목을 제외한 나머지 항목의 점수 합계는 M사 48, K사 44, J사 46, D사 44이다. 감점 사항에는 가격착오매매가 포함되며, 1건당 1점씩 감점된다. 따라서 M사가 3점 감점되면 45점이 되어 J사와 순위가 바뀌게 된다.

① K사와 D사는 44점으로 공동 3위이다.
② 수수료 항목에서 만점을 받아도 K사와 D사는 85점 미만이다.
④ D사가 수수료 항목에서 40점을 받고 나머지 3곳이 35점을 받는다면, M사는 83, K사는 79, J사는 81, D사는 84점이 된다. 따라서 이 경우 D사가 최종 선정된다.
⑤ K사와 J사의 점수는 2점 차이므로 순위에 영향을 끼치지 않는다.

07 의사소통능력 ★★★   ③

심장을 몸의 중심으로 여겼던 이집트인을 설명한 후 ㉠~㉤이 이어지므로, 심장을 중시한 이유를 부연하는 ㉢을 처음에 놓는다. 또한, ㉢의 첫 문장의 주어 '그들'이 이집트인임을 유추할 수 있다. 문단 ㉢까지의 주어인 '이집트인'의 인식에 동의하는 인물인 아리스토텔레스가 등장하는 ㉤이 두 번째 문단으로 자연스럽다. 제시문은 시대의 흐름에 따라 전개되므로 등장인물들의 활동 순서대로 나열할 수 있지만, 남은 ㉠, ㉡, ㉣에 공통으로 등장하는 인물 '데카르트'를 기준으로 순서를 정할 수도 있다.

데카르트 이후를 언급하는 ㉣을 마지막에 놓은 후 남은 ㉠, ㉡을 살펴보면 데카르트의 관점을 소개하는 ㉠과 그를 부연하는 ㉡이 이어지는 것이 자연스러우므로, 가장 적절한 순서는 ㉢ - ㉤ - ㉠ - ㉡ - ㉣이다.

08 의사소통능력 ★★★   ②

"인간은 단순히 세포의 활동에 불과하다"는 내용은 크릭의 가설이지만, 신경이 신체 제어와 관련 있다고 주장한 사람은 크릭이 아닌 클라우디우스 갈레누스이다.

09 문제해결능력 ★★   ④

- K : 트렌드와 디자인

A제품	B제품	C제품	D제품	E제품
7.9	8.2	5.5	7.7	6.8

- J : 성분과 지속력

A제품	B제품	C제품	D제품	E제품
6.1	6.5	7.5	6.7	6.4

- Y : 가격과 성분

A제품	B제품	C제품	D제품	E제품
7.9	5.4	7.4	5.7	7.1

- I : 지속력과 트렌드

A제품	B제품	C제품	D제품	E제품
7.4	9	6	7.1	6.6

- S : 디자인과 가격

A제품	B제품	C제품	D제품	E제품
7.5	7.5	5.8	7.6	7.5

그러므로 K와 I는 B제품, J는 C제품, Y는 A제품, S는 D제품을 구입할 것이다.

10 문제해결능력 ★★   ①

제품별 평점을 구하면 다음과 같다.

구분	A제품	B제품	C제품	D제품	E제품
평점	18.4	18.3	16.1	17.4	17.2

따라서 판매량이 가장 많을 것으로 예상되는 제품은 A이다.

11 문제해결능력 ★★★ 정답 ③

자료에 따라 입찰 업체 평가 결과를 점수화하면 다음과 같다.

평가분야	평가항목	A	B	C	D	E
기술 능력 평가	사업수행계획	10	10	3	10	6
	수행실적	6	3	6	10	10
	인력 · 조직 · 관리기술	3	6	10	6	10
	공사 기간	5	1	1	1	3
	단계별 공사 진행	15	5	10	15	10
	철거 공사	3	10	6	3	6
	설치 공사	3	6	10	6	6
	유지 · 보수	10	10	6	3	10
입찰가격평가		7	14	20	14	7
계		62	65	72	68	68

따라서 이 중 입찰 가능성이 가장 높은 업체는 C이다.

12 문제해결능력 ★★ 정답 ④

각각의 경우 지불해야 하는 주차요금은 다음과 같다.
① 월요일 1시간 45분 소형 주차 : $1,000+500\times5=3,500$원
② 수요일 3시간 소형 주차 할인(할인은 1가지 사유만 적용) : $(1,000+500\times10)\div2=3,000$원
③ 토요일 1시간 30분 소형 주차 : $1,000+500\times6=4,000$원
④ 휴일 2시간 20분 소형 주차 할인 : $(1,000+500\times11)\div2=3,250$원
⑤ 1시간 10분 대형 주차 : $1,500+500\times4=3,500$원
따라서 두 번째로 적은 경우는 3,250원을 지불하는 ④이다.

13 문제해결능력 ★★ 정답 ②

처음 1시간 주차요금은 2,500원이고, 이후 시간당 3,000원씩 추가로 부과된다. 10시간 주차 시 요금은 29,500원이며, 10시간 10분 이상 주차하는 경우부터 24시간 요금과 동일하게 적용된다.

14 문제해결능력 ★★ 정답 ①

㉠ 월요일에 수업이 있는 과목 중 재료비가 가장 비싼 과목은 가죽공예이다.
㉡ 화요일과 목요일 오후 수업 중 201 강의실에서 진행되는 과목은 수채화 캘리그라피이다.

15 문제해결능력 ★★ 정답 ④

월요일과 수요일 오전 수업은 양말인형 만들기 수업만 있다. 화요일과 목요일 오전 201 강의실에서 진행되는 수업은 프랑스 자수이며, 오후에 202 강의실에서 진행되는 수업은 꽃꽂이이다. 따라서 세 과목의 재료비 총액은 $200,000+60,000+100,000=180,000$원이다.

16 의사소통능력 ★★★ 정답 ③

북한은 수력 · 화력발전 설비로 수요를 감당하기 어려워 태양열, 풍력 등 대체에너지 개발 · 보급을 위해 힘쓰고 있지만 기술과 자금 부족 등으로 전력난 개선 효과는 미미한 상황이다. 또한 제시문은 태양광 등 신재생에너지 개발을 위해 중국에서 태양광 발전 관련 설비를 구매하는 등 대부분의 전기기기 수입은 중국에서 조달하는 것으로 보인다고 언급한다.

17 의사소통능력 ★★★ 정답 ③

AC연계방식이 아닌 DC연계방식이 기술적으로는 변환방식에 따라서 전압형(VSC)과 전류형(CSC)으로 구분되고, 형태적으로는 단일지점에서 연계하는 BTB(Back-To-Back) 방식과 양단 변환소 간을 연결하는 PTP(Point-To-Point) 방식으로 나뉜다.
① 제시문은 AC연계가 남북 연계변전소 간을 AC연계선로로 단순히 연계하는 방안과 북한의 연계지역을 북한계통에서 분리한 후 AC선로를 통하여 남한 계통에 편입시키는 방안으로 분류된다고 언급한다.
② 제시문은 남북한 전력망은 계통 규모, 특성, 전기 품질, 전압 계급 등이 상이하므로 전력망 전체를 연계하는 경우 계통안정성 확보와 고장 시 영향 범위 최소화를 위해 DC연계 방식이 권장된다고 언급한다.
④ (나)의 4문단에서 "계통안정성, 제어, 전기환경영향 등 기술적 측면에서는 DC연계가 유리하지만 경제성에서는 다소 불리하다. 더불어 AC 송전 기술은 남한이 완전 자립화 상태이지만, DC 송전은 특히 변환 부문에서 추가적인 R&D가 필요하다."라는 설명을 찾을 수 있다.
⑤ (나)의 4문단에서 "만약 AC연계로 남북 계통 전체를 연계한다면 다양한 기술적 문제점이 발생할 수 있으므로 보완책을 사전에 마련하여야 할 것이다. 경제성 및 북한 계통 안정화 이후의 처리 문제 등을 종합적으로 고려한 결과 AC연계 방식을 단계적으로 적용하고 북한전력망 재구축에 따라 연계 지역을 확장하는 것이 합리적일 것으로 판단된다."는 설명을 찾을 수 있다.

18 수리능력 ★★ 정답 ②

2020년 미술관 수는 전년보다 $171-146=25$관으로 가장 많이 늘어났고, 2015년 박물관 수는 전년보다 $511-399=112$관으로 가장 많이 늘어났다. 따라서 연도는 동일하지 않다.
① 박물관과 미술관 막대그래프 길이 또는 표시된 수치를 보면, 2004년 이후로 꾸준히 증가 또는 유지되었다.
③ 2012년 대비 2021년 미술관 수 증가율은 $\frac{190-74}{74}\times100$ $\fallingdotseq156.8\%$이다.
④ 2013년 한국의 박물관 1관당 인구수는 $\frac{4,800만\ 명}{358관}\fallingdotseq13.4$만 명으로, OECD 주요 국가에 비해 열악한 수준임을 알 수 있다.
⑤ 미국의 1관당 인구수는 $\frac{28,000}{4,609}\fallingdotseq6.1$만 명으로, 독일의 1관당 인구수인 2만 명의 3배 이상이다.

19 수리능력 ★★   답 ①

2021년 국내 박물관 수는 740관이며, 박물관 구성비가 국립 :
공립 : 사립 : 대학 = 3 : 32 : 29 : 10이므로, 사립 박물관 수는
$740 \times \frac{29}{74} = 290$관이다.

20 수리능력 ★★   답 ④

2012~2021년 이혼 건수의 평균은
$$10 + \frac{1.7 + 2.4 + 1.7 + 1.4 + 1.4 + 1.5 + 1.6 + 0.9 + 0.7 + 0.6}{10}$$
$= 10 + 1.39 = 11.39$만 건이다.
① 2012년부터 2021년까지 전년 대비 혼인 건수가 증가한 연
도는 2014년과 2015년뿐이며, 2014년 혼인 건수가 32.6만
건으로 전년보다 32.6 - 31.0 = 1.6만 건 증가했고 이는
2015년의 증가분보다 크다.
② 그래프 및 수치상 초혼연령이 매년 증가했음을 확인할 수 있다.
⑤ 2015년 혼인 건수는 32.9만 건, 2021년 혼인 건수는 26.4만
건으로, 2015년 대비 2021년 혼인 건수는 $\frac{32.9 - 26.4}{32.9} \times$
$100 \fallingdotseq 20\%$ 감소했다.

21 의사소통능력 ★★★   답 ⑤

비계량지표는 각 지표별 세부평가내용 전체를 대상으로 전반적
인 운영실적과 전년 대비 개선도를 고려하여 등급을 부여한다.
반면 계량지표는 기준치와 목표 등에 있어 계산식이 적용되므
로 계량지표가 비계량지표보다 더 객관적인 평가가 가능하다.
① 경영실적평가는 크게 경영관리와 주요사업 부문으로 나
눈다.
② '공기업 및 준정부기관 지표 및 가중치 기준' 하단 주석에 주
요사업은 사업별로 1~3개의 세부지표로 평가하는 것을 원칙
으로 한다고 명시하였다. 또한 A기업 경영실적평가 예시를
보면 사업별 세부지표를 들어 평가한 것을 확인할 수 있다.
③ 공기업과 준정부기관의 비계량 가중치는 2015년 35점에서
2016년 40점으로 비율이 조정되었다.
④ 2016년 주요사업 부문의 계량 가중치는 32점이고, 비계량
가중치는 18점이다. 따라서 계량 가중치가 더 높다.

22 의사소통능력 ★★★   답 ③

지표별 평가점수는 지표별 평점에 지표별 가중치를 곱하여 산
출한다. 보수 및 복리후생 관리의 비계량 등급은 B^0이므로 평점
은 70점이고, 여기에 가중치를 곱하면 630점이다. 조직, 인적자
원 및 성과 관리를 제외한 나머지 평가지표를 보면 C등급의 가
중치 합계는 7이고, B^0등급의 가중치 합계는 4이다. 계산하면
$60 \times 7 + 70 \times 4 = 700$점이므로 옳지 않다.
① 주요사업 부문의 평가지표는 크게 신속 · 정확한 여객서비
스 제공으로 국민철도 실현, 운영효율 향상으로 물류사업
경쟁력 강화, 편안하고 안전한 철도서비스 제공, 미래 지속
성장을 위한 신성장사업 활성화의 4가지이다.

② 재무예산관리 및 성과의 세부지표인 자구노력 이행 성과는
B^0등급이므로 보통(C등급) 이상이라는 긍정적인 평가를
받았다.
④ 국민과의 시간약속 준수는 가중치 대비 득점이 0.5 이하로
다른 평가지표에 비해 낮아 개선해야 할 사항이라 볼 수 있다.
⑤ 주요사업 부문 중 편안하고 안전한 철도서비스 제공의 세부
지표인 열차 안전운행서비스 제공은 가중치가 11로 전체 지
표를 통틀어 가장 높게 배정되었다.

23 수리능력 ★★   답 ⑤

㉠ 중국의 2018년 양식 전복 생산량은 2016년 대비 24,703톤
증가했고, 2020년 양식 전복 생산량은 2018년 대비 24,300
톤 증가했다. 따라서 2016년부터 2년마다 양식 전복 생산량
은 24,000톤 이상 증가했다.
㉡ 2020년 한국의 전복 양식 총 생산량이 12,343톤이므로
$\frac{12,343}{155,573} \times 100 \fallingdotseq 8\%$이다.
㉢ 2016년 한국의 양식 전복 생산량의 13배(85,332) < 중국 생
산량(90,694)이다.
㉣ 2020년 중국의 양식 전복 생산율은 $\frac{139,697}{155,573} \times 100 \fallingdotseq 90\%$
이지만 판매액 비중은 71%밖에 되지 않는다. 한편, 2020년
한국의 양식 전복 생산율은 약 8%이며 판매액 비중은 18%
로 확연히 크다는 것을 알 수 있다. 따라서 한국의 전복 가
격이 중국의 전복 가격보다 더 비싸다는 것을 알 수 있다.

24 문제해결능력 ★★   답 ⑤

D가 서류전형에서 42점을 받는다면 1차 희망 부서인 설계팀을
지원한 경쟁자 A(85점), B(86점), D(84점), E(94점) 중 4위가
되어 설계팀에 배치되지 못하므로 2차 희망 부서인 생산팀에
배치된다.
① 설계팀 1차 희망자 A, B, D, E의 입사 성적은 85점, 86점,
82점 이상, 94점이다. 설계팀 충원 인원이 3명이므로 A, B,
D, E 중 입사 성적이 1~3위인 3명이 배치된다. A의 입사
성적은 D의 서류전형 점수에 따라 3~4위지만, 4점이 향상
된 89점인 경우 2~3위가 되어 설계팀 배치가 확정된다.
② C의 입사 성적은 88점으로, 1차 희망 부서는 개발팀이다. 경
쟁자는 G 1명이며, 개발팀의 요구인원은 2명으로 지원인원
과 동일하므로 개발팀에 배치된다.
③ D의 서류전형 성적이 50점이라면, 입사 성적은 92점이다.
D의 1차 희망 부서는 설계이므로, A, B, E와 경쟁하며,
A(85점), B(86점), D(92점), E(94점)의 입사 성적에 따라
E, D, B가 설계팀으로 배치된다.
④ D의 1차 희망 부서가 설계팀이므로 경쟁자는 A(85점),
B(86점), D(87~93점), E(94점)이다. 입사 성적이 87점이
라면, 입사 성적에 따라 B, D, E가 설계팀으로 배치되며, A
는 A의 2차 희망 부서인 생산팀으로 배치된다(2차 희망 부
서로 생산팀을 지원한 D, G 모두 1차 희망 부서였던 설계팀
과 개발팀으로 배치된 상태).

25 문제해결능력 ★★   답 ②

- 갑 : {국어(90×0.35) + 수학 A(80×0.35)
  + 영어(70×0.25) + 사탐(85×0.2)} $\times \dfrac{100}{10} = 940$점

- 을 : {국어(80×0.2) + 수학 B(84×0.35)
  + 영어(80×0.25) + 과탐(95×0.2)} $\times \dfrac{100}{10} = 844$점

- 병 : {국어(70×0.2) + 수학 A(70×0.50)
  + 영어(80×0.25) + 과탐(80×0.2)} $\times \dfrac{100}{10} = 850$점

따라서 반영점수 산출 결과에 따라 입학처로부터 연락을 받는 사람을 순서대로 나열하면 갑, 병, 을이다.

26 문제해결능력 ★★★   답 ③

- A : 주말 오전 10시~자정 이전의 영화이고, 영화표 가격이 총 2만 원을 넘었으므로 G~J석에서 선택했음을 알 수 있다. 또한, 외국 영화라 자막 읽는 데 피로를 덜 받고 싶은 예매자이므로 가장 적절한 6번 자리로 예매했을 것이다. 따라서 G3~6 중 2자리인데, 통로 쪽이되 최대한 스크린과 가까운 자리에 앉을 것이므로, G5, G6이다.

- B : 주중 오후 2시 영화를 예매했으며, 영화표 가격이 오전 10시 이전 좌석 가격인 6,000원보다 1,500원 더 비쌌다고 했으므로 C~F석에서 선택했음을 알 수 있다. 바로 앞에서 보는 것처럼 실감나는 게 중요하다고 했으므로, 생생한 입체감을 선호하거나 3D 영화를 감상하기에 좋은 4번 자리에 앉을 것이다. 스크린 정중앙에 위치한 자리로 예매했으므로, C10, C11 또는 D10, D11이다.

27 의사소통능력 ★★   답 ③

선큰공간은 시민광장이 아니라 역사광장의 초입부에 조성된다.

28 의사소통능력 ★★   답 ④

심사위원장이 광장의 지상공간을 비우고, 비워진 공간에 다양한 시민활동을 담고자 광장 주변부 지하공간을 긴밀하게 연결해 지하도시를 실현했다고 평가하고 있으므로 ④는 시민성에 주안점을 둔 설계라고 할 수 있다.

① 제시문에서 지상과 지하광장을 입체적으로 연결해 시민이 주인인 다층적 기억의 공간을 형성했다고 설명하고, 지상·지하 네트워크 확대를 뜻하기도 하므로 ①은 시민성과 보행성 회복에 주안점을 둔 설계라고 할 수 있다.

② 제시문에서 해치광장 등 3곳으로 단절돼 있던 지하공간을 하나로 통합해 시민을 위한 또 다른 광장으로 만든다고 설명하므로 ②는 시민성에 주안점을 둔 설계라고 할 수 있다.

③ 심사위원장이 선큰공간을 적절히 배치해 시민의 접근성과 공간의 쾌적성을 높였다고 설명하므로 ③은 보행성 회복에 주안점을 둔 설계라고 할 수 있다.

⑤ 주작대로(육조거리)를 복원하는 설계는 광화문 600년의 역사성에 주안점을 두었다고 볼 수 있다.

29 문제해결능력 ★★   답 ⑤

(나) [×] 2개의 도로에 출입구가 접했다면 큰 도로의 출입구를 기준으로 한다. 따라서 주 출입구는 ㉠과 ㉣이다.

(다) [×] B와 C, F의 경우 도로 시작점에서 왼쪽으로, 홀수 건물번호를 부여받는다.

(가) [○] 도로명은 붙여 써야 하며, 도로명과 건물번호 사이는 띄어야 하므로, '국회대로62길 9'는 옳은 표기이다.

30 자원관리능력 ★★   답 ③

'인천 – △△공원'까지의 총 주행 거리는 $360\text{km} \times 2 = 720\text{km}$이다. 일요일에 렌트할 계획이므로 주말 대여료를 기준으로 계산해야 한다.

구분	필요 연료 (ℓ)	유류비(원)	대여료 (원)	합계(원)
A	$\dfrac{720}{12}=60$	$60 \times 1,650 = 99,000$	50,000	149,000
B	$\dfrac{720}{16}=45$	$45 \times 1,650 = 74,250$	90,000	164,250
C	$\dfrac{720}{9}=80$	$80 \times 800 = 64,000$	80,000	144,000
D	$\dfrac{720}{10}=72$	$72 \times 1,350 = 97,200$	110,000	207,200
E	$\dfrac{720}{15}=48$	$48 \times 1,350 = 64,800$	140,000	204,800

Tip

합계액을 구하기 전 유류비와 대여료를 살펴보면, D와 E는 20만 원을 넘겨 제외되고, 남은 A, B, C 중 유일하게 16만 원을 넘는 B를 제외한다. 남은 A와 C를 정확히 계산하면 가장 저렴한 차량은 C이다. 합계까지 전부 구하는 것보다 답을 찾는 시간을 줄일 수 있다.

31 수리능력 ★★★   답 ④

주거용 오피스텔 고객의 경우 주택용 저압 전력 기준이 적용되며, 하계(7~8월) 사용량으로 1,000kWh를 초과하여 200kWh 더 사용했으므로, 전력량요금은 709.5원/kWh가 적용된다.

① 기숙사 포함 독신자 합숙소 또는 집단주거용 사회복지시설로서 고객이 주택용 전력의 적용을 희망하는 경우 주택용 저압 전력의 경우로 전기요금이 계산된다.

③ 주택용 저압 전력과 고압 전력의 경우 필수사용량 보장공제 사항으로 감액 후 둘 다 최저요금 1,000원이 적용된다.

⑤ 주택용 저압 전력의 경우전력의 201~400kWh와 400kWh 초과 사용 시 적용되는 기본요금 차는 $7,300 - 1,600 = 5,700$원이고, 주택용 고압 경우 201~400kWh와 400kWh 초과 사용 시 적용되는 기본요금 차는 $6,060 - 1,260 = 4,800$원이다. 따라서 주택용 저압 전력의 경우가 주택용 고압 전력의 경우보다 900원 더 크다.

32 수리능력 ★★★   답 ③

고압으로 공급받는 가정용 고객 A의 경우 주택용 고압 전력의 기준이 적용된다. 8월분 전력 사용량이 1,100kWh이므로 기본요금은 6,060원, 전력량요금은 (200kWh×78.3원) + (200kWh×147.3원) + (600kWh×215.6원) + (100kWh×574.6원) = 231,940원이다. 따라서 전기요금계는 6,060 + 231,940 = 238,000원, 부가가치세는 238,000×0.1 = 23,800원, 전력산업기반기금은 238,000×0.037 = 8,800원이다. 따라서 청구금액은 총 238,000 + 23,800 + 8,800 = 270,600원이다.

33 수리능력 ★★   답 ④

미국의 자동차 소비량은 1,787만 대로 독일의 자동차 소비량 371만 대의 4.8배이다.

①, ②, ③ 제시된 자료로는 알 수 없다.

⑤ 세계 자동차의 총 생산량은 자료에 나와 있지 않으며, 그 비중만 확인할 수 있으므로 생산 대수의 차이는 알 수 없다.

34 의사소통능력 ★★   답 ③

2026년 기준 1,300억 달러 규모의 자율주행 자동차 서비스 시장을 예상하는 주체는 글로벌 자동차업계 전반이 아니라 포드 한 곳이다.

35 의사소통능력 ★★   답 ⑤

ⓐ~ⓘ의 성격을 정리해보면 다음과 같다.
• 식품·유통 업체 : 도미노피자(ⓔ), 피자헛(ⓗ)
• 자동차 업체 : 제너럴모터스(ⓑ), 도요타(ⓖ)
• 자율주행차 업체 : 토르드라이브(ⓐ), 크루즈(ⓒ)
• 자율주행차(수소전기차) : 툰드라 파이트럭(ⓘ)
• 배달 어플리케이션 업체 : 도어대시(ⓓ), 배달의 민족(ⓕ)
툰드라 파이트럭(ⓘ)은 피자헛(ⓗ)과 도요타가 협력하여 처음 선보인 것이나 성격이 유사한 경우는 아니다.

36 의사소통능력 ★★   답 ③

내진등급 및 시설물 관리등급은 시설을 발전설비용량별로 핵심시설, 중요시설, 일반시설 등 3종류로 구분했다. 제시문에 의하면 이 가운데 핵심시설은 재현주기 4,800년 지진에, 중요시설은 내진 특등급 및 재현주기 2,400년 지진에, 일반시설은 내진 1등급 및 재현주기 1,000년 지진에 대한 내진성능을 확보하도록 했다. 그러므로 중요시설로 분류된 시설은 재현주기 2,400년 지진에 대한 내진성능을 확보해야 한다.

37 자원관리능력 ★★★   답 ③

참석자 명단별 입장료는 다음과 같다.

	참석자	입장료	비고
B과장 가족	B과장	44,000	다자녀 가정 우대/대인
	배우자	44,000	다자녀 가정 우대/대인
	자녀1 (만 16세)	37,000	다자녀 가정 우대/청소년
	자녀2 (만 14세)	37,000	다자녀 가정 우대/청소년
	자녀3 (만 12세)	35,000	다자녀 가정 우대/소인
J대리 가족	J대리	56,000	
	배우자 (임산부 (산모수첩 소지))	47,000	임산부 우대
	자녀1 (만 1세)	0	36개월 이하
J주임 가족	L주임 (국가유공자 (증명서류 소지))	28,000	국가유공자 우대
	배우자	28,000	국가유공자 동반 1인 우대
P주임	P주임 (4급 장애인 (장애인등록증 소지))	33,000	장애인 우대 (4급 본인 적용)
E사원	E사원	56,000	

참석자 12명의 입장료를 더하면 총 445,000원이 된다.

38 수리능력 ★★   답 ③

2017~2021년 인구 천 명당 의료인 증감 수를 구하면 다음과 같다.

(단위 : 명)

구분	2017년	2018년	2019년	2020년	2021년
의료인	9.45	9.80	10.10	10.46	10.80
증감 의료인 수	–	0.35	0.3	0.36	0.34

따라서 전년에 비해 가장 많이 증가한 연도는 2020년이다. 해당 연도의 인구 천 명당 병상 수는 13.5병상으로, OECD 회원국 평균의 $\frac{13.5}{4.5} = 3$배이다.

39 수리능력 ★★   답 ⑤

2017년부터 5년간 인구 10만 명당 간호사 수는 꾸준히 증가했으나 ⑤는 2019년 700명에서 2020년 694명으로 감소하는 것으로 나타냈다. 또한, 인구 10만 명당 의사 수는 꾸준히 증가했으나 2021년의 경우 240명으로 잘못 표시되어 있다. 따라서 적절하지 않은 그래프는 ⑤이다.

연도별 인구 10만 명당 의사 및 간호사 수를 나타낸 그래프는 다음과 같다.

(단위 : 명)

① 2019년 인구 10만 명당 의료인 수 구성비는 다음과 같다.

- 의사 : $\frac{227}{1,010} \times 100 ≒ 22.5\%$

- 한의사 : $\frac{45}{1,010} \times 100 ≒ 4.5\%$

- 치과의사 : $\frac{57}{1,010} \times 100 ≒ 5.6\%$

- 조산사 : $\frac{16}{1,010} \times 100 ≒ 1.6\%$

- 간호사 : $\frac{665}{1,010} \times 100 ≒ 65.8\%$

④ 2019~2021년 인구 10만 명당 전체 의료인 수 전년 대비 증가율은 다음과 같다.

- 2019년 : $\frac{1,010 - 980}{980} \times 100 ≒ 3.1\%$

- 2020년 : $\frac{1,046 - 1,010}{1,010} \times 100 ≒ 3.6\%$

- 2021년 : $\frac{1,080 - 1,046}{1,046} \times 100 ≒ 3.3\%$

40 의사소통능력 ★★　　　　　　　　　　답 ④

국민연금종합운영계획의 국회 제출이 연기되는 이유는 경제사회노동위원회가 발족한 국민연금개혁특위의 논의 결과를 반영하기 위해서이다.

41 정보능력 ★　　　　　　　　　　답 ⑤

하이퍼링크 단축키는 Ctrl + k, h이며, Ctrl + k, b는 책갈피의 단축키이다.

42 정보능력 ★★　　　　　　　　　　답 ⑤

PNG 파일은 비손실 압축 방식을 사용한다.
① PNG는 그래픽 이미지를 저장하는 형식의 하나이다.
③ 1KB = 1,024바이트이므로, 제시된 이미지 파일 크기 178KB = 1,024바이트×178 = 182,272바이트이다.
④ PNG는 24비트 트루 컬러를 지원하여, 반투명을 지원한다는 큰 장점이 있다.

43 정보능력 ★★　　　　　　　　　　답 ③

ⓐ SUMIF(셀 범위, 조건, 합계 범위) : 지정한 조건에 부합하는 합계를 구하는 함수이다.
ⓑ MATCH(찾으려는 값, 검색할 셀 범위, −1/0/1) : 해당 열 또는 행에서 값의 위치를 찾아오는 함수이다.
ⓒ COUNTIF(셀 범위, 찾을 데이터) : 지정된 범위 내에서 조건에 적합한 셀의 개수를 셀 때 사용하는 함수이다.
ⓓ OFFSET(참조 영역, 행 방향으로 이동할 수, 열 방향으로 이동할 수, 참조 할 행의 높이, 참조 할 열의 너비) : 선택한 범위 내에서 행과 열에 대응되는 값을 가져오는 함수이다.

44 정보능력 ★★★　　　　　　　　　답 ①

② AX0615HT042 : 2019년 6월 15일 B공장에서 42번째로 생산된 소도구
③ AX0615RP042 : 2019년 6월 15일 B공장에서 42번째로 생산된 포장재
④ FD0615MC042 : 2019년 6월 15일 D공장에서 42번째로 생산된 약품
⑤ FD0615RP042 : 2019년 6월 15일 D공장에서 42번째로 생산된 포장재

45 정보능력 ★★★　　　　　　　　　답 ②

- BW0625MC271 : 6월 25일 A공장에서 생산된 제품은 약품 (MC)이 아닌 포장재이다.
- FD6011HT108 : 6월 11일 D공장에서 생산된 소도구는 총 100개이다. 따라서 108번째로 생산된 소도구는 있을 수 없다.
- MA0622RP096 : 6월 22일 C공장에서 생산된 제품은 포장재가 아닌 소도구(HT)이다.

46 문제해결능력 ★★　　　　　　　　답 ④

본사와 가맹점 간 인건비 분담 정책을 펴는 것은 '원재료 및 인건비 상승'이라는 위협에 대응하는 방안은 맞으나, 이를 통해 '착한 기업'이라는 브랜드 이미지를 확보하는 것은 기존의 강점을 강화하는 것이 아니라 약점(불명확한 브랜드 이미지)을 회피하는 것으로 WT전략에 가깝다.

47 조직이해능력 ★★★ 답 ①

기안서에 부장이 전결권을 위임받은 경우는 20만 원을 초과하는 거래처 경조사비와 사내 교육비(금액 무관), 30만 원을 초과하는 사은품·기념품 구입비이다. 이 중 보기에 있는 것은 30만 원을 초과하는 사은품·기념품 구입비이다.

48 기술능력 ★★ 답 ⑤

프린터에 응결이 발생한 경우 인쇄 품질이 저하될 수 있다. 그러나 이는 인쇄가 되지 않는 상황에서 확인해볼 사항에 해당되지 않는다.

49 기술능력 ★★ 답 ②

원고 상태가 좋지 않다는 것은 인쇄 품질이 떨어진다는 것을 의미한다. 따라서 잉크 시트와 용지에 먼지가 없는지, 프린터 내부에 먼지가 없는지, 프린터에 응결이 발생하진 않았는지, 전자파 또는 강한 자기장을 발생시키는 장비 근처에 있지는 않은지를 확인하도록 한다.

50 기술능력 ★★★ 답 ④

살짝 잡아당겨서 용지를 제거하기 어려운 경우 프린터의 전원을 끄고 다시 켜는 동작을 반복하며 용지가 나올 때까지 기다린다.
① 용지가 튀어나오면 주의하여 꺼내야 하고, 살짝 잡아당겨도 제거 불가능한 경우 강제로 꺼내지 않도록 한다.
② 일단, 용지가 튀어나왔는지 확인하고 제거가 어렵다면 전원을 껐다 켠 후 용지가 나오는 것을 반복하여 확인한다. 이와 같은 용지 걸림을 해결하기 위한 시도 후에도 해결이 어렵다면 대리점이나 가까운 서비스 센터로 문의하도록 한다.
③ 이물질이 끼어 있는지 확인하는 것은 용지 걸림 상황에서의 해결 팁으로 제시되지 않은 방법이다.
④ 용지가 걸린 상태로 두는 것보다는, 전원을 껐다 다시 켜서 용지가 나올 때까지 반복하거나 그 후에도 문제가 해결되지 않으면 대리점 또는 가까운 서비스 센터로 문의하는 것이 적절하다.

PART 03

모듈형
실전모의고사

01	③	02	①	03	④	04	③	05	④	06	④	07	①	08	③	09	①	10	④
11	④	12	④	13	②	14	①	15	③	16	③	17	③	18	④	19	①	20	②
21	①	22	③	23	③	24	③	25	②	26	②	27	①	28	③	29	④	30	②
31	③	32	②	33	④	34	④	35	②	36	①	37	③	38	④	39	④	40	③
41	②	42	④	43	①	44	②	45	④	46	①	47	③	48	②	49	②	50	③
51	②	52	③	53	②	54	②	55	②	56	②	57	④	58	④	59	①	60	④

01 직업윤리 ★ 📖 ③

봉사란 어려운 사람을 돕는 자원봉사만을 의미하는 것이 아니라, 자원봉사를 포함하는 넓은 의미로 나라나 사회 또는 남을 위해 자신의 이해를 돌보지 아니하고 몸과 마음을 다하여 일하는 것을 의미한다.

02 자원관리능력 ★★ 📖 ①

외적인 시간낭비 요인은 외부인이나 외부에서 일어나는 사건에 의한 것으로 ㉠과 ㉡이 이에 해당된다. 즉 동료, 가족, 세일즈맨, 고객들, 문서, 교통 혼잡 등에 의한 것으로 이러한 측면은 본인 스스로 조절할 수 없다.

03 대인관계능력 ★ 📖 ④

인간관계를 형성할 때 가장 중요한 것은 우리의 사람됨이다. 대인관계에 있어서 기법이나 기술은 내면으로부터 자연스럽게 나오는 것이어야 하며, 인간관계의 출발점은 자신의 내면이다.

04 의사소통능력 ★ 📖 ③

문서를 이해하기 위해 가장 먼저 행해져야 할 것은 문서의 목적을 이해하는 것이다. 목적을 명확히 해야 문서의 작성 배경과 주제, 현안을 파악할 수 있다.

> **Tip**
>
> **문서이해의 구체적인 절차**
> 문서의 목적을 이해하기 → 이러한 문서가 작성되게 된 배경과 주제를 파악하기 → 문서에 쓰여진 정보를 밝혀내고, 문서가 제시하고 있는 현안을 파악하기 → 문서를 통해 상대방의 욕구와 의도 및 내게 요구되는 행동에 관한 내용을 분석하기 → 문서에서 이해한 목적달성을 위해 취해야 할 행동을 생각하고 결정하기 → 상대방의 의도를 도표나 그림 등으로 메모하여 요약, 정리해보기

05 조직이해능력 ★ 📖 ④

과중한 업무 스트레스는 개인뿐만 아니라 조직에도 부정적인 결과를 가져와서 과로나 정신적 불안감을 조성하고 심한 경우 우울증, 심장마비 등의 질병에 이르게 한다. 그러나 적정수준의 스트레스는 사람들을 자극하여 개인의 능력을 개선하고 최적의 성과를 내게 하므로 스트레스가 반드시 해로운 것은 아니다.

06 자기개발능력 ★ 📖 ④

성찰을 통해 현재의 부족한 부분이 무엇인지 발견하며 이를 개선하여 과거에 했던 실수를 다시 반복하지 않도록 도와주고, 업무수행능력을 향상시킬 수 있다. 성찰은 지속적인 연습이 중요하므로, 성찰노트를 작성하거나 끊임없이 질문하는 습관을 길러야 한다.

> **Tip**
>
> **성찰을 해야 하는 이유**
> • 다른 일을 하는 데 노하우가 축적된다.
> • 성장의 기회가 된다.
> • 신뢰감을 형성할 수 있다.
> • 창의적인 사고를 가능하게 한다.

07 문제해결능력 ★   답 ①

㉠ 앞으로 어떻게 할 것인가에 대한 문제는 설정형 문제(미래 문제)이다.
㉡ 현재 직면하여 해결하기 위해 고민하는 문제는 발생형 문제 (보이는 문제)이다.
㉢ 현재의 상황을 개선하거나 효율을 높이기 위한 문제는 탐색형 문제(찾는 문제)이다.

08 정보능력 ★   답 ③

블록은 한 줄 단위로도 가능하고 문서 전체를 설정할 수도 있다.

Tip	
워드프로세서 주요 기능	
입력기능	키보드나 마우스를 통하여 한글, 영문, 한자 등 각국의 언어, 숫자, 특수문자, 그림, 사진, 도형 등을 입력할 수 있는 기능
표시기능	입력한 내용을 표시 장치를 통해 화면에 나타내 주는 기능
저장기능	입력된 내용을 저장하여 필요할 때 사용할 수 있는 기능
편집기능	문서의 내용이나 형태 등을 변경해 새롭게 문서를 꾸미는 기능
인쇄기능	작성된 문서를 프린터로 출력하는 기능

09 의사소통능력 ★★   답 ①

설명서는 상품의 특성이나 사물의 성질과 가치, 작동 방법 등을 설명하는 목적으로 작성하는 문서로 명령문이 아닌 평서형으로 작성한다.

Tip
설명서의 종류 • 상품소개서 : 일반인들이 친근하게 읽고 내용을 쉽게 이해하도록 하는 문서로 소비자에게 상품의 특징을 잘 전달해 상품을 구매하도록 유도하는 것이 궁극적인 목적이다. • 제품설명서 : 제품의 특징과 활용도에 대해 세부적으로 언급하는 문서로 제품 구매도 유도하지만, 제품의 사용법에 대해 더 자세히 알려주는 게 주목적이다.

10 기술능력 ★★   답 ④

미국의 기술사학자 휴즈(Thomas Hughes)는 기술이 연결되어 시스템을 만든다는 점을 파악하고 '기술 시스템'이라는 개념을 주장하였다. 기술 시스템은 기술적인 것과 사회적인 것이 결합해서 공존하고 있다. 이러한 의미에서 기술 시스템은 사회기술시스템이라고 불리기도 한다.

11 정보능력 ★★   답 ④

㉠, ㉤은 파일시스템, ㉡, ㉢, ㉣은 데이터베이스를 삽입해야 한다. 데이터베이스는 파일시스템에 비해서 여러 개의 파일이 서로 연관되어 있으므로 사용자는 여러 개의 파일에 있는 정보를 한 번에 검색해서 볼 수 있는 이점이 있다.

12 대인관계능력 ★   답 ④

리더와 관리자는 다른 개념이다. ④는 관리자에 대한 설명으로, 리더는 '어떻게 할까'에 초점을 맞추기보다는 '무엇을 할까'에 주안점을 둔다.

Tip	
리더와 관리자 비교	
리더	관리자
• 새로운 상황 창조자 • 혁신지향적 • 내일에 초점을 • 사람의 마음에 불을 지핌 • 사람을 중시 • 정신적 • 계산된 리스크를 취함 • '무엇을 할까?'를 생각함	• 상황에 수동적 • 유지지향적 • 오늘에 초점을 • 사람을 관리 • 체제나 기구를 중시 • 기계적 • 리스크를 회피함 • '어떻게 할까'를 생각함

13 수리능력 ★   답 ②

표본을 통해 연구대상 집단의 특성을 유추하는 것은 통계의 기능 중 하나이다.

14 문제해결능력 ★   답 ①

비판적 사고의 목적은 단순히 그 주장의 단점을 찾아내는 것이 아니라, 종합적인 분석과 검토를 통해서 그 주장이 타당한지 아닌지를 밝혀내는 것이다.

Tip
비판적 사고 개발을 위한 태도로 지적 호기심, 객관성, 개방성, 융통성, 지적 회의성, 지적 정직성, 체계성, 지속성, 결단성, 다른 관점에 대한 존중이 요구된다.

15 자기개발능력 ★   답 ③

① 단기목표는 장기목표를 수립하기 위한 기본단계가 된다.
② 장단기목표 모두 구체적으로 계획하는 것이 바람직하나, 장기목표는 경우에 따라 매우 구체적인 방법을 계획하는 것이 어렵거나 바람직하지 않을 수 있다.
④ 자기개발 계획을 수립할 때에는 현재의 직무와 관련하여 계획을 수립하여야 한다.

16 직업윤리 ★★　　　　　　　답 ③

전화를 받자마자 즉시 용건을 해결해야 하는 것은 아니다. 이는 전화 예절에 포함되지 않는다.

> **Tip**
> - 전화벨이 3~4번 울리기 전에 받는다.
> - 당신이 누구인지를 즉시 말한다.
> - 천천히, 명확하게 예의를 갖추고 말한다.
> - 목소리에 미소를 띠고 말한다.
> - 말을 할 때 상대방의 이름을 함께 사용한다.
> - 언제나 펜과 메모지를 곁에 두어, 메시지를 받아 적을 수 있도록 한다.
> - 주위의 소음을 최소화한다.
> - 긍정적인 말로 전화 통화를 마치도록 하고 전화를 건 상대방에게 감사의 표시를 한다.

17 기술능력 ★★　　　　　　　답 ③

산업 재해의 예방 대책 5단계는 안전관리 조직, 사실의 발견, 원인 분석, 기술 공고화, 시정책 적용 및 뒤처리이다.

18 자원관리능력 ★　　　　　　　답 ④

물적 자원의 경우 구입 과정에서 활용 및 구입의 목적을 명확히 하고 구입한 물품이 분실 및 훼손되지 않게 관리하며, 적절한 장소에 보관하여 물품이 필요할 때 적재적소에 활용될 수 있도록 해야 한다.

19 조직이해능력 ★　　　　　　　답 ①

조직의 체제는 조직목표, 조직구조, 조직문화, 조직규칙과 규정으로 이루어진다.

> **Tip**
> - 조직목표 : 조직이 달성하려는 장래의 상태로, 미래지향적이지만 조직 행동의 방향을 결정하는 기준
> - 조직구조 : 조직 내의 부문 사이에 형성된 관계로, 조직목표를 달성하기 위한 조직구성원들의 유형화된 상호작용과 이에 영향을 미치는 매개체
> - 조직문화 : 조직구성원들의 공유된 생활양식이나 가치
> - 조직규칙과 규정 : 조직의 목표나 전략에 따라 수립되어 조직구성원들의 활동범위를 제약하고 일관성을 부여

20 의사소통능력 ★　　　　　　　답 ②

지적할 때는 상대방이 알 수 있도록 확실하게 말해야 하며, 모호한 표현은 설득력을 떨어뜨린다. 또한, 상대방의 잘못을 지적할 때는 지금 당장 꾸짖고 있는 내용에만 한정해야하며 여러 가지를 함께 꾸짖으면 효과가 없다.

21 정보능력 ★　　　　　　　답 ①

ⓒ 확인되지 않은 전자우편(E-mail)은 안전하지 않으므로 미심쩍은 전자우편은 열지 말고 즉시 삭제해야 한다.
ⓔ 폴더를 공유할 경우 파일을 주고받는 과정에서 바이러스가 침투할 가능성이 높으므로 바이러스를 예방하는 일에는 도움이 되지 못한다.

22 직업윤리 ★　　　　　　　답 ③

직업윤리의 덕목으로 소명의식, 천직의식, 직분의식, 책임의식, 전문가의식, 봉사의식을 들 수 있다.

> **Tip**
> - 소명의식 : 자신이 맡은 일은 하늘에 의해 맡겨진 일이라고 생각하는 태도
> - 천직의식 : 자신의 일이 자신의 능력과 적성에 꼭 맞는다 여기고 그 일에 열성을 가지고 성실히 임하는 태도
> - 직분의식 : 자신이 하고 있는 일이 사회나 기업을 위해 중요한 역할을 하고 있다고 믿고 자신의 활동을 수행하는 태도
> - 책임의식 : 직업에 대한 사회적 역할과 책무를 충실히 수행하고 책임을 다하는 태도
> - 전문가의식 : 자신의 일이 누구나 할 수 있는 것이 아니라 해당 분야의 지식과 교육을 밑바탕으로 성실히 수행해야만 가능한 것이라 믿고 수행하는 태도
> - 봉사의식 : 직업 활동을 통해 다른 사람과 공동체에 대하여 봉사하는 정신을 갖추고 실천하는 태도

23 수리능력 ★　　　　　　　답 ③

ⓐ 1kg은 1,000g이다.
ⓑ 1분은 60초이다.
ⓒ 1cm는 10mm이다.

> **Tip**
>
> **단위환산표**
>
> | 단위 | 환산 |
> |---|---|
> | 길이 | 1cm = 10mm, 1m = 100cm, 1km = 1,000m |
> | 넓이 | $1cm^2 = 100mm^2$, $1m^2 = 10,000cm^2$, $1km^2 = 1,000,000m^2$ |
> | 부피 | $1cm^3 = 1,000mm^3$, $1m^3 = 1,000,000cm^3$, $1km^3 = 1,000,000,000m^3$ |
> | 들이 | $1ml = 1cm^3$, $1dl = 100cm^3 = 100ml$, $1l = 1,000cm^3 = 10dl$ |
> | 무게 | 1kg = 1,000g, 1t = 1,000kg = 1,000,000g |
> | 시간 | 1분 = 60초, 1시간 = 60분 = 3,600초 |
> | 할푼리 | 1푼 = 0.1할, 1리 = 0.01할, 모 = 0.001할 |

24 의사소통능력 ★★　　　　　　　답 ③

ⓐ 본문은 왼쪽 처음부터 시작하여 작성해야 하지만 제목에 맞춰 시작하고 있다.
ⓒ 항목 1~6은 하위 항목이므로 상위 항목의 위치에서 1자씩 오른쪽에서 시작해야 하지만 본문과 같은 위치에서 시작하고 있다.

② 쌍점의 왼쪽과 오른쪽을 1타씩 띄었으나, 왼쪽은 붙여야 한다.

⑩ 날짜의 연ㆍ월ㆍ일 대신 온점으로 표시하여 2019. 12. 28.과 같이 써야 한다.

⑥ 첨부물이 있는 경우 '끝.' 표시는 첨부 표시문 끝에 해야 한다.

본문 부분을 올바르게 수정하면 다음과 같다.

수신 운영지원과장

제목 장관직인 인영사용 승인 신청

「행정업무의 효율적 운영에 관한 규정」 제14조제4항에 따라 장관직인 인영사용 승인을 다음과 같이 신청하오니 승인하여 주시기 바랍니다.

    1. 사용목적: 2019년 여론업무 유공자 장관 표창장 제작

    2. 사용부서: 지방행정국 자치행정과

    3. 사용업체: ○○사(대표: 김○○)

    4. 사용수량: 200매

    5. 사용예정기간: 2019. 12. 23.~12. 27.

    6. 반납예정일: 2019. 12. 28.

붙임 1. 장관직인 인영사용 승인 신청서 1부.

       2. 사업자등록증 사본 1부. 끝.

---

25 대인관계능력 ★   目 ②

제시된 사례는 약속의 이행과 관련된 사례로 대인관계 향상을 위해서는 철저하게 약속을 지키는 것이 매우 중요함을 일깨운다.

26 자기개발능력 ★   目 ②

경력단계는 직업 선택 → 조직 입사 → 경력 초기 → 경력 중기 → 경력 말기 순서로 이어진다.

Tip

경력단계별 특징
- 직업 선택 : 자신에게 적합한 직업이 무엇인지를 탐색하고 이를 선택한 후, 여기에 필요한 능력을 키우는 단계
- 조직 입사 : 일반적으로 학교를 졸업하고 자신이 선택한 분야에서 원하는 조직의 일자리를 얻으며, 직무를 선택하는 단계
- 경력 초기 : 자신이 맡은 업무의 내용을 파악하고 새로 들어온 조직의 규칙이나, 규범, 분위기를 알고 적응해 나가는 단계
- 경력 중기 : 자신이 그동안 성취한 것을 재평가하고 생산성을 그대로 유지하는 단계
- 경력 말기 : 조직의 생산적인 기여자로 남고 자신의 가치를 지속적으로 유지하기 위하여 노력하며, 동시에 퇴직을 고려하게 되는 단계

27 수리능력 ★   目 ①

농도가 8%인 소금물 300g에 들어있는 소금의 양은 300×0.08 $= 24$g이다. 추가한 물의 양을 x g라 할 때 $\frac{24}{300 + x} = 0.06$이 므로 $x = 100$이다. 따라서 100g의 물을 더 부었다.

Tip

$$농도(\%) = \frac{소금의\ 양}{소금물의\ 양} \times 100$$

28 직업윤리 ★   目 ③

동료의 일도 팀의 업무라 생각하고 적극적으로 참여해야 한다.

29 기술능력 ★   目 ④

매뉴얼은 그 기술에 해당하는 가장 기본적인 활용 지침을 작성해 놓은 것이다.

30 문제해결능력 ★★   目 ②

3C 분석에서 3C는 고객(customer), 자사(company), 경쟁사(competitor)를 의미한다. 이는 사업 환경을 구성하고 있는 고객, 자사, 경쟁사에 대한 체계적인 분석을 통해 환경을 분석하는 방법이다.

① 기업내부의 강점, 약점과 외부환경의 기회, 위협요인을 분석 평가하고 이들을 서로 연관 지어 전략을 개발하고 문제해결 방안을 개발하는 방법

31 정보능력 ★   目 ③

생년월일이나 전화번호 등 타인이 쉽게 유추할 수 있는 비밀번호는 사용하지 않아야 한다.

32 수리능력 ★   目 ②

90km/h로 40분이 걸리는 거리는 $90 \times \frac{2}{3} = 60$km이다. 같은 거리를 50km/h로 이동한다면 시간 $= \frac{거리}{속력}$ 이므로 $\frac{60}{50} = 1.2$ 이다. 따라서 $1.2 \times 60 = 72$분 = 1시간 12분이 걸린다.

Tip

$$속력(v) = \frac{거리(s)}{시간(t)}$$

33 의사소통능력 ★   目 ④

의사소통은 내가 상대방에게 메시지를 전달하는 과정이 아니라 상대방과의 상호작용을 통해 메시지를 다루는 과정이며, 정보 전달 이상의 것이다. 우리가 남들에게 일방적으로 언어 혹은 문서를 통해 의사를 전달하는 것은 의사소통이라고 할 수 없다. 성공적인 의사소통을 위해서는 내가 가진 정보를 상대방이 이해하기 쉽게 표현하는 것도 중요하지만, 상대방이 어떻게 받아들일 것인가에 대해서도 고려해야 한다.

34 대인관계능력 ★　　　　　　　　　　🈁 ④

아이디어에 대한 아무런 제약을 가하지 않은 환경을 조성할 때 협력적 풍토가 조성되는 사례에 해당한다. 모든 팀원이 협력하여 일할 때 창의적인 아이디어가 넘쳐나며, 이에 따라 혁신적인 발전도 이루어진다.

> **Tip**
>
> **협력을 장려하는 환경 조성을 위한 방법**
> • 팀원의 말에 흥미를 가지고 대하라.
> • 상식에서 벗어난 아이디어에 대해 비판하지 말라.
> • 모든 아이디어를 기록하라.
> • 아이디어를 개발하도록 팀원을 고무시켜라.
> • 많은 양의 아이디어를 요구하라.
> • 침묵을 지키는 것을 존중하라.
> • 관점을 바꿔 보라.
> • 일상적인 일에서 벗어나 보라.

35 자기개발능력 ★★　　　　　　　　　🈁 ②

〈보기〉의 질문은 과제 발견 단계에서 이루어져야 할 것들이다. 비전과 목표가 정립되면 현재 자신의 역할 및 능력을 검토하고, 할 일을 조정하여 자신이 수행해야 할 역할들을 도출해야 한다. 그리고 이 역할들에 상응하는 활동목표를 설정하며, 각 역할 및 활동목표별로 해야 할 일을 우선순위에 따라 구분해야 한다.

36 기술능력 ★　　　　　　　　　　　　🈁 ①

㉠은 기계·기구·설비 불량, ㉡은 안전지식의 부족, ㉢은 인원 배치 부적당이다.

37 수리능력 ★★　　　　　　　　　　　🈁 ③

㉠ 시간적 추이를 표시하는 데 적합한 선 그래프를 활용한다.
㉡ 내용의 구성비를 분할하여 나타내는 데 적합한 원 그래프를 활용한다.
㉢ 막대 길이로 각 수량 간의 대소관계 비교가 적합한 막대 그래프를 활용한다.

> **Tip**
>
> • 선 그래프 : 시간의 경과에 따라 수량에 의한 변화의 상황을 절선의 기울기로 나타내는 그래프로 시간적 변화에 따른 수량의 변화를 표현하기에 적합하다.
> • 막대 그래프 : 비교하고자 하는 수량을 막대 길이로 표시하고 그 길이를 비교하여 각 수량 간의 대소관계를 나타내는 그래프로 내역, 비교, 경과, 도수 등을 표시하는 용도로 쓸 수 있다.
> • 원 그래프 : 내역이나 내용의 구성비를 원을 분할하여 작성하는 그래프로서 전체에 대한 구성비를 표현할 때 다양하게 활용할 수 있다.
> • 점 그래프 : 세로축과 가로축에 2요소를 두고, 보고자 하는 것이 어떤 위치에 있는가를 알고자 하는 데 활용한다.
> • 층별 그래프 : 선의 움직임보다는 선과 선 사이의 크기로써 데이터 변화를 나타내는 그래프로 시간적 변화에 따른 구성비의 변화를 표현하고자 할 때 활용할 수 있다.
> • 레이더 차트(거미줄 그래프) : 비교하는 수량을 직경 또는 반경으로 나누어 원의 중심에서의 거리에 따라 각 수량의 관계를 나타내는 그래프로 비교하거나 경과를 나타낼 때 활용한다.

38 자원관리능력 ★★　　　　　　　　　🈁 ④

자원을 효과적으로 활용하기 위한 과정은 자원 확인(요구되는 자원의 종류와 양 확인) → 자원 확보(실제 이용 가능한 자원 수집 및 확보) → 자원 활용계획 수립(확보한 자원에 대한 활용계획 수립) → 자원 활용(자원 활용계획에 따라 확보한 자원 활용)의 순서로 이루어진다.

39 조직이해능력 ★　　　　　　　　　　🈁 ④

경영은 경영목적, 인적자원, 자금, 전략의 4요소로 구성된다.

> **Tip**
>
> • 경영목적 : 조직의 목적을 달성하기 위한 방법이나 과정
> • 인적자원 : 조직의 구성원. 인적자원의 배치와 활용
> • 자금 : 경영활동에 요구되는 돈. 경영의 방향과 범위 한정
> • 경영전략 : 변화하는 환경에 적응하기 위한 경영활동 체계화

40 문제해결능력 ★　　　　　　　　　　🈁 ③

〈보기〉는 실행 및 평가 단계에 해당하는 내용이다.

> **Tip**
>
> 문제해결은 문제인식 → 문제 도출 → 원인 분석 → 해결안 개발 → 실행 및 평가의 순서로 이루어진다.
> • 문제 인식 : 해결해야 할 전체 문제를 파악하여 우선순위를 정하고, 선정문제에 대한 목표를 명확히 하는 단계로 환경 분석 → 주요 과제 도출 → 과제 선정의 절차를 거친다.
> • 문제 도출 : 선정된 문제를 분석하여 해결해야 할 것이 무엇인지를 명확히 하는 단계로 문제 구조 파악 → 핵심 문제 선정의 절차를 거친다.
> • 원인 분석 : 파악된 핵심문제에 대한 분석을 통해 근본 원인을 도출하는 단계로 이슈 분석 → 데이터 분석 → 원인 파악의 절차를 거친다.
> • 해결안 개발 : 문제로부터 도출된 근본 원인을 효과적으로 해결할 수 있는 최적의 해결방안을 수립하는 단계로 해결안 도출 → 해결안 평가 및 최적안 선정의 절차를 거친다.
> • 실행 및 평가 : 해결안 개발을 통해 만들어진 실행계획을 실제 상황에 적용하는 활동으로 당초 장애가 되는 문제의 원인 들을 해결안을 사용하여 제거하는 단계로 실행계획 수립, 실행, 팔로우 업의 절차를 거친다.

41 의사소통능력 ★　　　　　　　　　　🈁 ②

㉠은 기안서, ㉡은 결산보고서, ㉢은 기획서, ㉣은 보도자료이다.
• 설명서 : 설명서는 상품의 특성이나 사물의 성질과 가치, 작동 방법 등을 설명하는 목적으로 작성하는 문서이다.
• 비즈니스 레터 : 사업상의 이유로 고객이나 단체에 보내는 편지. 개인 간의 연락이나 직접 방문하기 어려운 고객관리 등을 위해 사용되는 비공식적 문서이나, 제안서나 보고서 등 공식적인 문서를 전달하는 데도 사용된다.
• 공문서 : 정부 행정기관에서 대내적 혹은 대외적 공무를 집행하기 위해 작성하는 문서로 엄격한 규격과 양식에 따라 정당한 권리를 가진 사람이 작성해야 하며, 최종 결재권자의 결재가 있어야 문서로서의 기능이 성립된다.

42 수리능력 ★★ 답 ④

ⓒ 막대 그래프를 작성할 때에는 일반적으로 세로축에는 수량, 가로축에는 명칭 구분으로 한다.

ⓔ 기타항목은 구성비율이 가장 높다고 해도 원 그래프의 가장 마지막에 그린다.

43 수리능력 ★ 답 ①

15와 25의 최소공배수는 75이므로 75분마다 A와 B 버스가 동시에 정류장에 도착한다. 따라서 두 버스가 동시에 도착하는 다음 시간은 1시간 15분 뒤인 오전 7시 15분이다.

44 의사소통능력 ★★★ 답 ②

보도자료는 정부 기관이나 기업체, 각종 단체 등이 언론을 상대로 자신들의 정보가 기사로 보도되도록 배포하는 자료이다. 새로운 소식을 전달하는 자료로 보도할 가치가 있는 내용이어야 하며, 핵심내용을 빠르게 전달할 수 있도록 주요 내용을 전반부에 언급한다. 또한, 독자가 이해하기 쉽도록 전문용어는 가급적 피하고, 간결한 문체로 작성한다. 입장 해명을 목적으로 하는 보도자료라 할지라도 보도자료는 기본적으로 정직성과 객관성을 유지해야 하며, 관점을 흐리지 않도록 형용사나 부사 등의 수식어도 피해야 한다.

45 의사소통능력 ★★ 답 ④

1문단에서 '특별구제계정 대상 질환 확대 계획을 논의했다'는 언급만 있을 뿐 대상 질환이 구체적으로 무엇인지는 알 수 없다.

① '제2기 전문위원회는 의료계, 법조계 및 인문ㆍ사회학 분야 등 가습기살균제 피해구제 관련 전문가 총 17명으로 구성'했다고 나와 있다.

② 2문단에서 '긴급의료지원 전문위원회, 구제급여 상당지원 전문위원회, 원인자 미상ㆍ무자력 피해자 추가지원 전문위원회 구성(안)을 심의ㆍ의결'했다고 하였다.

③ 4문단에서 관련 법규 시행 이후 '현재까지 2,822명의 피해자에게 496억 원을 지원'했음을 확인할 수 있다.

46 기술능력 ★ 답 ①

산업 재해의 기본적인 원인은 다음과 같다.

- 교육적 원인 : 안전지식의 불충분, 안전 수칙의 오해, 경험이나 훈련의 불충분과 작업 관리자의 작업방법 교육 불충분, 유해 위험 작업 교육 불충분 등이 있다.
- 기술적 원인 : 건물ㆍ기계 장치의 설계 불량, 구조물의 불안정, 재료의 부적합, 생산 공정의 부적당, 점검ㆍ정비ㆍ보존의 불량 등이 있다.
- 작업 관리상 원인 : 안전관리 조직의 결함, 안전 수칙 미제정, 작업준비 불충분, 인원 배치 및 작업 지시 부적당 등이 있다.

47 조직이해능력 ★ 답 ③

조직의 목적달성을 위해 원활하게 처리되는 구조가 되기 위해서 조직은 세로로 분할하며, 업무의 종류, 성격, 범위를 명확하게 하고 구분하는 기준에 따라 나누어진다.

48 자기개발능력 ★ 답 ②

자기개발의 3요소는 자아인식, 자기관리, 경력개발이다.

49 자원관리능력 ★ 답 ②

시간을 효과적으로 관리하면 스트레스 감소, 균형적인 삶, 생산성 향상, 목표 달성이라는 효과를 가질 수 있다.

50 문제해결능력 ★★ 답 ③

퍼실리테이션(facilitation)은 어떤 그룹이나 집단이 의사결정을 잘하도록 도와주는 일을 말한다. 즉, 깊이 있는 커뮤니케이션을 통해 서로의 문제점을 이해하고 공감함으로써 창조적인 문제해결을 도모하는 것이다.

① 소프트 어프로치는 직접적인 표현 대신 무언가를 시사하거나 암시하여 의사를 전달하고 기분을 통하게 하는 문제해결 방법이다.

② 하드 어프로치란 서로의 생각을 주장하고, 논쟁이나 협상을 통해 서로의 의견을 조정해 가는 문제해결 방법이다.

51 의사소통능력 ★★ 답 ②

청중의 신분과 숫자는 일정치 않은데, 연단에 섰을 때 청자의 나이와 사회적 신분만을 생각한다면 말하기 전에 위축되어 발표할 수 없게 된다. 연단에서는 청자를 무생물로 인식하고, 발표할 내용에 관한 한 나는 권위자이며, 청자의 신분이 어떠하든 간에 결국 청자와 나는 똑같은 평범한 인간이라는 생각으로 연단에 서야 한다.

52 수리능력 ★　　　　　　　③

$2 \times (42 + 62) - 4 = 2 \times (4 \times 4 + 6 \times 6) - 4 = 2 \times 52 - 4 = 104 - 4 = 100$

53 의사소통능력 ★★　　　　　　②

슬쩍 넘어가기는 대화가 너무 사적이거나 위협적일 때 주제를 바꾸거나 농담으로 넘기려 하는 것으로, 이 경우 상대방의 진정한 고민을 놓치게 된다.
① 판단하기는 상대방에 대한 부정적인 판단 때문에, 혹은 상대방을 비판하기 위해 상대방의 말을 듣지 않는 것을 말한다.
③ 다른 생각하기는 상대방에게 표현하지 못하는 부정적 감정이 누적되어 상황을 회피하기 위해 상대방이 말을 할 때 자꾸 다른 생각을 하는 것이다.
④ 대답할 말 준비하기는 자신이 다음에 할 말을 생각하기에 바빠서 상대방이 말하는 것을 잘 듣지 않는 것을 말한다.

Tip
경청의 또 다른 방해요인
- 짐작하기 : 상대방의 말을 듣고 받아들이기보다 자신의 생각에 들어맞는 것만을 찾아 자신의 생각이 옳다는 것을 확인하려 하는 것이다.
- 걸러내기 : 상대의 말을 듣기는 하지만 온전히 듣지는 않는 경우로 상대방의 감정을 인정하고 싶지 않거나 무시하고 싶어, 듣고 싶지 않은 것들을 막아버리는 것이다.
- 조언하기 : 지나치게 타인의 문제를 해결해 주려는 태도로, 마음을 털어놓고 싶은 상대방의 바람을 좌절시키게 된다.
- 언쟁하기 : 오직 반대하고 논쟁하기 위해서 상대방의 말에 귀를 기울이는 것이다.
- 옳아야만 하기 : 자신이 잘못했다는 말을 받아들이지 않기 위해 거짓말을 하거나 고함을 지르는 등 자신의 부족한 점에 대한 상대방의 말을 듣지 않는 것이다.
- 비위 맞추기 : 상대방을 위로하거나 비위를 맞추기 위해서 너무 빨리 동의하는 것으로, 상대방이 생각이나 감정을 충분히 표현할 시간을 주지 못하게 된다.

54 대인관계능력 ★★　　　　　　②

A대리와 B과장 사이의 갈등을 파악한 C부장이 A대리와 B과장의 대화를 유도히여 두 사람 모두 Win – Win할 수 있는 방책을 제시하는 것이 통합적 갈등 관리 방법이다. 선택지 ①, ③, ④와 같은 발언은 A대리와 B과장의 Win – Win이 아니라 어느 한쪽의 Lose를 야기하거나 문제를 불필요하게 확장하는 방안이다.

55 정보능력 ★　　　　　　　②

㉠ 자료와 정보 가치의 크기는 상대적이다.
㉣ 지식은 정보를 집적하고 체계화하여 장래의 일반적인 사항에 대비해 보편성을 갖도록 한 것이다. 자료를 가공하여 이용 가능한 정보로 만드는 과정은 정보처리이다.

Tip
- 자료(data) : 정보 작성을 위하여 필요한 것. 아직 특정의 목적에 대하여 평가되지 않은 상태의 숫자나 문자들의 단순한 나열
- 정보(information) : 데이터를 일정한 프로그램에 따라 컴퓨터가 처리 · 가공함으로써 특정한 목적을 달성하는 데 필요하거나 특정한 의미를 가진 것으로 다시 생산된 것
- 지식(knowledge) : 어떤 특정의 목적을 달성하기 위해 과학적 또는 이론적으로 추상화되거나 정립되어 있는 일반화된 정보

56 자원관리능력 ★★　　　　　　②

- 잔액 = 배정액 – 누적 지출액 $= 200,000 - 50,000 = 150,000$
- 사용률 $= \dfrac{\text{누적 지출액}}{\text{배정액}} \times 100 = \dfrac{50,000}{200,000} \times 100 = 25\%$

　㉠ × ㉡ $= 150,000 \times 0.25 = 37,500$

57 직업윤리 ★　　　　　　　④

직업은 분업화된 사회에서 한 사람이 담당하는 체계적이고 전문화된 일의 영역을 가리킨다. 그러나 전문화된 일의 영역에 취미활동, 아르바이트, 강제노동 등이 포함되더라도 이를 직업으로 분류하지는 않는다.

58 조직이해능력 ★　　　　　　④

- SO전략(강점 – 기회전략) : 시장의 기회를 활용하기 위해 강점을 사용하는 전략
- ST전략(강점 – 위협전략) : 시장의 위협을 회피하기 위해 강점을 사용하는 전략
- WO전략(약점 – 기회전략) : 약점을 극복함으로써 시장의 기회를 활용하는 전략
- WT전략(약점 – 위협전략) : 시장의 위협을 회피하고 약점을 최소화하는 전략

59 수리능력 ★　　　　　　　①

제품 Q를 만드는 A는 8일이 걸리므로 하루 동안 만드는 양은 $\dfrac{1}{8}$이고, B는 10일이 걸리므로 하루 동안 만드는 양은 $\dfrac{1}{10}$이다.
A와 B가 함께 일한 기간을 x일이라 하면
$$\dfrac{1}{8} \times 3 + \left(\dfrac{1}{8} + \dfrac{1}{10} \right) \times x + \dfrac{1}{10} \times 4 = 1 \quad \therefore x = 1$$
따라서 둘이 함께 만든 기간은 1일이다.

응시자 대비 합격자 비중은 남자 $\dfrac{1,920}{11,150}\times100≒17.2\%$ 이고,

여자 $\dfrac{760}{4,290}\times100≒17.7\%$ 로 여자가 남자보다 높다.

① $\dfrac{1,920+760}{11,150+4,290}\times100≒17.4\%$

② $\dfrac{760}{4,290}\times100≒17.7\%$

③ $\dfrac{4,290}{11,150+4,290}\times100≒27.8\%$

01	②	02	④	03	②	04	④	05	②	06	①	07	②	08	②	09	③	10	②
11	④	12	④	13	④	14	③	15	④	16	①	17	③	18	④	19	④	20	②
21	④	22	③	23	②	24	①	25	③	26	①	27	④	28	③	29	②	30	④
31	①	32	③	33	①	34	③	35	①	36	④	37	③	38	①	39	③	40	③
41	①	42	①	43	④	44	①	45	③	46	③	47	①	48	④	49	②	50	①
51	③	52	①	53	③	54	④	55	②	56	①	57	④	58	①	59	③	60	②

01 의사소통능력 ★★★　　　　　　　　🗎 ②

그림을 볼 때 S팀장의 의사소통 양식은 친화형으로 분류할 수 있다. 친화형은 따뜻하고 인정이 많으며 자기희생적이나, 타인의 요구를 거절하지 못하므로 타인과의 정서적인 거리를 유지하도록 노력해야 한다.
①은 복종형, ③은 냉담형, ④는 고립형과 관련된 조언이다.

Tip

키슬러 양식에 의한 대인관계 의사소통 유형별 특징
- 지배형 : 자신감이 있고, 지도력이 있으나 논쟁적이고 독단이 강하여 대인 갈등을 겪을 수 있으므로 타인의 의견을 경청하고 수용하는 자세가 필요하다.
- 실리형 : 이해관계에 예민하고 성취지향적이며 경쟁적이며 자기중심적이므로 타인의 입장을 배려하고 관심을 갖는 자세가 필요하다.
- 냉담형 : 이성적인 의지력이 강하고 타인의 감정에 무관심하며 피상적인 대인관계를 유지하므로 타인의 감정 상태에 관심을 가지고 긍정적 감정을 표현하는 것이 필요하다.
- 고립형 : 혼자 있는 것을 선호하고 사회적 상황을 회피하며 지나치게 자신의 감정을 억제하므로 대인관계의 중요성을 인식하고 타인에 대한 비현실적인 두려움의 근원을 성찰해 볼 필요가 있다.
- 복종형 : 수동적이고 의존적이며 자신감이 없으므로 적극적인 자기표현과 주장이 필요하다.
- 순박형 : 단순하고 솔직하며 자기주관이 부족하므로 자기주장을 하는 노력이 필요하다.
- 사교형 : 외향적이고 인정받고자 하는 욕구가 강하며, 타인에 대한 관심이 많아서 간섭하는 경향이 있고 잘 흥분하므로 심리적으로 안정하고 지나친 인정욕구에 대한 성찰이 필요하다.

02 수리능력 ★★　　　　　　　　　　🗎 ④

ⓐ 1m³는 1,000,000cm³이다.
ⓑ 1ml는 0.01dl이다.
ⓒ 1할은 100리이다.

03 정보능력 ★　　　　　　　　　　　🗎 ②

ⓒ 한 번에 여러 파일에서 데이터를 찾아내는 기능은 원하는 검색이나 보고서 작성 등을 쉽게 할 수 있게 해준다.
ⓓ 데이터가 중복되지 않고 한 곳에만 기록되어 있으므로 데이터의 무결성, 즉 결함 없는 데이터를 유지하기가 훨씬 쉬워졌다.

04 대인관계능력 ★★　　　　　　　　🗎 ④

- A팀장 : 부하직원들에게 도전이나 반항 없이 묵묵히 순응할 것을 요구하는 독재자 유형의 리더이다. 통제 없이 방만한 상태로 가시적 성과물이 보이지 않을 때 적절한 리더십이다.
- B팀장 : 부하직원들에게 자신의 의견을 제시할 것을 요구하고 의견에 따라 수용하는 민주주의에 근접한 유형의 리더이다. 혁신적이고 탁월한 부하직원들을 거느리고 있을 때 적절한 리더십이다.
- C팀장 : 자신을 팀의 일원으로 포지셔닝하고 팀원들과 성과 및 결과에 대한 책임을 공유하는 파트너십 유형의 리더이다. 소규모 조직에서 경험할 수 있으며, 재능을 소유한 구성원들이 있을 때 적절한 리더십이다.
- D팀장 : 팀의 문제를 개선하기 위해 명확한 비전을 제시하여 팀원들이 업무에 몰두하도록 이끄는 변혁적 유형의 리더이다. 조직에서 현상을 뛰어넘는 획기적인 변화가 요구될 때 적절한 리더십이다.

05 자기개발능력 ★★　　　　　　　　🗎 ②

자기관리는 '비전 및 목적 정립 → 과제 발견 → 일정 수립 → 수행 → 반성 및 피드백'의 순서로 이루어진다.

06 수리능력 ★
답 ①

㉠은 빈도, ㉡은 평균, ㉢은 백분율이다.
- 범위 : 분포의 흩어진 정도를 알아보는 방법으로, 최고값에서 최저값을 뺀 값을 말함
- 분산 : 각 관찰값과 평균값과의 차이의 제곱을 모두 합한 값을 개체의 수로 나눈 값
- 중앙값 : 값들을 크기대로 나열했을 때 중간에 위치하는 값
- 표준편차 : 평균으로부터 얼마나 떨어져 있는가를 나타내는 기념으로 분산값의 제곱근 값을 의미함

07 조직이해능력 ★
답 ②

총무부는 주주총회 및 이사회 개최 관련 업무, 의전 및 비서업무, 집기비품 및 소모품의 구입과 관리, 사무실 임차 및 관리, 차량 및 통신 시설의 운영, 국내외 출장 업무 협조, 복리후생 업무, 법률자문과 소송관리, 사내외 홍보 광고업무 등을 담당한다.

08 의사소통능력 ★★
답 ②

보고서는 특정 일에 관한 현황이나 그 진행 상황 또는 연구·검토 결과 등을 보고할 때 쓰는 문서로 직장 내에서 주고받는 문서이다. 전문용어는 조직 내에서 사용할 때 서로 이해하는 데 문제가 없으므로 사용해도 무방하다.

09 의사소통능력 ★★
답 ③

해당 보고서에는 출장 목적이 분명하게 명시되어 있지 않으며, 보고 내용에도 거래처와 계약을 체결했다는 언급만 있을 뿐, 신제품 홍보가 출장의 주목적인지를 확인할 수 없다.
① 출장 인원에서 영업팀 곽○○ 과장과 오○○ 대리 2인이 출장자임을 알 수 있다.
② 출장 일시는 2월 24일부터 27일까지 3박 4일간이며, 보고서 작성일은 다음 날인 2월 28일이다.
④ 첨부 자료인 출장비 내역서를 통해 지출 내역을 확인할 수 있다.

10 자원관리능력 ★
답 ②

자원을 확보할 때는 실제 수행상에서의 차이 발생에 대비하여 여유 있게 확보하는 것이 바람직하다.

11 문제해결능력 ★
답 ④

기존의 정보를 객관적으로 분석하는 일은 논리적 사고 혹은 비판적 사고이다. 물론, 창의적 사고를 하기 위해서는 정보를 객관적으로 분석하는 일도 필요하지만, 이것이 창의적 사고의 직접적인 특징은 아니다.

12 수리능력 ★★
답 ④

도표를 작성할 때, 특별히 순서가 정해져 있지 않으면 왼쪽에서 오른쪽 또는 위에서 아래로 그린다.

13 기술능력 ★★
답 ④

기술선택이란 기업이 어떤 기술을 외부로부터 도입할지 혹은 자체 개발하여 활용할지를 결정하는 것이다. 기술선택의 우선순위에는 쉽게 구할 수 없고 기업 간 모방이 어려운 기술, 성능이나 원가에 미치는 영향력이 큰 기술, 기술활용을 통해 제품의 매출과 이익 창출 잠재력이 큰 기술, 생산하는 제품 및 서비스에 광범위하게 활용 가능한 기술, 최신 기술로 진부화될 가능성이 적은 기술 등을 두어야 한다.

> **Tip**
>
> - 상향식 기술선택 : 기업 전체 차원에서 필요한 기술에 대한 체계적인 분석 또는 검토 없이 연구자나 엔지니어들이 자율적으로 기술을 선택하는 것
> - 하향식 기술선택 : 기업이 기술경영진과 기술기획담당자들의 체계적인 분석을 통해 획득해야 하는 대상기술과 목표기술 수준을 결정하는 것

14 자기개발능력 ★★
답 ③

경력개발은 직무정보를 탐색하고, 자신의 환경을 이해 및 분석한 다음 자신에게 적합한 경력목표를 설정하며, 이에 따른 전략을 수립해서 실행하고, 평가하는 단계로 이루어진다.

15 정보능력 ★
답 ④

인터넷에서 검색한 정보는 잘못된 정보도 있으며 낡은 정보도 있으므로 검색한 자료를 너무 신뢰하지 말고 자신이 원하는 자료인지를 정확하게 판단해야 한다.

16 의사소통능력 ★★
답 ②

문서의 첨부자료는 반드시 필요한 자료 외에는 첨부하지 않도록 한다.

> **Tip**
>
> **문서작성 시 주의사항**
> - 문서는 육하원칙에 의해서 써야 한다.
> - 문서는 그 작성 시기가 중요하다.
> - 문서 작성 후 반드시 다시 한 번 내용을 검토해야 한다.
> - 문서 내용 중 금액, 수량, 일자 등의 기재에 정확성을 기하여야 한다.
> - 문장표현은 작성자의 성의가 담기도록 경어나 단어 사용에 신경을 써야 한다.

17 자원관리능력 ★★   답 ③

직접비용은 간접비용에 상대되는 용어로서, 제품 생산 또는 서비스를 창출하기 위해 직접 소비된 것으로 여겨지는 비용을 말한다. 보다 구체적으로는 재료비, 원료와 장비 구입비, 시설비, 여행(출장) 및 잡비, 인건비를 지칭한다. 따라서 직접비용에 해당하는 것은 ㉠ 컴퓨터 구입비, ㉽ 빔프로젝터 대여료, ㉾ 인건비, ㉿ 출장 교통비이다.

18 조직이해능력 ★★   답 ④

조직변화는 환경 변화를 따른다. 즉, 환경 변화는 경제 · 기술 · 정치 · 문화 등에 기인하며 이에 따라 조직변화의 방향이 달라진다. 조직변화 중 전략이나 구조의 변화는 기존의 조직구조나 경영방식을 개선하기도 한다.

19 직업윤리 ★★   답 ④

끝내지 못한 업무가 있는지는 알 수 없으므로 적절한 지적이라고 볼 수 없다.

> **Tip**
>
> **근면과 관련된 사례**
> - 출근 시간을 엄수한다.
> - 업무 시간에는 개인적인 일을 하지 않는다.
> - 일에 지장이 없도록 항상 건강관리를 유의한다.
> - 오늘 할 일을 내일로 미루지 않는다.
> - 주어진 시간 내에는 최선을 다한다.
> - 근무 시간 중 메신저 등을 통해 사적인 대화를 나누지 않는다.
> - 회사에서 정해진 시간을 지킨다.

20 자원관리능력 ★★   답 ②

- 단결의 원칙 : 직장 내에서 구성원들이 소외감을 갖지 않도록 배려하고, 서로 유대감을 가지고 협동 · 단결하는 체제를 이루도록 함
- 공정 인사의 원칙 : 직무 배당, 승진, 상벌, 근무 성적의 평가, 임금 등을 공정하게 처리해야 함

21 의사소통능력 ★★   답 ④

기획서는 적극적으로 아이디어를 내고 기획해 하나의 프로젝트를 문서형태로 만들어 상대방에게 기획의 내용을 전달하고 이를 시행하도록 설득하는 문서로, 목적을 달성할 수 있는 핵심사항이 명확하게 제시되어야 한다. 기획서에 인용한 자료의 출처는 반드시 밝혀야 하며, 그 출처가 정확한지도 확인해야 한다.

22 직업윤리 ★   답 ③

회사만의 고유한 윤리는 직업윤리가 아니라 직장윤리이다.

23 의사소통능력 ★★   답 ②

비언어적인 의사소통은 조금만 주의를 기울이면 상대방의 의도나 감정 상태를 쉽게 알 수 있다. 보통 의사소통에서 어조가 높다는 것은 만족과 안심의 상태가 아니라 흥분과 적대감을 나타내는 것이므로 주의해야 한다.

24 수리능력 ★★   답 ①

일반적으로 도표를 작성할 때는 우선 어떠한 도표로 작성할 것인지를 결정하고, 가로축과 세로축에 나타낼 것을 정한 뒤, 가로축과 세로축의 눈금의 크기를 결정한다. 그리고 자료를 가로축과 세로축이 만나는 곳에 표시하고, 표시된 점에 따라 도표를 작성한 뒤 마지막으로 도표의 제목 및 단위를 표시한다. 따라서 〈보기〉를 순서대로 나열하면 ㉡ - ㉠ - ㉣ - ㉢ - ㉽ - ㉺이다.

25 문제해결능력 ★★   답 ③

① 관련 주제의 말 또는 이미지 리스트를 작성함으로써 아이디어를 구상하는 방법이다.
② 주제의 본질과 닮은 것을 힌트로 발상해내는 방법이다.
④ "그래서 무엇이지?"라는 물음에 답을 하면서 가치 있는 정보를 이끌어 내는 방법으로, 논리적 사고 개발을 위한 방법이다.

> **Tip**
>
> **창의적 사고 개발 방법**
> - 자유연상법 : 생각나는 대로 자유롭게 발상
>   예 브레인스토밍
> - 강제연상법 : 각종 힌트에 강제적으로 연결지어서 발상
>   예 체크리스트법
> - 비교발상법 : 주제의 본질과 닮은 것을 힌트로 발상
>   예 NM법, Synectics법

26 기술능력 ★   답 ①

벤치마킹이란 특정 분야에서 뛰어난 업체나 상품, 기술, 경영방식 등을 배워 합법적으로 응용하는 것을 의미한다. 단순한 모방과는 달리 우수한 기업이나 성공한 상품, 기술, 경영 방식 등의 장점을 충분히 배우고 익힌 후 자사의 환경에 맞추어 재창조하는 것이다. 쉽게 아이디어를 얻어 신상품을 개발하거나 조직 개선을 위한 새로운 출발점의 기법으로 많이 활용된다.

27 수리능력 ★   답 ④

$240 \div (16 \times \square) = 87 \div 29 = 3$
$16 \times \square = 240 \div 3 = 80$
$\therefore \square = 5$

28 자원관리능력 ★   답 ③

제시된 내용은 자원을 활용하는 데 자신의 편리함을 최우선으로 추구하기 때문에 나타나는 현상이다.

29 수리능력 ★ 답 ②

짧은 끈의 길이를 $x\,\mathrm{cm}$라 하면 긴 끈의 길이는 $(4x-15)\mathrm{cm}$이다. 총 길이가 250cm이므로

$x+(4x-15)=250$

$5x=265$

$\therefore\ x=53$

짧은 끈의 길이가 53cm이므로 긴 끈의 길이는 $212-15=197\mathrm{cm}$이다.

30 문제해결능력 ★ 답 ④

④는 실행계획을 수립할 때 고려해야 하는 사항이다. 실행계획 수립은 무엇을(what), 어떤 목적으로(why), 언제(when), 어디서(where), 누가(who), 어떤 방법으로(how)의 물음에 대한 답을 가지고 계획하는 단계로, 실행계획 수립 시에는 세부 실행내용의 난이도를 고려하여 되도록 구체적으로 세워야 한다.

31 직업윤리 ★ 답 ①

성희롱은 가해자가 '성희롱을 했느냐'가 아니라 피해자가 '성적 수치심이나 굴욕감을 느꼈느냐, 아니냐'가 기준이 된다.

32 의사소통능력 ★ 답 ③

의사표현을 할 때 자신을 너무 과소평가하는 것을 삼가야 한다. 즉, 낮은 자존감과 열등감으로 자기 자신을 대하는 것은 좋지 않다. 평소에 "죄송합니다, 미안합니다"를 자주 말하는 사람은 얼핏 보면 예의 바르게 보일지 모르나, 꼭 필요한 경우가 아니라면 그렇게 해서 스스로를 낮출 필요는 없다.

33 문제해결능력 ★★ 답 ①

A회사는 현재 당면한 문제에만 집착한 나머지 전체적인 틀에서 문제 상황을 해결하지 못하였으므로 전략적 사고가 부족하다.
② 분석적 사고는 전체를 각각의 요소로 나누어 그 요소의 의미를 도출한 다음 우선순위를 부여하고 구체적인 문제해결 방법을 실행하는 것이다.
③ 발상의 전환은 기존에 가지고 있는 사물과 세상을 바라보는 인식의 틀을 전환하여 새로운 관점에서 바로 보는 사고이다.
④ 내ㆍ외부자원의 활용은 문제해결 시 자원을 효과적으로 활용하기 위한 기술, 재료, 방법, 사람 등 필요한 내ㆍ외부자원의 자원 확보 계획을 수립하는 것이다.

34 수리능력 ★ 답 ③

모든 사례의 수치를 합한 후에 총 사례 수로 나눈 값이므로 $(6+14+5+17+10+8+3)\div7=9$이다.

35 수리능력 ★★ 답 ①

분산은 편차의 값을 제곱해서 합계를 구하고 사례 수로 나눈 값이며, 편차는 자료값과 평균의 차이이다. 계산하면

$\dfrac{(6-9)^2+(14-9)^2+(5-9)^2+(17-9)^2+(10-9)^2+(8-9)^2+(3-9)^2}{7}$

$=\dfrac{152}{7}\fallingdotseq21.70$이다.

36 의사소통능력 ★★ 답 ④

붙임 다음에는 쌍점을 붙이지 않고 1자 띄우며, 첨부문 끝에 문서의 마침을 표시하는 '끝.' 표시를 한다.
㉠ 본문은 왼쪽 처음부터 시작하여 작성하여야 한다.
㉡ 본문의 항목을 구분할 때 번호는 1., 가., 1), …의 순서를 따르며, 상위 항목의 위치로부터 1자씩 오른쪽에서 시작한다.
㉢ 금액을 표시할 때는 '금'을 쓰고 아라비아 숫자로 쓰되, 숫자 다음에 괄호를 하고 한글로 적는다.

본문 부분을 바르게 고치면 다음과 같다.

| 수신 내부결재 |
| 제목 ○○시 탁구 동호회 취미클럽 활동 운영비 지원 |

1. 직장 취미클럽 활성화와 일상생활 속의 체육활동을 통한 건강한 체력을 바탕으로 공직생활의 활력을 도모하기 위하여
2. 2020 ○○시장기 탁구대회 출전에 따른 ○○시청 탁구 동호회 취미클럽 활동 운영비를 다음과 같이 지원하고자 합니다.
   가. 행사개요
     1) 대회명: 2020 ○○시장기 탁구 동호인대회
     2) 일자: 2020. 1. 22. (수)
     3) 장소: ○○ 체육관
   나. 금회 집행 예정액 : 금 458,000원(금사십오만팔천원)

붙임 ○○시청 탁구인동호회 명단 1부. 끝.

37 직업윤리 ★ 답 ③

예절은 언어문화권에 따라 차이가 있다.

38 의사소통능력 ★ 답 ①

언어적인 의사소통은 상대방의 이야기를 듣고 의미를 파악하며, 적절히 반응하고, 자신의 의사를 목적과 상황에 맞춰 설득력 있게 표현하는 것이다. 이에 해당하는 것은 ㉡이다.
문서적인 의사소통은 문서로 작성된 글이나 그림을 읽고, 내용을 이해하고 요점을 판단하며, 이를 바탕으로 목적과 상황에 적합하도록 아이디어와 정보를 전달하는 것이다. 이에 해당하는 것은 ㉠, ㉢, ㉣이다.

39 조직이해능력 ★   目 ③

이문화 이해는 내가 속한 문화와 다르다고 해서 무조건 나쁘거나 저급한 문화로 여기는 것이 아니라, 그 나라 고유의 문화를 인정하고 해야 할 일과 해서는 안 되는 일을 구별할 수 있는 것이다.

40 대인관계능력 ★★   目 ③

실무형은 조직의 운영방침에 민감하고, 사건을 균형 잡힌 시각으로 보는 것이 특징이다.
① 자립적이고, 일부러 반대의견을 제시한다.
② 팀플레이를 하며, 리더나 조직을 믿고 헌신한다.
④ 판단·사고를 리더에 의존하며, 지시가 있어야 행동한다.

> **Tip**
> **주도형의 특징**
> • 멤버십 유형에서 가장 추구하는 유형
> • 독립적·혁신적으로 사고하고 건설적인 비판을 하며 창조적임
> • 적극적으로 참여하고 솔선수범하며 주인의식을 가짐

41 의사소통능력 ★   目 ①

㉠ [O] 피드백은 상대방이 원하면 대인관계에서의 그의 행동을 개선할 기회를 제공해 줄 수 있으며, 긍정적인 면과 부정적인 면을 균형 있게 전달함에 유의해야 한다.
㉡ [×] 전문용어는 그 언어를 사용하는 집단 구성원들 사이에 사용될 때에는 이해를 촉진시키지만, 조직 밖의 사람들에게는 의외의 문제를 야기할 수 있으므로 주의해야 한다.
㉢ [×] 단순히 상대방의 이야기를 들어주는 것과 경청은 다르다. 듣는 것은 수동적인 데 반해 경청은 능동적인 것으로 의사소통을 하는 양쪽 모두가 같은 주제에 관해 생각하는 것이다.

42 기술능력 ★   目 ①

네트워크 혁명의 3법칙은 무어의 법칙, 메트칼피의 법칙, 카오의 법칙이다.
• 무어의 법칙 : 컴퓨터의 파워가 18개월마다 2배씩 증가한다는 법칙
• 메트칼피의 법칙 : 네트워크의 가치는 사용자 수의 제곱에 비례한다는 법칙
• 카오의 법칙 : 창조성은 네트워크에 접속되어 있는 다양한 지수함수와 비례한다는 법칙

43 정보능력 ★★   目 ④

1차 자료는 원래의 연구성과가 기록된 자료이고, 2차 자료는 1차 자료를 효과적으로 찾아보기 위한 자료 혹은 1차 자료에 포함된 정보를 압축·정리해서 읽기 쉬운 형태로 제공하는 자료이다.

> **Tip**
> • 1차 자료 : 단행본, 학술지와 학술지 논문, 학술회의자료, 연구보고서, 학위논문, 특허정보, 표준 및 규격자료, 레터, 출간 전 배포자료, 신문, 잡지, 웹 정보자원 등
> • 2차 자료 : 사전, 백과사전, 편람, 연감, 서지데이터베이스 등

44 조직이해능력 ★★   目 ①

조직구성원들이 자신의 업무를 성실하게 수행하더라도 전체 조직목표에 부합하지 않으면 조직목표는 달성될 수 없다. 또한, 조직목표는 공식적이고 장기적인 목표인 사명과 이를 달성하기 위한 세부목표로 이루어지며, 조직은 다수의 목표를 추구할 수 있다.

45 대인관계능력 ★   目 ③

갈등의 과정은 먼저 구성원 간에 '의견 불일치'가 발생하고, 의견 불일치가 해소되지 않으면 '대결 국면'으로 빠져든다. 여기서 서로의 입장을 계속 고수하게 되면 긴장도가 높아지고 감정적인 대응이 격화되면서 '격화 국면'으로 발전한다. 시간이 지나 갈등이 점차 감소하면서 '진정 국면'으로 들어서고, 당사자들은 문제를 해결하지 않고는 자신들의 목표를 달성하기 어렵다는 것을 알게 되면서 '갈등 해소'를 하게 된다.

46 대인관계능력 ★★   目 ③

(가) 장기적 이익을 위해 △△기업의 제안을 수용하는 순응적 태도를 보이므로 유화전략에 해당한다.
(나) 협상 가치를 판단 후 협상을 철수하였으므로 회피전략에 해당한다.
(다) 관계의 우위를 활용하여 이익을 극대화하려는 상황이므로 강압전략에 해당한다.

> **Tip**
> • 협력전략 : 협상 참여자들이 협동과 통합으로 문제를 해결하고자 하는 협력적 문제해결전략이다. 협상 참여자들은 신뢰에 기반을 둔 협력을 진행해야 성공할 수 있다.
> • 유화전략 : 상대방이 제시하는 것을 일방적으로 수용하여 협상의 가능성을 높이려는 전략이다. 유화전략은 협상으로 인해 돌아올 결과보다는 상대방과의 관계 유지를 선호하여 상대방과 충돌을 피하고자 할 때 사용할 수 있다.
> • 회피전략 : 협상을 피하거나 잠정적으로 중단하거나 철수하는 전략이다. 상대방에게 돌아갈 결과나 자신에게 돌아올 결과에 대해서 전혀 관심을 가지지 않을 때 사용할 수 있다.
> • 강압전략 : 상대방보다 힘으로 우위를 점유하고 있을 때 자신의 이익을 극대화하기 위한 공격적 전략이다. 협력전략과 반대로 합의도출이 어렵다.

47 기술능력 ★   답 ①

OJT(On the Job Training)란 조직 안에서 피교육자인 종업원이 직무에 종사하면서 받게 되는 교육 훈련 방법이다. 피교육자인 종업원의 업무수행이 중단되는 일 없이 업무수행에 필요한 지식 · 기술 · 능력 · 태도를 교육받는 것이다.

48 자원관리능력 ★   답 ④

시간 계획의 기본원리는 60 : 40으로 계획된 행동(60%), 계획 외의 행동(20%, 예정 외의 행동에 대비한 시간), 자발적 행동(20%, 창조성을 발휘하는 시간)의 세 가지 범주로 구분하는 것이다. 특히 자신이 가진 시간의 40%는 예측하지 못한 사태와 일의 중단(낭비 시간의 발생 요인), 개인적으로 흥미를 가지는 것과 개인적인 일 등에 대응할 수 있도록 계획한다.

49 자기개발능력 ★   답 ②

어떤 특정한 교육 훈련기관에서 프로그램을 이수하는 것도 자기개발이 될 수 있다. 그러나 현재 하고 있는 직무 혹은 지향하는 직업 세계와 관련하여 자신의 역할 및 능력을 점검하고 개발 계획을 수립하는 것 등이 근본적이라고 볼 수 있다.

> **Tip**
>
> **자기개발의 특징**
> - 개발의 주체는 타인이 아닌 자기이다.
> - 개별적인 과정으로서 자기개발을 통해 지향하는 바와 선호하는 방법 등이 사람마다 다르다.
> - 평생에 걸쳐서 이루어지는 과정이다.
> - 일과 관련하여 이루어지는 활동이다.
> - 생활 가운데 이루어져야 한다.
> - 모든 사람이 해야 하는 것이다.

50 기술능력 ★★   답 ①

산업재산권이란 특허권, 실용신안권, 의장권 및 상표권을 총칭하며 산업활동과 관련된 사람의 정신적 창작물(연구 결과)이나 창작된 방법에 대해 인정하는 독점적 권리이다.
㉠ 특허 : 기술적 창작인 원천 핵심기술
㉡ 실용신안 : Life-Cycle이 짧고 실용적인 주변 개량 기술
㉢ 의장 : 심미감을 느낄 수 있는 물품의 형상, 모양
㉣ 상표 : 타상품과 식별할 수 있는 기호, 문자, 도형

51 수리능력 ★   답 ③

판매가는 원가에 이익을 더한 값이므로 할인 전 판매가는 $15,000 \times (1 + 0.4) = 21,000$원이다. 10% 할인이 적용된 판매가는 $21,000 \times 0.9 = 18,900$원이다.

52 정보능력 ★   답 ①

㉢ 공공기관이나 정부도 전자상거래를 할 수 있다.
㉣ 팩스나 전자우편 등을 이용하여 전자상거래를 할 수 있다.

53 문제해결능력 ★   답 ③

㉠은 가설 지향의 문제, ㉡은 사실 지향의 문제, ㉢은 성과 지향의 문제이다.

54 대인관계능력 ★★   답 ④

① See-Feel-Change 전략은 직접 보게 하여(See) 이해시키고, 스스로 느끼게 하여(Feel) 감동시키며, 변화시켜(Change) 설득하는 전략이다.
② 상대방 이해 전략은 상대방에 대한 이해를 우선하여 갈등 해결을 도모하는 전략이다.
③ 연결 전략은 협상 과정에서 갈등이 발생할 때 그 갈등을 야기한 사람과 관리자를 직접 연결하여 갈등 해결을 도모하는 전략이다.

55 자기개발능력 ★★   답 ②

자기개발은 자신의 능력, 적성 및 특성에 있어서 강점과 약점을 찾아 강점을 강화시키고 약점을 관리하여 성장을 위한 기회로 활용하는 것이다. 직업기초능력으로서 자기개발능력은 자신에 대한 객관적 이해를 기초로 발전 목표를 스스로 수립하고 자기 관리를 통하여 성취해나가는 능력을 의미한다.

56 직업윤리 ★★   답 ①

상대방에게 받은 명함은 잠시 동안 살펴보고, 명함 지갑에 넣어 보관한다.

57 정보능력 ★★   답 ④

남아메리카 국가 베네수엘라의 수도를 검색하는 것이므로 베네수엘라와 수도가 동시에 포함된 웹문서를 검색하는 것이 적절하다. 따라서 AND 연산자를 사용한다.

58 자기개발능력 ★   답 ①

자기개발 목표를 성취하기 위해서는 우선 장단기 목표를 수립해야 한다. 장단기를 구분하는 기준은 개인에 따라 다르다. 중요한 생애전환기(결혼, 취직, 이직 등)를 기준으로 바뀔 수도 있으나, 일반적으로 5~20년 뒤를 설계한다. 참고로 단기목표는 1~3년 정도의 목표를 의미한다.

59 조직이해능력 ★ 目 ③

- 경영 계획 : 조직의 미래상 설정, 대안 분석 및 목표 수립, 실행 방안 선정
- 경영 실행 : 조직목적 달성, 조직구성원 관리
- 경영 평가 : 수행결과 감독, 교정 및 피드백

60 수리능력 ★ 目 ②

일요일에 A를 제외한 5명 중 2명이 당직을 서는 경우를 구하면 된다. 따라서 $_5C_2 = \dfrac{5!}{2! \times 3!} = 10$가지이다.

memo

NCS 공기업 통합 실전모의고사 PSAT형 + 모듈형 + 전공

PART 04

전공
실전모의고사

01 경영학 실전모의고사

01	③	02	②	03	①	04	⑤	05	④	06	③	07	⑤	08	②	09	①	10	④
11	④	12	③	13	①	14	①	15	②	16	②	17	②	18	④	19	④	20	③
21	③	22	②	23	②	24	②	25	⑤										

01 답 ③

① 사업부 조직 : 조직 내 직업별, 기능별, 서비스별 등 조직마다 독자적인 구조로 구성된 조직이다.
② 매트릭스 조직 : 전통적 기능식 조직에 프로젝트 조직을 덧붙인 조직이다.
④ 팀 조직 : 팀장 중심으로 팀의 자율성과 팀원 간의 유기적 관계를 유지하면서 팀의 목표를 추구해 나가는 슬림화된 수평적 조직이다.
⑤ 네트워크 조직 : 상호의존적 조직 간 신뢰를 바탕으로 독립성을 유지하는 조직이다.

02 답 ②

소유경영자는 소유와 경영이 분리되지 않은 상태의 소규모 기업에서 볼 수 있는 경영자로, 기업을 직접 경영하는 경우가 이에 해당한다. 전문경영자는 경영에 실패하면 해고될 수 있으므로 최선을 다해 경영에 임하지만, 단기 실적만 올리고 이직하여 장기적으로는 기업에 해를 입힐 가능성이 있다. 따라서 전문경영자가 소유경영자보다 단기적 성과에 집착하는 경향이 강하다.

03 답 ①

민츠버그는 경영자의 역할을 크게 대인업무, 정보업무, 의사결정 업무로 나누었으며, 그중 의사결정 업무로 기업가, 문제해결자, 자원배분자, 협상자 역할을 제시하였다.

> **Tip**
> 의사결정 업무 외에 민츠버그가 주장한 경영자의 역할은 다음과 같다.
> • 대인업무 : 조직의 얼굴 역할, 리더 역할, 연결 역할
> • 정보업무 : 정보수집자 역할, 정보보급자 역할, 대변인 역할

04 답 ⑤

시장성장률은 높지만 시장점유율이 낮은 사업은 점유율을 높이지 못할 경우 지속적인 현금 유출로 큰 손실이 발생할 수 있다.

> **Tip**
> BCG 매트릭스란 보스턴컨설팅그룹이 개발한 사업포트폴리오 분석 기법이다. 상대적 시장점유율과 시장성장률을 기준으로 스타사업(성공사업, 수익), 캐시카우사업(수익창출원), 물음표사업(신규사업), 도그사업(사양산업)의 4가지로 구분한다.

05 답 ④

동기부여의 내용 이론은 무엇이 인간의 행동을 일으키는지 연구한 이론이다. 공정성 이론은 욕구 상태에서 행동이 어떻게 유도되고 어떤 단계를 거쳐 촉발되는지를 연구하는 과정 이론에 해당한다.
① 2요인 이론 : 인간의 욕구는 동기와 위생의 2가지 요인이 있으며, 이 두 가지는 상호 독립적이라는 허즈버그의 이론
② ERG 이론 : 매슬로의 욕구 이론을 3단계로 단순화시킨 알더퍼의 이론
③ X, Y 이론 : 인간에 대한 관점과 동기부여를 X와 Y로 구분한 맥그리거의 이론
⑤ 욕구단계 이론 : 사람은 5가지 욕구가 있으며 이 욕구가 동기유발을 일으킨다는 이론으로, 하위 단계 욕구가 충족될 때 상위 단계 욕구를 충족할 수 있다는 매슬로의 이론

06 답 ③

행동적 변수로는 구매동기, 혜택, 사용자의 지위, 사용률, 충성도, 구매준비 단계, 제품에 대한 태도 등이 포함된다. 소비자의 라이프스타일은 심리묘사적 변수에 해당한다.

07 정답 ⑤

주석에는 우발부채와 약정사항 등 재무제표 본문에 표시되지 않은 항목에 대한 정보도 포함된다.

08 정답 ②

차별화전략은 경쟁사들과 제품 또는 서비스를 차별화하는 전략으로, 고품질, 독특한 디자인, 기술 등을 활용하여 경쟁 우위를 확보하는 전략이다.

Tip
마이클 포터의 본원적 경쟁전략
• 원가우위전략 : 우수한 생산기술을 활용하여 제조원가를 절감, 안정된 이익을 확보함으로써 새로운 설비에 재투자하는 것 • 차별화전략 : 타 기업이 보유하지 않은 제품을 생산함으로써 독자적인 시장을 형성해 높은 이익을 확보하는 것 • 집중화전략 : 시장 전체를 세분화하고 일부 시장에 집중하는 것

09 정답 ①

제품수명주기별 특징

구분	도입기	성장기	성숙기	쇠퇴기
매출	낮은 수준 서서히 증가	급격히 증가	최고수준 유지 성장률은 정체	감소
수익	신제품 투자로 인한 적자	급격히 증가	유지 또는 다소 감소	감소
경쟁 구조	적음	대거 진입	과점상태 유지	경쟁자 철수

10 정답 ④

해당 내용은 수평적 통합의 특징이다. 수직적 통합은 시장거래보다 안정적인 거래가 가능하며, 재고 비용 절감에도 유리하다. 그러나 환경변화에 대한 유연성이 약화되어 변화에 신속하게 대응하기 어렵다.

11 정답 ④

직무순환은 직장 내 훈련에 해당한다. 이 밖의 OJT로는 멘토, 코칭, 인턴십 등을 들 수 있다.

12 정답 ③

지식재산권은 특허권, 실용신안권, 상표권, 디자인권을 총칭하는 개념이다.
① 특허권 : 기술적 사상의 창작물(발명)을 일정기간 독점적·배타적으로 소유 또는 이용할 수 있는 권리
② 상표권 : 상표로서 등록된 것을 독점적으로 사용할 수 있는 권리

④ 디자인권 : 디자인에 대해 보호하는 권리
⑤ 실용신안권 : 산업상 이용할 수 있는 물품의 형상·구조 또는 조합에 관한 고안, 즉 자연법칙을 이용한 기술적 사상의 창작을 인정하는 권리

13 정답 ①

프랜차이징은 프랜차이저가 자신의 상표나 제품의 매매권 따위를 프랜차이지에 제공하는 대신 수수료를 받는 계약을 체결하는 것이다.

Tip
프랜차이징과 비슷한 개념으로 라이센싱이 있다. 라이센싱은 등록된 재산권을 타인에게 상업적 권리를 허락하는 대신 대가를 제공받는 것이다. 그러나 프랜차이징의 경우 프랜차이지가 프랜차이저에게 사업상 종속된다는 점에서 라이센싱과 차이가 있다.

② 합작투자 : 파트너십을 체결한 두 개 이상의 기업이 공동으로 사업에 투자하는 것
③ 컨소시엄 : 공동의 목적을 위해 구성된 협회 또는 조합
④ 해외직접투자 : 타국 기업에 출자하고 경영권을 확보하거나 경영에 참여하는 것
⑤ 구상무역 : 양국 간 수출입 대금을 지급하지 않고 그에 상응하는 수출입 거래로 상계하는 무역

14 정답 ①

주식회사의 최고의사결정기구는 주주총회이다. 이사회는 업무집행기관이다.

Tip				
회사별 특징 비교				
구분	구성	회사대표	최고의사 결정기구	업무집행
합명회사	무한책임 사원	무한책임 사원	무한책임 사원	무한책임 사원
합자회사	무한책임 사원 유한책임 사원	무한책임 사원	무한책임 사원	무한책임 사원
유한회사	유한책임 사원	대표이사	사원총회	사원총회
주식회사	유한책임 사원	대표이사	주주총회	이사회

15 정답 ②

페욜의 관리 5요소는 계획, 조직, 지휘, 조정, 통제이다.

16 　정답 ②

① 팩맨(Pac man) : 적대적 인수합병을 추진하는 기업의 주식을 매수함으로써 대응하는 방어 전략
③ 그린메일(Green mail) : 인수합병 대상 기업의 주식을 대량 매입한 후 적대적 인수합병 포기 조건으로 매입 주식에 프리미엄을 얹어 재매입하도록 유도하는 행위
④ 공개매수(Tender offer) : 인수합병 기업을 선정해 주식 매수 의사를 공개적으로 밝히고, 시가보다 높은 가격으로 주식을 인수하는 방법
⑤ 독약처방(Poison pill) : 기존 주주들에게 시가보다 낮은 가격으로 신주를 인수할 수 있는 권리를 부여하는 인수합병 방어 수단

17 　정답 ②

ISO 14001은 환경경영시스템에 관한 국제규격으로, 기업은 환경경영시스템을 통해 환경 측면을 체계적으로 식별, 평가, 관리 및 개선함으로써 환경 위험성을 효율적으로 관리할 수 있다.
① ISO 9001 : 품질경영시스템
③ ISO 22000 : 식품안전경영시스템
④ ISO 26000 : 사회적 책임
⑤ ISO/IEC 27001 : 정보보호경영시스템

18 　정답 ④

$$\text{경제적 주문량} = \sqrt{\frac{2 \times \text{수요량} \times \text{주문비용}}{\text{재고유지비용}}}$$
$$= \sqrt{\frac{2 \times 400 \times 5,000}{2,500}} = \sqrt{1,600} = 40$$

19 　정답 ④

① 제3자조정기법 : 중립적인 제3자가 갈등 상태에 있는 당사자들이 의견 합의에 도달하도록 돕는 기법이다.
② 상호작용집단법 : 가장 일반적인 집단 의사결정기법으로 개인 간 상호작용을 통해 여러 견해를 설명하고 수정하는 방법이다.
③ 브레인스토밍 : 창의적 발상 기법으로 구성원들이 자발적으로 의견을 제시하고, 그 목록에서 해답을 찾고자 노력하는 과정이다.
⑤ 명목집단법 : 구성원 각자가 아이디어를 기록한 후 제출한 아이디어를 평가하여 가장 합리적인 아이디어를 집단의 의사결정으로 삼는 방법이다.

20 　정답 ③

위협을 회피하기 위해 강점을 사용하는 전략은 ST(Strength - Threat) 전략이다.

21 　정답 ③

B2C(Business-to-Customer)는 기업과 소비자 간의 거래로, 주로 인터넷 쇼핑몰을 통한 상품의 주문 판매를 일컫는다.
① B2B(Business to Business) : 기업 간 전자상거래
② C2C(Customer-to-Customer) : 소비자 간 전자상거래
④ B2G(Business to Government) : 기업과 정부 간의 전자상거래
⑤ G2C(Government to Customer) : 정부와 국민 간 전자상거래

22 　정답 ②

① 공급사슬관리(SCM) : 제품이나 정보가 생산자에게서 사용자에게로 전달되는 일련의 과정을 감독하여 효율적으로 처리하는 관리 기법
③ 적시생산시스템(JIT) : 팔릴 만큼의 물건을 공급함으로써 재고가 남지 않도록 하는 생산 방식
④ 컴퓨터통합생산(CIM) : 컴퓨터를 활용하여, 제품의 개발, 제조, 판매로 연결되는 정보 흐름의 과정을 통합한 생산관리 시스템
⑤ 유연제조시스템(FMS) : 시장의 상황 변화에 따라 제품의 생산량을 유연성 있게 조절하여 생산하는 시스템

23 　정답 ②

재고자산이 줄어든다는 것은 재고가 감소함을 의미한다. 즉, 상품의 재고율이 낮다는 것은 판매가 활발함을 뜻하므로 기업부실의 징후라 볼 수 없다.

24 　정답 ②

마케팅 믹스의 기본 카테고리는 4P로 불리는 제품(Product), 가격(Price), 유통채널(Place), 프로모션(Promotion)이며, 포지셔닝은 프로모션 즉, 판매 촉진 활동에 해당하지 않는다.

25 　정답 ⑤

지속가능경영이란 경제적 수익성, 환경적 건전성, 사회적 책임성을 바탕으로 지속가능한 발전을 추구하는 경영을 말한다.

CHAPTER
02 기계일반 실전모의고사

01	③	02	③	03	⑤	04	②	05	⑤	06	③	07	③	08	③	09	④	10	②
11	⑤	12	④	13	①	14	①	15	②	16	④	17	①	18	③	19	④	20	②
21	④	22	③	23	①	24	②	25	①										

01 답 ③

$$\sigma = \frac{P}{A} = \frac{P}{\frac{\pi}{4}d^2} = \frac{4P}{\pi d^2} = \frac{4 \times 100 \times 10^3\,N}{\pi \times 0.025^2\,m^2}$$

$$= 203.72 \times 10^6\,Pa = 203.72\text{Mpa}$$

$$\varepsilon = \frac{\lambda}{l} = \frac{6\text{mm}}{6 \times 10^3\,\text{mm}} = 0.001$$

02 답 ③

$$T = \tau \cdot Z_p = \tau \cdot \frac{\pi}{16}d^3,\ T = t_0 \cdot L$$

(여기서, t_0 : 단위길이당 토크값)

$$\therefore \tau = \frac{16t_0 \cdot L}{\pi d^3}$$

03 답 ⑤

• 탄성(Elasticity) : 탄성한도 내에서는 물체에 외력을 가한 후 제거하면 원형으로 되돌아가려는 성질
• 소성(Plasticity) : 물체에 외력을 가한 후 제거하면 물체에 영구변형이 남는 성질

04 답 ②

우력은 수직거리만의 함수이므로 M_0를 수직거리 l을 갖는 두 힘으로 나누면

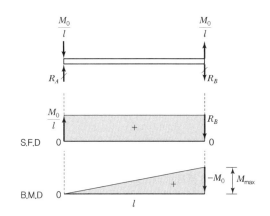

→ $x = l$일 때 굽힘모멘트가 최대이다.

05 답 ⑤

$$\delta = \frac{8\,Wd^3 \cdot n}{Gd^4}\text{에서}$$

$$n = \frac{Gd^4\delta}{8\,Wd^3} = \frac{88 \times 10^9 \times 0.003^4 \times 0.03}{8 \times 10 \times 0.075^3} = 6.34$$

06 답 ③

$$\left.\begin{array}{l} T_H = 20 + 273 = 293K \\ T_L = -10 + 273 = 263K \end{array}\right\}$$ 역카르노 냉동사이클은 온도만의 함수이므로

$$\varepsilon_R = \frac{Q_L}{W_C} = \frac{T_L}{T_H - T_L}$$

$$\therefore W_C = Q_L\left(\frac{T_H T_L}{T_L}\right) = 70 \times \left(\frac{293 - 263}{263}\right)$$

$$= 7.984\text{kW}$$

07   답 ③

강도성 상태량은 물질의 양과 무관하다.

08   답 ③

배기체적은 행정체적(V_s)이므로

$$\varepsilon = \frac{V_t}{V_c} = \frac{V_c + V_s}{V_c} = \frac{200 + 1,200}{200} = 7$$

09   답 ④

열역학 제3법칙은 "절대온도 0K에 이르게 할 수 없다"는 법칙이다.

10   답 ②

- 문의 개폐에 상관없이 실제 냉장고는 비가역 사이클이므로 엔트로피가 증가되어 밀폐 단열된 방의 온도는 상승한다.

$$\left(dS = \frac{\delta Q}{T}\right)$$

- 응축기의 방열량은 증발기의 흡수열량보다 더 크다(비가역).

11   답 ⑤

파이프 내의 압력 분포는 레이놀즈수(관성력/점성력)에 의해 좌우된다.

12   답 ④

레이저 도플러 속도계는 빛의 도플러 효과를 사용한 유속계로, 이동하는 입자에 레이저광을 조사하면 광은 산란하고 산란광은 물체의 속도에 비례하는 주파수 변화를 일으키게 된다.

13   답 ①

비중 $S = \dfrac{\rho}{\rho_w}$ 에서 $\rho = S\rho_w = 0.8 \times 1,000 = 800 \text{kg/m}^3$

$$Q = \frac{90L \times \dfrac{10^{-3} \text{m}^3}{1L}}{\min \times \dfrac{60s}{1\min}} = 0.0015 \text{m}^3/\text{s}$$

$Q = A \cdot V$ 에서

$$V = \frac{Q}{A} = \frac{Q}{\dfrac{\pi}{4}d^2} = \frac{4Q}{\pi d^2} = \frac{4 \times 0.0015}{\pi \times (0.08)^2} = 0.2985 \text{m/s}$$

$$\therefore R_e = \frac{\rho \cdot Vd}{\mu} = \frac{800 \times 0.2985 \times 0.08}{5 \times 10^{-4}} = 38,208.0$$

14   답 ①

$Re < 2,100$ 이하이므로 층류이다.

층류의 관마찰계수 $f = \dfrac{64}{Re} = \dfrac{64}{1,000} = 0.064$

$$h_1 = f \cdot \frac{L}{d} \cdot \frac{V^2}{2g} = 0.064 \times \frac{100}{0.1} \times \frac{5^2}{2 \times 9.8} = 81.63 \text{m}$$

15   답 ②

중력과 관성력의 무차원수는 프루드수이다.

$$F_r = \frac{V}{\sqrt{gl}}$$

16   답 ④

인(P)

- 제선, 제강 중에 원료, 연료, 내화 재료 등을 통하여 강중에 함유된다.
- 특수한 경우를 제외하고 0.05% 이하로 제한하며, 공구강의 경우 0.025% 이하까지 허용된다.
- 인장 강도, 경도를 증가시키지만, 연신율과 내충격성을 감소시킨다.
- 상온에서 결정립을 거칠게 하며, 편석이 발생(담금질 균열의 원인)된다. → 상온취성 원인
- 주물의 기포를 줄이는 작용을 한다.

17   답 ①

자연균열(Season Cracking)

- 황동이 공기 중의 암모니아, 기타의 염류에 의해 입간부식을 일으켜 상온가공에 의한 내부응력 때문에 생긴다.
- 방지법 : 표면 도장 및 아연도금 처리, 저온 풀림(180~260℃, 20~30분간)

18   답 ③

화이트 메탈은 $Sn - Sb - Pb - Cu$계 합금으로 백색이며 용융점이 낮고 강도가 약하다. 베어링용 다이케스팅의 재료로 사용된다.

19   답 ④

황 쾌삭강

- 강에 가장 유해한 원소인 S도 Mn, Mo, Zr과 같은 원소와 공존하면 그들의 황화물을 만들어 강의 인성을 해치지 않는다.
- S을 0.16% 정도 첨가시키면 MnS과 MoS_2을 생성하고, 이들은 특수한 윤활성을 갖고 있기 때문에 절삭성이 매우 좋고, 수명도 길다.

20

답 ②

구상흑연주철의 합금원소는 세륨(Ce), 마그네슘(Mg), 칼슘(Ca)이다.

21

답 ④

테이퍼 핀의 테이퍼 값은 1/50을 갖는다.

22

답 ③

'허용전단응력(T) $= \dfrac{하중(P)}{단면적(A)}$'에서 절단면이 양면이므로 단면적에 곱하기 2를 한다. $150 = \dfrac{P}{2(2 \times 4)}$에서 P를 구하면 $P = 150 \times 2 \times 2 \times 4 = 2,400(\text{kg})$

23

답 ①

반중첩 커플링은 축에 기울기를 주어 중첩시킨 후 키로 고정한 것을 말한다.
② 유니버설 커플링(자재이음) : 두 축이 만나는 각이 수시로 변하는 경우에 사용(만나는 각이 30° 이내인 경우 사용)
③ 클램프 커플링 : 주강제 반원통을 볼트로 체결, 분해 · 조립이 쉽고, 축지름 200mm 이하에 사용
④ 셀러 커플링 : 2개의 주철제 원뿔형을 양쪽에 끼워 3개의 볼트로 축 고정
⑤ 올덤 커플링 : 두 축이 평행하며 두 축 사이가 변화하는 경우에 사용

24

답 ②

물림률은 한 쌍의 기어가 맞물려 회전할 때 동시에 물릴 수 있는 이의 수로 반드시 1 이상이 되어야 한다.

물림률 $= \dfrac{접촉호의 길이}{원주피치} = \dfrac{물림길이}{법선피치} = 1.2 \sim 1.8$

25

답 ①

회전수를 1/4로 감속하기 위해서는 지름을 4배 크게 해야 한다.
$100 \times 4 = 400(\text{mm})$

01	④	02	①	03	②	04	②	05	③	06	③	07	③	08	②	09	④	10	③
11	③	12	④	13	②	14	③	15	②	16	①	17	④	18	②	19	④	20	③
21	⑤	22	②	23	③	24	②	25	⑤										

01 답 ④

제벡 효과(Seebeck Effect)는 서로 다른 금속을 접속(열전대)하고 접속점에 서로 다른 온도를 유지하면 기전력이 생겨 일정한 방향으로 전류가 흐르는 것을 말한다.

- 펠티어 효과(Peltier Effect) : 서로 다른 금속에서 다른 쪽 금속으로 전류를 흘리면 열의 발생 또는 흡수가 일어난다.
- 톰슨 효과(Thomson Effect) : 동종의 금속에서 각부의 온도가 다르면 그 부분에서 열의 발생 또는 흡수가 일어난다.
- 홀효과(Hole Effect) : 전류가 흐르고 있는 도체에 자계를 가하면 도체 측면에 정부의 전하가 나타나 전위차가 발생한다.
- 핀치 효과(Pinch Effect) : 도체에 직류를 인가하면 전류와 수직방향으로 원형 자계가 생겨 전류에 구심력이 작용하여 도체 단면이 수축하면서 도체 중심 쪽으로 전류가 몰린다.
- 볼타 효과(접촉전기) : 도체와 도체, 유전체와 유전체, 유전체와 도체를 접촉시키면 전자가 이동하여 양·음으로 대전되는 현상

02 답 ①

$E=20[\text{kV/m}]$, $\varepsilon_s=4$일 때 유전체 내 전속밀도는 $D=\varepsilon_0\varepsilon_s E$ $[\text{C/m}^2]$이므로 주어진 수치를 대입하면 $D=8.855\times10^{-12}\times4\times20\times10^3\times10^6=0.708[\mu\text{C/m}^2]$가 된다.

03 답 ②

도체구를 각각 충전 후 두 개를 가는 선으로 연결 시 공통 전위

$$V=\frac{r_1V_1+r_2V_2+r_3V_3}{r_1+r_2+_3}$$
$$=\frac{(2\times1,800)+(3\times1,200)+(4\times900)}{2+3+4}$$
$$=1,200[\text{V}]$$

04 답 ②

정전유도현상

중성상태인 도체 가까이 대전된 도체를 놓으면 이 도체로 인하여 중성상태의 도체가 대전된 도체의 전하량만큼 동량이면서 부호가 반대인 도체와 가까운 쪽에 몰리며, 반대쪽에는 동량이면서 같은 극성의 전하가 몰리는 현상이다.

05 답 ③

정전계의 정의

- 정지한 두 전하 사이에 작용하는 힘의 영역
- 전계에너지가 최소가 되는 전하 분포의 전계이다.
  → 톰슨(Thomson)의 정의

06 답 ③

$A=1+ZY=1.2$, $C=Y=0.01[\text{℧}]$
$1+ZY=1+Z\times0.01=1.2$
$\therefore\ Z=20[\Omega]$

07 답 ③

직선 궤적의 역궤적은 원점을 통과하는 원이다.

08 답 ②

무효전력량

$$=P_r\cdot t=\frac{P}{\cos\theta}\cdot\sin\theta\cdot t=\frac{800}{0.8}\times0.6\times\frac{1}{2}$$
$$=300[\text{Var}\cdot\text{h}]$$

09 　　　　　　　　　　　답 ④

$$X_c = \frac{1}{2\pi f C} = \frac{1}{2\pi \times 60 \times 30 \times 10^{-6}} = 88.42[\Omega]$$

$$\therefore I = \frac{V}{\sqrt{(R^2 + X_c^2)}} = \frac{100}{\sqrt{(100^2 + 88.42^2)}}$$

$$= \frac{100}{133.5} = 0.75[A]$$

10 　　　　　　　　　　　답 ③

회로의 합성저항 R_0은 $R_0 = 3 + \frac{2 \times 3}{2 + 3} = 4.2[\Omega]$

$$\therefore I = \frac{42}{4.2} = 10[A]$$

다음 전류분배법칙에 따라 $I_2 = \frac{2}{2+3} \times 4 = 4[A]$

$$\therefore E_{ab} = 4 \times 3 = 12[V]$$

11 　　　　　　　　　　　답 ③

과도응답이란 입력신호를 가한 후 출력신호가 정상상태에 도달할 때까지의 응답을 말한다.

12 　　　　　　　　　　　답 ④

$$\frac{V_2(s)}{V_1(s)} = \frac{\dfrac{1}{Cs}}{Ls + \dfrac{1}{Cs}} = \frac{1}{1 + LCs^2}$$

13 　　　　　　　　　　　답 ②

보드(Bode) 선도는 극점과 영점이 우반 평면에 존재하는 경우 판정이 불가능하다.

14 　　　　　　　　　　　답 ③

$$f(t) = 2u(t) - 2u(t-4)$$
$$F(s) = 2\left(\frac{1}{s} - \frac{1}{s}e^{-4s}\right) = \frac{2}{s}(1 - e^{-4s})$$

15 　　　　　　　　　　　답 ②

피드백 제어계의 특징
- 정확성의 증가
- 계의 특성 변화에 대한 입력 대 출력비의 감도 감소
- 비선형 왜곡 감소
- 대역폭 증가
- 구조가 복잡하고 설치비가 고가

16 　　　　　　　　　　　답 ①

$$Q_c = P(\tan\theta_1 - \tan\theta_2) = P\left(\frac{\sin\theta_1}{\cos\theta_1} - \frac{\sin\theta_2}{\cos\theta_2}\right)$$

$$2,800 = P\left(\frac{0.8}{0.6} - \frac{0.6}{0.8}\right) \text{에서 } P = 4,800[kW]$$

17 　　　　　　　　　　　답 ④

낙차 순서(고 → 저) : 펠턴 수차 → 프란시스 수차 → 사류 수차 → 프로펠러 수차 → 카플란 수 → 원통형(튜블러) 수차

18 　　　　　　　　　　　답 ②

3상 차단기 정격용량 = $\sqrt{3}$ ×정격전압×정격차단전류(MVA)

19 　　　　　　　　　　　답 ④

송전선로에서 역섬락을 방지하기 위해서는 탑각 접지저항을 적게 해야 한다.

20 　　　　　　　　　　　답 ③

$$D = \frac{WS^2}{8T} = \frac{1.11 \times 300^2}{8 \times 10,210/2.2} = 2.69 \fallingdotseq 2.7[m]$$

21 　　　　　　　　　　　답 ⑤

$$N = (1-S)\frac{120f}{P}[rpm] = (1-0.05) \times \frac{120 \times 60}{4} = 1,710[rpm]$$

22 　　　　　　　　　　　답 ②

와류손(= 맴돌이손) $P_e = f^2 B^2 t^2[W]$에서 t는 철심 두께이다.

23 　　　　　　　　　　　답 ③

한쪽 발전기에서 다른 쪽 발전기로 공급하는 한상당 전력 = 수수전력이다.

수수전력(P_s) $= \frac{E_A^2}{2Z_s}\sin\theta[W]$에서 상차각($\theta$) $= 30°$이므로 수

수전력(P_s) $= \frac{2,000^2}{2 \times 5} \times \sin 30° \times 10^{-3} = 200[kW]$

24 　　　　　　　　　　　답 ②

직류기에서 주로 사용하는 전기자 권선법을 생각하면 된다.
→ 폐로권, 고상권, 이층권

25 　　　　　　　　　　　답 ⑤

평균 리액터스 전압 $e = L \cdot \frac{2I_c}{T_c}[V]$

memo

NCS 공기업 통합 실전모의고사 PSAT형 + 모듈형 + 전공

memo

memo

NCS 공기업 통합 실전모의고사 PSAT형+모듈형+전공

2022 NCS 공기업 통합 실전모의고사
PSAT형＋모듈형＋전공

———

초 판 발 행	2020년 3월 2일
개정2판1쇄	2022년 3월 10일
저 자	NCS 공기업연구소
발 행 인	정용수
발 행 처	예문사
주 소	경기도 파주시 직지길 460(출판도시) 도서출판 예문사
T E L	031) 955 – 0550
F A X	031) 955 – 0660
등 록 번 호	11-76호
정 가	20,000원

홈페이지 http://www.yeamoonsa.com

ISBN   978-89-274-4409-1   [13320]

2022 NCS

공기업 통합
실전모의고사

PSAT형+모듈형+전공

정답 및 해설